立法概述

主　　编　魏海军

副 主 编　石其钢

编写人员　杜铁滨　孔彬彬

　　　　　葛　俏　王天宇

东北大学出版社

·沈　阳·

图书在版编目（CIP）数据

立法概述／魏海军主编. — 沈阳：东北大学出版社，2014.8
（2024.8重印）
ISBN 978-7-5517-0660-5

Ⅰ.①立…　Ⅱ.①魏…　Ⅲ.①立法—研究　Ⅳ.①D901

中国版本图书馆CIP数据核字（2014）第146098号

出 版 者：东北大学出版社
地址：沈阳市和平区文化路3号巷11号
邮编：110004
电话：024-83687331（市场部）　83680267（社务室）
传真：024-83680180（市场部）　83680265（社务室）
E-mail：neuph@neupress.com
http：//www.neupress.com
印 刷 者：三河市天润建兴印务有限公司
发 行 者：东北大学出版社
幅面尺寸：145mm×210mm
印　　张：19.5
字　　数：391千字
出版时间：2014年8月第1版
印刷时间：2024年8月第3次印刷
特邀编辑：铁　钧　　组稿编辑：刘振军
责任编辑：潘佳宁　　责任校对：叶　子
封面设计：刘江旸　　责任出版：唐敏智

ISBN 978-7-5517-0660-5　　定　　价：95.00元

目 录

绪 论

第一节 法

一、法的概念与起源

在了解法的概念之前，首先要了解法律的词源和词意。汉字“法”的体为“灋”。我国第一部字书《说文解字》解释：“灋，刑也。平之如水，从水；廌（zhi），所以触不直者去。”廌是一种神兽，官“性知有罪，有罪触，无罪则不触。”这说明在中国古代，法与刑是通用的，从古代起就有公平的象征意义，更是说明古代法具有神明裁判的特点。“律”，《说文解字》解释，“律，均布也。”“均布”是古代调音律的工具，把律解释为均布，说明律有规范人们行为的作用，是普遍的、人人遵守的规范。从《尔雅·释诂》中可以了解到，在秦汉时期，“法”与“律”二字已同义。《唐律疏义》更明确指出“法亦律也，故谓之为律”。把“法”和“律”连用作为独立合成词，却是在清末民初由日本输入。

我国也有一些学者认为需要从“自然法”观念出发

来区分“法”与“法律”，这里的“法”是指高于制定法之上并能衡量制定法善恶的某些特定的标准；而“法律”只是国家机关制定的法律规范。

二、法的形式与效力

（一）法的形式

法的形式，指法的具体的外部表现形态。这一概念所指称的，主要是法由何种国家机关制定或认可，具有何种表现形式或效力等级。任何法都有一定的表现形态，例如以成文法形式表现或以判例法形式表现，以法律形式表现或以行政法规形式表现。立法者或执政者的重要职责之一，便在于使所制定或认可的法，获得适当的、科学的形式。

法的形式有多种类别的区分。通常可将其区分为成文法、不成文法和一定范围的法理或法的观念等几种。其中成文法是主要的，其又包括宪法、律、行政法规、地方性法规、自治法规、国际条约等。一国不同法的形式构成该国法的形式体系。法的形式是发展的，不同时代和国情之下的法的形式多不同。如古罗马的法的形式主要是法律、习惯、最高裁判官的告示、法学家的著作；中国封建社会的法的形式主要有成文法、有关的封建纲常礼教和习惯，其中成文法在不同朝代又常有不同的形式。就是说，各个历史时期、各个国家，不可能有完全一样的法的形式。

（二）当代中国法的形式

1. 宪 法

作为法的形式，宪法是国家最高权力机关经由特殊程序制定和修改的，综合性地规定国家、社会和公民生活的根本问题，是具有最高法的效力的一种法。它在法的形式体系中居于最高的、核心的地位，是一级大法或根本大法。

2. 法 律

法律是由全国人大及其常委会依法制定、修改的，规定和调整国家、社会公民生活中某一方面带有根本性的社会关系或基本问题的一种法。法律的地位和效力低于宪法而高于其他法，是法的形式体系中的二级大法。法律是行政法规和一般性地方法规的立法依据或基础，后两者不得违反它，否则无效。法律分为基本法律和基本法律以外的法律两种。基本法律由全国人大制定和修改，在全国人大闭会期间，全国人大常委会也有权对其进行部分补充和修改，但不得同其基本原则相抵触。基本法律规定国家、社会和公民生活中具有重大意义的基本问题，如刑法、民法等。基本法律以外的法律由全国人大常委会制定和修改，规定由基本法律调整以外的国家、社会和公民生活中某一方面的基本问题，其调整面相对较窄、内容较具体，如商标法、文物保护法等。两种法律具同等效力。全国人大及其常委会还有权就有关问题作出规范性决议或决定，与法律具有同等地位和效力。

3. 行政法规

行政法规是由最高国家行政机关国务院依法制定、修改的，有关行政管理和管理行政事项的规范性文件的总称。它处于低于宪法、法律而高于地方性法规的地位。行政法规须根据宪法、法律规定；而地方性法规则不得与行政法规相抵触，否则无效。行政法规调整的社会关系和规定的事项，远比法律调整的社会关系和规定的事项广泛、具体。政治、教育、科学、文化、体育，以及其他方面的社会关系和事项，只要没有根本性或一定要由宪法、法律调整的，行政法规都可调整。

4. 地方性法规

地方性法规是由特定地方国家机关依法制定和修改，效力不超出本行政区域范围，作为地方司法依据之一，在法的形式体系中具有基础作用的规范性文件的总称。地方性法规是低于宪法、法律、行政法规，但又具有不可或缺作用的基础性法的形式。在现阶段，省、自治区、直辖市、省级政府所在地的市、经国务院批准的较大市的人民代表大会及其常委会，根据本地的具体情况和实际需要，在不同宪法、法律、行政法规相抵触的前提下，可规定和颁布地方性法规，报全国人大常委会和国务院备案。地方性法规在本行政区域的全部范围或部分区域有效。地方性法规的基本特征在于：立法主体只能是地方国家机关，任务是解决地方问题；有更多的关系需要处理，比中央立法更复杂、更具体；具有从属与自主两重性，城市地方性法规在整个地方性法规中逐渐占据重要位置。地方性法规的作用主要有：使宪法、法律、行政法规和国家大政方针得以有效实施；解决中央法律、法规不能独立解决或暂时不宜由中央解决的问题；自主地解决应由地方性法规解决的问题。全国人大常委会有权撤销同宪法、法律、行政法规相抵触的地方性法规。

5. 自治法规

自治法规是民族自治地方的权力机关所制定的特殊的地方性法律文件，即自治条例和单行条例的总称。自治条例是民族自治地方根据自治权制定的综合性法律文件；单行条例则是根据自治权制定的调整某一方面事项的规范性文件。自治州、自治县的自治条例和单行条例，报省或自治区人大常委会批准后生效，并报全国人大常委会备案。

6. 行政规章

行政规章是有关行政机关依法制定的事关行政管理的规范性法律文件的总称。分为部门规章和政府规章两种。部门规章是国务院所属部委根据法律和国务院行政法规、决定、命令，在本部门的权限内所发布的各种行政性的规范性法律文件，亦称部委规章。其地位低于宪法、法律、行政法规。政府规章除不得与宪法、法律、行政法规相抵触外，还不得与上级和同级地方性法规相抵触。

7. 国际条约

国际条约指两个或两个以上国家或国际组织间缔结的，确定其相互关系中权利和义务的各种协议。不仅包括以条约为名称的协议，也包括国际法主体间形成的宪章、公约、盟约、规约、专约、协定、议定书、换文、公报、联合宣言、最后决议书等。

8. 其他法的形式

除上述法的形式外，在我国还有这样几种成文的法的形式：一是中央军事委员会制定的军事法规和军内有关方面制定的军事规章；二是一国两制条件下特别行政区的规范性法律文件；三是有关机关授权别的机关所制定的规范性文件。

（三）法的效力

法的效力即各种法的约束力的通称。凡具有法的约束力的事物即具有法的效力。

1. 对象效力

法的对象效力，是指法的适用对象有哪些，对什么样的人和组织有效。具体到中国公民、组织和对外国人、组织，以及无国籍人的适用上，各有确定的内容。

（1）中国公民、法人和其他组织在中国领域内一律适用中国法，在国外仍受中国法的保护并履行中国法定义务，同时也遵守所在国的法。当两国法对同一问题规定不一致时，既要维护中国主权，又要尊重他国主权，按国际条约惯例处理。中国刑法、民法和其他有关规范性法律文件，对中国公民、法人在国外的法的适用问题，有若干规定。

（2）中国法对外国人的适用问题包括两种情况：一是在中国领域内的外国人，除享有外交特权和豁免权或法律有另外规定者外，适用中国法；二是外国人在中国领域外对中国或中国公民、法人犯罪，按中国刑法规定的最低刑为 3 年以上有期徒刑的，可适用中国刑法规定，但按犯罪地的法律不受处罚的除外。

2. 空间效力

法的空间效力即法的效力的地域范围。法的空间效力范围主要由国情和法的形式、效力等级、调整对象或内容等因素决定。通常有三种空间效力范围：全国范围、一定区域内、域外效力。

3. 时间效力

法的时间效力指法的效力的起止时限以及对其实施前的行为有无溯及力。开始生效的时间，指法从何时起开始发生约束力。通常有三种形式：其一，自公布之日起开始生效；其二，公布后经过一段时间生效；其三，以到达期限为生效时间。

法终止生效的时间，指法的废止的时间。中国法的终止生效有四种情况：其一，以新法取代旧法，使旧法终止生效；其二，有的法完成了历史任务而自然失效；其三，发布特别决议、命令宣布废止某项法；其四，法本身规定了终止生效日期，如期限届满又无延期规定，便自行终止生效。

法的溯及力，指新法公布后对它生效前所发生的事件和行为可加以适用的效力。目前世界上多数国家采取从旧原则，法没有溯及力。在法律规定有溯及力的国家，通常采用从旧兼从轻原则。中国目前主要也采取从旧兼从轻原则，在特殊情况下采用溯及既往的原则。

三、法的要素

法的要素指法的基本成分，即构成法律的基本元素。

（一）法律规则

法律规则是规定法律上的权利、义务、责任的准则、标准，或是赋予某种事实状态以法律意义的指示、规定。法律规则是构成法律的首要成分。法律规则通常有严密的逻辑结构。主要内容是：法律规则有假定、处理、制裁三部分构成。

（二）法律原则

法律的基础性规则或原理，为其他规则提供基础性或本源的综合性规则或原理，是法律行为、法律程序、法律决定的决定性规则。

（三）法律概念

法律概念是有法律意义的概念，即对各种有关法律的事物、状态、行为进行概括而形成的术语。

四、法律体系

法律体系，也称“法的体系”或简称为“法体系”，是指由一国现行的全部法律规范按照不同的法律部门分类组合而形成的一个呈体系化的统一整体。

（一）法律部门的划分标准和原则

1. 法律部门的划分标准

（1）法律规范所调整的社会关系。法律部门就是以法律调整的社会关系的内容作为依据来划分一部法律属于哪一部门的。

（2）法律规范的调整方法。划分法律部门，还需将法律规范的调整方法作为划分标准。如可将凡属以刑罚制裁方法为特征的法律规范划分为刑法部门，将以承担民事责任方式的法律规范划分为民法法律部门，等等。

2. 法律部门的划分原则

（1）整体性原则。即以整个法律体系为划分对象，划分结果必须囊括一国现行法律的全部内容，使法律体系中的所有同类法律都归属于某一法律部门。

（2）均衡原则。即划分法律部门时应当考虑各法律部门之间法律规范的规模或数量之间保持大体上的均衡，不能使某些法律部门的内容（即规范）特别多，而有些法律部门的内容则特别少。

（3）以现行法律为主，兼顾即将制定的法律。

（二）我国法律的部门划分

1. 宪法法律部门

宪法是我国的根本大法，是国家活动的总章程，因而是最重要的法律部门。宪法规定社会主义中国的各种根本制度、原则、方针、政策，公民的基本权利和义务，各主要国家机关的地位、职权和职责等。

2. 行政法法律部门

行政法是有关国家行政管理活动的法律规范的总称。它是由调整行政管理活动中国家机关之间，国家机关同企业事业单位、社会团体和公民之间发生的行政关系的规范性文件组成的。行政法是由很多单行的法律、法规构成的，分为一般行政法（或称行政法总则）和特别行政法（或称行政法分则）两个部分。

3. 民商法法律部门

民商法是调整作为平等主体的公民之间、法人之间、公民与法人之间的财产关系和人身关系的法律规范的总和。在市场经济条件下，民商法是非常重要的法律部门。现阶段民商法主要由《民法通则》和大量单行的民事法律组成。

4. 经济法法律部门

经济法是改革开放以后发展起来的一个新的法律部门，它是有关国家对经济实行宏观调控的各种法律规范的总和。经济法涉及的范围很广，包括预算法、计划法、基本建设法、财政法、税法、银行法、投资法、信贷法、外汇管理法等方面的法律规范；有关各类企业管理的法律规范；有关规范市场行为、维护市场秩序的法律规范，如《物价管理法》《产品质量法》《反不正当竞争法》《消费者权益保护法》等。

5. 劳动法法律部门

劳动法是调整劳动关系以及与劳动关系密切联系的其他关系的法律规范的总和。涉及企事业单位的用工制度，劳动合同的订立和解除，集体合同的签订和执行，工作、休息时间和劳动报酬，安全卫生，劳动纪律和奖励办法等。

6. 科教文卫法法律部门

科教文卫法是调整科学技术、教育、文化、医疗卫生事业以及在科技、教育、文化、医疗卫生活动中所发生的各种社会关系的法律规范的总称。

7. 资源环境保护法法律部门

资源环境保护法，简称环境法，是关于保护环境和自然资源，防治污染和其他公害的法律规范的总称。

8. 刑法法律部门

刑法是规定有关犯罪和刑罚的法律规范的总称。在人们的日常生活中，它是人们最关注的法律之一。

9. 诉讼法法律部门

诉讼法是有关诉讼活动的法律规范的总和，也称诉讼程序法。我国的诉讼法主要由《刑事诉讼法》《民事诉讼法》《行政诉讼法》《仲裁法》等基本法律构成。

10. 军事法法律部门

军事法是有关军事管理和国防建设的法律规范的总称。

第二节　立　法

一、立法的概念

立法概念最普遍的解释至少有四种：第一种观点认为，立法是指一国国家机关，即从中央到地方的各级国家权力机关和行政机关，依据法定权限和程序，制定、修改和废止各种不同的规范性文件的活动。这是对立法最广义的解释。第二种解释认为，立法是指最高国家权力机关及其常设机关，依据法定权限和程序，制定、修改和废止法律这种特定的规范性文件的活动。这是对立法最狭义的解释。第三种观点将立法视为一切有权主体，依据法定权限和程序，制定、修改和废止规范性法律文件的活动。第四种观点认为立法是指从中央到地方享有立法权的国家机关，依据法定权限和程序，制定、修改和废止规范性法律文件的活动。

二、立法的内涵与外延

（一）立法的内涵

立法的内涵，指立法这一事物的本质属性的总和。立法的内涵也就是立法的各种特征的总和。一般的立法概念的内涵，则仅包括作为它的本质属性反映的各种具体立法所具有的共同特征，不包括各种具体立法所独具的特征。

1. 立法是由特定的主体进行的活动

立法是以政权的名义进行的活动。政权机关是由许多不同职能、不同级别、不同层次的专门机关构成的一个体系，不是这个体系中的所有政权机关都有权立法，只有其中特定的权力机关才能立法。这些特定的机关，可以称为有权立法的主体。

2. 立法是依据一定职权进行的活动

不同时代、不同国情下的立法主体，立法职权有大小之别，但它们的立法范围可以，并应当与它们所享有的立法职权的范围相一致，却是共同的。立法主体所以要依自己的立法职权立法，原因主要也在于立法是政权活动中最重要的活动之一。立法主体不依照自己的立法职权立法，就可能超越、滥用职权，或可能不努力行使自己应当行使的职权，就会生出诸多弊端。

3. 立法是依据一定程序进行的活动

立法依据一定程序进行，才能保证立法具有严肃性、权威性和稳定性。

4. 立法是运用一定技术进行的活动

如果不重视立法技术，立法就缺乏科学性，就会带来许多弊端，立法的目的就难以实现。随着法学的发展特别是立法科学的发展，立法技术将会成为立法者和法学家更加重视的问题，那种不讲立法技术，所立的法漏洞百出的情况，将会愈益少见。

5. 立法是制定、认可、修改、补充和废止法的活动

所谓制定法，通常指政权机关所进行的直接立法的活动，如全国人大及其常委会制定法律、同外国缔结条约，国务院制定行政法规，有关地方国家权力机关制定地方性法规。所谓认可法，指国家政权机关所进行的旨在赋予某些习惯、判例、法理、国际条约或其他规范以法的效力的活动。所谓修改、补充和废止法，则指国家政权机关变更现行的国内法、国际法、成文法和不成文法的活动。

（二）立法的外延

研究立法的外延，也就是研究适合于立法概念或范畴的各种立法现象。事物的内涵反映事物的本质，外延则反映事物的现象。

1. 立法是历史的范畴

立法不是从来就有的，也不会永恒存在下去，而是人类社会发展到一定历史阶段才产生和存在的。立法产生后，便要向前发展，在发展过程中，它呈现出历史的阶段性，每一历史时期的立法都有自己的特点。

2. 立法是国情的产物

不仅每一历史阶段都有独具特色的立法，而且在同一历史阶段的不同国家中，立法往往也有种种差别。造成差别的原因即在于国情不同。

3. 立法的种类具有多样化

要把握一般的立法概念，必须研究多样化的立法种类，切忌只注意某一种类或部分种类的立法的特征，而不注意各种类别的立法的特征，避免在立法概念中包括某一种类或某几种类的立法所独有的而其他立法所没有的特征。

三、立法的产生

立法产生至今，已有悠远的岁月。中外历史上所存在的浩如繁星的法律、法典，早就说明了这一点。现在人们已知，在外国，早就有了诸如公元前24世纪西亚的《萨麦法典》，公元前22世纪乌尔第三王朝的《乌尔纳姆法典》，公元前20世纪亚述王朝的《亚述法典》，公元前18世纪巴比伦王朝的《汉谟拉比法典》。在中国，自秦汉至明清，历代封建王朝都有自己的体系庞大的成文法典。中外历史上这些法典，当然不是基于上帝、自然或理性的赐予才降临人类社会的，而是人类的创造物。这种创造就是立法，这种创造的过程就是立法的过程。

有一种说法认为：立法是近代才产生的，“中国立法之发生是由于接受西方民权潮流之激荡……自秦汉以降数千年来法令之更张，制度之兴革，皆缘于君主一人之手，一代之法制，除君主之诏令外，别无法律，自无‘立法’之可言。”这种否认中国在近代社会之前存在立法，把立法仅看作晚近社会现象的说法，在方法论上的错误就在于：它是以近代立法为模式，然后在先前社会寻找这种模式的影子，寻找不到，便得出先前社会没有立法的结论。按照这种说法，也可以说近代之前不存在法，因为近代之前的法，一般也不是由近代社会所产生的议会或其他立法机关制定的，不合乎近代法的模式，也不能称为法。这种说法显然有失偏颇。应当看到，立法的种类、形式或模式如同法的种类、形式或模式一样，是多样化的、丰富多彩的，不能以一种类别、形式或模式的立法作标准，认为凡是不合乎这一标准的就不是立法。

第三节　立法学的研究对象

立法学正是一门具有特定研究对象的学问。这种研究对象，主要是各种立法现象，同时也包括立法规律，以及同立法现象和立法规律相关的种种事物。

一、立法学以各种类别的立法现象为研究对象

（一）立法学研究各种立法主体的立法

立法学既研究专门立法机关的立法，又研究以立法为主要职能或重要职能的国家机关的立法，也研究行使部分立法权、参与部分立法活动的国家机关的立法。

（二）立法学研究各种效力等级的立法

有中央立法与地方立法的区分，有根本法立法与普通法立法的区分，有基本法律立法与非基本法律立法的区分，有法律立法与法规、规章立法的区分，还有其他多种不同效力等级立法的区分。这些不同效力等级的立法现象，立法学都要研究。

（三）立法学研究各种效力范围的立法

除纵向上的效力等级区分之外，立法也有横向的或平面的效力范围的不同。有全国性立法与地区性立法的区分，立法也有本国立法与外国立法的分别。这些不同效力范围的立现象，都是立法学的研究对象。

二、立法学以立法过程中各种立法现象为研究对象

（一）立法学研究立法准备阶段的立法活动

立法准备阶段主要包括：立法预测、编制立法规划、作出立法决策，起草法律草案，以及协调因立法而引起

或者存在的种种关系。立法学要研究在立法准备阶段为什么要开展这项活动，如何开展这些活动，并对这些不同活动的联系与区别进行研究。

（二）立法学研究由法案提出到法的公布阶段的立法活动

经过准备阶段后，立法即进入到由法案到法的阶段。在这一阶段中主要履行如下程序：提出法案、审议法案、表决法案、公布法案等。立法学不仅要对履行这些程序中的各种问题进行研究，还要研究由这些程序而引发的其他问题。这一阶段在立法活动整个过程中处于非常重要的地位，因此，立法学也相应地注重对这一阶段的研究。

（三）立法学研究立法完善阶段的立法活动

当法案变成法后，立法活动并没有终止。因为为了使该法进步一完善，还需要进行一系列的活动，包括：立法解释，法的修改、补充、废止，立法信息反馈，法的清理、汇编和编纂等。随着社会的发展，特别是立法本身的进步，这些具有辅助性质的立法活动显得愈发重要。因此，立法学必须加强对这些立法活动的研究。

（四）立法学研究几乎贯穿整个立法活动过程的立法监督活动

在现代法治社会，立法监督是立法活动实现法治化、民主化以及科学化所不可缺少的重要保障，立法学自然也应当将立法监督作为自己的研究对象。

三、立法学以各种立法规律为研究对象

纷繁复杂的立法现象背后，存在着立法规律。正确认识、把握、运用这些规律，才能正确认识立法现象，有效开展和驾驭立法活动。这些规律不仅指整个立法的一般发展规律，还包括各种立法的发展规律。立法学对这些规律进行研究，既可以为正确认识、把握和运用这些规律提供必要且有益的指导，又能为遵循这些规律来推动立法发展指明清晰的路径。

四、立法学还以与立法现象和立法规律相关的事物为研究对象

立法现象不是孤立的，而是在与其他社会现象发生关联的过程中存在和发展的。立法规律在对立法现象发生作用时，通常也与其他事物及其规律发生联系，立法规律对立法现象发生作用的程度和效果，往往与这种联系的程度和效果密不可分。因此，立法学还要研究与立法现象和立法规律相关的事物，特别是那些联系紧密的事物及其规律。

第四节　立法学的产生和发展

一、立法学的思想渊源和萌芽

立法学是法学体系的一个组成部分，而法学本身在

漫长的历史时期中，曾与哲学、文学、神学特别是政治学结合在一起。中国先秦典籍《尚书》《论语》《商君书》《韩非子》都是既论政又论法，是论政与论法合二而一的。西方第一本系统阐述政治学的著作——亚里士多德的《政治学》，同时也是西方法学的奠基之作。西欧中世纪的意识形态和整个文化领域长期为神学所统治，法学、政治学、哲学又都成为神学的分支。17、18 世纪资产阶级革命时期著名思想家的许多名著，如霍布斯的《利维坦》、洛克的《政府论》、卢梭的《社会契约论》，都既是政治学著作又是法学著作。从希腊人开始到资产阶级革命发生，这期间虽然也曾出现诸如柏拉图的《法律篇》、西塞罗的《法律篇》、盖尤斯的《法学阶梯》、普芬道夫的《法学要论》和《自然法和万民法》、孟德斯鸠的《论法的精神》、布莱克斯东的《英国法释义》等著作，出现罗马职业法学家集团，出现法律学校，出现注释法学派、人文主义法学派、自然法学派，一直到出现一个新的世界观——法学世界观，但这期间法学没有形成今天意义上由许多分支学科组成的、较为固定的体系，因而人们往往认为这期间的法学不是独立的学科。在这种情况下，当然谈不上有体系健全的、独立的、作为法学一个分支的立法学学科。虽然早在希腊时代亚里士多德就曾明确阐述过懂得立法学的必要性和重要性，阐述过获得立法学知识的主要途径，也阐述过立法学同有关学科的关系以及应当如何研究立法学，但是作为学科的立法学，它的形成和发展，还是近代以来的事情。

二、立法学的生长和形成

随着资产阶级法学世界观占据主导地位和资产阶级政权的建立，立法在世界范围内获得大发展。与此同时，人类的科学水平有了很大提高，科学研究的分工得以进一步深入。这些条件终于促使法学完成了同其他学科分离的过程，形成为一门完全独立的、近代意义上的法学学科。这一时期，在西方，古典自然法学派走向衰落，在法学领域逐渐占据主导地位的是哲理法学派、历史法学派和分析法学派，出现了黑格尔的《法哲学原理》，萨维尼的《论立法和法理学的现代使命》《中世纪罗马法史》《现代罗马法制度》，边沁的《道德与立法原理》，奥斯汀的《法理学范围》《法理学讲义》，密尔的《代议制政府》，梅因的《古代法》《古代法和习惯》，戴西的《英宪精义》，胡贝尔的《瑞士私法制度和历史》，耶林的《罗马法的精神》《法律的目的》，霍姆斯的《普通法》等法学名著。这些著作对立法问题作了大量论述，提出了一系列立法观点、原理和原则。

进入 20 世纪后，西方法学获得全面发展，法学家、法学流派、法学名著不断涌现，立法学也相应获得较大进步。至第二次世界大战结束前，西方国家专门的立法学论著已数不胜数。此外，还涌现了大批研究立法问题特别是从中观或微观的角度探讨立法技术的文章，如弗洛恩德的《立法学绪论》、兰蒂斯的《法学院的立法研究》以及其他作者的《法的语言》《法的标点符号》《法案起草》《法的标题的起草》《法案起草须知》《法的修改技术》等。

在中国，从19世纪中叶到第二次世界大战结束前，先是出现了农民革命领袖的立法思想，地主阶级改革派、顽固派和洋务派的立法思想，资产阶级改良派和革命派的立法思想。这些立法思想反映在各派的许多著作中，其中有的是专门或主要论述法学、法或立法问题的著作，如洪仁玕的《资政新篇》《立法制喧谕》，康有为的《请定立宪开国会折》，梁启超的《箴立法家》《论立法权》，严复的《孟德斯鸠法意·按语》，沈家本的《历代刑法考》，章太炎的《原法》《代议然否论》等。之后，也产生了诸如谢振民的《中华民国立法史》、杨幼炯主编的《现代立法问题》等十余本研究立法问题的著作。

自20世纪开始至第二次世界大战结束前，立法学的研究成果除了反映在立法学专著中外，还反映在大量的比较法、宪法和其他部门法学的著作中。到这一时期结束之际，立法大体上完成了它的生长和形成的过程，作为一门独立的、专门的法学学科，在一些国家的法学体系中，获得了相应地位。

第五节 立法学的地位和作用

一、立法学是促进法学理论与实践有效结合的重要学科

立法，实质上就是对国家生活、社会生活作出重大决策，这种决策在过去两千多年的封建专制制度及其阴影之下，历来总是那些统治者的专利，不容一般人过问，更不容人们自由地研究和阐释。生活在这种制度下的人们，大多对参与决策也自然地表现出麻木以至厌弃。旧制度覆灭后，其代表的传统并没有随即逝去。即便是法律家和法学家，如若不能真切地明辨自己的研究和参与立法，与法治、与国家、与社会、与民众，以及与自己的真正联系，其法律观缺乏真正的民主素质，并没有自觉地与旧的法律观廓清界限，他们对立法和立法学说同样是难能牵挂在怀，更谈不上予以重视的。

二、建设和发展立法学是发展中国法学体系所必需

立法学是整个法学体系的一个重要组成部分。法治和法学的产生和发展，以立法的发展和对立法的研究为前提。没有立法的发展便没有法治的发展，没有立法学的发展便不可能有法学体系的真正完善。所以，立法学在整个法学体系中占有重要地位。立法学作为法学体系中的一个重要组成部分，与法理学、法史学等学科密切

相连。

我国法学事业在历经了种种磨难后，近几十年来得到了较快地发展。特别是近些年来，很多新兴学科在法学领域开始崛起，立法学就是其中之一。但作为一门新学科，立法学的研究还比较薄弱，立法学著作亟待丰富。而我们要健全法学体系，改变法学体系内部不协调的现状，就必须要加强对立法的研究，建设和发展我国的立法学。

第一章 立法的本质、作用和发展

第一节 立法的本质

立法的本质实际上就是法的本质在立法活动中的体现。所以，我国法理学中以马克思主义法学为指导所揭示的关于法的本质的原理，完全适用于我们对立法本质的认识。当然，由于立法活动在整个法律上层建筑中所处的地位和阶段不同，所以其本质又有一些特殊的表现。根据马克思主义法学的观点，可以从以下几方面来认识立法的本质问题。

一、立法是统治阶级通过国家机关将自己的共同意志转化为国家意志的过程

马克思主义法学认为，法是由一定社会的物质生活条件决定的，是统治阶级的共同意志的体现。根据这一原理，立法在本质上就是统治阶级通过国家机关将自己的共同意志转化为国家意志、上升为法律的过程。

从现象和形式方面看，立法是按照法定的职权和程

序制定法律规范的国家专有的活动。而从本质内容方面分析，立法是借助国家机关的形式，实现统治阶级的共同意志的活动，是分配、取舍和协调各种利益的过程。

立法的阶级本质表明了立法并非单纯是程序性的、技术性的国家活动，而是具有明确的目的性和倾向性的阶级活动。因为，在立法中必然要涉及阶级矛盾、阶级斗争、阶级统治等重大问题。虽然立法的直接动因是将一定的社会关系纳入法律调整的范围，但是更为根本的原因是要将统治阶级的共同意志和整体利益上升为法律的要求和规定。因此，正确认识立法的这种阶级本质，是一个根本的方向性问题。如果在这个问题上认识模糊，就不可能认清资本主义国家立法的资产阶级本质，也不可能在社会主义立法活动中自觉地反映工人阶级领导的广大人民群众的共同意志和整体利益。

在立法活动中，可以看到的一个简单事实：实行君主专制或寡头政治的国家在形式和程序上，法律是由君主一人或少数寡头制定的，或是以他们的名义制定的，法律似乎是君主或少数寡头个人意志的产物。但是在实质上，他们所制定或批准的法律，必须体现以他们为代表的统治阶级的共同意志和整体利益。否则，这些法律将难以实施。在资本主义国家，法律是由通过选举产生的所谓代表多数人的代议制机关制定的；在形式和程序上，法律的生效要经过这些机关的通过或批准，要反映组成这些机关的人员的意志。但是在实质上，组成这些机关的人员的意志，并不单纯是他们个人的意志，而是他们所属的阶级、阶层和集团的共同意志。如果不是这样，他们也就丧失了资产阶级代表人的资格。社会主义国家的立法也遵循同样的道理。在我国，人民群众通过民主选举产生各级国家权力机关，组成权力机关的代表或委员必须按照广大人民群众的共同意愿和根本利益，通过或批准有关法律。从立法是统治阶级通过国家机关将自己的共同意志转化为国家意志的过程的观点出发，我们就可以理解为什么我国的立法应当体现人民的意志，发扬社会主义民主，保障人民通过多种途径参与立法活动，即必须坚持民主立法的原则。

二、社会物质生活条件是进行立法活动的最终决定因素

法是一种国家意志，是上升为法律的统治阶级共同意志的体现。马克思主义法学认为，法最终是以社会，而不是以意志为基础的，社会物质生活条件是人们进行立法活动的最终决定因素。

社会物质生活条件的含义比较广泛，主要包括三方面的内容：地理环境、人口状况和物质生产方式。其中，物质生产方式是社会发展的决定力量。马克思和恩格斯在创立唯物史观时所讲的社会物质生活条件，主要是指生产方式，即生产力与生产关系的统一，同时也包括生产和运输的全部技术、经济关系赖以发展的地理基础、由过去沿袭下来的先前各经济发展阶段的残余，以及围

绕这一社会形式的外部环境等。恩格斯还认为，人类自身的生产也属于生产的范畴。社会物质生产方式作为最终决定立法活动的因素表现为：生产力对包括立法在内的各种法律现象具有最终的决定作用，但是这种作用必须以经济基础为中介；经济基础直接决定立法的产生、性质和发展变化。从这一意义讲，立法应当是对客观存在的现实生产关系的反映，任何人都不可能脱离一定生产方式的制约而随心所欲地立法。不仅那些在现实生活中直接调整生产、交换、分配、消费等各种经济关系的法律，要由当时社会的经济状况和经济关系的实际内容决定，就是那些政治性很强的距离具体经济生活较远的法律，如规定国家性质、政治制度、国家机关的组织和职权的法律，也必须符合经济状况和经济关系的要求。正如马克思所说："无论是政治的立法或市民的立法，都只是表明和记载经济关系的要求而已。"因此，在我国进行各种立法活动，应当综合考虑生产力和生产关系的统一、生产的物质技术装备和水平、科学技术、地理环境和人口状况等社会物质生活条件的根本制约问题。这就要求我们的立法工作不仅要以经济建设为中心，还要坚持实事求是、一切从实际出发的立法原则，从我国的具体国情出发，从社会主义现代化建设和改革开放的实际出发。

三、经济以外的其他因素对立法活动的影响

经济以外的其他因素的范围很广泛，主要包括政治、思想、道德、文化、历史传统、民族、宗教、艺术，等等。马克思主义法学肯定经济条件对立法的最终决定作用，但是否定经济是法律产生和发展的唯一决定因素的观点。恩格斯说："政治、法、哲学、宗教、文学、艺术等等的发展是以经济发展为基础的。但是，它们又都互相作用并对经济基础发生作用。并非只有经济状况才是原因，才是积极的，其余一切都不过是消极的结果。这是在归根到底总是得到实现的经济必然性的基础上的互相作用。"因此，对于立法的本质还应当从以下几个方面来进行认识。

第一，要考虑到包括法律本身在内的经济以外的其他因素的互相影响，以及这些因素对经济的反作用。这是在经济因素起决定作用的条件下，其他各种因素的互相作用和反作用。社会历史的发展是一种合力，人们在进行立法时需要综合研究构成合力的各种因素。

第二，不同的国家，虽然就经济发展水平和经济制度而言可能大体是相同的，但是它们的法律却是千差万别的。例如，分别属于大陆法系和英美法系的发达资本主义国家的法律制度就有很大差别，这是经济以外的其他因素特别是历史传统影响的全结果。

第三，在承认经济第一性、法律第二性的前提下，

要看到法律对经济的反作用。科学、合理、正确地立法，可以建立、巩固和完善我国的社会主义市场经济和民主政治的体制和秩序。

四、立法活动本身有自己的规律、体系和理论

恩格斯说："'法的发展'的进程大部分只在于首先设法消除那些由于将经济关系直接翻译成法律原则而产生的矛盾，建立和谐的法的体系，然后是经济进一步发展的影响和强制力又一再突破这个体系，并使它陷入新的矛盾（这里暂时只谈民法）。"所以，立法与经济发展的关系是一个前者既反映又不能完全反映后者的过程，是矛盾与和谐交替发展的过程。因此，立法时要注意保持法律体系的统一和协调，而且任何立法都不可能是一劳永逸的，必须根据实际的发展及时进行修改、补充和废止。

按照马克思主义法学的观点，任何国家的各种现行法律规范虽然可能涉及社会生活的各个层面，在内容上各不相同，在形式上多种多样，但是在整体上应当是相互联系、彼此协调、内在统一的。所以，在立法中应当十分注意保持我国法律体系的整体统一性和协调性，既要注意保持法律内容的统一和协调，又要注意保持法律形式的统一和协调。

法律体系是社会上层建筑的组成部分，是立法者自觉的有目的活动的结果。在法律体系的形成过程中，必

然渗透着立法者的世界观，经济、政治、社会的目的，以及法律意识、立法技术等主观因素。我国的法律体系是建立在不以立法者的主观意志为转移的社会主义生产方式基础上的，要体现工人阶级领导的广大人民群众的共同意志和根本利益，要担负社会主义现代化建设和改革开放事业的共同任务。所以，立法必须符合我国社会发展的客观要求和法律本身的固有规律，这就从根本上决定了我国法律体系必须是统一和协调的。立法者只有在充分认识和尊重客观规律的基础上，使主观符合客观，达到二者的统一，才可能形成统一和协调的法律体系。

第二节　立法的作用

一、立法的规范作用

（一）立法的指引作用

立法的指引作用是指通过立法活动，国家可以为法律关系主体的行为提供法定的模式。与法的指引方式一样，立法是通过授权性规范、义务性规范和禁止性规范，为法律关系主体提供可以做什么、应当做什么和不应当做什么的行为模式。不同的是，立法只能提供规范意义的指引，即通过一般或普遍的法律规定对一般或者普遍的法律关系主体的行为进行概括的、反复适用的指引，而从更广泛的意义讲，法不仅可以提供规范意义的指引，还可以提供个别意义的指引，即通过法律适用活动对特定的法律关系主体的行为进行具体的、一次适用的指引。

（二）立法的预测作用

立法的预测作用是指通过立法活动，国家可以使法律关系主体预先估计到自己或他人的行为所导致的法律后果。通过立法进行的预测对于法律的遵守和适用具有重要的意义，因为法律关系主体无论是预测到肯定性的法律后果，还是预测到否定性的法律后果，都会对自己或他人的行为产生积极影响。但是立法进行的预测往往是不太确定的，特别是当一个新法律刚刚颁布和生效时，人们的行为在法律调整中具体会导致什么法律后果，还有待于法律关系主体从行政机关或司法机关的法律适用活动中进一步加以预测。

（三）立法的强制作用

立法的强制作用是指通过立法活动，国家可以运用国家强制力迫使法律关系主体遵守上升为法律的各种规则，制裁违法犯罪行为。立法是以军队、警察、法庭、监狱等有组织的国家暴力机关为后盾的，如果没有这种强制力，立法就变得毫无意义。立法的强制力具有更明显的潜在性和间接性。也就是说，立法只是保持着强制的可能性，而不是实际的强制；只有在发生违法犯罪时，立法的强制职能才会通过法律适用活动表现出来。

（四）立法的评价作用

立法的评价作用是指通过立法活动，国家可以为判断、衡量法律主体行为合法或违法，提供法律上的尺度或标准。立法进行评价的是任何法律关系主体；立法评价的客体是一般或普遍的法律关系主体的一定行为，这就意味着它只对行为而不对思想进行评价。同样，立法评价的尺度或标准也是合法与不合法、违法与不违法。这两种尺度或标准并不是完全等同的。对于国家机关及其公职人员来说，其职务活动必须要有法律上的根据，即必须“依法立法”“依法行政”“依法司法”，所以判断、衡量其公职行为的尺度或标准是合法与不合法；不合法就要承担相应的法律责任。对于公民、法人和其他社会组织来说，其各种活动不能违反法律的规定，所以判断、衡量其行为的标准或尺度是违法与不违法。立法提供的评价不一定就是发生法律效力的评价。因为具体到特定的行为是否合法或违法，有时还需要由有关国家机关通过法律适用活动作出具有法律效力的评价，而立法却无法作出这样的评价。

（五）立法的教育作用

立法的教育作用是指通过立法活动，国家可以引导法律关系主体依法行为，提高法律意识。法律一旦被制定出来，对法律关系主体而言，它就是一种客观存在，人们可以通过对它的了解、知悉和研究，从中受到教育，从而影响自己的行为。而立法的教育性不一定是实际的。法可以通过实际上对各种违法犯罪的制裁，对各种合法行为的允许、保护甚至是奖励，使违犯罪者和一般社会成员从中受到教育，而立法则不担负这样的任务。

二、立法的社会作用

法理学在分析法的作用时，通常都从经济、政治和文化等角度指出法的指引、评价、预测、教育和强制等职能是如何发生影响，从而使社会生活实际形成法定的发展方向、范围和秩序的。立法作为法的运行的重要组成部分和过程，同样也会产生相同的社会作用。例如，立法在经济方面可以确立一定的经济制度，调整一定的经济关系，从而促进经济的发展；立法在政治方面可以确立一定的国家制度，组织相应的国家机构，从而保障民主的发展；立法在文化方面可以保障和促进教育科学文化事业和思想道德建设的发展。又如，在上述三方面，立法又可以引导、确认改革和对外开放的进行。所以，完全可以从法的社会作用的各方面来说明和理解立法的社会作用。

当立法在社会生活中发挥作用时，也有与法的社会作用不同之处。简单地说，法的社会作用体现在法的运行的全过程中，在法的创制、法的实施和法的实现中，人们都可以感觉到法的作用，这种影响既包括“应然”的，即法应当有什么作用，也包括“实然”的，即法实际起到了什么作用。而立法的社会作用只是法在创制过程中对社会发生的影响，因此这种作用主要是“应然”的。而与此同时，法与法的实施和实现又是紧密相连的。在法的运行过程中，立法是法的实施和实现的前提和依据，法的实施和实现则是立法的直接目的和结果。立法的实质就在于要在法律规范中规定抽象的权利和义务，为其在法的实施和实现中转化为人们现实生活中的具体权利和义务关系，并且再转化为享受权利和承担义务的行为创造条件。从这一意义讲，立法在社会生活中与法的实施和实现具有同样重要的作用。下面从立法对一个国家的法治状况的影响方面来对其社会作用进行一些分析。

第一，判断一个国家是否是法治国家，不仅要看它是否有完备的法律体系，更要看它的法律体系是否科学、合理、符合本国的国情。这是法治对立法活动的形式要求和实质要求，也是立法的社会作用的规范性和公正性的体现。一个国家“有法必依，执法必严，违法必究”，前提是要“有法可依”，基础是要有“良法”。目前，我国以宪法为核心的中国特色社会主义法律体系已经初步形成。党的十五大提出，到2010年要形成有中国特色的社会主义法律体系。党的十六大继续提出：“适应社会主义市场经济发展、社会全面进步和加入世贸组织的新形势，加强立法工作，提高立法质量，到2010年形成中国特色社会主义法律体系。”2003年3月召开的十届人大常委会一次会议提出，本届人大及其常委会要争取基本形成中国特色社会主义法律体系。所以，我国立法的社会作用之一就是应当以“一个中心，两个基本点”为指导，从国家整体利益出发，体现人民的意志；从我国的实际出发，要为推进依法治国、建设社会主义法治国家基本方略的实施提供前提和奠定基础。

第二，要科学、合理、民主地进行立法活动，还必须使立法活动法制化。这是法治对立法活动的规范要求，也是立法的社会作用的制度性的体现。也就是说，我国在形成有中国特色社会主义法律体系的过程中，还要依照法定的权限和程序，维护社会主义法制的统一和尊严。立法的社会作用之一就是要为推进依法治国、建设社会主义法治国家基本方略的实施创造制度环境。

第三，立法本身也是一种文化现象，是法律文化的重要组成部分。所以，要提高立法工作的效率和质量，还必须重视立法技术问题。这是法治对立法活动的文化要求。在形成有中国特色社会主义法律体系的过程中，要以马克思列宁主义、毛泽东思想和邓小平理论为指导，要立足于中国现实，要批判地吸收、融合、借鉴和移植中华民族传统法律文化和外国法律文化中一切有益的立法技术、制度和价值观念。这也是我国立法作为法律文化的社会作用在社会主义文化领域的体现。

第三节　不同类型国家立法的发展

迄今为止，人类社会先后出现了四种历史类型的法。与此适应也产生四种历史类型的立法，即奴隶制立法、封建制立法、资本主义立法和社会主义立法。它们依次更替，在更替的过程中实现立法的历史发展。

一、奴隶制国家的立法

世界上许多民族都经历了奴隶制社会的发展阶段，奴隶制国家的立法是人类历史上出现最早的立法。这种类型的立法是在原始社会解体、奴隶制生产方式形成以后，伴随着奴隶制国家的产生而出现的。而且，许多奴隶制国家也都经历了从认可习惯法到制定成文法的发展过程。

（一）奴隶制立法的产生、本质和特征

最早出现的奴隶制立法是古东方的立法。早在公元前3100年，埃及第一个法老美尼斯国王在统一上下埃及后就进行了立法。之后在西亚两河流域出现楔形文字铭刻的成文法，如《乌尔纳姆法典》《汉谟拉比法典》，后者是迄今所发现的最古老的成文法典中保存得最完整的一部。中国古代典籍中有“夏有乱政，而作禹刑”和“夏刑三千条”之类的记载，据此人们推定中国早在距

今4000年前就已有成文立法。古希腊从公元前7世纪开始进入成文法阶段，西方奴隶制立法的产生比东方晚3000多年。诸多成文立法活动中，德拉古立法和梭伦立法尤为著名。稍后出现的罗马立法，在奴隶制立法中最为发达，产生了如公元前5世纪的《十二铜表法》、公元6世纪的《查士丁尼国法大全》这些重要的法律，特别是《国法大全》的产生，标志着罗马立法达到鼎盛时期。

各奴隶制国家立法的指导思想与其经济制度和政治制度是一致的。古东方奴隶制国家立法指导思想的特点是：利用神权为以君主为代表的奴隶主阶级的经济统治、政治统治和文化统治服务。例如，我国夏、商、周时期的关于君主是“受命于天”和立法是“代天行罚”等思想，赋予了奴隶主阶级的统治以神圣不可侵犯的绝对权威。西方奴隶制国家立法指导思想的特点是：以自然法理论为奴隶制度进行辩护。例如，继亚里士多德之后进一步提出自然法思想的斯多葛学派认为，自然法代表神的理性和意志，是普遍适用的，高于一切城邦法律之上。这种思想依附于神学，强调人的义务，后来传入罗马，对罗马法的蓬勃发展起了很大的促进作用。

维护奴隶制生产关系和奴隶主阶级的统治秩序，体现奴隶主阶级意志，是所有奴隶制立法最重要的本质特征。奴隶制立法在经济上不仅确认奴隶主的土地和财产的私有制，而且还确认奴隶主对奴隶人身的占有、使用和买卖，有生杀予夺的权利。也就是说，在法律上，奴隶不是法律关系的主体，而是法律关系的客体。由于奴隶制国家普遍实行君主或贵族的专制制度，所以奴隶制立法在政治上严格维护君主的无上权力，维护贵族即奴隶主的特权，规定不同等级和身份的人享有不同的权利并履行不同的义务；采用严酷的刑罚来惩罚奴隶的反抗和其他危害统治秩序的行为。同时，在奴隶制国家的立法中，还较长时期地保留了符合奴隶主阶级利益的原始社会的某些行为规范的遗迹。另外，立法中染有浓厚的神权色彩、宗教色彩，这也是奴隶制立法的一个特点。

（二）奴隶制国家立法制度

奴隶制国家立法权一般由君主独掌，法由君主制定或废除，君主的命令就是法。有的君主还以有名的立法者的身份留名史册，如公元前8世纪埃及第二十四王朝最后一个国王博克霍利斯就被认为是一个了不起的立法者。当然，在雅典民主共和国和罗马的共和时期等少数情况下，立法权不属于个人。由于立法权大都由君主独掌，奴隶制国家在君主之外，大都无独立的立法机关和固定的或严格的立法程序。君主也可以随时打破立法常例。

总之，奴隶制国家的立法制度各有不同，但是其共同点就是立法权通常都集中于君主一人之身，立法过程无法定的程序可言，所以立法活动不可能达到法治的程度。这是由奴隶制国家的专制性质决定的。但是，古东方奴隶制国家与西方奴隶制国家的立法制度也有一些差别。

在古东方奴隶制国家中，一直实行由君主独揽立法权的专制立法制度，对君主行使立法权无任何限制，立法完全依君主的意志而定，而且往往以假借天命作为立法的形式。而在西方奴隶制国家，如古希腊的雅典，由于实行奴隶制的民主政体，所以在立法制度方面，设置有最高权力机关——民众大会，它有权制定、修改法律和订立条约；还设置有 500 人会议和陪审法院。成年的雅典男性公臣民（自由人）都能参加民众大会并提交立法议案，议案通常先由 500 人会议作出结论，再由民众大会进行讨论、辩论和表决。经表决通过的立法议案还需陪审法院最后审查认可才能正式成为法律。这种立法制度为后来西方资本主义国家的立法制度提供了启示和样本。

（三）奴隶制国家立法技术

奴隶制立法经历了由认可习惯法到制定成文法的长期演变过程。开始是把原始社会遗留下来的、现实社会中新产生的那些对统治者有用的习惯，由国家认可，使其成为习惯法。后来随着统治经验的丰富、调整社会关系的需要，在认可习惯法的基础上，逐渐发展为制定成文法。除成文法外，君主的命令一般也是法。罗马时期，成文法的形式包括五种：① 民众大会制定的法；② 最高裁判官（行政长官）发布的告示；③ 元老院的决议；④ 皇帝的敕令；⑤ 有关法学家的法学著作。

奴隶制法的体系是简单的，绝大多数是刑民不分、实体法与程序法不分。法的体系发展很不平衡：首先是刑法、民法不平衡，如罗马的商品经济相当发展，它的民事立法也相应地颇为发达；中国奴隶制时期，商品经济很不发达，法的规范则主要是刑事规范。其次，不平衡也表现在不同国家的法的体系之间，罗马已出现后来被广为效法的公法与私法之分、市民法与万民法之分，但大多数奴隶制国家没有这些划分。

在法典编纂方面，有些奴隶制国家的立法技术达到了较高的水平。例如，古巴比伦国家制定的《汉谟拉比法典》，保持了两河流域成文法典的传统和风格，在内容和编纂技术上都比过去有所提高。该法典由序言、正文和结语三部分组成，文字表述细密而简洁。法典的序言语言丰富，辞藻华丽，称颂了汉谟拉比的丰功伟绩，并宣称他是按照神的旨意颁布这一法典的。法典的正文涉及古巴比伦社会生活的许多方面，较全面地调整了当时的一些重大社会关系。法典的结语告诫后继的国王必须遵守这部法典，否则一切灾祸将降临其身。但是，《汉谟拉比法典》主要还不是抽象的规范，而只是具体案件的解决办法，实际上是司法判例的汇编。《汉谟拉比法典》在立法技术上对后来西亚的立法产生了很大影响，由此形成了所谓的楔形文字法系。古罗马的《查士丁尼民法大全》在立法技术发展史上更占有重要地位。古罗马皇帝查士丁尼在位期间命令，系统搜集古罗马的全部法律和历代法学家的著述，在整理、审订、修改、补充、删除的基础上，编纂了12卷的《查士丁尼法典》、4卷的《查士丁尼法学总论》、50卷的《查士丁尼学说汇编》和《查士丁尼新律》。这四部法典到中世纪被合称为《查士丁尼民法大全》（或《国法大全》）。《查士丁尼民法大全》的编纂表明古罗马的立法技术水平是很高的，其优点是能够适应商品经济发展的客观要求，并不断对法律进行修改和补充，将立法与法学研究紧密结合，从而抽象出法律的原则、规范和概念；法律用语也比较严格。特别是罗马法采取的公法和私法的分类，后来为欧洲大陆法系国家对法律体系进行基本分类和划分法律部门奠定了理论基础。

在奴隶制国家的法律渊源中，除了综合的法典外，君主的命令一般也是法律。在西方奴隶制国家中，法律渊源更是多样。法律渊源的多样化，从侧面也说明了法律对社会生活调整的日益重要和立法技术的不断发展。

二、封建制国家的立法

（一）封建制国家立法的产生、本质和特征

世界上大多数民族都经历过封建制社会的发展阶段。

封建制国家的立法是在奴隶社会灭亡、封建制生产方式形成以后，伴随着封建制国家的产生而出现的。这种历史类型的立法在许多国家历时比较长久，在历史上也有重要影响。在欧洲，从公元3—5世纪西罗马帝国的灭亡到17、18世纪资产阶级革命的胜利，封建制立法存在了1400多年。在中国，从战国七雄争霸到辛亥革命推翻清王朝，封建制立法持续了2000多年。

在世界封建制立法史上，中国封建制的立法不仅开始最早，而且历时最长，形成了独具特色的中华法系，在世界立法史中占有极为重要的地位。从战国之际李悝编纂《法经》，直至封建社会末期的《大清律例》的制定，在长达2000多年的时间里，中国的历朝历代不仅有自己的立法，而且从秦朝开始都编纂有统一的、系统的"律"，较好地调整了以自然经济为基础的各种社会关系。特别是唐朝永徽年间制定的《唐律》，堪称中华法系的代表和楷模。《唐律》不仅对中国后世产生了深远的影响，而且还传到国外，当时日本、朝鲜、越南等国家的法律，大多是对《唐律》的模仿。但西方封建制立法比希腊罗马时代的奴隶制立法在世界立法史上的地位，却差之颇远。比较有影响的法典，有公元5—6世纪法兰克国的《萨利克法典》，7—11世纪英国的《盎格鲁·撒克逊法》，12世纪罗马天主教会的《格拉奇教令》，13世纪法国的《诺曼底大习惯法典》和德国的《撒克逊习惯法典》，16世纪末罗马天主教会的《教会法大全》，还有俄罗斯的《罗斯真理》。在亚洲，阿拉伯的《古兰经》也是有影响的。在8—9世纪阿拉伯帝国全盛时期，东起印度河流域，西临大西洋，从喜马拉雅山麓到地中海沿岸，在这一广大地区都实行伊斯兰法。

封建制国家的立法，虽然因国家和发展阶段的不同而各具不同特点，但是它们又具有一些共同的本质特点：在经济上确认封建制的生产方式和政治上维护封建地主阶级的统治。封建制立法在经济上不仅保护地主阶级的土地私有制，而且还不同程度地保留了农奴对封建主的人身依附关系的规定。在国家和社会生活确认封建等级制度，维护封建地主阶级的特权。君主在国家中是最大的地主，高踞于封建等级的顶端，在经济、政治和法律上具有至高无上的权威。其他封建主则按照占有土地、财产的多少和掌握权力的大小来确定特权，形成了自上而下的金字塔形的等级系统。封建制国家的立法还规定了较为严酷的刑罚来惩罚对封建社会关系和社会秩序的反抗行为。此外，在一些国家的立法中，宗教教义和某些伦理规范还成为法的重要组成部分。

封建制国家立法的指导思想在共同维护封建的经济、政治和社会制度的基础上，也有明显的差异。在中国，除了在封建社会前期的法家学说产生过重要影响外，在长期的封建社会中，儒家学说一直居于统治地位，成为正统的法律思想。这种法律思想将儒家经典和宗教神学相结合，将地上君权与天上神权相结合，通过政权的力量，使其成为政治、社会甚至家庭生活的最高准则，也成为立法的思想理论基础。封建儒家正统法律思想的基本内容和特点是：天人合一，法自君出，即人间的君主是上天的代表，所以君主一言可以为天下法，一言也可以废天下法，还可以在法外施恩或法外加刑；礼律结合，法有差等，即把封建礼仪规定在法律中，使“君为臣纲、父为子纲、夫为妻纲”和“贵贱、亲疏、尊卑、上下、长幼”等纲常礼教成为法律的基本组成部分；德主刑辅，先教后刑，即强调道德教化在治理国家中的主导地位，将法律只作为辅助的手段。

欧洲封建制立法的指导思想与中国有所不同。首先，对于维护君权和宗法制度，不如中国封建制立法那样突出和重要。其次，基督教的神学思想居于垄断地位，在许多情况下以基督教的教义来指导法律的制定，甚至代替法律。最后，从中世纪后期开始，随着资本主义因素在欧洲封建社会内部的出现和成长，在立法中也出现了一些反映资本主义生产关系的规定，所以使能够较好调整商品经济关系的罗马法在欧洲大陆得到了广泛的传播。而在中国2000多年的封建社会中，自然经济一直占统治地位，不仅难以产生反映商品经济关系的立法，而且也不会出现此类的立法思想。

（二）封建制国家立法制度

封建制国家的立法制度较奴隶制国家更为复杂，相互间的差异也更大。这是因为，各国不仅在经济、政治、文化等方面的发展越来越各具特点，从而影响到立法制度，而且立法制度本身也开始沿着完全不同的方向发展。一般来说，在君主专制的中央集权国家，立法权仍然集中于君主手中；在封建割据的国家，立法权则由割据的诸侯所掌握。在这两种情况下，君主或诸侯都拥有绝对的立法权，因而一般不设立专门的立法机关，也不会规定严格的立法程序。在宗教势力比较强大的国家，宗教权力和世俗权力对立法权的争夺，对立法制度产生了极大的影响。特别是在政教合一的国家，立法制度完全取决于宗教经典的规定，也就无所谓立法的程序。在有些实行等级君主制的国家中，立法权发展为分别由君主与贵族、教士或骑士和市民代表组成的机关行使。由此形成了某些立法的程序，但是并没有得到严格遵守。

中国在秦统一全国前，各诸侯国都实行君主专制下的立法制度。秦统一中国后，除间或出现过几次短期的分裂或割据外，一直是中央集权的君主专制，全国的立法制度也一直是统一的。这种建立在君主专制基础上的立法制度，将最高的国家立法权赋予皇帝，在法律上没有任何限制。一切法的制定、认可、修改或废止，都由皇帝决定，都以皇帝的名义发布。从历朝历代编纂“律”的过程和情况看，也未形成可供参与立法者遵循的程序，而全凭皇帝的旨意。应该说，在中国和其他采用君主专制的国家中，立法制度的发展与奴隶制时期相比在形式上并没有质的变化。

（三）封建制国家立法技术

由于封建制国家的情况复杂，立法制度有很大差异，所以立法技术也分别是循着不同途径发展的。

应当说，中国封建制国家的立法在人类立法史占有重要地位，是封建制国家立法最高成就的体现，为后世提供了宝贵的立法经验。中国封建社会历朝历代对各种法律的制定、修改、编纂和汇编，不仅体系庞大、体例严谨、文字精当，而且具有统一性、多样性和完整性等特点。从中华法系既重视成文法的制定，又注意用判例作为一种法律渊源来弥补成文法的不足看，它兼具大陆法系和英美法系的优点，是法律文化发展中的一种独特的立法技术。以中国为代表的中央集权的封建专制国家，在法典编纂方面，基本上还是沿袭奴隶制时期的民刑不分、实体与程序不分的综合法典形式，以律作为最重要的法律渊源。到隋唐以后，其他法律渊源进一步发展和完善，除了律之外，还有令、格、式、例、比等。对于它们之间的区别，古籍中的解释不尽相同。大体来说，律主要是刑事法律规范，同时涉及民事、婚姻、诉讼等方面的法律规范；“令”是关于国家体制和基本制度的法律规范；“格”是国家机关和官员日常据以办事的行政法律规范；“式”是国家机关公文程序的行政法律规范；“例”是作为判案依据的判例、事例、成案；“比”是律令无正式条文规定时援引类似条文及过去判例进行判案的法律规定。当然，上述各种法律渊源在各朝代的地位是不完全一样的，也不是一直存在的。例如，明清两代均将格定于会典中，不另行定格。在清朝，“例”的作用和效力甚至高于“律”，因为从雍正五年（1727 年）颁行《大清律集解》起，律文便被确认为子孙世守的成法，不再修改，而只是因时制宜，随时纂“例”，来补充和修改律的不足。此外，在中国封建社会，皇帝的敕令一直是最重要的法律渊源之一。例如在宋朝，皇帝颁发的敕令成了最常用的法律形式，编敕也成了最经常、最重要的立法活动。

欧洲封建制国家的立法并不统一，立法制度也更为复杂多样，所以立法技术也不尽相同。欧洲封建制国家立法技术的重要成果之一，就是为大陆法系和英美法系的产生和形成，分别从编纂法典和认可判例方面奠定了法律文化的基础。

三、资本主义国家的立法

（一）资本主义立法的产生、本质和特征

在西欧封建社会的中后期，开始出现了一些资本主义经济因素。这些因素反映到法律领域，就是在封建制法中出现了一些带有资本主义因素的立法，严格或完全意义上的资本主义立法，是在资产阶级通过革命取得政

权、建立了资本主义国家后才开始的。

英国是资产阶级革命爆发最早的国家，其特点是以资产阶级和封建贵族的妥协而告结束。经过长达几十年的政治斗争，英国国会于1689年宣布威廉为辱国王，英国政权掌握在资产阶级新贵族手中，从此资产阶级的君主立宪制逐渐确立。英国资产阶级的君主立宪制度的真正确立还经过了较长时期，直到18世纪上半叶至19世纪初，才完全形成了国王“统而不治”的“虚位国家元首制”、议会内阁制的政府权力结构及其运行机制和政党政治的模式。17、18世纪，英国秉承自己的判例法传统，没有对法律形式和司法体系作重大改革，而主要是对封建的普通法和衡平法进行逐步调整，作出新的解释，以适应资本主义经济、政治制度和社会生活的需要。从19世纪上半叶开始，随着资本主义代议制民主政治的逐步发展和完善，以“议会至上”为原则的立法体制得以确立，制定法在英国的地位也开始高于判例法。

美国的资产阶级革命是1776年通过摆脱英国殖民统治的独立战争进行的，也是比较彻底的。在独立战争时期，有些州禁止适用英国判例法，联邦和各州还分别制定成文宪法，表示与英国法传统的决裂。但是，独立战争胜利后，特别是进入19世纪以后，美国又开始接受英国法传统，宣布可以以英国法为依据。当然，各州明文规定或实际上采用的只是适合美国条件的英国法。

从19世纪起，德国开始工业革命，推动了资本主义的发展。直至1871年利用普法战争的胜利，统一了全德国。德国统一后，开始在普鲁士原有法律的基础上制定全德统一的法律。如1871年颁布了《刑法典》、1877年颁布了《法院组织法》《民事诉讼法》《刑事诉讼法》《破产法》等。资产阶级经过20多年的准备和与普鲁士贵族的斗争，于1896年颁布《民法典》，于1897年颁布《商法典》，使公法和私法的统一得以完成。

法国大革命是最为彻底的资产阶级革命。1789年法国大革命的风暴不仅将国王路易十六送上了断头台，完全摧毁了封建专制的政治制度，而且也彻底否定了封建制的法律体系和法律原则。在19世纪70年代以前，虽然封建王朝有过几次短期的复辟，但是资产阶级基本上是掌握政权的。特别是在法律领域，拿破仑在19世纪初及时恰当地将法国大革命的胜利成果以法律形式固定了下来，对于资本主义经济制度的巩固和发展，防止封建制度的复辟，起到了重大的作用。拿破仑亲自主持制定或审订的民法、刑法、商法、刑事诉讼法、民事诉讼法等，统称《拿破仑法典》，对于法国的法律体系是根本的改革，其影响遍及欧洲大陆和其他几大洲。

资本主义国家立法的产生过程和特点虽然各不相同，但是又都具有某些共同的本质特征，即在经济上确认资本主义的生产方式和政治上维护资产阶级的统治。具体地说，资本主义国家立法的本质特征和指导思想主要体现在下述基本原则中。

第一，私有财产神圣不可侵犯的原则。根据这一原则，人们对属于自己的财产拥有占有、使用、收益和处分的绝对权利。非经所有权人的许可，任何人不得干涉其财产权的行使；非经合法认定的公共需要和公平的赔偿，任何人的财产不受剥夺。当然，在资本主义国家，由于主要的社会财富掌握在少数人手中，所以这一原则的真正受益者是富人。

第二，契约自由的原则。根据这一原则，人人都具有独立的法律人格，人与人之间的关系建立在依据自由意志订立的契约的基础上，人们不仅可以在法律的范围内自主地处分自己的利益和权利，而且交往各方在合意的条件下可以建立或改变彼此间的权利和义务关系，即使国家也不能随意干涉。

第三，实行三权分立的代议制民主政治的原则。根据这一原则，要在普选基础上产生代议制的政权，所以立法要确认每个公民有参政的权利，要以民主的方式、按照民主的原则产生议会和其他国家机三关；要实行立法、行政和司法三权相互分立、相互平衡、相互制约的政治制度，所以立法要保证以权力制约权力，防止国家权力被滥用。在资本主义国家，实际上仍然是资产阶级专政，真正掌握政权的还是少数人。

第四，维护资产阶级的自由、平等和人权的原则。根据这一原则，人人生来是而且始终是自由平等的，在法律上都处于平等的地位，在形式上都享有平等的自由；

这种平等和自由，加上民主，又可以被归结为人权，即作为人应当享有的生命权、健康权、财产权、思想言论自由权、追求幸福权和反抗暴政权等。

（二）资本主义国家的立法制度

资本主义国家的立法制度直接决定于它们所实行的三权分立的代议制民主政治制度。在这种政治制度下，作为国家权力之一的立法权主要掌握在由普选产生的议会手中。所谓代表民意的机关——议会，也主要是通过行使立法权来对行政机关和司法机关进行制衡。在这种政治制度下，包括立法活动在内的许多重大决策都必须通过专门的立法机关——议会，按照少数服从多数的原则来作出决定。在这种政治制度下，立法机关还必须按照严格的、法定的程序来进行立法，而且立法程序也是在民主基础上产生的。可见，在资本主义国家，立法活动涉及立法机关的产生、组成、职权，立法权限和立法事项的划分，立法机关的立法程序和立法解释，立法的效力和监督等一系列问题。由于法治的要求，资本主义国家对这些问题都是以立法制度来加以规范的。所以，要理解资本主义国家的立法制度，就必须深入研究其政治制度。资本主义国家的立法制度也是各有差异的。这是因为，它们所实行的三权分立的代议制民主政治制度，虽然在基本制度和原则方面都是相同的，但是在一些具体制度和运行方面却不尽相同。例如，以英国为代表的议会制、以美国为代表的总统制、以法国为代表的半总统制等就各有特点。就是在议会制政体中，也有英国的君主立宪的议会制和意大利的共和国议会制的区别。这些不同的政体形式都会影响到各国的立法制度及其运行。例如在美国的总统制下，行政机关对立法机关立法活动的制约就大于英国的议会制。同时，资本主义制度在世界范围内的建立，也就是近现代国家形成的开始。近现代意义上的国家，都需要解决中央和地方的关系问题并用法律形式加以确认，这方面的问题同样也会影响到立法制度。例如，单一制国家和联邦制国家在立法权限的划分上所采用的原则和实际的结果都是不一样的。前者通常实行的是中央向地方授予立法权的体制，后者通常实行的是中央和地方分享立法权的体制。所以，要理解资本主义国家的立法制度，还必须深入研究其国家结构形式方面的有关问题。

（三）资本主义国家的立法技术

1. 法典的结构

在大陆法系国家的立法中，比较注意运用系统化、整体化、条理化、层次化的方法来构造和表现各种规范性文件。特别是对重要法典的编纂，其结构的严谨、用语的精当、概念的明晰，都成为普遍的现象。《法国民法典》是以罗马法为主线，以启蒙思想家的基本观点为指导，以法国大革命中的重要法律文献为蓝本而制定出来的。在审议制定过程中，拿破仑亲自主持了35次会议，对争论问题提出了深刻的、有条理的和明确的见解，归纳出清晰的结论。《德国民法典》则以精细的结构、思辨的文风、复杂的文字而见长，它注重法的确定性和完备性，使抽象的原则能预先用到一些例外和限定的情形中，从而把法官的裁量范围缩小到最低限度。

2. 法律渊源的确定

到资本主义时期，各国的法律渊源开始逐渐固定，而且人们在理论上和实践中也赋予这些法律渊源以不同的效力。大陆法系国家中不仅有法典、单行法律、行政法规和地方法规等各种法律渊源，而这些法律渊源也形成了由高到低的效力等级。而英美法系国家中除了制定法外，还有判例法，在判例法中还有普通法和衡平法等。发展到20世纪中叶以后，两大法系还出现了日渐接近、互相渗透、彼此融合的趋势，即大陆法系国家越来越重视判例的作用，而英美法系国家也越来越提高制定法的地位。

3. 法律体系的构建和法律部门的划分

封建制国家与奴隶制国家一样，采取的是诸法合体的综合法典形式。从立法技术的层面说，这是没有法律部门划分的原因导致的。即使是实行公法和私法划分的罗马法，也没有能够在公法和私法的基础上对各种法律作进一步的分类。到资本主义时期，社会的飞速进步，使得原有的社会关系日趋复杂，新的社会关系不断产生，综合法典的形式已不再能够满足社会发展的需要。正是在这样的情况下，欧洲大陆的一些国家，首先是法国，后来是德国，都秉承了罗马法的传统，依据公法和私法划分的理论，进一步划分了自己国家的法律部门。公法方面划分了行政法、刑法、诉讼法等部门；私法方面划分了民法、商法等部门，并相应地制定了有关法典。大陆法系也由此逐渐形成。需要指出的是，即使是不以公法和私法为基本分类的英美法系，也能够理解基本部门法的分类，同时也有一些具体部门法的分类。如英国虽然没有作为独立法律部门的民法和商法，但是仍有合同法、财产法、家庭法、侵权行为法等具体部门法。这些都反映了人类立法技术的进步。

四、社会主义国家的立法

（一）社会主义国家立法的产生、本质和特征

社会主义是人类最新历史类型的国家体制。20 世纪的一个重要特征，就是社会主义的兴起。社会主义国家的立法是对前人立法的继承和发展，其间尽管走过一些弯路，但是同样在人类立法史上写下了光辉的篇章，特别是中国社会主义的立法经验，更是值得我们总结、继承和发扬。

社会主义国家立法的特点虽然各不相同，但是又都具有某些共同的本质特征，即在经济上确认社会主义的

生产方式和在政治上维护无产阶级的专政。在生产方式方面，社会主义国家立法的根本使命是为解放和发展社会生产力服务，是人类历史上第一个也是唯一的巩固和发展以社会主义公有制为基础的经济制度的立法，是以保障广大人民群众共同富裕为己任的立法。在阶级属性方面，社会主义国家的立法是以维护无产阶级领导的广大人民群众当家做主地位为根本的立法，是无产阶级（通过共产党）领导的广大人民群众的共同利益和共同意志的体现。

（二）社会主义国家的立法制度

社会主义国家的立法制度直接决定于它们所实行的人民代表制及其根据民主集中制和“议行合一”的原则进行活动的基本制度。在社会主义国家，一切权力属于人民，人民行使国家权力的机关是各级人民代表机关。这种政治制度是指人民按照民主集中制的原则，选举代表组成全国和地方人民代表机关，再以其为基础，组成国家机构体系。人民代表机关在国家机关体系中居于领导和监督的地位，将决定和执行国家重大事务的权力统一行使，不受行政机关和司法机关的牵制，其他机关都要服从它的领导和监督。在这种政治制度下，包括立法活动在内的许多重大决策不仅必须通过专门的人民代表机关，按照少数服从多数的原则作出决定，而且作为立法机关的人民代表机关还要对它的执行机关即行政机关和司法机关的活动享有领导和监督权。

社会主义立法应当有固定的、严格的立法程序，这些程序都应当在宪法和有关法律中作出规定。并且社会主义立法程序比西方国家的立法程序还应当更进步，即不仅从宪法、法律上看有一套严格的程序，而且在实际立法过程中不是资本的力量或其他非法治化的力量归根结底起重大作用。

（三）社会主义国家的立法技术

从法律文化传统讲，社会主义国家的立法技术更接近大陆法系国家。这是因为，前苏联和东欧、亚洲的一些社会主义国家在历史上曾经属于大陆法系，或者是曾经受到过大陆法系传统的很大影响，它们成为社会主义国家后，在立法技术上都是通过制定成文法典的方式来构造自己的法律体系，没有将判例作为法律渊源。

社会主义国家与大陆法系的资本主义国家的立法在本质特征、指导思想和立法制度方面是有着根本区别的，这些区别又必然影响到立法技术。社会主义立法是体现广大人民意志的活动，这就决定了它所立的法应当便于人民掌握。同时，社会主义立法是在前人立法文化遗产的基础上进行的活动，这也是它先前的成果。因此，它在法的内部结构方面应当更合理、更科学。社会主义法的各个构成要素，如法的名称、规范、术语、编章节条款等的安排，以最能体现人民意志为原则；法的语言文字表达以最便于人民准确地理解、掌握和运用为原则。那种以个人姓氏为法命名的情形，同社会主义立法对法的结构或构造的技术性要求格格不入。社会主义国家的立法者，需要以一种极为认真负责的精神起草法，合理地、科学地安排法的结构中的每一项要素，用既科学又便于人民理解、掌握和运用的语言文字来表述法。而在资本主义国家中，议员个人在提出立法案时具有更大的自由和影响，所以对如何起草法律案也鲜有立法方面的规定。

第四节　当代中国立法的发展

一、专制立法走向民主立法

古代的立法，即使是在奴隶制的民主政体或封建制的等级君主政体下，也还是专制的立法。因为古代的立法权，在法律上是集中在君主或少数贵族“寡头”手中的，即使设立有立法机关，也不是通过民主选举产生的，立法也不是按照少数服从多数的原则和制度运作的。近现代的立法将立法权赋予通过民主选举产生的立法机关行使，立法也是严格按照少数服从多数的原则和制度运作的，而且民主立法还有逐渐扩大的趋势，如有些国家对某些法律案的全民公决。在近现代的民主立法中，还有资本主义国家立法和社会主义国家立法的区别。前者，从实质而言，仍然反映的是少数富人的利益和意志；但是在形式上，毕竟还是体现了民主要求的。

二、无序立法走向有序立法

立法经历了从没有法定程序向有法定程序的逐渐转变。古代的立法或者是由少数几个人编纂完成法典，经君主首肯后，便成为法律；或者是君主言出法随，无须按照少数服从多数的原则进行，也无须受到制约，因此也就没有必要建立可供立法者遵循的由法律加以保证的程序。近现代立法由经民主选举产生的立法机关进行，立法如何体现民意，对立法活动如何制约，必须按照一定的程序进行，而且这些程序都是由宪法和有关法律甚至是专门法律加以规定的，必须遵守。

三、简单立法走向复杂立法

立法经历了从制定诸法合体的综合法典向划分不同法律部门和确定不同法律渊源来构建法律体系和立法体系的转变。古代由于当时的社会关系相对简单，所以以诸法合体、民刑不分、实体与程序不分的综合法典为主来进行立法调整是完全可行的。社会发展到近现代，不仅原有的社会关系日趋复杂，如因商品交换的发达而产生的信用问题，而且新的社会关系也不断出现，如商品生产带来的环境污染问题，都需要用专门的法律加以调整。所以，不同法律部门的划分和多种法律渊源的确定就成为立法发展的必然。

四、特权的立法走向权利平等的立法

立法经历了从某些立法者个人享有特别的立法权向所有立法者个人都只拥有平等的立法权的逐渐转变。在古代的立法过程中，君主或少数贵族寡头在某一具体立法事项上的决定权是不受限制的，而在近现代的立法过程中，享有立法权的个人在某一具体立法事项上都实行一人一票的原则，任何人都没有特权。

五、无制约的立法走向有制约的立法

立法经历了从没有任何制约的专制立法向有不同性质和程度的民主制约的立法的逐渐转变。古代立法是专制的，所以对于垄断立法权的君主或少数贵族寡头的立法行为，在制度和程序上不可能有根本性的制约，也就无法控制滥用立法权的现象。近现代的立法是民主的，从根本上说，任何立法主体的立法行为，都要受到按照民主原则建立起来的法律制度的制约。在我国，按照《中华人民共和国立法法》（以下简称《立法法》）的规定，全国人民代表大会有权改变或者撤销它的常务委员会制定的不适当的法律，这是最高国家权力机关对它的常设机关的立法权的制约。

第二章 立法指导思想和基本原则

第一节　中国立法的指导思想

我国现行《宪法》确认了“一个中心，两个基本点”的社会主义初级阶段的基本路线。这是我国立法工作最重要的指导思想。对于这一指导思想，《立法法》第三条也予以了确认。

一、立法与以经济建设为中心

马克思主义认为，人类历史的发展归根结底是由社会生产力的发展决定的。以经济建设为中心，是党在社会主义初级阶段基本路线的根本和关键。党的十一届三中全会实现了党和国家工作重心的转移，即转移到社会主义现代化建设上来。这是符合我国社会主义初级阶段的实际的。在我国，现代化最早也是指工业、农业、国防和科学技术的现代化。但离开经济的现代化，其他现代化就无从谈起。邓小平同志曾经指出：“经济工作是当前最大的政治，经济问题是压倒一切的政治问题。不只是当前，恐怕今后长期的工作重点都要放在经济工作上面。”“所谓政治，就是四个现代化。”所以，我国的立法工作必须以经济建设为中心，为社会主义现代化建设服务。

正因为如此，我国不仅在宪法中写入了要以经济建设为中心，而且在《立法法》中也专门规定以经济建设为中心是立法的基本原则。历史唯物主义的一条基本原理就是，经济基础决定上层建筑，上层建筑反过来又为经济基础服务。在上层建筑中，立法工作是与经济基础联系最直接、最紧密的一个组成部分，尽管具体的立法涉及政治、经济、文化和社会生活的各个方面，要和上层建筑的其他部分互相配合和支持，但是归根到底，立法是要为社会主义现代化建设服务的。也就是说，作为受经济基础决定的政治上层建筑的立法活动，反过来必须规定各种经济制度的合法性，为经济的发展提供安全的保障、稳定的秩序和活动的规则。一切立法工作都要围绕经济建设这个中心，为这个重点服务。否则，不但经济建设搞不好，最终法制建设本身也不能发展，社会还会陷入无序甚至是动乱。

我国立法很重要的一项工作就是要加强经济法制建设，将经济立法作为法制建设的最重要的组成部分，用法律手段调整经济关系，使经济活动有章可循，有序进行。改革开放以来，历届全国人大及其常委会、国务院和各地方国家机关，一直坚持把制定经济方面的法律、法规和规章作为立法工作的重点，积极、慎重地不断加快经济立法的步伐。这些立法对于促进我国经济的发展，巩固和发展经济体制改革的成果，开展对外经济技术交流与合作，发挥了重要的作用。

二、立法与坚持四项基本原则

坚持四项基本原则是我们党在社会主义初级阶段的两个基本点之一。四项基本原则是立国之本，是实现现代化的政治保证。离开了社会主义道路，中国的现代化就会失去正确的方向，也难以得到较快的发展。没有人民民主专政，就不能保证社会的稳定，也难以充分发扬人民当家做主的社会主义民主。离开共产党的领导，中国的现代化建设就会失去领导核心和力量，中国就会变成一盘散沙。离开马列主义、毛泽东思想的指导，中国的发展就会迷失理论方向，产生思想混乱。所以，在社会主义初级阶段，我国的一切工作，包括立法工作，必须始终坚持四项基本原则。

（一）立法工作必须坚持社会主义道路

只有社会主义能够救中国，这是我国近代以来的基本历史经验，是被实践证明了的真理。我国在立法工作中一贯强调要坚持原则性与灵活性的正确结合。坚持原则性，就是要坚持中国特色的社会主义。而坚持灵活性，就是要结合实际情况找到实现原则所必需、许可的各种具体形式、方法和措施。所以，全国的立法必须坚持社会主义方向，否则，立法工作就会迷失方向，达不到目标。地方在立法方面的灵活性，也要以坚持社会主义为前提和基础。当然，如果在立法中没有实现原则的灵活性，原则性就会落空，无法实现，所以必须把两者正确地结合起来，才能体现社会主义的优越性。

（二）立法工作必须坚持人民民主专政

人民民主专政的国家性质决定了我国必须对人民实行民主。在我国，只有人民才是国家和社会的主人。我国《宪法》明确规定："中华人民共和国的一切权力属于人民。"这是我国国家制度的核心内容和根本准则。我们的国家制度和社会制度也从事实上保证了我国公民享有广泛的、真实的自由和权利。所以，立法工作还要从法律上充分确认和保证我国人民当家做主的地位。人民民主专政除了有在人民内部实行民主的一面，还有全体人民对于人民的敌人实行专政的一面。所以，我国的立法还要能够保证从实体法和程序法等方面，同一切违法犯罪行为作斗争，以保卫国家安全，保卫人民民主专政的政权和社会主义制度，保护国有财产和劳动群众集体所有的财产，保护公民私人所有的财产，保护公民的人身权利、民主权利和其他权利，维护社会秩序、经济秩序，保障社会主义建设事业的顺利进行。所以，无论我国的民主如何扩大和发展，国家的专政职能都是不会消失的，我国的立法必须兼顾民主和专政两个方面。

（三）立法工作必须坚持党的领导

在我国，进行社会主义的物质文明建设和精神文明建设，没有党的领导不行。这是历史证明了的。同样，要搞好社会主义民主法制建设，既包括立法工作，也离不开党的领导。这是因为，只有坚持和加强党的领导，才能保证立法工作在社会主义现代化建设事业中的正确方向，才能保证立法能够反映工人阶级领导的广大人民群众的共同利益和意志。实行人民民主、依法办事和坚持党的领导，这三者是一致的。党在领导社会主义现代化建设事业的过程中，坚持依照自己带领广大人民群众制定的法律办事，实际上就是坚持自己的领导。

（四）立法工作必须坚持马列主义、毛泽东思想和邓小平理论

发展社会主义民主，健全社会主义法制，包括进行立法工作，需要思想统一。思想统一的基础就是马列主义、毛泽东思想和邓小平理论。因为马列主义、毛泽东思想和邓小平理论是完整的、科学的理论体系，是正确的立场、观点和方法。在立法工作中坚持马列主义、毛泽东思想和邓小平理论，是指坚持它们的基本思想、基本原理。一方面，我们应当运用马列主义、毛泽东思想和邓小平理论所揭示的普遍真理，创造性地解决立法工

作中出现的新问题；另一方面，要从实际出发，以实践作为检验真理的唯一标准，勇于修正那些已被立法实践证明是不正确的或不适合变化了的现实情况的法律、法规和规章。只有这样，才是真正坚持了马列主义、毛泽东思想和邓小平理论。

三、立法与坚持改革开放

经济体制改革的深入，使政治体制改革也在 20 世纪 80 年代中期以后提上了议事日程。邓小平同志在表述我国政治体制改革的目标时曾指出："进行政治体制改革的目的，总的来讲是要消除官僚主义，发展社会主义民主，调动人民和基层单位的积极性。要通过改革，处理好法治和人治的关系，处理好党和政府的关系。"所以，政治体制改革，就是要在坚持四项基本原则的基础上，改革和完善党和国家的领导制度；应当在保持人民民主专政的国体及人民代表大会制度的政体不变的基础上，进一步发展社会主义民主，健全社会主义法制，完善人民代表大会制度，但是绝不能实行西方资本主义国家的三权分立的政治制度；而且，政治体制改革还应当在民主和法制的基础上进行。这也是我国立法工作必须始终坚持的。

"近代世界和中国的历史都表明，拒绝接受外国的先进科学文化，任何国家、任何民族要发展进步都是不可能的。闭关自守只能停滞落后。我们坚决摈弃维护剥削和压迫的资本主义思想体系和社会制度，摈弃资本主义的一切丑恶腐朽的东西，但是必须下大决心用大力气，把当代世界各国，包括资本主义发达国家的先进的科学技术、具有普遍适用性的经济行政管理经验和其他有益文化学到手，并在实践中加以检验和发展。”所以，我们对于属于人类共同精神财富的有益的法律文化，一定要有所选择、有所批判地加以继承、吸收和借鉴。在建立和完善为社会主义市场经济和民主政治服务的法律体系的过程中，我们应当特别注意立足于中国的国情和实际，大胆地吸收和借鉴外国的立法经验。这样不仅可以加快我国立法的步伐，也有利于我国法律与国际的发展接轨。对外开放作为一项我国不可动摇的基本国策，决定了我国的立法工作必须为之服务，将对外开放纳入法治的轨道。

第二节　中国立法的基本原则

《立法法》除了在第三条中规定了我国立法的总的指导原则外，还在第四条、第五条、第六条中规定了我国立法的国家法制统一性原则、立法的民主性原则、立法的科学性原则。

一、立法的国家法制统一性原则

《立法法》第四条规定：“立法应当依照法定的权限

和程序，从国家整体利益出发，维护社会主义法制的统一和尊严。”我们可以分别从以下几方面加以理解。

（一）立法应当依照法定的权限和程序

这不仅是对立法的程序性要求，也是国家法制能够保持统一的前提条件。所谓依照立法的法定权限，实际上主要是立法要依照宪法、法律关于立法权限的划分制度，即立法体制和立法事项的规定。我国制定《立法法》的重要目的之一，就是要解决和防止因为越权立法而造成的立法冲突、法制不统一的问题。所谓依照立法的法定程序，主要是立法要依照宪法、法律和有关规范性文件规定的程序。《立法法》专门规定了全国人大及其常委会制定法律的程序，并且还规定：行政法规的决定程序依照《中华人民共和国国务院组织法》的有关规定办理；地方性法规案、自治条例和单行条例案的提出、审议和表决程序，根据《中华人民共和国地方组织法》，参照《立法法》第二章第二节、第三节、第五节的规定，由本级人民代表大会规定；国务院部门规章和地方政府规章的制定程序，参照《立法法》第三章的规定，由国务院规定。

规定立法应当依照法定的权限和程序主要是要使立法具有权威性、程序性，从而达到维护国家法制的统一和尊严的目的。立法应当依照法定的权限和程序意味着立法过程绝不能因人因言而废法废制，这样立法才不会有随意性。法律一经制定，就要严格遵守和适用，即使要修改、补充或废止，也必须依照法定权限和程序进行。

（二）立法应当维护社会主义法制的统一和尊严

在立法中，应当注意使我国法的体系具有整体的统一性和内在的协调性。这种整体统一性既是法律内容的统一，又是法律形式的统一。它主要表现为：我国的现行法律在基本指导思想、原则、规定、概念、术语等方面都是统一的，不能相互矛盾和抵触。在立法中，应当注意使我国法的体系具有尊严性。要达到法的尊严，立法要求十分严肃谨慎，要听取各方面的意见，反复考虑，全面权衡利弊，集中正确的意见，估计到实施中可能出现的问题，将社会实践证明是成功的、正确的经验和做法，用法律、法规和规章肯定下来。这样立法较为谨慎，比较符合实际，法律就可以比较稳定，法的权威就可以慢慢地树立起来。立法要求注意法的稳定性，绝不能朝令夕改。要求保持法的连续性。法律、法规和规章的立、改、废，应当注意保持与原有法律、法规和规章在内容和效力等方面的衔接；在新的法律、法规和规章未生效之前不能随意终止原有法律、法规和规章的效力。

（三）立法应当以国家整体利益为出发点

在我国，虽然人们在根本利益、共同利益方面是一致的，已经不存在对抗关系，但是还存在不同的利益主体，利益要求也有所不同，多种、多元利益间还存在差异和矛盾。特别是随着代化建设和改革开放的发展，在广大人民群众普遍得到更多更大的利益的同时，利益关系也发生了新变化。可以说，在我国向现代化社会转型的过程中，建设和改革的每一步都涉及利益关系的调整，即个人与个人、群体与群体、个人与群体、个人与社会、群体与社会、地方和国家之间的利益关系的调整。这些调整就是要打破原有的不利于人们积极性调动、不利于生产力发展的利益格局，建立与社会主义市场经济和社会主义民主政治相适应的利益格局。利益关系的调整，利益格局的打破与重建，都需要对各种利益作出取舍和协调，这既是立法工作的关键，也是其难点。但是无论如何，取舍和协调的出发点都应是国家的整体利益。

二、立法的民主性原则

《立法法》第五条规定："立法应当体现人民的意志，发扬社会主义民主，保障人民通过多种途径参与立法活动。"对于立法的民主性原则我们可以分别从以下几方面加以理解。

（一）立法应当体现人民的意志

这是我国立法的性质。我国《宪法》规定："中华人民共和国的一切权力属于人民。"我国的立法活动，实质上是有关国家机关代表人民行使立法权的活动。我国国家的民主性质，要求我们在立法过程中必须充分体现人民的意志，切实维护人民的利益。

（二）立法应当发扬社会主义民主

这是我国立法必须实行的路线。立法应当发扬社会主义民主，这是我们党的群众路线在社会主义新时期的体现和发展。群众路线，就是一切依靠群众，一切为了群众，从群众中来、到群众中去，实行领导和群众相结合。这既是一种指导原则，也是一种工作方法。只有实行坚持群众路线的民主立法，才有可能做到科学正确，才有可能确实反映广大人民群众的最大利益和共同意志。严格按民主程序立法，才有可能使国家的整体利益得到落实。在立法过程中实行少数服从多数，还要求少数人尊重多数人的意见、服从多数人的利益，但这并不是不考虑少数人的意见和利益。因为民主的实质还包括允许少数人保留自己的意见，不对他们有所歧视和迫害。当然，这是建立在少数人对多数人的意见和法定程序的服从的前提之下的。

（三）要保障人民通过多种途径参与立法活动

这是我国立法必须采取的方法。在各种立法活动中，不仅要集中委员们、代表们和国家机关工作人员的意见，还要听取、反映和集中各方面专家、实际工作者的意见，也要征求人民群众的意见。为了保障人民群众更广泛地参与立法活动，《立法法》第三十五条专门规定：列入常务委员会会议议程的重要的法律案，经委员长会议决定，可以将法律草案公布，征求意见。各机关、组织和公民提出的意见送常务委员会工作机构。《立法法》第五十八条还规定："行政法规在起草过程中，应当广泛听取有关机关、组织和公民的意见。听取意见可以采取座谈会、论证会、听证会等多种形式。"当然，随着社会主义民主和法制建设的发展，我们还应当逐渐使人民群众参与立法活动的途径和形式制度化、程序化和科学化，这也是民主立法的必然发展。

三、立法的科学性原则

《立法法》第六条规定："立法应当从实际出发，科学合理地规定公民、法人和其他组织的权利与义务、国家机关的权力与责任。"对于立法的科学性原则，可以分别从以下几方面加以理解。

（一）立法应当从我国和各地的实际出发

实事求是，一切从实际出发，是我国科学立法的灵魂。我国处于社会主义初级阶段，这是我国最大的实际。要做到一切从实际出发，理论联系实际，必须搞好调查研究，深入广泛地了解社会发展的需要，这是进行科学立法的必要条件。只有这样，才有可能使立法符合客观发展的规律，才有可能制定出符合客观需要的法律、法规和规章。

同时，各地立法还要从自己的实际情况出发。我国社会主义初级阶国情的一个突出特点就是，各地的经济、政治和文化的发展极不平衡。所以，在立法工作中还应当考虑到各地的实际情况，具体问题具体分析。由地方依据中央总的方针、政策、宪法和法律，从自己的实际情况出发来进行地方立法，可以更好地解决本地的问题。这样才能真正做到科学立法。

（二）立法是否科学要接受社会实践的检验

我们是在一个拥有世界上最多人口，经济、政治和文化发展极不平衡的国度里进行社会主义现代化建设的，我们所要建立和完善的社会主义经济体制和民主政治体制也是前无古人的，而且我们从党的十一届三中全会开始的现代化建设和改革开放，是在几乎没有任何法制的基础上进行的。所有这些，都给我国立法工作带来了极大的困难和挑战。在这种情况下，我们的党和国家采取了在实践中探索、试验，将经实践检验证明是正确和成熟的政策，逐步上升为法律，然后在实践中反复加以检验的做法。检验立法是否符合实际，是否科学正确，归根到底就是邓小平同志归纳的“三个有利于”的标准。

（三）科学合理地规定权利与义务、权力与责任

为有关法律关系主体设定权利和义务或权力和责任，是立法活动的基本方式。从对各种利益的取舍和协调的角度讲，立法就是将有关利益上升为法律利益，将利益格局法律化、规范化和制度化的过程。国家机关的权力

和责任与公民、法人和其他组织的权利和义务有所不同，其根本的区别就是，国家机关及其工作人员是代表国家执行国家职能的，其权力属于国家和人民，而不属于其单位，更不属于其个人。在立法工作中，究竟应当如何科学合理地设定权力和责任，同样也应当从实际出发，尊重立法本身的规律性。

第三章
立法与国情

第一节　立法对国情的依赖性

国情对立法的作用首先在于立法对国情具有依赖性。这种依赖性是广泛的，立法的各个主要环节都受国情的决定或影响，下面仅从立法技术和立法制度两方面来考察。

一、立法技术对国情的依赖性

立法技术作为立法活动的方法和技巧，它的先进与否固然与人们的主观努力直接相关，但决定和影响立法技术先进与否的更深层的力量是一定的国情因素。在各种国情因素中，对立法技术起着更有力的决定和影响作用的，是一定的政治、经济制度和法的本质，是包括法律文化传统在内的一定的文化传统。

任何国家立法都必须采取一定的结构形式，法的结构主要指法由哪些部分所组成，以及用什么方式来组成。一个国家立法采取何种结构形式，往往直接决定于法的本质、国家制度和文化传统。以法的名称为例，在奴隶制和封建制的立法史上，法首先是而且主要是少数统治者意志的体现，统治者视法为治国、治民、维护其“家天下”的工具。法的这种本质往往决定和影响着法的名称，统治者往往把法的名称与自己的姓名或在位年号联系起来。例如，《开皇律》《永徽律》《钦定宪法大纲》《伊新国王俾拉拉马法典》《汉谟拉比法典》等名称命名的法律。在现代国家，法应当是人民意志的反映，以个人姓名给法命名的现象一般不允许存在。再以法的内容安排、条文的设置为例，在民法法系和受民法法系传统影响较深的国家，规模较大、篇幅较长的法一般都分总则和分则两大部分来安排法的内容，但普通法法系国家的法的结构或是没有这一特点或是这种情况并不普遍。这种差别主要是由于法律文化传统上存在着区别这种国情因素决定的。同样是宪法，菲律宾宪法同绝大多数国家的宪法在结构上大不一样，但却与美国宪法的结构颇为相似，也以条文为基本单位，不设章，而在条文之下设大量款、项。这就是由于菲律宾沦为美国殖民地以后与美国在立法传统上形成的联系造成的。同样是刑法，一些国家如西方国家的刑法是以维护个人利益还是维护整体利益为标准来安排法的内容的，通常将犯罪分为侵犯个人利益的犯罪和侵犯社会利益的犯罪两类；有的国家如中国的刑法所维护的利益是国家、集体和个人利益相统一的利益，关于犯罪则不存在西方国家刑法结构上的分类方法。这一区别就是由两种类型的国家制度和法的本质决定的。

一个国家的立法采取什么样的形式来表现一定的意志和内容，在很大程度上取决于该国的国情。以不同社会的法的形式或渊源为例，中国封建社会是君主专制制度，法除了有律、令、典这类形式或渊源以外，还有作为君主命令的敕、作为君主对有关国家机关指示的格之类的形式或渊源。这是由中国封建时期国家的本质、专制主义的政体形式和法的本质所决定的。在现代社会，则不允许有这类法的形式或渊源存在。以相同社会的法的形式或渊源为例，民法法系以法典等制定法为主要法的形式或渊源，判例不是正式的法的形式或渊源而只是成文法的解释或补充。在普通法法系中，判例法和制定法都是法的基本形式或渊源。形成这种差别的原因，便在于两大法系的法的传统存在差别。

二、立法制度对国情的依赖性

一个国家立法制度的基本状况，主要由该国基本国情的综合作用决定。立法制度作为上层建筑的组成部分，受物质生活条件的决定和制约；作为国家制度的组成部分，它受国家本质和形式的决定和制约，要同国家制度的其他组成部分相协调；在阶级斗争、政治斗争或政治对抗的社会，它是执政阶级意志的体现，受阶级斗争、政治斗争形势和社会运动包括社会革命等因素的制约和影响。立法制度也是一定的社会文化的反映和表现，它的发生、发展和特点，也受一定的社会文化的水平、传统和特点的制约和影响。世界上处于同一社会形态的国家之间、处于类似的历史阶段的国家之间，在立法制度上往往有很大差别，主要原因一般都在于这几方面的国情不同。

（一）立法制度由国情决定，表现在立法权限划分体制上

君主专制国家和实行民主制和共和制的国家，这两种不同的国家制度在立法上就造成了立法权是否由君主独掌的两种立法权限划分体制。古代中国是前者的代表，古希腊的雅典和处于共和制时期的古罗马则是后者的代表。在现今民法法系国家，由于奉行罗马的法的观念以及其他传统的存在，主张立法权归立法机关，不承认法院有创制法的权力，法官只能司法，不能立法，不享有立法权。但在普通法法系国家，由于历来奉行的是日耳曼的法的观念，即认为法从远古就存在并由法官发现和宣布，由于法院早在产生议会并制定出成文法之前就存在，由于在长期的实践中由法院适用不成文法、习惯法处理案件时所做的典型判决成为以后处理类似案件的法的依据，因此，普通法法系法的创制权实际上主要是由作为立法机关的议会和作为司法者法官分掌的。一方面是议会按立法程序制定有关法律并授予行政机关制定行

政法规的权力；另一方面法官也有权创制判例法。

（二）立法制度由国情决定，表现在立法机关和立法程序对国情的依赖性上

古中国和古希腊虽然都是奴隶制国家，但前者是专制国家，因而没有固定的或专门的立法机关，没有较正规的立法程序；后者实行民主制因而有固定的或专门的立法机关，也有较正规的立法程序。同样是西方国家，英国、牙买加这类国家采取君主立宪制，作为立法机关的议会，由君主和议员共同组成；在法国、美国这类国家，采行共和制，立法机关中不存在君主这个成员。与此相对应，这两类国家的立法程序中，一个由君主起作用，君主的某种法定行为成为立法程序中的必要环节；另一个则不存在这种情况。同样是君主立宪国家，由于历史传统等国情因素不同，英国、牙买加由君主和议员共同组成的议会作为立法机关进行立法，但比利时、丹麦、荷兰这些国家的君主不是作为议会的一员在议会中行使立法权，而是与议会并列享有国家立法权。

当然，立法制度决定于国情因素，并不是说立法制度在国情面前只能是消极、被动的东西。立法制度对国情也可以有重要的影响和能动的改造作用。

第二节　国情对立法的影响

各种国情对立法的作用，一般都不是孤立的而是在

与其他国情相联系的情况下发生的。各种国情对立法的作用，一般不是静止不变而是在不同历史时期、不同情况下有区别的。国情因素对立法的作用不是并列的而是有主次之分的，其中物质生活条件中的经济因素是最根本的。国情对立法起着决定或影响作用，并不意味立法完全能与国情相一致，也不意味立法应当刻板地反映国情。一方面，由于人们只能相对正确地认识国情，因而也只能相对正确地把立法与国情结合起来；另一方面，对国情本身也要做具体分析，不是所有的国情都应当反映或符合，相反地，国情中某些落后的、消极的东西，是应当改造包括运用立法手段改造的。当然，如果从改造国情也需要立法手段来看，在这个意义上，人们说一切国情都要对立法发生决定或影响作用，则毋庸置疑。

一、物质性国情因素对立法的作用

国情因素可以大致分为物质性的、精神性的和社会性的几类。物质性的国情因素是国情中实在而根本的因素，主要是通常所说的物质生活条件。法所体现的意志的内容，就是由一定的物质生活条件决定的。主要包括生产方式、地理环境和人口因素等，它们对立法有重大作用。

（一）生产方式对立法的作用

生产方式是最主要的一种物质生活条件，它是整个社会最重要的基础，因而也是立法的最重要的基础，决定着立法的各个侧面。

1. 生产方式决定立法的产生和发展

在社会发展某个很早的阶段，产生了这样一种需要：把每天重复着的生产、分配和交换产品的行为用一个共同规则概括起来，设法使个人服从生产和交换的一般条件。这个规则首先表现为习惯，后来便成了法律。

2. 生产方式决定立法的内容、本质和特点

从根本上说，立法主要不过是表明和记载经济关系的要求而已。奴隶制立法的一个重要特点是采取极为残暴的惩罚措施以维护奴隶制。在封建制社会，皇帝或君主是最大的土地所有者，在他之下的大小贵族、官僚依其在生产关系中所处地位不同以及由此产生的政治地位的高低而形成一个金字塔式的等级体系。因此，立法把维护封建土地所有制、维护皇帝或君主至高无上的权威、确认封建等级特权作为自己的基本任务。不仅有什么类型的生产方式就有什么类型的立法，而且在同一类型生产方式的国家，由于各自生产方式有其不同特点，其立法也有不同的内容和特点。在古希腊、罗马，土地私有制和商品生产有相当发展，立法特别是罗马立法就以充分反映私有制和商品生产发展的要求为己任；在古东方，实行土地国有制，商品生产较少，立法则主要是维护土地国有制，体现私有制和商品生产关系的法律较少。生产方式对立法权的归属和法的形式、法的体系有决定或

重要的影响作用。

（二）地理环境对立法的作用

每一个社会都同它所处的地理环境发生联系。地理环境既是人类社会实践改造的对象，又是人类社会赖以生存和发展的不可缺少的社会物质生活条件。在国家政权产生后，一国地理环境如何，是一国的基本国情之一。地理环境能加速或延缓社会历史的发展进程，立法不能不受这一国情因素的影响。

1. 地理位置对立法的有关环节有影响作用

以英国为例，英国的岛国位置便是英国受民法法系影响较小而形成一个独立法系的重要因素之一。它能影响法的体系，如在不适宜发展农业的国家，农业法不可能成为独立的部门法。它在一定意义上还可以成为一国立法技术先进或落后的原因，如地处世界经济发达地区的国家，立法技术一般要比地处远离世界经济、文化发达地区的国家先进些，因为后者的经济、文化一般说要落后些。

2. 疆域大小和地表构造对立法的有关环节有影响作用

疆域小的国家一般不必设置中央和地方分权的两级立法体制，而疆域辽阔则有可能成为一国实行中央和地方分权的两级立法体制的一个原因。在一定条件下，如在封建时代，一国疆域辽阔，对外依赖性相对小些，往往就容易闭关自守。因此，与别国在经济、政治、文化交往方面的条约和吸取别国立法经验就相对少些，该国立法就容易带有孤立性。地表构造对立法的影响也是不可忽视的，在生产力不发达和疆域辽阔的国家，地形复杂，交通不便，往往是全国经济、政治、文化发展不平衡的原因之一，这对立法特别是立法体制、立法程序是有影响的。

3. 土壤、气候和自然资源对立法的有关环节有影响作用

一般来说，土壤和气候优越的地区，生产特别是农业生产的发展就快些，因而社会和立法的发展就快些。特别是在人类社会的早期，土壤和气候对社会发展的作用尤为重要，优越的土壤、气候条件可以加速私有财产的形成和阶级分化，为国家政权和法的产生提供条件。中国、印度、埃及和巴比伦之所以成为古代文明的发祥地，一个极重要的原因就在于它们分别位于富饶的黄河流域、恒河流域、尼罗河流域和两河流域。自然资源的作用也是非常重要的。一国的自然资源状况几乎可以对该国国民经济的一切方面发生重要作用，因而对立法也发生重要作用。在当代，自然资源丰富的国家，自然资源法在整个法的体系中就会占有重要的位置。

（三）人口状况对立法的作用

人作为一种生物，是自然界的一部分，因此人具有

自然属性。但人又是一种最高级生物，是一切社会活动的主体，因此人又具有其他生物所没有的社会属性。人的自然属性和社会属性，决定了人类要征服自然、改造社会需要有一定数量的人口，同时也规定了人口的增长也要受人类活动的自然条件和社会条件的限制。当今世界，人口数量急剧增长，已经出现了不利于社会发展的势头，无论就世界还是就中国来说，对人口的增长实行有效调节和控制，已经势在必行。而要有效地调节和控制，不仅需要政策，也需要立法。由此就使当今世界的人口问题对立法具有更大的影响，各国人口状况直接影响该国立法内容和法的体系以及其他有关立法环节。

二、精神性国情因素对立法的作用

物质性国情因素对立法无疑有决定性作用，但精神性国情因素能更经常地发挥直接作用。立法是精神性国情因素在一定阶段上的产物和反映，是一定水平的精神文明的反映，随着它的发展而发展。没有文化知识的积累，人们的公平、权利、义务等观念的形成及立法的产生是不可能的。同样，没有知识的不断增长，没有思想道德和文化科学技术水平的不断提高，立法经验的不断积累，立法的发展和进步也是不可能的。精神性国情因素主要由思想、道德和文化、科技等内容构成，它们对立法都会产生作用。

（一）思想道德对立法的作用

思想意识和伦理道德等同法是相通的。立法指导思想、内容和其他许多环节都受其影响。儒学的“精华”几乎全部在封建立法中得以体现。当代中国宪法、法律关于公民应当爱护公共财产、遵纪守法、尊重社会公德、尊老爱幼、保卫祖国等义务规范的规定，就是根据社会主义道德规范的要求制定的。无论古今中外，道德对立法还有弥补不足的作用。立法本身有个不断完善的过程，需要由法调整的事项，往往很难马上就有明确的法的规定，这就需要用道德规范对法尚不完备的部分加以补充。

（二）科学技术对立法的作用

（1）从法的体系看，当今世界，科学技术突飞猛进，这就迫切需要有科技立法来协调科学技术发展中新产生的各种关系，因此，科技法在许多国家已形成或正在形成。

（2）从立法内容看，没有遗传学、优生学的发展，现代婚姻法中就不会规定禁止近亲结婚，就不会规定禁止患麻风病未经治愈或患其他在医学上认为不应当结婚的疾病者结婚。没有科学技术的发展，也不会出现新的怪异的犯罪行为和伴随而来的相应的刑罚立法。没有科学技术的发展，立法就无从规定诸如“发明权”“专利权”等内容。

（3）科学技术的发展为立法开辟新的领域、提出新的任务，提供新的方法。反映当今科学发展水平的控制论、信息论和系统论，以及其技术成果，为人们在理论上、实践中把立法当作对人们的社会活动进行控制的系统工程，通过建立法制信息系统来改进立法，提出了必要性，提供了可能性和方法。

三、社会性国情因素对立法的作用

国家的本质，亦即国体决定立法的性质和许多特点。一国政权握于谁手，决定一国的立法规定谁享有掌握国家政权的权力、反映谁的意志和利益。国家的政体形式对立法有重要影响作用。这种作用表现在立法的许多主要环节上。在立法体制方面，君主专制政体使立法大权归于君主；民主政体使立法大权主要归于议会或人民代表机关；在法西斯统治下，立法大权转归内阁——实际上转归独裁者。在立法机构、立法程序、法的形式、法的体系方面，政体的影响作用也是明显的：在君主专制政体下，往往既没有固定的立法机关，也没有严格的立法程序，而只在必要时由君主特命若干大臣设立临时机关起草法，法的草案由君主裁决；法的名称繁多，法外有法，中国封建社会中除律、令、典外，还有敕、格、式、科、比、例等，作为皇帝命令的敕还占有特殊地位；由于君主的权力毫无限制，国家的根本制度均由君主的诏令来决定，一般不需要也不可能存在国家的根本法即宪法。而在民主政体下，情况则有所不同，特别是有了专门的宪法、行政法等法的形式或部门法。国家结构形式对立法有重要影响作用。从立法机构和立法体制来说，单一制国家一般由最高国家权力机关统一行使国家立法权，全国只有一个宪法；在联邦制国家，除设有联邦最高立法机关和存在相应的联邦宪法外，各成员国还有自己的最高立法机关，并在不违背联邦宪法的情况下，可以制定自己的宪法。从法的形式或渊源和法的体系来说，单一制国家一般不存在多种法的体系，因而法的形式或渊源一般不太复杂；联邦制国家存在着联邦法的体系和联邦各组成部分各自的法的体系，因而法的形式或渊源也相应复杂，不仅有联邦宪法、法律，联邦各组成部分也都有一套法的形式或渊源。

第三节　中国立法与中国国情

一、中国立法与经济国情

当代中国经济是在人民革命推翻旧制度的基础上建立起来的以新的生产关系为标志的新经济。但由于这种经济是以落后的旧经济为起点发展起来的，在发展过程中，大部分时间所实行的都是计划经济，商品经济难以发展，生产力水平和人民生活水平在长时间里都未能得到有效的提高。近 30 多年来，随着改革开放和市场经济的发展，在广阔的城乡范围内，出现了经济的迅速增长，生产力水平显著提高，人民生活水平逐步改善。

这种国情决定了中国立法必然要经历一个由落后到初步发展再到发达的较长时期的发展过程。改革开放前，落后的经济状况和此起彼伏的严酷阶级斗争使法治、民主、权利难以产生，人治成为必然的治国方略，法治被弃置一旁，在这一阶段必然没有立法的应有地位。

改革开放后，我国经济朝着好的方向发展，政治内容和治国方略也发生了重要变化，立法被提上重要日程，获得了较大的发展。比如，立法体制朝向中央统一领导与一定程度的分权相结合的方向发展，法律体系中民商法、经济法、环境法等部门法得以产生并逐渐完善。通过这种发展，中国立法逐步摆脱了落后的局面，进入了一个新的发展阶段。随着经济以及整个社会的进一步发展，中国立法必将朝着发达的状况转变。

二、中国立法与政治国情

新中国成立后的前30年，主要是阶级斗争政治，包括全国范围内的阶级斗争以及执政党内部的路线斗争。十一届三中全会后，政治的基本运作模式由前30年的群众运动转变为向行政、经济和法制方面发展。中国的这种政治特色，必然折射到立法方面。如果没有这30多年的国家制度发展与进步，也就难有一系列关于宪政、民主方面的立法出现。

将中国的政治国情与立法联系到一起，需要注意以下两点。其一，人民代表大会制度是有利于立法发展的资源性因素。过去这个资源性因素对立法的作用未能得到有效发挥，要转变这种状况，使这一制度由宪法上规定的人民当家做主制度转变为实际生活中真实存在的人民当家做主制度。其二，中国政治的内容和方式对立法既有资源性的作用，也有阻力性的作用。立法者应当尽可能地发挥其资源性的作用，减少阻力性的作用。

三、中国立法与历史文化传统

中国的历史文化传统对中国立法的影响，既有积极的一面，又有消极的一面。

（一）中国历史文化传统对当代中国立法的积极影响

中国历史文化传统对当代中国立法有着积极的影响，尤其体现在中国立法文化传统中的成文法传统，对当代中国的立法产生了深远的影响。成文法是继习惯法之后产生的一种法的形式，它的出现表明人类在以法的形式解决社会问题、调整社会关系方面，有了更为细密的认识，标志着人类文明的一大进步。我国从很早开始就逐渐形成了成文法传统，这对之后的中国立法，以及对世界立法文化都是一个积极的贡献。

（二）中国历史文化传统对当代中国立法的消极影响

中国历史文化传统对当代中国立法的消极影响更是

不能忽视的。由于当代中国立法与先前立法的性质不同，虽然先前立法中含有作为历史文化遗产因素的可资借鉴的宝贵成分，但其对当代中国立法有着很多负面因素的影响。事实上，中国立法所存在的诸多不足，正是这些负面影响的具体体现。比如，在公众对立法的普遍不关心的表现下，深掩着中国旧立法的影子——立法与公众几乎是隔绝的。当代中国立法要有理想的发展，要注意清除这些负面影响。

中国传统文化是一种综合文化，强调普遍性、共同性与整体性，是一种遵循元气说、注重模糊推理和模糊判断的文化。这种文化风格与西方文化注重分析、注重具体、注重谋求对细节准确认识的风格迥然不同。对于当代中国立法而言，这种传统文化有助于在立法中确立大局观，有助于在立法中维系国家、社会、民族的利益，有助于法的体系内部以及法的体系与社会关系的协调发展。但是，中国的这种传统文化对立法具体地调整社会关系，具体地维护各种利益，特别是对立法确认和维护个人的权利，往往是有不利影响的。我国现行法律中存在的过于原则、弹性过大、难以执行等弊端，正是由于中国传统文化的原因。在认识和处理立法与传统文化关系方面，如何扬长避短，是我国所面临的一项任务。

四、中国立法与人口、民族和自然地理状况

我国的人口、民族和地理状况深具特色，举世皆知：

我国人口约占世界人口总数的1/5，其中80%以上是农民。众多的人口对我国国民经济的发展、劳动就业以及医疗、卫生、交通等公共事业的发展和整个民族的科学、文化、教育水平的提高带来了巨大的压力。我国有56个民族，其中汉族人口占人口总数的94%，少数民族人口占人口总数的6%，各民族发展很不平衡。我国拥有960万平方公里的国土，有着丰富的自然资源，但土地面积，特别是耕地面积按人均计算却只相当于世界人均耕地面积的1/8。

这些因素对我国立法权限划分体制的设置、立法内容的确定、法的体系建设的布局和平衡以及其他方面都有着资源性和阻力性的影响。例如，人口众多以及经济、教育发展不平衡使公众的法律意识的增强成为了一项长期而艰巨的社会工程。而以权利配置和权利维护为主要内容的立法和法治建设的现代化程度，也受到我国经济、文化的现代化发展状况不平衡的影响。

五、中国立法与国际环境

当代中国的立法不是在与域外立法相隔绝的环境中发展起来的。无论我国当代立法与国外立法有怎样的区别，它们都是世界立法文化中的一部分。我国立法与其他国家的立法既有相通之处，也有相互排斥的一面。

中国从19世纪后期开始变法图强，在吸纳西方法律文化包括立法文化的过程中，所看重选择的，起初是欧洲大陆的传统。但后来也逐渐地接受了普通法法系的影响。可以说，在当今中国，从认定某类问题是否需要通过立法的方式解决以及需要通过什么样的立法方式解决，到考虑所立之法应当规定什么内容，再到立法过程等其他方面，均受到别国的影响。

第四章
立法体制

第一节　立法体制概述

一、立法体制的含义

立法体制是一个国家立法制度的重要组成部分。关于立法体制的含义，我国学术界观点不完全一致，主要可以归纳为三种：第一种观点认为立法体制是有关立法权限划分的制度；第二种观点认为除立法权限划分外，立法体制亦包括立法机关的设置；第三种观点较第二种观点更进一步，认为立法体制是涵盖立法权限、立法权载体和立法权运行诸多方面的有机整体。

对此，我们倾向于上述第三种观点。立法权限无疑是立法体制的核心内容，但不能说立法体制只是关于立法权限的划分。立法体制既包括静态内容，也包括动态内容。其中，立法权限划分制度，包括立法权的性质、归属、种类、范围等，属于立法体制中的静态内容；立法权的运行制度，包括立法权的运行原则、过程、方式等，属于立法体制中的动态内容；而立法权的载体制度，即关于立法主体的建置、组织原则、活动程序等，则兼具静态内容与动态内容。

二、影响立法体制的因素

一个国家选择何种立法体制，从大的方面来说，受到客观因素与主观因素两方面的共同影响和作用。就客观因素而言，一个国家的立法体制与该国的国家结构形式、历史传统、社会现实状况等一系列客观因素密切相关。任何一个国家的立法体制都是在适应该国经济、政治、文化、社会发展需要的基础上而建立和发展起来的。就主观因素而言，一个国家立法体制的构建是该国立法者对立法体制涉及的有关问题的主观认识的结果，即在某国处于统治地位的阶级根据本国国情，将自己的主观意志，符合于客观实际，从而形成本国的立法体制。

可见，立法体制是多层次的各种因素共同作用的结果。在影响立法体制的诸多因素中，经济因素是决定性因素；政治因素起直接的集中的作用；文化、历史传统等社会因素具有间接而持久的影响。

第二节　立法体制的分类

由于一个国家立法体制的建立是由多方面因素决定的，这就在客观上造成了各国立法体制的多样性。对于这些不同的立法体制，一般是以立法权的归属和立法机关的设置为基础对之作以分类。按照不同的分类标准，可以作以下四种划分：专制立法体制与民主立法体制、一级立法体制与多级立法体制、单一立法体制与复合立法体制、独立型的立法体制与制衡型的立法体制。

一、专制立法体制与民主立法体制

根据立法权是否掌握在以民主为基础的政权机关手中，可以将立法体制分为专制立法体制与民主立法体制。前者是指实行君主专制的国家的立法体制，其立法权掌握在君主一人或者少数人之手；后者是指国家立法权掌握在以民主、法治原则为基础的政权机关手中，主要是指由按照少数服从多数的民主方式产生的议会或者立法机关行使立法权。在当今世界，早已不存在专制立法体制，无论是社会主义国家，还是资本主义国家，均实行民主立法体制，但其在民主的本质上是存在区别的。此外，由于各国国情不同，各国的民主立法体制在民主的形式、范围等方面也存在差异。

二、一级立法体制与多级立法体制

根据立法权和立法机关是专属于中央政权，还是分别属于中央政权和地方政权，立法体制可以区分为一级立法体制与多级立法体制。所谓一级立法体制，是指立法权专属于中央政权，不存在中央立法与地方立法的区分的立法体制，国家立法权只能由中央政权中的最高国家权力机关或者国会行使。而多级立法体制则是指，中央和地方立法主体各自享有不同的立法权的立法体制，国家立法权分别由中央政权中的最高国家权力机构或者国会和地方政权中的权力机关或者议会行使。由于地方立法层级的不同，多级立法体制可以划分为二级、三级、四级等不同的层级体制，仅分为中央和地方两级的为二级立法体制。一般来说，单一制国家属于一级立法体制，联邦制国家多属于二级立法体制。

三、单一立法体制与复合立法体制

根据国家立法权是否由同一政权机关行使，可以将立法体制分为单一立法体制和复合立法体制。单一立法体制是指立法权由同一类别的政权机关甚至一个人行使的立法体制；复合制的立法体制是指立法权由两个或者两个以上不同类别的政权机关共同行使的立法体制。

（一）单一立法体制

单一立法体制包括单一的一级立法体制与单一的二级立法体制。

单一的一级立法体制，是指国家立法权仅由中央一级的一个而不是多个政权机关行使。因为各个国家的具体国情不同，实行单一的一级立法体制的国家又呈现出不同的特点：有的国家的立法权由一个专门的立法机关即议会行使，由于这些议会享有完全立法权，因此称之为立法议会，如哥斯达黎加、海地；有的国家立法权由一个以立法为主，同时兼有其他职能的政权机关行使，虽然该机关兼有其他职能，但其是国家唯一的立法机关，古巴即属此种情况；有的国家立法权由国家元首单独行使，如布隆迪，虽然该国设有立法委员会或同样性质的专门委员会，但这样的委员会是总统的咨询机构，而不是立法机关；有的国家立法权由君主（总统）与议会联合而成的议会行使，如英国、新西兰、牙买加等。

单一的二级立法体制，是指中央和地方两级立法权各自由一个而不是多个机关行使。在实行单一的两级立法体制的国家中，有的国家中央一级的立法权由最高国家权力机关行使；有的则是由议会（包括总统在内）行使，如尼日利亚。从地方立法权来看，有的国家由一院制的地方议会行使，如加拿大等；有的由两院制的地方议会行使，如尼日利亚；也有的国家既有由一院制的地方议会行使，又有由两院制的地方议会行使，如在澳大利亚昆士兰州的地方立法权是由一院制议会行使的，而其他各州则是由两院制议会行使的。

（二）复合制的立法体制

实行复合制的立法体制的国家较少，一般为单一制国家，由于这些国家的立法权是由两个以上的中央行政机关行使的，因此这些国家的立法体制实际上是复合的一级立法体制。其中，根据立法权所属的具体机关不同，又可以作两种区分：在冰岛、智利等一些国家，立法权由议会和总统（不是议会成员）共同行使；在比利时、丹麦等国，立法权则由君主与议会共同行使，这些国家的君主同英国的君主有所不同，其不是以议会成员身份行使立法权，而是作为与议会并列的成员行使立法权。

四、独立型的立法体制与制衡型的立法体制

根据一个立法主体行使立法权时是否受到另一立法主体的牵制，可以将立法体制分为独立型的立法体制与制衡型的立法体制。独立型的立法体制是指立法主体行使立法权时不受其他机关的制约，独立行使立法权；而制衡型的立法体制是指一个立法主体进行立法时受到另一个立法主体的制约。美国即是典型的制衡型立法体制，国会在制定法律时，既要受到来自于总统的制约，又要受到最高法院的制衡。

上述关于立法体制的划分是相对的而不是绝对的。很多国家的立法体制只能大致划归为某一类型，而即便是属于同一类型立法体制的各个国家，彼此之间也存在着诸多的差异。现实中，在研究立法体制时，既不能完全套用理论分类划分，也不能照搬某一个国家的立法体制，应当从国情出发，坚持秉承尊重历史、考虑现实的精神，在综合比较、借鉴的基础上，进一步完善本国的立法体制。

第三节　我国现行立法体制

建立科学合理的立法体制，是构建完备的法律体系，实现国家法制统一的关键，对正确处理国家权力机关与其他国家机关之间的关系、中央与地方之间的关系具有重要意义。

一、我国现行立法权限概述

根据我国《宪法》《立法法》的有关规定，我国国家机关立法权限划分如下。

（一）国家最高权力机关的立法权限和立法事项

全国人民代表大会和全国人民代表大会常务委员会行使国家立法权。其中，全国人民代表大会制定、修改刑事、民事、国家机构的法律和其他基本法律。全国人民代表大会常务委员会制定和修改除应当由全国人民代表大会制定的法律以外的其他法律，并在全国人民代表大会闭会期间，对全国人民代表大会制定的法律进行部分补充和修改，但不得同该法律的基本原则相抵触。

对于下列事项只能制定法律：① 国家主权的事项；② 各级人民代表大会、人民政府、人民法院和人民检察院的产生、组织和职权；③ 民族区域自治制度、特别行政区制度、基层群众自治制度；④ 犯罪和刑罚；⑤ 对公民政治权利的剥夺、限制人身自由的强制措施和处罚；⑥ 对非国有财产的征收；⑦ 民事基本制度；⑧ 基本经济制度以及财政、税收、海关、金融和外贸的基本制度；⑨ 诉讼和仲裁制度；⑩ 必须由全国人民代表大会及其常务委员会制定法律的其他事项。

（二）国家最高行政机关的立法权限和立法事项

国务院根据宪法和法律，制定行政法规。行政法规可以就下列事项作出规定：① 为执行法律的规定需要制定行政法规的事项；②《宪法》第八十九条规定的国务院行政管理职权的事项。

（三）国家最高行政机关下属具有行政管理职能的机关的立法权限和立法事项

国务院各部、委员会、中国人民银行、审计署和具有行政管理职能的直属机构，可以根据法律和国务院的行政法规、决定、命令，在本部门的权限范围内，制定规章。部门规章规定的事项应当属于执行法律或者国务院的行政法规、决定、命令的事项。对于涉及两个以上国务院部门职权范围的事项，应当提请国务院制定行政法规或者由国务院有关部门联合制定规章。

（四）省、自治区、直辖市和较大的市的权力机关的立法权限和立法事项

省、自治区、直辖市的人民代表大会及其常务委员

会可以根据本行政区域的具体情况和实际需要，在不同宪法、法律、行政法规相抵触的前提下，制定地方性法规。较大的市的人民代表大会及其常务委员会根据本市的具体情况和实际需要，在不同宪法、法律、行政法规和本省、自治区的地方性法规相抵触的前提下，可以制定地方性法规，报省、自治区的人民代表大会常务委员会批准后施行。地方性法规可以就下列事项作出规定：①为执行法律、行政法规的规定，需要根据本行政区域的实际情况作具体规定的事项；②属于地方性事务需要制定地方性法规的事项。除《立法法》第八条规定的事项外，其他事项国家尚未制定法律或者行政法规的，省、自治区、直辖市和较大的市根据本地方的具体情况和实际需要，可以先制定地方性法规。在国家制定的法律或者行政法规生效后，地方性法规同法律或者行政法规相抵触的规定无效，制定机关应当及时予以修改或者废止。

（五）省、自治区、直辖市和较大的市的行政机关的立法权限和立法事项

省、自治区、直辖市和较大的市的人民政府，可以根据法律、行政法规和本省、自治区、直辖市的地方性法规制定规章。地方政府规章可以就下列事项作出规定：①为执行法律、行政法规、地方性法规的规定需要制定规章的事项；②属于本行政区域的具体行政管理事项。

（六）民族自治地方的权力机关的立法权限和立法事项

民族自治地方的人民代表大会有权依照当地民族的政治、经济和文化的特定，制定自治条例和单行条例。自治条例和单行条例可以依照当地民族的特点，对法律和行政法规的规定作出变通规定，但不得违背法律或者行政法规的基本原则，不得对宪法和民族区域自治法的规定以及其他有关法律、行政法规专门就民族自治地方所作的规定作出变通规定。

（七）有关专门授权立法的规定

对于专门授权立法，我国《立法法》作出了以下规定：本法第八条规定的事项尚未制定法律的，全国人民代表大会及其常务委员会有权作出决定，授权国务院可以根据实际需要，对其中的部分事项先制定行政法规，但是有关犯罪和刑罚、对公民政治权利的剥夺和限制人身自由的强制措施和处罚、司法制度等事项除外。对于应当由全国人民代表大会及其常务委员会制定法律的事项，国务院根据全国人民代表大会及其常务委员会的授权决定先制定的行政法规，经过实践检验，制定法律的条件成熟时，国务院应当及时提请全国人民代表大会及其常务委员会制定法律。授权决定应当明确授权的目的、范围。被授权机关应当严格按照授权目的和范围行使该项权力。被授权机关不得将该项权力转授给其他机关。

授权立法事项，经过实践检验，制定法律的条件成熟时，由全国人民代表大会及其常务委员会及时制定法律。法律制定后，相应立法事项的授权终止。

(八) 有关军事立法的规定

中央军事委员会根据宪法和法律，制定军事法规。中央军事委员会各总部、军兵种、军区，可以根据法律和中央军事委员会的军事法规、决定、命令，在其权限范围内，制定军事规章。军事法规、军事规章在武装力量内部实施。军事法规、军事规章的制定、修改和废止办法，由中央军事委员会依照本法规定的原则规定。

(九) 关于特别行政区立法的规定

1997 年 7 月 1 日和 1999 年 12 月 20 日，我国政府分别恢复了对香港、澳门行使主权。在“一国两制”方针实行后，我国法律的主体部分仍然保持社会主义性质不变，而回归后的香港特别行政区和澳门特别行政区，仍然保持资本主义的性质不变。因此，在香港、澳门设立特别行政区后，其各自与《香港特别行政区基本法》《澳门特别行政区基本法》不相抵触的法律仍然保持不变。与此同时，香港和澳门特别行政区享有独立的立法权，特别行政区可以根据各自的经济、政治、文化、社会发展的需要制定法律。

二、我国现行立法体制的特征

我国的立法体制与世界上其他国家的立法体制相比，具有自己的特色。从立法权限划分的角度看，主要体现在中央领导和一定程度分权相统一，多级并存、多类结合的立法权限体制方面。全国人民代表大会和全国人民代表大会常务委员会统一领导，国务院行使相当大的权力，地方行使一定的权力，是我国现行立法权限划分的主要特征。

实行中央领导与一定程度分权相统一，是指一方面国家立法权属于中央，在整个立法权限体制中处于领导地位。国家立法权只能由最高国家权力机关及其常设机关行使，即只能由全国人民代表大会及其常务委员会行使，其他机关均不具有国家立法权，地方也不具有。行政法规、地方性法规、部门规章和地方规章都不得与宪法、法律相抵触。虽然自治法规可以有不完全等同于宪法、法律的例外规定，但是自治权的行使必须要严格依照《宪法》《立法法》和《民族区域自治法》的规定，并且要报全国人大常委会批准或者备案，从而在实质上确保了国家立法权对自治法规制定权的领导地位。

多级并存，即指国家法律由全国人民代表大会及其常委会制定，行政法规和部门规章分别由国务院及其所属部门制定，而地方性法规和地方规章则分别由地方有关国家权力机关和政府制定。全国人大及其常委会、国务院及其所属部门、地方国家权力机关和地方政府，在立法权限以及各自所制定的规范性法律文件的效力上有着级别差异，共同存在于我国现行立法权限划分的体制之中。

多类结合，即指全国人大及其常委会、国务院及其所属部门、地方国家权力机关和地方政府的立法及其所制定的规范性法律文件，与民族自治地方、经济特区以及香港、澳门特别行政区的立法及其制定的规范性法律文件，在类别上有所差别。虽然自治条例、单行条例、特别行政区法的法律均属于地方规范性法律文件，但是它们与地方性法规和地方规章又有所不同，所以在立法上无法将这些规范性法律文件归为同一类别。

三、我国现行立法体制的国情根据

我国现行立法体制的形成有其深刻的国情根据。

第一，我国是人民当家做主的国家，由体现全国人民意志的最高国家权力机关——全国人民代表大会及其常委会——行使国家立法权，统领全国立法，制定、修改反映国家和社会的基本制度、基本关系的法律，符合我国国情要求。

第二，我国幅员辽阔，人口众多，民族多样，各地区经济、文化发展很不平衡，国家立法无法针对各个地区的具体情况一一作以规定，不能将各地的复杂问题全部解决。因此，为了适应国情需要，除了以国家立法作为统一标准解决国家基本问题外，有必要在立法上进行一定的分权，让有关机关制定行政法规、地方性法规、地方性规章、部门规章、自治条例、单行条例和经济特区、特别行政区规范性法律文件等，以应对各地区的具体情况。

第三，我国现阶段在经济上实行以公有制为主体，多种所有制经济共同发展的基本经济制度，政治上实行民主集中制，加之地理、人口、民族的特点和各地区发展不平衡的现实，决定了在立法权划分体制上，必须既坚持中央的统一领导，又要充分发扬民主，多方面参与立法，尤其要处理好中央与地方的关系。

第五章 立法主体

第一节 立法主体概述

一、立法主体的概念

立法主体，即各种立法活动的具体实施者和参与者。由于立法主体在我国不是一个法律概念，而是一个学理概念，因此不同学者会对其作出不同的界定，在理论上主要分为法治说与功能说两种学说。

法治说认为，立法主体是指根据宪法、法律有权制定、修改、补充、废止各种规范性法律文件和认可法律规范的国家机关、社会组织、团体、个人。其中，对“何者具有立法权”又存在不同的认识，有的认为立法主体仅限于具有立法权的国家机关；有的则认为除国家机关外，还应当包括具有立法权的社会组织、团体和个人。但无论何种观点，法治说强调依法具有立法权是立法主体的必备要件。

功能说认为，立法主体是有权参与和实际参与立法活动的机关、组织和个人的总称。与法治说不同，功能说强调，判断一个主体是否是立法主体，不仅要看其是否具有立法权，还要看其是否具有立法功能。即使不具有法定立法权和授权立法权，但只要事实上具有立法功能，能够对立法起实质性作用或者对立法产生重要影响，那么这些实体就是立法主体，比如现代国家中的执政党。

法治说强调作为立法主体必须有法的依据，以法治说为标准确定立法主体的范围可以使立法主体具有确定性，这无疑对正在走向法治的中国立法具有重要意义。然而，如果简单以法治标准，仅注重形式上的立法主体，而忽视立法功能问题，不仅不符合以往的立法实践，也不利于对实际发挥作用的立法主体加以制约，因此对中国立法亦有弊病。

二、立法主体的种类

根据不同的标准可以对立法主体进行不同的划分。如根据立法主体行使立法权力的来源，可以将立法主体分为法定立法主体和授权立法主体；根据是否专门从事立法活动，可以将立法主体分为专门立法主体和非专门立法主体；根据立法主体级别可以将立法主体分为中央立法主体和地方立法主体。本书以立法主体的性质为依据，对立法主体进行如下划分。

（一）国家机关

作为立法主体的国家机关主要包括三类：一是具有

代表性质的代议机关，如我国的人民代表大会和西方国家的议会，立法是代议机关的主要职责；二是行政机关，即政府，其以行政管理为主要职能；三是司法机关，以司法为其主要职能。国家机关是正式、主要的立法主体，代议机关和行政机关在当代立法活动中发挥着重要的作用，而其他立法主体一般只能通过国家机关，才能实现自己的立法目的。

（二）其他社会组织或者团体

虽然这些社会组织和团体无法像立法机关那样承担广泛、直接、具体的立法工作，但是它们却能够引导、制约，甚至支配立法活动，从而使自身在立法的决策和运行过程中发挥重要作用。这些立法主体一般不具有法定立法权，不能直接参与立法，它们多是在幕后对立法的策划和决策产生重要影响。如果说代议机关是立法活动的主角，那么社会组织中的执政党则是立法活动的编剧和导演。

（三）个　人

立法活动是由人开展的。个人要成为立法主体，必须以一定的身份或者名义为前提条件，而这种身份和名义通常与国家机关和其他社会组织相关联，离开了特定的身份和名义，个人是无法对立法发挥作用的。如我国的人大代表、国外的议员，以及国家元首都是以人民代表、国家机关的代表、国家的象征等身份和名义对立法发挥重要作用的。在实践中，还存在大量法学家对立法发挥作用的情形，这除了是因为法学家自身具备立法专长外，更重要的是由于国家机关、社会组织对于他们的认可，并且给予他们在立法中发挥自身专长的机会。

（四）主权享有者

主权享有者是以对国家政权拥有最终权力的主权者的名义存在的立法主体。主要是指作为整体的公民，以及国际法中作为整体的国家。一般来说，主权享有者在立法中发挥的作用的直接程度远不如国家机关和其他社会组织及团体。

对于现代立法而言，其不是某一个立法主体可以孤立完成的，而是需要在一定的机关、组织、人员的主持下，在诸多种类立法主体的参与下共同完成。在立法实践中，有的立法是由专门的立法机关、人员参加的；有的立法则将范围扩大至相关部门、人员；有的立法还邀请有关方面参加；有的立法则是全民共同参与的。可以说，现代立法的立法主体范围非常广泛。在我国，立法是以反映人民共同意志为其根本目的，全体人民都有权利和义务在不同程度上参与立法活动。

由于立法主体具有多样性，因此在对立法主体进行研究时必须要关注某一项立法应当由、可以由、不能由哪些立法主体参与；参与其中的立法主体，哪些是主体立法主体，哪些是辅助立法主体，它们在立法活动中的各自的职责是什么。只有将不同种类的立法主体关系协调好，才能够发挥他们各自应有的作用，使立法沿着健康、科学的方向前进。

三、注重立法主体研究

一切立法活动都与立法主体紧密相连。首先，在对立法权进行研究时，必然要回答立法权归属于谁，它们各自拥有立法权的范围如何，应当怎样行使，而这些问题无一可以脱离立法主体而存在；其次，在立法活动的整个阶段，从立法预测、立法规划，到法案的起草、提出、审议、表决，再到法的通过、公布，直至法的修改、补充、废止，都要依赖一定的立法主体来完成；再者，无论多么完美的立法理论和立法技术，如果没有立法主体将其付诸实际，都不过是一纸空文。

可以说，立法主体不仅是立法权的载体，更是立法活动的实践者，在立法过程中发挥着极其重要的作用。因此，在对立法基本问题进行研究时，必须对立法主体给予高度重视，对其进行深入、系统的研究。

第二节　立法机关

一、立法机关的概念和特征

立法机关，是指将立法作为自己的唯一职能或者主要职能，依法行使立法权，制定、认可、修改、解释、补充、废止法律的国家机关。通常指具有代表性质的权力机关或者议会。

与其他立法主体相比，立法机关具有如下特征。

第一，立法机关是国家政权机构中地位最高的国家机关。立法机关之所以具有如此高的地位，主要由于立法的地位以及立法权的性质。在现代法治国家中，立法是最为重要的国家政权活动，而立法权是国家权力体系中最重要的权力之一。虽然各国国情有所不同，立法机关在各国的地位也不尽相同，但是总的来说，与其他国家机关相比，立法机关要么是事实上地位最高的国家机关，要么至少是法律上、形式上地位最高的国家机关。

第二，立法机关是以立法为其最主要标志的国家机关。立法机关并不是唯一的立法主体，其他国家机关和社会组织也具有一定的立法功能。但是，在所有立法主体中，立法机关却是以立法为其主要职能，甚至唯一职能的立法主体，而行政机关、司法机关，以及其他社会组织远非如此。

第三，立法机关是制定、认可、变动法律的国家机关。立法机关指定的法属于法律，虽然这其中也有宪法、基本法律、非基本法律之分，但无论是哪一种，均属于法律的范畴。而其他立法主体一般无法制定法律，只能制定法规、规章。即使其他立法主体有时能够参与立法机关制定、认可、变动法律的活动，甚至能够对立法产生实质性的影响，但终究无法取代立法机关来制定、认可、变动法律。

第四，立法机关是由代表组成的主要以议事形式进行活动的国家机关。立法机关主要以举行会议的方式实现自己的职能，而不采取首长负责制或者个人负责制。以举行会议的议事形式进行活动，就是实行代表制。在民主制国家，立法权属于人民，由于让所有公民全部直接参加立法活动在客观上是无法实现的，因此人民必须通过他们选出的代表来做他们不能直接做的事。

二、立法机关的分类

依据不同标准，可以对立法机关作出不同的划分。

（一）法定立法机关和授权立法机关

根据权力来源不同，可以将立法机关分为法定立法机关和授权立法机关。法定立法机关是指由宪法规定设立的立法机关。宪法主要以两种形式进行规定：一种是直接规定某个机关是立法机关，此种情形较为少见；另一种是通过规定某个机关享有立法权从而间接确定其为立法机关，这种方式较为普遍。例如我国《宪法》虽然未直接规定全国人民代表大会及其常委会是立法机关，但却赋予他们以国家立法权，这就间接规定了全国人大及其常委会为立法机关，而朝鲜宪法也是通过规定“立法权只由最高人民会议行使”来间接确定立法机关。法定立法机关通常是常设的，并且拥有较完整的立法权。授权立法机关是指根据立法机关授权设立的以解决特定问题，或者在特定时限内存在的立法机关，如临时设立的宪法修改委员会。行政机关、司法机关有时也根据授权进行立法，但他们不是立法主体，仅是具有立法功能的立法主体，而授权立法机关却是立法机关，并以立法为专门任务。通常情况下，法定立法机关的地位要高于授权立法机关。

（二）专门立法机关和非专门立法机关

根据立法机关是否以立法为唯一职能可以将立法机关分为专门立法机关和非专门立法机关。专门立法机关是指以将行使立法权作为自己唯一职能的机关，专门立法机关一般都是法定的，并且具有较完整的立法权，只有在以专门的立法会议或者立法院来行使立法权的国家才存在，如哥斯达黎加。非专门立法机关，是指除行使立法权外，还行使其他职能的立法机关，大多数国家的立法机关属于此种情形，如我国的全国人民代表大会以及西方国家的议会。

（三）中央立法机关和地方立法机关

根据立法机关的级别不同，可以将其分为中央立法机关和地方立法机关。中央立法机关，是指以整个国家名义进行立法的机关，既包括行使国家立法权的立法机关，也包括被授权制定全国性法律的临时性立法机关。

地方立法机关，是指以地方名义进行立法的机关，一般说来，中央立法机关的地位要高于地方立法机关，地方立法不能与中央立法相抵触。在单一制国家，这一点体现得尤其明显，中央立法与地方立法几乎完全是从属性关系；而在联邦制国家，中央立法机关与地方立法机关的联系则要松缓得多，地方立法有时并不与中央立法完全保持一致。

（四）普通立法机关和特殊立法机关

以立法机关是否经常存在和其任务为标准，可以将立法机关分为普通立法机关和特别立法机关。普通立法机关，是指经常存在的，制定普通法律的立法机关。普通立法机关是一个国家主要的立法机关，并且承担大部分的立法任务。特别立法机关，是指临时设立和存在的，用以制定宪法和特别重要的法律，如孟加拉国为制定宪法而专门设立的制宪议会。特别立法机关不是经常存在的立法机关，也不承担大量的立法任务。至于普通立法机关与特殊立法机关的地位，不能一概而论，有的国家普通立法机关的地位高于特别立法机关；有的国家特别立法机关的地位高于普通立法机关；有的国家两者的地位不具有确定性。

（五）一院制立法机关和两院制立法机关

以立法机关内部构成为标准，可以将立法机关分为一院制立法机关和两院制立法机关。一院制立法机关，是指设立一个议院的立法机关，亚洲、非洲国家的议会大多采取这种形式，其主要特点是：构成单一，立法程序相对简单，有利于集中议事，简化立法过程，及时立法，避免两院意见不一致而导致法案拖延，并且能够节约人力和物力，避免相互推诿，提高立法效率。古巴的全国人民政权代表大会和匈牙利的国民议会就属于一院制立法机关。两院制立法机关，是指由两院组成，共同行使立法职权的立法机关。美洲、欧洲国家多采取两院制。当然，在不同的国家，两院的名称也有所不同，在英国，两院称为上议院和下议院；法国称为参议院和国民议会；美国和日本称为参议院和众议院，而瑞士则分为联邦院和国民院。两院制立法机关的特点是：立法权由两院行使，可以防止议会专权，避免草率立法，能够全面考虑、平衡各种利益关系，可以网罗人才，解决各种复杂问题。

除了一院制与两院制外，还有实行三院制的国家，如南非设立的包括白人议院、有色人议院和印度人议院在内的三院议会。

对于一院制与两院制的优劣，学者们始终争论不休，笔者认为，立法机关究竟应当采取一院制还是两院制要根据每个国家的具体国情，在实行单一制的国家，一院制比两院制好，而在实行联邦制的国家，可以实行两院制。

三、立法机关的产生和任期

（一）立法机关的产生

现代立法机关起源于中世纪欧洲由君主不定期召开的贵族集会，到17世纪英国资产阶级革命时期，在立法权归属的争论中，这种集会开始被称为“立法机关”。一个世纪后，如同英国宪政学中其他词汇一样，立法机关在美国革命中扎根，成为代表大会的通用术语。近代立法机关的活动，一般属于间接立法，即由人民选出代表，由代表组成代议机关，代表人民制定法律。对于立法机关的产生，主要有四种方式。

1. 选举产生

由具有选举权的公民根据自己意愿，依照法定原则和程序，选举出一定数量的公民作为国家代议机关的代表，由他们组成国家立法机关。选举是立法机关产生的最基本方式，一般又分为直接选举、间接选举、直接和间接相结合选举三种选举方式。直接选举是由选民直接投票选举议员，如美国、日本、捷克等国实行的直接选举。这种选举方式的优点在于能够反映真正的民事，但是由于选举面积过大、选民素质参差不齐，以及对候选人不够了解等多方面因素的影响，直接选举的弊端也不言而喻。作为对直接选举的补充，间接选举是不可或缺的，间接选举是指先由选民选出选举人或者选举团体，再由选举人或者选举团体选出立法机关的组成人员。这种选举方式适合于国土辽阔、人口众多的国家。直接和间接相结合的选举方式又区分为两种情形，一种是国家立法机关由间接选举产生，地方立法机关由直接选举产生；另一种情形是在实行两院制的国家中，其中一院由直接选举产生，另一院则由间接选举产生。当前，很多国家采取了这种直接选举和间接选举相结合的选举方式，如法国的国民议会的议员由直接选举产生，而参议院议员则由间接选举产生。

2. 任命产生

选举是立法机关产生的主要途径，但不是唯一途径。在有些国家，除了通过选举产生立法机关多数成员外，少数成员要采取任命的方式产生。此时，被任命者可以不经选举，直接进入立法机关。依据有权任命的机关和组织不同，任命又可以作如下区分：一是政府任命，如在爱尔兰参议院的60名议员中，有11名是由总理任命的；二是议会任命，如前联邦德国的联邦议院中，有22个议席是由西柏林市议会任命的；三是国家元首任命，如加拿大参议院的议员，由总督任命，并终身任职，而印度联邦议院250名议员中有12名由总统任命或者推荐；四是执政党任命，如希腊议会中，有20名议员是不经过选举，而直接由主要党派指定的。

3. 世袭产生

在有些君主立宪制国家，立法机关的部分议员是由王室贵族世袭产生的。如英国贵族院中的绝大多数成员是世袭贵族，共800多名。

4. 当然担任

当然担任立法机关的成员组要有两种情形：一是卸任总统为当然议员。如在意大利，总统卸任后，如果自己不放弃担任参议员的权利，可以终身担任参议员。二是政府的某些重要官员为立法机关的当然成员，如科威特、冈比亚、肯尼亚等国均属此情形。

（二）立法机关的任期

不同的国家，立法机关的任期有所不同，有的国家立法机关任期较短，为2~3年，如瑞典、哥伦比亚、澳大利亚等。大部分国家立法机关的任期为4~6年，如新加坡、奥地利、海地等。有的国家任期较长，长达9年，例如法国。而在加拿大、英国等国家的部分议员是终身任职的。在我国，全国人大以及县级以上地方人大的任期为5年，乡、民族乡、镇人大的任期为3年。

在实行两院制的国家中，有的国家两院的任期是相同的，如挪威、冰岛的上下两院，约旦、西班牙的参众两院，瑞士的国民院和联邦院，任期都是4年；意大利、巴拉圭、委内瑞拉的参众两院，任期均为5年；尼加拉瓜的参众两院，任期都是6年。有的国家立法机关两院的任期并不是相同的，如美国众议院的任期是2年，而参议院的任期是6年；法国国民议会的任期是5年，参议院的任期是9年，英国下院的任期是5年，而上院议员中的大部分议员是世袭的终身议员。

大部分国家对立法机关任期的起止时间作出了专门规定，但对于如何计算，有所差异。立法机关的任期可以因为解散而终止，也可以因为任期届满终止。

对于立法机关任期的延长和缩短问题，很多国家都作出了规定。如朝鲜法律规定，最高人民会议由于不可避免的情况不能在任期届满以前举行下届选举时，其任期延长到举行选举时为止。意大利法律规定，由于战争或者按照立法程序，两院任期均可以延长。我国1982年《宪法》规定全国人大任期届满两个月前，全国人大常委会必须完成下届全国人大代表的选举；如遇到不能进行选举的非常情况，可以推迟选举，延长本届全国人大的任期，但须经全国人大常委会2/3以上全体组成人员的通过；且在非常情况结束后一年内，须完成下届全国人大代表的选举。就缩短问题而言，有的国家规定国家元首有权解散议会从而使议会任期缩短，有的国家规定议会可以自行提前宣布解散，以缩短其任期。我国1982年《宪法》仅规定了延长任期，没有对缩短任期作出规定。

四、立法机关的组成

（一）议　员

议员（代表），是代议机关中具有代表资格，享有表决权的人员，是组成代议机关的基本单位。我国《宪法》规定，人民代表大会由人民代表组成。

1. 议员（代表）的数量

代议机关中议员（代表）的数量并不是固定的，一般是由各国根据本国的人口基础等因素加以确定。对此，有的国家规定了议员的最高和最低限额，如法国1946年宪法第6条规定："参议院名额不得少于256名，亦不得超过320名"。有的国家虽然没有对具体数额作出规定，但却制定了确定数量的原则。如意大利宪法规定："每8万居民得选众议员1名，余数每超过4万居民得增选1名；每省有权按20万居民或者余数超过10万居民选举参议员1名的比例选举参议员。"我国是一个人口大国，需要代表的方面非常广泛，尽管新中国成立以来，我国的人口一直逐年增长，但代表名额却未按比例增长。为保持代表数额的相对稳定，并有利于全国人大开展工作，现行选举法要求全国人大代表名额不得超过3000人。

2. 议员（代表）的名额分配

议员（代表）的名额具体应当如何分配，通常与一国的结构形式、管理形式、地理状况、人口情况和历史传统等因素相关。有的国家按照地域和人口相结合的方法分配议员名额。如美国的众议院由各州选举的众议员组成，每3万人中众议员人数不得超过1名，但每州至少要保证有1名众议员；而参议院则由各州平均产生两名参议员组成。德国、瑞士、意大利、菲律宾等国家也采用的这种分配方法。在我国，人大代表的名额分配主要采用两种方法：一是地域代表与职业代表相结合，其中地域代表是最基本的方法。我国《宪法》规定，全国人大由省、自治区、直辖市和军队选出的代表组成。军队选出的代表即属职业代表。二是根据实际情况分配代表名额。由于我国幅员辽阔，人口众多，各地发展不平衡，因此全国人大代表的名额分配除以一定的人口比例为基础外，还要适当照顾地区、单位、妇女、少数民族以及华侨。对此，我国选举法作出了如下规定：少数民族应当选出的全国人大代表，按照各少数民族的人口和分布情况进行分配，人口特少的其他聚居民族，至少应有代表一人。在全国人大中还要有适当名额的妇女代表和归侨代表。香港特别行政区、澳门特别行政区应选全国人民代表大会代表的名额和代表产生办法，由全国人民代表大会另行规定。这些规定不仅符合我国国情，而且有助于实现真正意义上的男女平等，以及各民族的平等和团结，也有利于一国两制方针的实行。

3. 议员（代表）的资格

作为代议机关的基本组成单位，议员（代表）的资格与素质与整个立法活动息息相关。基于此，各国均对议员（代表）所必须具备的资格从年龄、学历、财产、居住年限、政绩资格等多方面进行了限制。有的国家直接规定了议员应具备的条件，如意大利法律规定，在选举日年满25岁的选民，有当选议员的被选举权；年满40

岁的选民，有担任参议员的被选举权。有的国家则是从反面对没有资格担任议员的人员进行了明确。如美国规定，凡不满25岁，成为美利坚合众国公民不满7年，当选时不是选举地的州的居民者，不得担任众议员。

4. 议员（代表）的保障与限制

为了让议员（代表）更好地履行职责，各国均在一定程度上赋予了议员（代表）以特殊的保障制度。

（1）言论表决自由保障制度。大部分国家都规定，议员在议会进行期间发表的言论、表决、讨论等，不受法律追究，享有言论表决免责权。我国法律规定，全国人大代表在全国人大各种会议上的言论和表决，不受法律追究。

（2）人身自由保障制度。该项制度是指，为了保障议员的人身安全与自由，除现行犯外，无论在会议期间，还是闭会期间，非经议会许可，不得逮捕、拘留、监禁或者以其他形式限制议员的人身自由，不得对议员进行起诉、审判，或者作出其他形式的惩处。我国规定全国人大代表非经全国人大会议主席团许可，在闭会期间非经人大常委会许可，县级以上地方各级人大代表非经本级人大领导机构许可，不受逮捕或者刑事审判。人大代表如因现行犯应当拘留时，执行拘留的机关应当立即向人大领导机构报告，请其批准。

（3）物质保障制度。很多国家规定议员（代表）有权享受一定的年薪、津贴和免费乘车的权利。如德国法律规定，议员有权领取适当的、保证其独立性的津贴，有权免费使用国家的一切公共交通工具。我国规定，人大代表出席人大会议和执行代表职务时，国家根据实际需要给予适当的补贴和必要的物质便利。

（4）其他保障。例如，德国法律规定，任何联邦议院的议员候选人都有权得到必要的假期用以准备选举。

在给予议员（代表）充分保障的同时，还必须对议员（代表）进行必要的限制，防止议员（代表）滥用职权。主要包括：① 不得兼职的限制。即指议员不得兼任行政职务或者其他职务。如法国、意大利、瑞士、日本等国作出规定，要求议员不得同时担任两院的职务；美国规定，议员在任期间，不得兼任任何文官职务；还有很多国家规定，议员不得兼任政府职务。② 不得利用职权谋取利益。即指议员不得利用其身份谋取钱财、不得经商。德国、法国、菲律宾等国家对此都作出了规定。③ 不得无故缺席。如日本法律规定，若无正当理由，议员不得请假。法国法律规定，议员参加各种会议和表决的次数不得少于议会的规定。

为了保证议员按照选民利益和要求行事，能够尽职尽责，很多国家规定议员受选民监督，并且选民有权罢免议员。当然，也有国家规定，议员履行其职责时，任何罢免和撤销都是不被许可的，德国即属此类。我国法律规定，“罢免由县级以上的地方各级人民代表大会选出的代表，须经各该级人民代表大会过半数的代表通过；

在代表大会闭会期间，须经常务委员会组成人员的过半数通过。罢免的决议，须报送上一级人民代表大会常务委员会备案、公告。”

（二）领导机构和领导人员

1. 领导机构和领导人员的种类和称谓

议会的领导机构大致可分为两类：一类是常设机构；另一类是临时机构。对于常设机构，有的国家称为议长会议，如瑞典、芬兰等；有的国家称为主席团，如匈牙利；有的国家称为常设会议，如朝鲜；有的国家称为常务委员会，如中国。对于临时性机构的称谓，各国亦有所不同，在我国，全国人大开会期间的临时领导机构被称为主席团。当然，在有的国家只有常设机构，没有临时机构。

2. 领导机构和领导人员的产生

领导机构和领导人员的产生主要有四种途径：一是选举；二是任命；三是当然担任；四是轮流担任。中国和德国的领导机构和领导人员产生于代表机关的内部选举；加拿大参议院议长由总督根据总理的建议任命；美国众议院议长由众议院选举产生，参议院议长由副总统当然担任；奥地利联邦议会的议长由 9 个州任命的成员轮流担任。大部分国家的议会领导机关和领导人员是从议员中产生的，也有少部分国家的议长既从议员中选任，也从选民中产生。

3. 领导机构和领导人员的职权

各国议会（代表机关）领导机构和领导人员的职权区别很大。一般来说，主要享有以下职权：① 召集会议；② 主持会议；③ 宣布闭会；④ 处理议会日常事务；⑤ 任命调查委员会、调解委员会、联席委员会委员；⑥ 任用议会工作人员。除此之外，有的国家议会领导人员可以在国家元首缺位时，代行国家元首的职权。

根据我国《宪法》规定，全国人大常委会享有下列职权：① 解释宪法，监督宪法的实施；② 制定和修改除应当由全国人民代表大会制定的法律以外的其他法律；③ 在全国人民代表大会闭会期间，对全国人民代表大会制定的法律进行部分补充和修改，但是不得同该法律的基本原则相抵触；④ 解释法律；⑤ 在全国人民代表大会闭会期间，审查和批准国民经济和社会发展计划、国家预算在执行过程中所必须作的部分调整方案；⑥ 监督国务院、中央军事委员会、最高人民法院和最高人民检察院的工作；⑦ 撤销国务院制定的同宪法、法律相抵触的行政法规、决定和命令；⑧ 撤销省、自治区、直辖市国家权力机关制定的同宪法、法律和行政法规相抵触的地方性法规和决议；⑨ 在全国人民代表大会闭会期间，根据国务院总理的提名，决定部长、委员会主任、审计长、秘书长的人选；⑩ 在全国人民代表大会闭会期间，根据中央军事委员会主席的提名，决定中央军事委员会其他组成人员的人选；⑪ 根据最高人民法院院长的提请，任免最高人民法院副院长、审判员、审判委员会委员和军事法院院长；⑫ 根据最高人民检察院检察长的提请，任免最高人民检察院副检察长、检察员、检察委员会委员和军事检察院检察长，并且批准省、自治区、直辖市的人民检察院检察长的任免；⑬ 决定驻外全权代表的任免；⑭ 决定同外国缔结的条约和重要协定的批准和废除；⑮ 规定军人和外交人员的衔级制度和其他专门衔级制度；⑯ 规定和决定授予国家的勋章和荣誉称号；⑰ 决定特赦；⑱ 在全国人民代表大会闭会期间，如果遇到国家遭受武装侵犯或者必须履行国际间共同防止侵略的条约的情况，决定战争状态的宣布；⑲ 决定全国总动员或者局部动员；⑳ 决定全国或者个别省、自治区、直辖市进入紧急状态；㉑ 全国人民代表大会授予的其他职权。

根据我国《宪法》和《全国人民代表大会组织法》的规定，全国人民代表大会常务委员会委员长主持全国人民代表大会常务委员会的工作，召集全国人民代表大会常务委员会会议。副委员长、秘书长协助委员长工作。常务委员会委员长主持常务委员会会议和常务委员会的工作。副委员长、秘书长协助委员长工作。副委员长受委员长的委托，可以代行委员长的部分职权。委员长因为健康情况不能工作或者缺位的时候，由常务委员会在副委员长中推选一人代理委员长的职务，直到委员长恢复健康或者全国人民代表大会选出新的委员长为止。委员长、副委员长、秘书长组成委员长会议，处理全国人民代表大会常务委员会的重要日常工作：① 决定常务委员会每次会议的会期，拟定会议议程草案；② 对向常务委员会提出的议案和质询案，决定交由有关的专门委员会审议或者提请常务委员会全体会议审议；③ 指导和协调各专门委员会的日常工作；④ 处理常务委员会其他重要的日常工作。

4. 领导机构和领导人员的任期

各国议会（代议机关）的任期比较复杂。一般而言，由选举产生的领导机构和领导人员的任期与同届议会相同；有的国家议会的领导人员可以连选连任。我国规定，全国人大常委会每届任期与全国人民代表大会每届任期相同，行使职权到下届全国人大选出新的常委会为止；委员长、副委员长连续任职不得超过两届。

（三）委员会

议会（代表机关）作为主要的立法主体，承担了大量的立法工作。随着社会发展，立法工作专业性不断增强，使所有的议员（代表）精通各种专业性问题是不现实的，加之议员数量较多，若遇到问题随时开会，难免会有诸多不便。如此一来，有必要在议会（代表机关）中设立若干委员会，对立法工作进行分工负责。委员会的人员具有专业知识，能够对立法中的专门问题进行深入、系统的研究和讨论，先由委员会对一些具体问题提出意见和审议报告，有利于议会正确地解决问题；而且，委员会的人员一般人数不多，便于随时、经常开会讨论问题。可以说议会的大部分活动都是在各种委员会中进行的。

1. 委员会的种类

各国的委员会一般可以分为常设委员会和临时委员会。

（1）常设委员会。

常设委员会是与每届议会同时产生，并且与同届议会任期相同。其中，又分为专门委员会和非专门委员会。专门委员会是处理某些专门问题，对一定的问题进行初步审议，并对相应的政府机关的活动进行监督而成立的委员会。如各国的财政委员会、法律委员会。目前，我国全国人大常委会中的专门委员会有9个。非专门委员会是没有专门职权的委员会，可以对任何议案进行审议。如部分国家的全院委员会、联席委员会。专门委员会较非专门委员会要承担更多的工作。几乎所有的国家都设有常设的专门委员会，而非专门委员会并不是所有国家都有，我国就没有设立常设的非专门委员会。目前，我国全国人大共设立9个专门委员会，分别是：民族委员会、法律委员会、财政经济委员会、教育科学文化卫生委员会、外事委员会、华侨委员会、内务司法委员会、环境与资源保护委员会、农业与农村发展委员会。在全国人大闭会期间，各专门委员会接受全国人大常委会的领导。

常设委员会在代表机关（议会）中居于重要地位。在立法过程中，所有的立法法案和议案都要经过常设委员会的审议。尽管这种审议是事务性的，但是却决定了法案的通过与否。

(2）临时委员会。

在议会召开或者闭会期间，为处理相关具体问题或者某些特别事务而临时设立的委员会，称为临时委员会，也可称为特别委员会。有关问题一经解决，临时委员会即行撤销。临时委员会又包括会期委员会和期外委员会。会期委员会是指在会议期间，为了审议不属于任何常设委员会的法案而设立的委员会。例如，我国全国人大开会期间设立的提案委员会。期外委员会是指为了某项特定调查活动而成立的委员会。如美国国会成立调查委员会，进行调查，并向国会进行工作汇报。

2. 委员会的产生方式

在通常情况下，委员会的产生方式有三种：第一种是选举产生，采取这种方式的国家有波兰、保加利亚和前苏联等；第二种是协商产生，即由各方面主要是各党派进行协商，产生选任人员，如英国的各个委员会成员即是由议会选任委员会根据内阁首相和反对党领袖的协商结果选任的；第三种是选派产生，即由各党派根据本党在议会中所占用的议席比例进行选派，美国、法国、德国等很多国家都采用的这种方式。

根据我国《全国人民代表大会组织法》的规定，全国人大各专门委员会由主任委员、副主任委员若干人和委员若干人组成。各专门委员会的主任委员、副主任委员和委员的人选，由主席团在代表中提名，大会通过。在大会闭会期间，全国人民代表大会常务委员会可以补充任命专门委员会的个别副主任委员和部分委员，由委员长会议提名，常务委员会会议通过。各专门委员会主任委员主持委员会会议和委员会的工作。副主任委员协助主任委员工作。各专门委员会可以根据工作需要，任命专家等若干人为顾问；顾问可以列席专门委员会会议，发表意见。

3. 委员会的作用和职权

各国国情不同，委员会的作用也有所区别。在奉行三权分立的总统制国家，政府成员不能兼任议员，不得出席参加议会的辩论，只能列席委员会的听证会。在这些国家，委员会无疑成为政府与立法机关直接的桥梁，其不仅拥有较大的实权，而且活动范围广，如美国。而在实行责任内阁制的国家，内阁成员一般都兼任议员，不仅几乎所有的重要议案都由内阁提出，而且内阁成员有权在议会上为政府的议案进行辩论，有权表决议案。政府实际上主导着立法的全过程，委员会的职权也受政府支配，因此作用和活动范围都较小。在我国和法国等国家，委员会的作用和活动范围是介于上述两者之间的。

尽管委员会的作用有所差异，但就其职能而言，大多包括以下五个方面。

（1）提出议案。各国的委员会一般都有此项职能，只不过在总统制国家，委员会可以提出重要议案，如意大利70%的议案均由委员会提出；而在内阁制国家，重要议案鲜有委员会提出，如英国。

（2）审查议案。委员会最主要的作用是体现在审查议案中，几乎所有国家的委员会都有此项职能，但是在英国，委员会的审查意见只起咨询作用，在美国、德国、意大利等国家，委员会的审查意见却对议案能否在议会通过起决定性作用，而日本等国家审查议案的效力介于二者之间。

（3）检查、监督政府工作。在美国，委员会可以对政府的人事、财政、外交等其他多项工作进行全面监督；而在英国、澳大利亚、印度等国家，其委员会要么仅能对政府的部分工作进行一定程度的监督检查，要么只能在召开议会期间对政府工作进行检查。

（4）提出工作建议。在美国，委员会可以就多方面的工作向议会和政府提出建议，而在有的国家委员会是不能从多方面提出建议的，或者不能向议会和行政部门同时提出建议。

（5）设立特别委员会，调查特定事项。为了处理特别事项而成立的特别委员会，其主要工作方式是对特定问题进行调查。我国《宪法》规定，调查委员会进行调查时，一切有关国家机关、社会团体和公民都有义务向其提供必要的材料。

根据我国《全国人民代表大会组织法》，我国的全国人大各委员会承担如下工作：① 审议全国人民代表大会主席团或者全国人民代表大会常务委员会交付的议案；② 向全国人民代表大会主席团或者全国人民代表大会常务委员会提出属于全国人民代表大会或者全国人民代表大会常务委员会职权范围内同本委员会有关的议案；③ 审议全国人民代表大会常务委员会交付的被认为同宪法、法律相抵触的国务院的行政法规、决定和命令，国务院各部、各委员会的命令、指示和规章，省、自治区、直辖市的人民代表大会和它的常务委员会的地方性法规和决议，以及省、自治区、直辖市的人民政府的决定、命令和规章，提出报告；④ 审议全国人民代表大会主席团或者全国人民代表大会常务委员会交付的质询案，听取受质询机关对质询案的答复，必要的时候向全国人民代表大会主席团或者全国人民代表大会常务委员会提出报告；⑤ 对属于全国人民代表大会或者全国人民代表大会常务委员会职权范围内同本委员会有关的问题，进行调查研究，提出建议。此外，民族委员会还可以对加强民族团结问题进行调查研究，提出建议；审议自治区报请全国人民代表大会常务委员会批准的自治区自治条例和单行条例，向全国人民代表大会常务委员会提出报告。法律委员会统一审议向全国人民代表大会或者全国人民代表大会常务委员会提出的法律草案；其他专门委员会就有关的法律草案向法律委员会提出意见。

五、立法机关的职权

从近现代各国的立法实践来看，代议机关作为立法机关，其最主要的职权就是立法，人们也因此将代议机关视为立法机关的同义词。与其他国家机关相比，代议机关的立法权更具广泛性、完整性、独立性，享有更高的效力等级和权威性。它既可以制定宪法，又可以制定一般法律，能够行使包括提案、审议、表决、通过等在内的完整的立法权。当然，除立法权外，立法机关还具有其他职权，具体包括以下五个方面。

（一）质询权

所谓质询权，是指立法机关的成员依法对行政事务或者其他事务，以书面或口头形式向政府和其他国家机关提出质问或者询问，要求他们在法定期限内作出答复的权力。质询权源起于法国，目前已经成为各国立法机关普遍具有的一项职权。立法机关的质询，从形式上看是在向政府寻究关于某一事件内容和处理情况，但实际上是一种重要的监督方式。按照所产生的后果进行划分，质询可以分为质问和询问。质问，即指“正式质询”，代表提出的通常是有关公共利益或者涉及政府施政方针、重要政策措施的问题，引起代议机关辩论。当辩论终结时，立法机关大多会对政府全体阁员，或者某部长作出信任或者不信任的表决。询问，即指“普通质询”，是立法机关成员针对某事向政府发问，对方一般不进行辩论，而只予以回答的一种监督形式。

在我国，在全国人大、全国人大常委会开会期间，全国人大代表、全国人大常委会组成人员，有权依照法定程序提出对国务院及其各部委的质询案，受质询者必须答复；地方人大代表在地方人大开会期间有权向本级政府及其所属部门，法院、检察院提出质询，经主席团提交受质询的机关，后者必须在会议中负责答复。

（二）国政调查权

国政调查权起源于英国，现普遍存在于各国立法机关中。不同国家，国政调查的方法有所不同，较为普遍的调查方式有：组织调查小组和委员会，举行调查会、听证会，传唤证人，听取证言，获取物证、书证等。所有机关和个人，如没有特别理由，不得拒绝提供证词、物证、书证等，否则将受到惩罚。而立法机关在调查过程中不得对证人施加不正当的心理压力，不得采取逮捕、扣押、搜查等手段。对于调查范围，各国也存在差别，在前苏联，国家的调查权是没有限制的；而在意大利，国政调查权仅限于公共利益范围内。我国全国人大及其常委会在必要时，可以组织关于特定问题的调查委员会，并根据调查委员会的报告作出相应的决议。相关一切国家机关、社会组织和公民都有义务向其提供必要材料。

（三）人事权

立法机关通常还具有一定的人事任免权。具体包括：① 选举或者决定有关国家机关和公职人员。如瑞士两院有选举联邦委员会、联邦法院、联邦秘书厅的权力；菲律宾的内阁总理由国民议会从议员中选出；我国和朝鲜等国的最高国家权力机关有权选举或者决定国家元首、最高国家行政机关领导成员、最高法院院长和最高检察院检察长。② 罢免和弹劾有关人员。在我国、朝鲜等一些国家，最高国家权力机关有权依照法定程序罢免由自己选举或者决定的各种人员。而西方国家的议会一般都有权对违法失职或者职务上有的犯罪行为的人员提出弹劾案。弹劾案已经成立，可以对被弹劾者实行罢免，如果被弹劾者触犯刑法，还要受到刑事处罚。③ 提出不信任案。在内阁制国家，政府存在与否，取决于议会是否信任。如果议会对政府的政策等重大问题表示不信任，并通过不信任案，那么要么政府全体成员辞职，要么国家元首下令解散议会，重新改选议会，由新议会决定政府的去留。

（四）财政监督权

财政监督权主要是通过对政府提出的财政法案进行审议来实现的。财政法案包括国家收入、支出的各种法案，其中以预算案和决算案最为重要。例如，在我国，全国人民代表大会有权审查和批准国家预算和预算执行情况的报告；而全国人大常委会在全国人大闭会期间，审查和批准国家预算执行过程中所必须做出的部分调整方案。各国国家均把事关国计民生的预算案、决算案交给代表机关批准通过，表明代表机关在国家权力体系中具有特别重要的地位。由于财政法案多由政府提出，因此立法机关对财政法案的审议，事实上是一种监督权。

（五）其他职权

除了上述职权外，有的立法机关还具有部分司法权和行政权。在英国，其上院同时是英国的最高上诉法院，受理苏格兰刑事案件以外的所有民事、刑事上诉案件。而上院议长同时又是内阁成员、最高法院的首脑，具有一定的人事推荐和任免权。

六、立法机关的会议

（一）立法机关会议的种类

召开会议是立法机关行使立法权和其他职权的基本方式之一。按照不同标准，可以对立法机关的会议作出不同的划分，依据会议的召开时间是否定期，会议可分为例行会议和非例行会议两种。

例行会议，即常会或者例会，是一种定期召开的会议。绝大多数国家一般都在宪法或者法律中规定每隔一定时间召开一次会议。其中，有的国家每年召开一次，如我国的全国人民代表大会、瑞士的参众两院、日本的国会、菲律宾的国民议会；有的国家每年至少召开一次，如美国国会、朝鲜最高人民会议和新加坡议会；有的国家每年召开两次或者两次以上，如英国、法国的议会；有的国家每年召开三次或者三次以上，如保加利亚、印度、瑞士等；还有的国家实行长期集会制度，如意大利和卢森堡等。

非例行会议，即非常会议，是由于某种原因召开的不定期的、临时的、特别的会议。各个国家对召开非例行会议的机关、人员和条件的规定有所不同。法国法律规定，根据总理或者国民议会大多数议员的请求，议会可以召开特别会议；日本法律规定，国会任何议院四分之一以上的议员有权提出召开临时会议，在国家有紧急需要时，内阁可以要求参议员举行紧急集会；朝鲜规定，三分之一以上的议员可以提议召开临时会议；在我国，全国人民代表大会常务委员会有权决定、五分之一以上的全国人大代表有权提议召开临时全国人大会议；各个地方人大代表的五分之一可以提议召开本级临时人大会议。

（二）会议的召集

对于会议的召集，主要可以分以下三种情况：第一种是例行会议和非例行会议均自行召开，其中有的由议会负责人召集，有的由议会领导机构召集。在我国，全国人大的例行会议和非例行会议都由全国人大常委会召集；县级以上地方各级人大的例行会议和非例行会议，由本级人大常委会召集。第二种是例行会议由议会自行召集，非例行会议由政府或者国家元首召集，法国即属此类。第三种是例行会议和非例行会议，通常由某一机构，如总统召集，在该机构未按期召集的情况下，则改由另一机构，如议会主席团召集。

（三）会议的法定人数

会议的法定人数，是指依照法律规定举行会议、表决法案或者作出决定时所必须达到的人数，如未达到法定人数，则无论会议的举行还是法案、决定的通过，均属无效。目前，世界上不少国家都对此进行了规定。其中，大部分国家规定，须有全体成员半数以上出席，方可举行会议；少数国家规定，三分之一以上的全体成员出席即可召开会议，如日本；还有的国家没有对举行会议的法定人数作出规定，如法国。我国就会议的法定人数作出了如下规定：宪法修改，须由全国人民代表大会常务委员会或者五分之一以上的全国人大代表提议，并由全国人大以全体代表的三分之二以上通过。对于法律和其他议案则由全国人大全体代表过半数通过即可。在地方各级人大通过决议时，须全体代表的过半数通过。

（四）会议的举行形式

会议的举行形式分为公开和秘密两种。很多国家规定，一般情况下要会议公开举行，但特殊情况时仍可秘密举行。如法国法律规定，议会两院的会议公开举行，会议记录全文由《政府公报》发表，经总理或者十分之一议员要求，议会两院可以举行秘密会议。

第三节 其他立法主体

一、行政机关

（一）行政机关的概念和特征

行政机关是国家政权机构中以组织管理行政事务为主要职能的国家机关的总称。在分权制衡体制国家中，行政机关是相对于立法机关和司法机关而存在的，以管理行政事务为主要职能的政府部门的合称；在议行合一和其他体制的国家中，行政机关是权力机关或者议会的执行机关。虽然在现今社会，行政机关不是立法机关，但是其却在各国的立法实践中发挥着重要作用，是具有影响力的立法主体。

作为立法主体，行政机关具有自己的特征：其一，行政机关的立法兼具行政与立法双重属性。作为立法主体的行政机关，并未改变其行政机关的性质，行政机关的立法目的是为了更有效、更好地进行行政管理，行政机关的立法主要是解决行政事务。当然，行政机关的立法是具有普遍的规范性和法的效力，行政机关立法是一个国家立法的重要组成部分。其二，在诸多立法主体中，行政机关的立法功能仅次于立法机关。行政机关无论在法律上还是事实上都具有广泛的立法权。其不仅可以制定行政法规、行政规章，向立法机关提出法律案，其还能够根据立法机关的授权进行立法。此外，立法机关制定的法律，有时在很大程度上需要借助行政机关的立法加以具体化，使之便于贯彻实施。

行政机关作为立法主体具有一定的客观必然性。随着社会的进步，人与自然、人与人之间的关系越来越复杂，行政对象变动性加大，从而要求行政管理必须准确、及时、高效。此时，如果仍然完全依赖专门的立法机关创制法律，行政机关只简单地执行法律已经无法满足专业和效率的要求。鉴于此，大多数国家都通过宪法、法律赋予行政机关参与立法的权利，或者直接授权行政机关创制规范的权利来弥补立法的不足。而行政机关所拥有的立法提案权，也在事实上对立法机关的立法活动产生了较大的影响。

（二）行政机关的组成

行政机关一般由行政首脑、行政机关、公务员三部分组成。行政首脑在有的国家是指总统，有的国家是首相、总理，或者是委员会主席。而各国行政机关和公务员的情况颇为复杂。在我国，国务院总理是行政首脑。在中央一级，行政机构为国务院，其设有国务院全体会议和国务院常务会议，国务院实行总理负责制。对于我国的公务员制度，已经由公务员法专门对其进行了规定。

（三）行政机关的分类

行政机关可以区分为总统制行政机关、内阁制行政机关、委员会制行政机关、议行合一制行政机关。不同的行政机关在立法方面有各自不同的特点。

1. 总统制行政机关

总统制行政机关是以总统为政府首脑的政权组织形式。其主要特点是：总统既是国家元首又是政府首脑，其掌握行政实权，并自负行政责任；总统不对议会负责，只对选民负责；政府各部部长由总统任命，对总统负责，不对议会负责；总统无权解散议会，但可以行使否决权否决议会通过的法案；议会只能弹劾总统，不能罢免。

美国是实行总统制最典型的国家。美国总统与国会是完全分离的，总统不得兼任国会议员，不能参加国会立法的讨论与表决，但总统仍然可以通过以下途径影响立法：① 虽然国会中的各种立法提案都是由国会议员提出的，总统没有立法提案权，但是总统可以向国会提出国情咨文、预算咨文、经济咨文和其他专门咨文，这些咨文是国会立法的基础。它们实际上决定着国会的主要议事日程，只是在形式上需要由议员将它们变成立法议会后再向国会提出。② 国会通过的法律需经总统签署方能成为法律，如总统不同意国会通过的法案，总统可以予以否决。③ 总统可以行使国会授权行使的立法权，制定法律的实施细则和针对其他事项进行立法，正因为如此，美国总统被视为美国实际上的立法者。

2. 内阁制行政机关

内阁制行政机关是由内阁掌握行政权并对议会负责的政权组织形式。内阁制行政机关的主要特点是：内阁既是行政机关，实际上又是议会的组成部分；内阁由议会中占多数席位的一个或者几个政党联合组成，虽然经过国家元首任命，但却对议会负责，并接受议会的监督；内阁首脑和成员通常为议员；议会有权对内阁通过不信任案，发生此种情况时，要么内阁总辞职，要么提请国家元首解散议会，并重新进行大选，由新议会决定内阁的去留。

英国是内阁制行政机关的发源地，也是其典型代表，英国奉行三权分立的原则，但分权制度并不十分严格，立法与行政界线不清晰，因此政府在立法方面享有较多权限。① 通过立法提案权影响议会立法。根据英国宪法惯例，内阁有权向议会提出法案。通常议会通过的法案都由内阁草拟并提出，经阁员的解释、辩护而推动通过。非经内阁提出的法案很少有人关注，也难以获得多数支持。② 控制议会审议法案的议程。在英国，下议院的立法议程是由内阁成员担任的立法委员会负责编制的，内阁掌握着议会立法的时间表。③ 行使授权立法权。从 14 世纪起，授权立法在英国就已经相当普遍。第二次工业革命后，经济迅猛增长，迫切需要国家通过立法对经济加强控制，而此时立法机关已经不能满足这种社会需要，所以不得不授权行政机关通过制定行政法规来适应经济发展对立法提出的需求，这就使英国政府在事实上获得了立法权。

3. 委员会制行政机关

委员会制行政机关，又称委员制、合议制行政机关，是由委员会行使行政权的国家政权组织形式。其主体特点是：由若干成员组成合议制机关行使行政权，实行集体领导、集体讨论、集体决策、集体负责，少数服从多数；在委员会制度下，决策者是立法机关，执行者是委员会；委员会中的委员在议员中产生，但当选委员后不得再兼任议员；委员会主席既是国家元首又是政府首脑；委员会的职权需要以委员会的名义行使，而不得以委员会主席、副主席名义行使；委员会必须服从议会决定，无权否决或者退回议会法案，也无权解散议会。

瑞士是委员会制的典型代表。其联邦委员会成员可以在议会中发表意见，为议会最后决策提供咨询参考，但无法进行表决；委员会有权向议会提出联邦法律和命令草案，审查各州应提请联邦批准的法律和命令。

4. 议行合一制行政机关

议行合一制是一种由国家权力机关统一行使国家重大事务决定权的政权组织形式。其特点是：行政机关产生于国家权力机关，并向国家权力机关负责，是权力机关的执行机关。1871 年的法国巴黎公社即是议行合一制的雏形。一般认为，我国的人民代表大会制度属于议行合一制。

在我国，国务院是最高行政机关，其与立法相关的权力主要表现在：根据宪法和法律，规定行政措施，制定行政法规，发布决定和命令；向全国人民代表大会或者全国人民代表大会常务委员会提出议案；行使全国人民代表大会及其常务委员会赋予的立法权，即除有关犯罪和刑罚、对公民政治权利的剥夺和限制人身自由的强制措施和处罚、司法制度等事项外，经全国人民代表大会及其常务委员会授权，国务院可以根据实际需要，对其中的部分事项先制定行政法规；行使立法监督权，国务院有权改变或者撤销不适当的部门规章和地方政府规章，有权改变或者撤销所属部门发布的不适当的命令和指示，有权改变或者撤销地方各级国家行政机关的不适当决定和命令。

二、司法机关

司法机关是指以司法为主要职能的国家机关。狭义上的司法机关一般仅指法院，而广义上的司法机关，除法院外，还包括检察机关和负责司法行政工作的机关。这里所说的司法机关就仅指以审判为职能的法院。虽然司法机关以司法为其主要职能，但是却对立法发挥着重要作用，拥有一定的立法权。因此，司法机关也是立法机关之一。

作为立法主体，司法机关立法作用的发挥取决于各国的国情，一般说来，其作用主要表现在以下四个方面。

（一）创制判例

是指从具体案件的判决中概括出可以适用于后来案件的法的原则和规则，对其他法院（包括本院）以后的审判具有约束力。也就是说，对于上级法院和本院已经作出的生效判决中处理过的问题，如果再遇到与其相同或者相似的案件，除有新情况或者能够提出更加充分的理由外，不得作出与过去判决相反或者不一致的判决。当然，“遵循前例”并不是盲目服从、机械遵守，而是要求法官在一系列判例中找出一般法律规则，以及适用这些规则的最佳途径。司法机关通过创制判例成为立法者，而判例成为法的重要渊源之一。这种现象发源于英国，后被美国所接受，进而成为整个英美法系国家的主要立法传统之一。尽管在当今社会，英美法系国家也强调成文法的重要性，但是依然无法撼动判例法的重要地位。作为一种重要的法律渊源，判例法在社会生活中发挥着不可替代的作用。

虽然判例法没有在宪法、法律中以成文法的形式表达出来，但是从以下四个特点可以证明其是正确的。①可预知。遵循判例有利于预知未来的纠纷。②平等。对于后来同类案件都适用同样的准则，对当事人来说是平等的。③ 经济。用已经确定的标准审理新的案件，可以节省办案的时间与精力。④ 尊重。遵循先前的判决能够体现出对前辈法官智慧和经验的尊重。

（二）司法解释

为了使法律规则更好地适应社会的需要，实现法的价值，需要由法官通过灵活的司法解释对法律规则的具体内容和适用对象进行界定、阐述，并在遇到法律漏洞时形成新的法律规则，来填补漏洞。通过司法解释而形成的解释文件具有普遍约束力，从而使司法解释成为一种立法活动，这是司法机关成为立法主体的又一突出表现。

由司法机关对法律进行解释已经成为了各国的一种普遍现象，但具体表现有所差异。就解释权的权力渊源而言，有的国家的解释权源于宪法或者法律规定；有的国家则是基于传统或者事实的存在。就解释权的权限而言，有的国家只允许最高司法机关进行法律解释，解释对象只能是特定法，而解释目标则仅限于弥补立法的不足；另外一些国家，它们的司法机关解释权并不限于最高司法机关，解释对象不仅仅是最高立法机关指定的法律，解释目的也可以超出弥补立法的不足。

美国法院的司法解释权力较大，其联邦法院有权对包括宪法在内的一切成文法和判例法作出解释，在解释方法上美国法院在一定程度上采用了英国的客观解释方法，一般不通过了解立法机关的意图来解释法律，而是法律本身已经说明了它的内容，法的解释的任务就是按照法律条文本身客观详尽地阐述其内容的意思，赋予法以法律认为它应当具有的与法的表述相符合的意思，而立法机关的意图对法的解释并不重要。

在我国《立法法》颁布前，根据全国人大常委会《关于加强司法解释工作的决议》，最高人民法院和最高人民检察院可分别就各自工作中法律的具体应用进行解释。而《立法法》实施后，法律的解释权归属了全国人民代表大会常务委员会，最高人民法院和最高人民检察院不再享有独立的法律解释权，而只能向全国人民代表大会常务委员会提出法律解释要求。

（三）提出法案以及根据授权直接立法

司法机关可以通过向立法机关提出法案参与立法，我国法律规定，最高人民法院可以行使宪法确定的向全国人大及其常委会提出法案的权利，《法官法》就是最高人民法院起草并作为法案提出，最后获得通过的。而在有的国家，司法机关可以根据议会的授权直接行使立法权。如英国的最高法院、郡法院可以依据议会授权制定有关程序性规则，而美国国会也把制定民事、刑事和上诉程序方面的法律的权利授予了最高法院。

（四）司法审查

司法审查是司法机关审查立法和行政活动是否违反

宪法的一项专门活动。经过审查，被认为违反宪法的立法和行政活动则是无效的。各国的宪政体制、历史文化、社会经济状况不同，所采取的司法审查制度在形式、内容、审查对象及其作用的范围等方面也有所差异。但总的来说，司法审查制度已经对立法机关的立法活动产生了非常大的影响。司法机关拥有审查权实际上意味着它们能够对立法行使监督权、选择权、废止权。当法院宣布某项法律无效时，不仅仅是说该项法律在个案中无效，而是说此项法律在社会生活中已经不能再发挥作用，这表明司法权已经延伸到了立法领域。

对于司法审查权的归属，不同的国家不尽相同。有的国家的司法审查权是由普通法院，主要是最高法院行使，如美国、加拿大、日本等；有的国家则将该项权力赋予了宪法法院，如德国、意大利、奥地利。

三、国家元首

国家元首是最高国家政权机构的组成部分，是代表国家处理对内对外事务的最高代表。在各国的立法活动中，国家元首都居于重要地位，发挥着不可替代的作用。

（一）国家元首的分类

以政体为标准进行划分，可以将国家元首分为君主制国家元首和共和制国家元首。由于各国国情不同，国家元首的称谓亦有所差异。在诸多君主制国家中，国家元首除了称国王、皇帝外，亦有其他称谓，如在卢森堡等国称为大公；在阿曼称为苏丹；日本则称为天皇。在共和制国家中，国家元首则多称为总统和主席。

以担任国家元首的人数为标准进行划分，可以将国家元首分为个人制国家元首和集体制国家元首。个人制国家元首是指由一人独自担任国家元首，集体制国家元首是指由 2 人以上组成的合议制机关的全体成员共同担任国家元首。世界上大多数国家都实行个人元首制，由总统、国王或者其他世袭君主担任，如美国、法国、意大利等；实行集体制国家元首的国家较少，典型的有瑞士的联邦委员会。我国实行集体元首制，国家主席是集体元首的代表，对内与全国人大常委会结合行使国家元首的职权，对外代表国家。国家主席是从有选举权和被选举权的年满 45 周岁的中国公民中选举产生的，每届任期 5 年，连任不得超过两届。

（二）国家元首的职权

1. 国家元首的职权范围

各国国家元首在职权范围上差别较大。在君主立宪制国家，除保留了世袭国家元首外，还另外设置了掌握国家实权的政府首脑。这些国家元首只拥有代表国家的名义，被称为“虚权元首”，如英国、瑞典、荷兰等国家的国王。议会共和制国家的国家元首一般称总统，由选举产生，并有一定的任期。这些国家的国家行政权是由内阁行使的，内阁对议会负责，国家元首一般不掌握实权，德国、奥德利即属此类。总统制国家的国家元首也称总统，经选举产生，有一定任期，与议会共和制国家不同年，总统制国家中的总统集国家元首与政府首脑的职权于一身，总统对议会不负责，但其行政权受到议会的约束，美国是这种类型的典型代表。

2. 国家元首的立法职权

国家元首作为一种重要的立法主体，在立法方面的职权主要表现在以下三个方面。

一是召集和解散立法机关。这是国家元首制约立法权力的一种合法途径。其中，有的国家元首可以召集立法机关的会议，如前苏联最高苏维埃主席团；有的国家元首对立法机构享有解散权，如法国总统；有的国家元首不仅可以召集会议，还可以解散会议，如日本的天皇。大部分国家的国家元首在行使立法职权时要根据内阁的建议，但在有些国家，当国家元首认为有必要时，可以拒绝接受内阁解散议会的建议。

二是公布法律。国家元首是国家的代表与象征。在世界大多数国家，一般经议会通过的法案，只有由国家元首签署公布才能成为正式的法律。其中，有些国家的国家元首对需要公布的法律有批准和不批准的权力，如美国总统、英国国王、法国总统等。这意味着这些国家元首享有实际的公布法律的权力。而在其他一些国家国家元首则无权决定是否批准某项法律，如日本天皇、意大利总统等。这些国家元首公布法律的职权只是形式上的权力。尽管如此，公布法律仍然是一道不可或缺的法律程序。

三是发布命令。国家元首发布的命令要么相当于法律，要么与立法有一定的关系。有的国家元首只能根据内阁的建议或者立法机关的决定发布命令，也就是说这些国家元首所享有的此项职权仅在形式上发挥作用；有的国家元首可以自行发布命令，对立法具有实际意义，如美国总统。

四、被授权的社会组织和团体

在一些国家中，根据授权，部分社会组织或者团体也可以进行立法活动。例如，在德国，一些自治组织有权根据议会的授权进行立法活动，所形成的自治性规范性法律文件统称为规章。这些自治组织主要是指：大学、工业和商业协会、医师协会、社会保险机构、广播电视设施等。

五、公　民

虽然立法机关是现代国家主要的立法主体，但是从实际意义来说，公民是立法权的最终享有者。虽然反对公民直接行使立法权的理由具有一定的说服力，但是公民能够在一定程度上防止立法机关滥用立法权，这一点是毋庸置疑的，正因为如此，很多国家赋予了公民立法权，主要体现在以下两个方面。

（一）立法倡议权

不同国家和地区的立法倡议权的具体规定方式有所不同。如在瑞士，法律直接规定了公民所享有包括修改宪法在内的立法动议权；而有的国家则在请愿权的规定中包含了公民的立法倡议权，如德国联邦议会的常设机关——请愿委员会，要按照法律的具体程序处理人民的请愿。

（二）立法创制权和复决权

立法创制权和复决权是指公民所享有的一项决定法律是否应当成立、修改或者废除的权力。在欧洲、美洲的一些国家，公民有权以投票的方式决定一项法律制度的成立、修改和废除。瑞士是公民具有立法创制权和复决权的典型代表国家。

第四节　我国的立法主体

一、我国的立法机关

我国《宪法》第二条规定："中华人民共和国的一切权力属于人民。""人民行使国家权力的机关是全国人民代表大会和地方各级人民代表大会。""人民依照法律规定，通过各种途径和形式，管理国家事务，管理经济和文化事业，管理社会事务。”可见，在我国，按照议行合一原则建立起来的各级人民代表大会是人民行使国家权力、管理国家事务的最基本组织形式，具有广泛的群众性与代表性，是我国的立法机关，也是我国最重要的立法主体。

（一）我国立法机关的设置

我国是单一制国家，根据级别不同，可以将立法机关区分为中央立法机关与地方立法机关。中央立法机关是我国的最高权力机关，包括全国人民代表大会及其常务委员会，有权制定法律。而地方立法机关则是指省、自治区、直辖市以及较大的市的人民代表大会及其常务委员会，负责制定地方性法规。而自治区、自治州、自治县的人民代表大会则是制定自治条例和单行条例的特殊地方立法主体。在地方立法机关中，较大的市包括省人民政府所在地的市、经济特区所在地的市，以及国务院批准的较大的市。除较大的市以外的其他市、县、乡一级的人民代表大会及其常委会虽然是权力机关，但没有立法权，不是立法机关。

（二）我国立法机关的组成

根据我国宪法和法律的规定，立法机关主要由人民代表大会、常务委员会、专门委员会、人民代表等组成。在人民代表大会召开全体会议期间，还设有主席团。

在我国，县、乡级别的人民代表大会的代表由选民直接选举产生，而其他各级的人民代表大会的人大代表则是由下级人大以间接选举的方式选举产生的。根据我国《选举法》的规定，全国人大代表名额不得超过3000人。分配的方法主要是地域代表和职业代表相结合，并根据实际情况决定和分配。全国人大由省、自治区、直辖市和军队选出的代表组成。军队选出的代表即属职业代表。而我国《选举法》所规定的全国人大代表名额分配时是以一定的人口比例为基础的，并要适当照顾妇女、少数民族和华侨等。少数民族的代表要按人口数和分布情况进行分配，人口特别少的少数民族至少要有1名代表。对于代表资格，我国宪法规定，凡年满18周岁，并享有政治权利的公民，均享有代表资格。

全国人民代表大会设有民族、法律、财政经济、教育科学文化卫生、外事、华侨、内务司法、环境及资源保护以及农业和农村委员会等九个专门委员会。

常委会是人民代表大会的常设机关，由本级人民代表大会选举产生，并对本级人民代表大会负责。

主席团是我国人民代表大会议会期间的集体性领导机构。

（三）我国立法机关的职权

1. 全国人民代表大会的职权

根据我国现行《宪法》和《全国人民代表大会议事规则》的规定，全国人大的职权包括以下五个方面。

(1) 立法权。包括修改宪法、监督宪法的实施，制定和修改刑事、民事、国家机构的和其他的基本法律。

(2) 重大国事决定权。包括审查和批准国民经济和社会发展计划及计划执行情况的报告；审查和批准国家预算和预算执行情况的报告；批准省、自治区和直辖市的建制；决定特别行政区的设立及制度；决定战争与和平的问题等。

(3) 人事任免权。全国人大选举全国人大委员长、副委员长、秘书长和委员；选举国家主席和副主席；根据国家主席的提名，决定国务院总理人选；根据国务院总理提名，决定国务院副总理、国务委员、各部部长、各委员会主任、审计长和秘书长人选；选举中央军委主席；根据中央军委提名，决定中央军委副主席和委员；选举最高人民法院院长和最高人民检察院检察长。以上人员，全国人大有权依照法定程序予以罢免。

(4) 监督权。包括改变或者撤销全国人民代表大会常务委员会不适当的决定；听取和审议全国人大常委会、国务院、最高人民法院和最高人民检察院的工作报告；运用质询、特定问题调查、罢免等监督手段。

(5) 其他应当由最高国家权力机关行使的职权。

2. 全国人大常委会的职权

全国人大常委会是全国人民代表大会的常设机关，是在全国人大闭会期间经常行使国家权力的机关。根据我国《宪法》的规定，其具体行使以下六方面的职权。

（1）关于全国人大组织方面的职权。常委会主持全国人大代表的选举，召集全国人大会议；联系全国人大代表，听取他们的反映，组织他们视察工作；在全国人大闭会期间，领导各专门委员会的工作。

（2）立法权。全国人大常委会行使的立法权包括：解释宪法、监督宪法的实施；制定和修改应当由全国人民代表大会制定的法律以外的其他法律；在全国人民代表大会闭会期间，对全国人民代表大会制定的法律进行部分补充和修改，但是不得同该法律的基本原则相抵触；解释法律。

（3）国家重大事务的决定权。在全国人大闭会期间，可以审查和批准国民经济和社会发展计划、国家预算在执行过程中所必须作的部分调整方案；决定国际条约的批准或废除；规定军人和外交人员的衔级制度；规定和决定授予国家的勋章和荣誉称号；决定特赦等。

（4）人事权。可以任免国家部分高级工作人员：在全国人大闭会期间，可以根据国务院总理的提名，决定部长、委员会主任、审计长、秘书长的任免；根据中央军委主席的提名，决定中央军委其他组成人员的任免；有权任免最高人民法院副院长、审判员、审判委员会委员和军事法院院长，任免最高人民检察院副检察长、检察委员会委员和军事检察院检察长，并批准省、自治区、直辖市人民检察院的检察长的任命；决定驻外全权代表的任免。

(5) 监督权。有权监督国务院、中央军事委员会、最高人民法院、最高人民检察院的工作；撤销国务院制定的同宪法、法律相抵触的行政法规、决定和命令；撤销省、自治区、直辖市国家权力机关制定的同宪法、法律和行政法规相抵触的地方性法规和决定，等等。

(6) 其他权力。除行使上述权力外，还有权行使全国人大授予的其他职权。

3. 省、自治区、直辖市和较大的市的人民代表大会及其常务委员会的职权

(1) 立法权。在不与宪法、法律、行政法规等上位法相抵触的前提下有权制定地方性法规。

(2) 重大事务决定权。讨论、决定本行政区域内的政治、经济、教育、科学、文化、卫生、环境和资源保护、民政、民族等工作的重大事项；根据本级人民政府的建议，决定对本行政区域内的国民经济和社会发展计划、预算的部分变更等。

(3) 监督权。包括法律监督和工作监督两个方面。各级人民代表大会有权听取和审查本级人民代表大会常务委员会的工作报告；听取和审查本级人民政府和人民法院、人民检察院的工作报告；改变或者撤销本级人民代表大会常务委员会的不适当的决议；撤销本级人民政府的不适当的决定和命令；以质询、特定问题调查等方式进行工作监督。人大常委会有权监督本级人民政府、人民法院和人民检察院的工作，联系本级人民代表大会

代表，受理人民群众对上述机关和国家工作人员的申诉和意见；撤销下一级人民代表大会及其常务委员会的不适当的决议；撤销本级人民政府的不适当的决定和命令等。

(4) 人事权。各级人民代表大会有权罢免本级人大常委会、本级人民政府的组成人员和由其选出的人民法院院长、人民检察院检察长。各级人大常委会在本级人大闭会期间，决定副省长、自治区副主席、副市长、副州长、副县长、副区长的个别任免；任免人民法院副院长、庭长、副庭长、审判委员会委员、审判员，任免人民检察院副检察长、检察委员会委员、检察员，批准任免下一级人民检察院检察长；省、自治区、直辖市的人大常委会根据主任会议的提名，决定在省、自治区内按地区设立的和在直辖市内设立的中级人民法院院长的任免，根据省、自治区、直辖市的人民检察院检察长的提名，决定人民检察院分院检察长的任免，等等。

4. 我国立法机关的任期和会议

根据《宪法》和《地方组织法》的规定，作为立法机关的各级人民代表大会的任期是 5 年。另外，我国《宪法》第六十条还明确规定，如果遇到不能进行选举的非常情况，由全国人民代表大会常务委员会以全体组成人员的三分之二以上的多数通过，可以推迟选举，延长本届全国人民代表大会的任期。可见，我国在法律上确认了人民代表大会任期的延长制度。当然，这种情况在我国迄今尚未发生过。

我国的立法机关实行合议制，主要工作方式是举行会议。以全国人民代表大会为例，根据宪法规定，全国人民代表大会会议每年举行一次，由全国人民代表大会常务委员会召集。当全国人大常委会认为必要，或者有五分之一以上的全国人大代表提议时，全国人大常委会可以召开全国人大临时会议。全国人大常委会举行的会议有两种：一是由委员长、副委员长和秘书长组成的委员长会议，主要决定常委会每次会议的议题等；另一种是常委会全体会议，一般每两个月举行一次。就有立法权的地方人大而言，根据《地方组织法》的规定：地方各级人民代表大会会议每年至少举行一次。经过五分之一以上代表提议，可以临时召集本级人民代表大会会议。但对于会议召开的时间和会期，相关法律并未作具体规定。

二、我国其他立法机关

我国《宪法》和《立法法》等有关法律规定，我国的立法主体除了全国人民代表大会及其常务委员会和地方人民代表大会及其常务委员会之外，还包括行政立法主体、军事立法主体和特别行政区立法主体。

（一）行政立法主体

1. 国务院

国务院即中央人民政府，是我国最高国家权力机关的执行机关，即最高行政机关。为了更好地执行最高国家权力机关的意志，领导全国范围内的行政事务，国务院有权根据宪法和法律制定行政法规。国务院每届任期5年，与全国人民代表大会任期相同。若全国人民代表大会因特殊情况需要延长任期，国务院任期也相应延长。国务院由总理、副总理若干人、国务委员若干人、各部部长、各委员会主任、审计长和秘书长组成。国务院总理由国家主席任命。国务院副总理、国务委员、各部部长、各委员会主任、审计长、秘书长由国务院总理提名，全国人民代表大会决定。在全国人民代表大会闭会期间，全国人大常委会可以改变除总理、副总理、国务委员以外的其他国务院组成人员的人选。国务院总理、副总理、国务委员连续任职不得超过两届。总理领导国务院工作，副总理协助总理工作。总理、副总理、国务委员、秘书长组成国务院常务会议，国务院全体成员组成全体会议，由总理召集和主持国务院常务会议和全体会议，讨论和决定国务院工作中的重大问题。

2. 国务院各部委、中国人民银行、审计署及具有行政管理职能的直属机构

国务院各部委、中国人民银行、审计署及具有行政管理职能的直属机构具有立法主体资格，国务院各部委、中国人民银行、审计署和具有行政管理职能的直属机构，可以根据法律和国务院的行政法规、决定、命令，在本部门的权限范围内，制定规章。

国务院各部委是国务院根据全国行政工作需要而设立的专业性的职能机关，在国务院统一领导下掌管某一方面的行政工作。中国人民银行是国务院的组成部门，在国务院的领导下，制定和实施货币政策，对金融业实施监督管理，是中华人民共和国的中央银行，有权根据金融法律和法规，依据经济建设与社会发展需要，以及金融运行的具体情况，制定和发布有关金融调控和金融监管等业务方面的规章。而审计署是政府的审计机关，在国务院的直接领导下，对国务院各部门和地方各级政府的财政收支，以及国家财政金融机构和企事业组织的财务收支进行审计监督。

国务院直属机构是在国务院统一领导下主管专门业务的机关。我国现在有直属机构共 17 个，除国务院机关事务管理局、国务院参事室以外，其他直属机构都具有相应的行政管理职能。

3. 省、自治区、直辖市和较大的市等地方人民政府

省、自治区、直辖市和较大的市（包括省人民政府所在地的市、经济特区所在地的市和经国务院批准的较大的市）的地方人民政府属于我国地方国家行政体系的组成部分，是地方各级权力机关的执行机关，可以根据法律、行政法规和本省、自治区、直辖市的地方性法规，制定规章。省、自治区、直辖市和较大的市的人民政府由同级人民代表大会产生，任期与同级人民代表大会相同，每届为 5 年。

（二）民族自治立法主体

民族区域自治制度是我国的一项基本政治制度。为贯彻该项制度，《宪法》赋予我国民族自治地方——自治区、自治州、自治县的人民代表大会以立法权，允许自治区、自治州、自治县的人民代表大会制定自治条例、单行条例，并且可以根据本民族区域的特点行使变通权。

（三）军事立法主体

中央军事委员会、中央军事委员会各总部、军兵种、军区作为国家武装力量的领导机关和执行机关，是我国军事立法主体，有权制定军事法规和军事规章。

根据我国现行宪法的规定，中央军事委员会是全国武装力量的领导机关，是中央国家机关体系中的一个独立机构。中央军事委员会主席由全国人民代表大会选举产生，其他组成人员如副主席、委员等则是根据中央军委主席的提名，由全国人大常委会决定。中央军事委员会每届任期5年，下设总参谋部、总政治部、总后勤部、总装备部，以及海军、空军、战略火箭部队等的领导机关。此外，中央军事委员会还在全国各地设有驻军领导机关，统一指挥本地区的各军各兵种部队。

（四）特别行政区立法主体

除上述各类立法主体外，我国还有一类特殊的立法主体，即香港特别行政区立法会和澳门特别行政区立法会。根据《中华人民共和国香港特别行政区基本法》的相关规定，香港特别行政区立法会由60名人员组成，其中主要是由在外国无居留权的香港特别行政区永久性居民中的中国公民经选举组成。除第一届任期为2年外，每届任期4年。立法会主席由年满40周岁，在香港居住满20年，且在国外无居留权的香港特别行政区永久性居民中的中国公民担任，并经立法会议员互选产生。

根据《中华人民共和国澳门特别行政区基本法》的有关规定，澳门特别行政区立法会议员由澳门特别行政区永久性居民担任，多数议员由选举产生，少数通过行政长官委任产生。除第一届另有规定外，每届任期4年。立法会设主席和副主席各1人，由在澳门通常居住连续15年的澳门特别行政区永久性居民中的中国公民担任，由立法会议员互选产生。

与西方国家有所不同的是，我国的国家元首、司法机关等政权机关并不属于立法主体。根据《宪法》规定，我国国家元首的职权是由全国人大及常委会与国家主席结合行使，即国家主席行使公布法律权、外交权；人大常委会行使召集议会权；两者共同行使发布命令权、任免权、赦免权、荣典权；而中央军事委员会则行使统帅武装部队的权利。因此，我国实行的是集体元首制。就国家主席而言，在立法方面的职权仅仅是形式意义上的公布法律权，并不具备实质意义上的立法权，因此国家主席在我国不具有立法主体的地位。与此同时，我国的最高司法机关，即最高人民法院和最高人民检察院，根据《宪法》及《立法法》的规定，其有权向全国人大及常委会提出立法议案，也可以向全国人大常委会提出法律解释的要求，但没有独立的立法权。因此，我国的最高司法机关也不是立法主体。此外，在我国的立法实践中，也未出现过授权社会组织或团体进行立法的先例。

第六章
立法权

第一节 立法权概述

一、立法权的概念和特征

（一）立法权的概念

所谓立法权，是指为主权者所拥有的，由特定国家政权机关行使，在国家权力体系中居于特殊地位，旨在制定、认可、变动规范性法律文件，以调整一定社会关系的综合性权力体系。

（二）立法权的特征

1. 立法权是一种综合性权力体系

立法权作为权力的一种，具有强制性。行使立法权实质上就是行使运用国家力量的一种权力。在不同的国情、时代背景下，各国的立法权有所不同，但总的来说，立法权不是单一的权力结构，而是具有多级别、多类别、多内容、多形式、多结构的综合性权力体系。从立法权的级别来说，有中央立法权和地方立法权之分；从立法权的性质来说，存在权力机关立法权和政府立法权之分；就立法权的内容来说，既包括制定权、认可权、修改权、补充权和废止权，也包括立法提案权、立法审议权、立法表决权、立法公布权；就立法权的表现形式来看，存在立宪权、立法律权、立法规权、立其他规范性法律文件权；从立法权的结构看，有完整的立法权与单项立法权之分，亦有独立立法权与不具有独立性的立法权之分。完整的立法权是指既能提出法案、审议法案、表决法案，还能公布法，而只能提出法案或者只能公布法，不能审议法案、表决法案，这种立法权属于单项立法权。能够独立地制定、认可、修改、补充、废止法，这种立法权是独立的立法权；行使立法权制定的法必须经有关机关的批准，属于不独立的立法权。

2. 立法权是国家权力体系中的一种重要权力

虽然立法权仅仅是国家权力这个大系统中的一个子系统，但是却是其中最重要的权力。尽管各国国情有所不同，但是立法权始终在国家权利体系中居于重要地位。

3. 立法权具有相对独立性

从当代各国的实际来看，国家权力体系基本是由立法权、司法权和行政权构成的。尽管一些国家在权力划分上存在模糊现象，但是立法权仍然具有相对独立性，即立法权是相对于司法权、行政权而独立存在的一种权力。

4. 立法权具有法定性

立法权的行使主体、行使范围均由法律作出规定。如我国的《宪法》《立法法》等法律不仅对哪些主体享有立法权作出了明确规定，而且对不同立法主体行使权力的范围作出了界定。

二、立法权的分类

根据不同标准，可以对立法权作出不同的分类。

（一）中央立法权与地方立法权

以立法权力的高低进行划分，可以将立法权分为中央立法权和地方立法权。中央立法权是指中央立法机关，以国家名义行使的，调整基本的、全局性社会关系的一种立法权。我国全国人民代表大会制定、修改宪法和基本法律的权力；全国人大常委会解释宪法、制定法律和修改部分基本法律的权力；国务院制定、修改行政法规的权力；国务院各部、委、行、署和具有行政管理职能的直属机构制定、修改部门规章的权力，均属于中央立法权。而省、自治区、直辖市的人民代表大会及其常务委员会和较大的市的人民代表大会及其常务委员会制定地方性法规的权力，以及省、自治区、直辖市和较大的市的人民政府制定地方政府规章的权力，包括民族自治地方（自治区、自治州、自治县）的人民代表大会制定自治条例和单行条例的权力均属于地方立法权。

（二）权力机关立法权与行政机关立法权

以行使立法权主体的性质为划分依据，可以将立法权分为权力机关立法权和行政机关立法权。对于权力机关来说，行使立法权是其一项基本职权和职责；而行政机关作为权力机关的执行机关，执行法律是行政机关的基本职权与职责，而制定行政法规和规章只是行政机关的一项重要职权与职责。此外，由于同级行政机关由同级权力机关选举产生，受它监督，对它负责，因此行政机关的立法权从属于权力机关的立法权。在立法程序方面，权力机关要遵守严格的法定程序，并实行多数决原则；而行政机关则奉行行政首长负责制。

（三）职权立法权与授权立法权

以立法权的来源作为划分依据，可以将立法权分为职权立法权和授权立法权。职权立法权是指立法主体的立法权力来源于宪法、法律的规定，立法主体进行立法是其行使相应职权与职责的需要；授权立法权是指立法主体的立法权力来源于特定国家机关或者特定法律的授权；其根据是基于某种特别需要。

（四）明示立法权与默示立法权

从立法权的表现形式进行区分，可以将立法权分为明示立法权和默示立法权。

明示立法权，即指《宪法》《立法法》和其他法律明确规定各立法主体所行使的立法权力，其中既包括可以或者应当行使哪些立法权，又涉及限制行使哪些立法权。

对于明示可以或者应当行使哪些立法权，分为两种方式：一种是《宪法》《立法法》和其他法律进行直接规定或者列举，如我国《宪法》第六十二条规定，全国人民代表大会有权制定或者修改刑事、民事、国家机构和其他基本法律。《立法法》第八条规定了专属于全国人大及其常委会的十项立法权，分别是：① 国家主权的事项；② 各级人民代表大会、人民政府、人民法院和人民检察院的产生、组织和职权；③ 民族区域自治制度、特别行政区制度、基层群众自治制度；④ 犯罪和刑罚；⑤ 对公民政治权利的剥夺、限制人身自由的强制措施和处罚；⑥ 对非国有财产的征收；⑦ 民事基本制度；⑧ 基本经济制度以及财政、税收、海关、金融和外贸的基本制度；⑨ 诉讼和仲裁制度；⑩ 必须由全国人民代表大会及其常务委员会制定法律的其他事项。另一种是由《宪法》《立法法》和其他法律规定某些事项可以依法制定，如我国《宪法》第五十九条第三款规定：“全国人民代表大会名额和代表产生办法由法律规定”。

明确限制行使哪些立法权可分为：要求行使某些立法权时应当符合一定的条件和禁止行使某些立法权。前者如《立法法》第十条规定的“授权决定应当明确授权的目的、范围。”“被授权机关应当严格按照授权目的和范围行使该项权力。”“被授权机关不得将该项权力转授给其他机关。”后者如我国《宪法》《立法法》等均作出规定：制定地方性法规不得同宪法、法律、行政法规相抵触。

默示立法权是指宪法、法律的条文精神中所包含的立法权，或者从宪法、法律的条文中能够推导出的立法权。具体包括三种形式：一是以弹性的方式笼统地规定立法主体享有某项职权，这一职权中包含立法职权，或者可以从这一职权中推导出立法权。例如，我国《宪法》第六十二条规定，全国人大有权行使应当由最高国家权力机关行使的其他职权。根据这一规定，当全国人大认为有必要制定某项法律而无直接法律根据时，可以依据此条予以制定。二是宪法、法律规定立法主体可以就某些具体事项行使职权，其中包含了立法主体享有就这些事项进行立法的职权。如我国《宪法》第八十九条规定了国务院的十八项行政管理职权，这其中就默示了国务院可以就这些管理事项制定行政法规。三是宪法、法律中关于国家制度、国家任务、社会职责、公民权利和义务的规定，可以理解为默示了这些立法主体可以就维护国家制度、完成国家任务、兑现社会职责、保障公民权利的实现和义务的履行而进行立法。如我国《宪法》第二十五条规定：“国家推行计划生育，使人口的增长同经济和社会发展计划相适应。”这就意味着国家立法机关在必要时可以行使制定计划生育法的职权。

通过宪法、法律对立法主体的立法权限加以明确规定，有助于人们准确无误地认知立法主体的立法权限范围。而以默示方式规定一定立法主体的立法权限范围，有利于补充明示立法权的不足。因为任何一个国家的宪法和法律，都不可能，也没有必要将所有立法主体的享有立法权、禁止立法主体行使的立法权和所有立法主体行使立法权的条件都一一进行列举。同默示立法权相比，明示立法权是更主要的立法权，但默示立法权仍然是一种不可或缺的立法方式。在我国现阶段，应当主要采取明示的方式来规定。

第二节 立法权与国家权力体系

一、立法权和国家权力体系的结构

毋庸置疑，立法权是国家权力体系的组成部分，但对于国家权利体系由哪些部分构成，则存在不同的学说。

早在古希腊、古罗马时代，思想家们就对国家权力体系的机构问题，提出了不同的看法。亚里士多德认为一切国家权力体系都是由议事、行政、审判（司法）三种权力构成的；西塞罗认为立法权、行政权、司法权和监察权是国家权力体系的组成部分；波里比阿则憧憬理想的国家权力结构应当由君主权力、贵族权力、民众权力三者构成。资产阶级的启蒙思想家们对国家权力体系有着更多的论述。如洛克提出国家权力体系应当由立法权、执行权和对外权构成，可以看出洛克已经超出了亚里士多德，将立法权作为和其他国家权力并列的因素强调；孟德斯鸠对国家权力体系提出了立法权、行政权、司法权三权划分，虽然他所说的行政权、司法权和现在我们所说的行政权、司法权不尽相同；康德将国家权力分为立法权、执行权、司法权三种；黑格尔以君主立宪制为基点，将国家权力划分为王权、行政权和立法权。在资产阶级革命时期的美国，思想家和政治家一般都认为国家权力体系由立法、司法、行政三种权力构成。

此后，西方学术界涌现出了很多关于国家权力构成的学说。如有的观点认为国家权力除了包括立法权、行政权、司法权外，还包括某些行政机关行使的具有半立法半司法性质的管理权和选民团体的权力；有的观点认为立法权、行政权、司法权和弹劾权是国家权力体系的组成部分；还有学者将国家权力结构简化，认为国家权力体系应当由制定政策权、执行政策权两部分构成，其中，制定政策权即立法权，而执行政策权则是司法和行政两权的综合。在我国近代，孙中山先生在借鉴西方经验的基础上，结合我国国情实际，试图将国家权力体系分为立法、司法、行政、检查、考试五项权力。

上述不同时期、不同国家学者对国家权力结构所持的不同观点是有其历史原因和历史合理性的。但有一点我们是可以看到的，即国家权力体系是由若干权力共同构成的一个有机整体。

二、立法权在国家权力体系中的地位

由于各国国情不同，因此立法权在不同国家的国家权力体系中所处的地位也有所不同。

一般来说，有民主倾向的学者更多将立法权视为最主要的权力。例如，洛克强调：人们参加社会的重大目的是和平地、安全地享受他们的各种财产，而达到这个目的的重要工具和手段是这个社会所制定的法，因此所有国家的最初的和基本的明文规定的法就是关于立法权的建立。立法权是神圣的、不可变更的，是国家的最高权力。如果没有得到公众选举和委派的立法机关的批准，无论采取何种形式或者以何种权力作为后盾，任何人的任何命令都不具有法的效力和强制性。在一个有组织的国家，只有一个最高权力——立法权，其余一切权力都处于从属地位。卢梭、康德、罗伯斯庇尔等人都认为立法权是国家的最高权力。当然，并非所有的思想家都认为立法权是国家权力体系中的最高权力。孟德斯鸠就主张立法权是与行政权、司法权平等的权力。

在君主制历史条件下，立法权是很难成为国家权力体系中的最高权力的，而在当今社会，很多国家已经建立的法治社会，在这种情况下，立法权应当占据整个国家权力体系中的最高地位。我国是社会主义国家，人民是国家的主人，立法权自然应当处于整个国家权利体系中的最高地位。

三、立法权与其他国家权力的关系

在不同历史时期的不同国家，对于立法权与其他国家权力的关系，主要可以归纳为三种：① 隶属关系。在君主专制制度下，立法权在国家权力体系中是隶属于君权的。② 从属关系。即立法权处于最高地位，其他权力从属于立法权。其一，行政权从属于立法权，立法机关要监督行政机关的执法，而行政机关要向立法机关报告工作。其二，司法权从属于立法权，罗伯斯比尔强调，司法权要从属于立法权，为防止司法权侵犯立法权，其强调法的解释权由立法机关掌握，如让司法机关掌握解释权，则立法权会变得无足轻重。③ 既制约又从属关系，一方面，其他权力在不同程度上从属于立法权；另一方面，立法权与其他权力相互制衡。

第三节　立法权的归属和范围

一、立法权的归属

（一）西方国家立法权的归属

立法权是国家权力体系中最重要的权力，对于它的归属问题，西方思想史上主要有三种学说。

1. 君主主权论

如西塞罗认为国家的立法权应当由贵族和前任执政

官组成的元老院行使。

2. 同一定政体相连论

如孟德斯鸠认为，立法权的归属受到政体的影响，在实行民主政治的共和政体下，人民拥有立法权；而在实行贵族政治的君主政体下，君主和少数贵族掌握着立法权，在某种意义上，专制政体下无所谓立法权。

3. 人民主权论

人民主权论其中又可以分为五种主张：① 主张立法权属于人民。认为法是人民意志的反映，立法者的主要而正当的来源是全体人民或者其中的主要部分。② 主张立法权属于人民，但需要设定立法机关代为行使。作为国家生命的立法机关必须秉承人民意愿行使立法权，否则人民有权变更立法机关，直至起来革命。③ 立法权属于人民，且不可转让，但立法权与立法者有所区别，立法活动应当由专门的、适宜的人进行。例如，卢梭认为“起草法律，需要求助于具有天才的、智慧的外邦人，因为他们与我们人性没有任何关系，但又能认识人性的深处；它自身的幸福虽与我们无关，然而它又很愿意关怀我们的幸福；最后，在时事的推移里，它照顾到长远的光荣，能在这个世纪里工作，而在下个世纪里享受。”④ 立法权属于人民，并由人民行使，一切公民都有权参加法的制定，并发布评论。例如，罗伯斯比尔就指出，“立宪议会和一切法定政权机关的辩论要公开进行，能容纳一万二千观众的豪华壮丽的大厦，应当作为立法团开会的地点。在这样广大证人面前，收买、阴谋、背信将不敢出现；那时就只会同公共意志商量，那时就只会倾听理智和社会利益的呼声。”⑤ 立法权归属于人民的联合意志。如康德指出，只有人民完全联合并集中起来的意志，才应当在国家中拥有立法的权力。

（二） 我国立法权的归属

在我国近代，康有为、梁启超等人援引西方学说，主张立法权应当归属于民众，并应当建立专门的立法机关来行使立法权。

新中国成立后，我国的立法权属于人民。我国《宪法》第二条规定：中华人民共和国的一切权力属于人民。人民行使国家权力的机关是全国人民代表大会和地方各级人民代表大会。可见，在我国，人民所拥有的立法权并非由人民直接行使，而是由有关国家机关代为行使，但人民对此享有最终决定权。行使立法权的国家机关由人民通过一定方式产生，它们在行使立法权时要以人民利益为依归，否则就不是人民的立法主体，人民有权更换它们。需要注意的是，与其说这些立法机关享有立法权，不如说它们担负着行使立法权的职责。

二、立法权限的范围

（一） 立法权限范围的内涵

所谓立法权限范围，是指立法主体行使立法权的界限。主要包括以下四个方面：①从时间范围上说，立法权限范围是指立法权能在多大的时间跨度上行使。②从空间范围上说，立法权限范围是指立法权可以对哪些领域、哪些方面的事项进行调整，不能对哪些领域、哪些方面的事项发挥作用。③从表现形式上说，立法权限范围是指通过行使立法权，可以指定、修改、变动、废止哪些规范性文件，是宪法、法律、法规，还是规章。④从运作过程上说，立法权限范围是指能否就某种事项行使提案权、审议权、表决权、公布权等，或者能够行使其中哪一方面的立法权。

（二）确定立法权限范围的意义

尽管立法权是国家权力体系中的一项重要权力，但不能是无范围、无限制的。对立法权限范围加以确定具有重要意义：①有助于防止专制擅权。立法权在国家权力体系中居于如此重要的地位，如果其范围不明确，则非常容易出现专制擅权的情况。②有助于立法者明确自身的立法目标和任务。确定立法权限范围能够为立法者进行立法活动提供范围上的标准，使立法者不超越自己的权限行事，并在自己的权限范围内尽职尽守。③有利于立法监督。只有确定了立法权限的范围，才能够对其进行有效监督。④有助于完善立法制度。确定立法权限范围能够实现法的制度化、科学化，使立法逐步趋于完善。

（三）确定立法权限范围的根据和方法

确定立法权限的范围是对作为综合权力体系的立法权的一种安排和设定，关系到立法全局乃至整个国家体制和社会状况的基本面貌。而认定立法主体的权限范围，则是对已然存在的立法权限范围的认识，这有助于人们了解既有的立法权限范围。

确定我国的立法权限范围，应当根据我国自身的经济、政治、文化、人文、地理等诸多国情因素加以综合判断，应当以有利于早日建成法治社会，有利于维护人民的根本利益，有利于我国走向富强、民主、文明为目标。

确定立法权限范围的基本方法是以宪法和法律的形式，将各种立法主体应当行使哪些立法权、不能行使哪些立法权加以规定。我国《立法法》的制定更是在相当程度上实现了这一点，有效避免了立法权行使混乱情形的发生。

第四节　权力机关立法权与行政机关立法权

一、权利机关立法权

权力机关，在西方国家多称国会，世界各国的议会形式可以归纳为两种：一院制与两院制。一院制议会是一个完整的代议机构，议员一般按人口比列选举产生。

采取这种议会形式的国家主要有：希腊、瑞典、芬兰、葡萄牙、埃及、新西兰等。两院制议会则是由上议院和下议院两部分构成，上议院又称参议院、联邦院、贵族院，下议院又称众议院等。上议院议员的产生方式有选举、任命、指定，以及少数世袭等，而下议院的议会多由选举产生。

各国议会的职权由各自的宪法规定，但议会最基本、最重要的权力则是国家立法权。例如，美国宪法规定，本宪法所授予的各项立法权，均属于参议院和众议院组成的合众国国会。日本宪法也规定，国家的一切权力属于国民，国会是最高国家权力机关，是国家唯一的立法机关。虽然议会的立法权是最重要的权力，但是在实行三权分立的国家中，议会还是要受到行政机关与司法机关的制约的。

我国的最高权力机关是全国人民代表大会，其不同于西方国家的议会。在我国全国人民代表大会享有最高权力，行政机关、司法机关等国家机关均由人民代表大会选举产生，受人大监督，对人大负责。值得注意的是，全国人民代表大会只对人民负责，不受行政机关和司法机关的制约。

二、行政机关立法权

所谓行政机关，是指担负广泛的组织和管理社会事务的活动的机关。内阁、政务院、联邦执行委员会、国务院部、委员会、省、局署等均是行政机关。在西方国家，除了议会拥有主要的、基本的立法权外，部分行政机关亦享有一定的立法权。如美国的《联邦行政程序法》，确认了美国行政机关制定行政规章的立法权。法国、日本等国家也有类似的规定。

在我国，《宪法》《立法法》等法律也赋予了部分行政机关以一定的立法权。如国务院享有行政法规立法权；国务院各部、委、行、署和其他直属机构拥有部分规章的立法权；省、自治区、直辖市和较大的市的人民政府享有地方政府规章的立法权。

三、我国权力机关的立法权限

（一）中央权力机关的立法权限

全国人民代表大会及其常务委员会是我国中央权力机关，根据《宪法》《立法法》的相关法律规定，全国人民代表大会及其常务委员会享有如下立法权限。

1. 制定规范性法律文件的位阶

根据我国《立法法》的规定，全国人民代表大会制定和修改刑事、民事、国家机构的和其他的基本法律。全国人民代表大会常务委员会则制定和修改除应当由全国人民代表大会制定的法律以外的其他法律；在全国人民代表大会闭会期间，对全国人民代表大会制定的法律进行部分补充和修改，但是不得同该法律的基本原则相抵触。

2. 制定规范性法律文件的内容

专属于全国人民代表大会及其常务委员会的立法事项包括：国家主权的事项；各级人民代表大会、人民政府、人民法院和人民检察院的产生、组织和职权；民族区域自治制度、特别行政区制度、基层群众自治制度；犯罪和刑罚；对公民政治权利的剥夺、限制人身自由的强制措施和处罚；对非国有财产的征收；民事基本制度；基本经济制度以及财政、税收、海关、金融和外贸的基本制度；诉讼和仲裁制度，以及必须由全国人民代表大会及其常务委员会制定法律的其他事项。

对于上述事项尚未制定法律的，全国人民代表大会及其常务委员会有权作出决定，授权国务院可以根据实际需要，对其中的部分事项先制定行政法规，但是有关犯罪和刑罚、对公民政治权利的剥夺和限制人身自由的强制措施和处罚、司法制度等事项除外。

（二）地方权力机关的立法权限

地方权力机关包括：省、自治区、直辖市的人民代表大会及其常务委员会、较大的市的人民代表大会及其常务委员会、民族自治地方的人民代表大会。其中，较大的市是指省、自治区的人民政府所在地的市，经济特区所在地的市和经国务院批准的较大的市。根据《宪法》《立法法》等相关法律规定，地方权力机关的立法权限包括以下内容。

1. 制定规范性法律文件的位阶

省、自治区、直辖市的人民代表大会及其常务委员会根据本行政区域的具体情况和实际需要，在不与宪法、法律、行政法规相抵触的前提下，可以制定地方性法规。民族自治地方的人民代表大会有权依照当地民族的政治、经济和文化的特点，制定自治条例和单行条例。自治区的自治条例和单行条例，报全国人民代表大会常务委员会批准后生效。自治州、自治县的自治条例和单行条例，报省、自治区、直辖市的人民代表大会常务委员会批准后生效。较大的市的人民代表大会及其常务委员会根据本市的具体情况和实际需要，在不与宪法、法律、行政法规和本省、自治区的地方性法规相抵触的前提下，可以制定地方性法规，报省、自治区的人民代表大会常务委员会批准后施行。

2. 制定规范性法律文件的内容

① 为执行法律、行政法规的规定，需要根据本行政区域的实际情况作具体规定的事项。② 属于地方性事务需要制定地方性法规的事项。除必须制定成法律的事项外，其他事项国家尚未制定法律或者行政法规的，省、自治区、直辖市和较大的市根据本地方的具体情况和实际需要，可以先制定地方性法规。在国家制定的法律或者行政法规生效后，地方性法规同法律或者行政法规相抵触的规定无效，制定机关应当及时予以修改或者废止。③ 自治条例和单行条例可以依照当地民族的特点，对法

律和行政法规的规定作出变通规定，但不得违背法律或者行政法规的基本原则，不得对宪法和民族区域自治法的规定，以及其他有关法律、行政法规专门就民族自治地方所作的规定作出变通规定。

四、我国行政机关的立法权限

（一）国务院的立法权限

1. 制定规范性法律文件的位阶

根据《立法法》的规定，国务院有权根据宪法和法律，制定行政法规。

2. 制定规范性法律文件的内容

行政法规可以就下列事项作出规定：① 为执行法律的规定需要制定行政法规的事项；②《宪法》第八十九条规定的国务院行政管理职权的事项。应当由全国人民代表大会及其常务委员会制定法律的事项，国务院根据全国人民代表大会及其常务委员会的授权决定先制定的行政法规，经过实践检验，制定法律的条件成熟时，国务院应当及时提请全国人民代表大会及其常务委员会制定法律。

（二）国务院各部、委、行、署以及具有行政管理职能的直属机构的立法权限

1. 制定规范性法律文件的位阶

国务院各部委、中国人民银行、审计署和具有行政

管理职能的直属机构，可以根据法律和国务院的行政法规、决定、命令，在本部门的权限范围内，制定部门规章。

2. 制定规范性法律文件的内容

根据《立法法》的规定，部门规章规定的事项应当属于执行法律或者国务院的行政法规、决定、命令的事项。

（三）地方政府的立法权限

1. 制定规范性法律文件的位阶

我国《立法法》规定，省、自治区、直辖市和较大的市的人民政府，可以根据法律、行政法规和本省、自治区、直辖市的地方性法规，制定地方政府规章。

2. 制定规范性法律文件的内容

地方政府规章可以就下列事项作出规定：① 为执行法律、行政法规、地方性法规的规定需要制定规章的事项；② 属于本行政区域的具体行政管理事项。除此之外，结合《宪法》《组织法》《立法法》中的授权法规定，地方政府规章的立法权限内容还包括：省、自治区、直辖市的人民大表大会及其常务委员会授权省、自治区、直辖市的人民政府以及较大的市的人民政府制定地方规章的事项。

第五节　中央立法权与地方立法权

一、我国中央立法权与地方立法权体制划分的历史沿革

我国中央立法权与地方立法权划分体制的产生与发展大致可分为四个阶段。

第一阶段：从中华人民共和国成立至1954年《宪法》的制定，这是我国中央与地方两级立法体制初步建立的阶段。1949年召开的中国人民政治协商会议通过了《中国人民政治协商会议共同纲领》（以下简称《共同纲领》），确立了由中国人民政治协商会议的全体会议执行全国人民代表大会的职权，制定中华人民共和国中央人民政府组织法的制度，规定在全国政协闭会期间，中央人民政府委员会是行使国家政权的最高机关，行使制定、解释法律，颁布法令，废除或者修改政务院与国家法律、法令相抵触的决议和命令，规定国家的施政方针。但是，在《共同纲领》中并没有规定行政机关的立法权。根据1949年中国人民政治协商会议第一届全体会议通过的《中华人民共和国中央人民政府组织法》第十五条第一款的规定，1949年12月16日和1950年1月6日政务院先后通过了大行政区、省、市、县人民政府组织通则，其中规定县级以上各级人民政府都是地方立法的主体，即大行政区、省、市、县人民政府分别有权拟定与地方政

务有关的暂行法令、条例和单行法规报上级人民政府批准或者备案。1952 年中央人民政府委员会第十八次会议批准了《中华人民共和国民族区域自治实施纲要》，规定民族自治地方在中央人民政府和上级人民政府法令所规定的范围内，有权根据其自治权限，制定本自治地方的单行法规，呈报上两级人民政府批准，并报中央人民政府政务院备案。

第二阶段：1954 年《宪法》制定到 1966 年“文化大革命”爆发。在这个阶段中，立法权高度集中在中央，地方只享有民族自治地方的自治条例和单行条例的立法权。1954 年《宪法》第二十二条规定，全国人民代表大会是行使国家立法权的唯一机关，只有全国人民代表大会才有权修改宪法、制定法律。全国人大常委会和国务院都不是立法主体。之后于 1955 年 7 月 30 日第一届全国人民代表大会第二次会议通过的《关于授权常务委员会制定单行法规的决议》专门授权常务委员会依照宪法的精神，根据实际的需要，适时地制定部分性质的法律，即单行法规，1959 年第二届全国人民代表大会第一次会议进一步授权全国人民代表大会常务委员会可以在全国人大闭会期间根据情况的发展和工作需要，修改现行法律中不适用的条文。如此一来，中央立法权由全国人民代表大会单独行使变成由全国人大及其常务委员会共同行使。而对于地方立法权，1954 年《宪法》保留了民族自治地方自治机关的立法权限，即自治区、自治州、自治县的自治机关可以依照当地民族的政治、经济和文化的特点，制定自治条例和单行条例，报请全国人民代表大会常务委员会批准。其他地方仍然没有立法权。

第三阶段：1966 年“文化大革命”爆发到 1982 年《宪法》的修订。在这一阶段，虽然 1975 年《宪法》沿袭了 1954 年《宪法》关于中央与地方立法体制的规定，但在实际中已经基本不起作用了。可以说，在 1975 年以前这个阶段，我国的中央与地方的立法体制陷于瘫痪状态。1978 年我国通过的第三部《宪法》与 1954 年《宪法》中关于中央与地方立法体制的规定没有变化，但是却没有确认全国人大对全国人大常务委员会的两次授予立法。1979 年，全国人大制定的《地方各级人民代表大会和地方各级人民政府组织法》把立法权开始下放至省级人民代表大会。如该法第六条规定：“省、自治区、直辖市的人民代表大会可以根据行政区域的具体情况和实际需要，在和国家宪法、法律、政策、法令、政令不相抵触的前提下，可以制定和颁布地方性法规，并报全国人民代表大会常务委员会和国务院备案。”第二十七条中同样规定了省、自治区、直辖市的人民代表大会常务委员会制定地方性法规的权力。至此，我国中央与地方立法权力合理配置已提上了历史日程。

第四阶段：1982 年《宪法》的制定至今。在这一阶段，我国中央与地方立法体制已经完全建立。根据我国现行《宪法》《全国人民代表大会组织法》《国务院组织法》《全国人民代表大会和地方各级人民代表大会选举法》《地方各级人民代表大会和地方各级人民政府组织法》《全国人民代表大会议事规则》《全国人民代表大会常务委员会议事规则》以及《立法法》等相关法律的规定，我国现行的中央与地方立法体制的主要内容大致如下：中央立法权包括全国人民代表大会基本法律的立法权，全国人民代表大会常务委员会法律（除基本法律以外的其他法律）的立法权，国务院的行政法规立法权，国务院各部委的部门规章立法权。地方立法权包括省、自治区、直辖市的人民代表大会及其常务委员会的地方性法规立法权，较大的市的人民代表大会及其常务委员会的地方性法规立法权，经济特区所在地省、市的人民代表大会及其常务委员会的授权的法规立法权，民族自治地方的人民代表大会的自治条例和单行条例的立法权，省、自治区、直辖市和较大的市的人民政府的规章的立法权，特别行政区的立法权。

二、中央立法权与地方立法权的配置目标

立法权力的资源配置是指在一个国家内，享有立法权的各个机关对立法权力资源的分享与安排。中央地方立法权力和地方立法权力的资源配置，是指中央和地方对立法权力资源的分享与安排。所谓中央立法权和地方立法权资源优化配置，是指在一个国家内，为了能够充分发挥立法资源的最大效益，对中央立法权力与地方的

立法权力所作出的最为合理和恰当的安排。而中央立法权力和地方立法权力资源优化配置的目标就是实现中央和地方立法权力资源配置的最为合理的安排，形成最能发挥立法权力资源功能的中央和地方的立法权力结构。

（一）中央与地方立法权力配置的均衡性

资源配置结构只有具备均衡性，才能够使资源发挥最大效益。根据系统结构功能论的观点，系统结构的均衡是系统得以有效运作的必要前提。中央立法权力和地方立法权力配置的均衡性就是指中央和地方的立法权力结构安排处于均衡状态。我国是单一制国家，在这种结构形式下，地方与中央之间的关系处理是影响国家长治久安和社会稳定的关键。地方和中央具有多种关系，其中之一就是中央和地方的立法权力关系。无论是中央立法的过分集权，还是地方立法的过分分权，都是行不通的。合理的结构就是合理分工，各就其位，共同为社会的稳定、国家的富强发挥自己的作用。

（二）中央与地方立法权力配置的协调性

所谓中央立法权力与地方立法权力配置的协调性，是指在整个国家立法权力的运行体系中，中央立法权力与地方立法权力彼此协调、相互配合，共同维护我国立法权力的完整性。中央和地方立法权力配置的协调性主要包括三个方面的内涵：一是中央和地方各自有自己的立法权限范围，不得越权、侵权。即专属于中央立法的事项地方立法不得染指，而应当由地方立法规定的事项中央立法亦不得干涉。二是中央权力和地方权力安排的整合性，也就是中央和地方立法权力的总和恰好构成了国家立法权力的整体，整个立法权力体系没有任何空隙，也没有剩余的立法权力。三是中央立法权力和地方立法权力运用上功能的协调。地方立法是对中央立法的贯彻实施，即地方立法不得违背中央立法，以及上位法的立法原则与立法精神，但是地方立法又具有一定程度的能动性。因此，应当把中央立法与本地区的实际情况结合起来，有效地发挥中央立法与地方立法的配合作用。

（三）中央和地方立法权力配置的有效性

所谓中央和地方立法权力配置的有效性，是指无论是中央立法还是地方立法，一定要做到资源的安排能够发挥资源的效用。一个国家立法权力资源的分配，关键是看它是否能够发挥效用，如果某一个机关无法行使分配给它的立法权力，那么这无疑是对资源的浪费。因此，中央立法与地方立法必须充分利用自己的有效资源，只有这样才能实现立法权力配置的有效性。

（四）中央和地方立法权力配置实现效益最大化

效益最大化是中央和地方立法配置的一个基本目标。有些立法，如果由中央立法主体来立法的话，可能耗费的是巨额立法成本，但却无法取得与之相对应的收益，而如果该项立法由地方立法主体来完成的话，它有可能节约立法成本，并有可能取得较大的立法收益，那么就这个法案来说，由地方进行立法为佳。可见，中央立法权力和地方立法权力的配置，必须注重能够发挥立法权力资源的运用功能，使其能够实现立法效益最大化。

三、中央立法权与地方立法权优化配置的基本原则

要实现中央立法权力和地方立法权力资源的优化配置，就必须在配置时遵循一定的基本原则。

（一）法制统一原则

中央立法权力和地方立法权力的资源配置，尤其是中央和地方立法权力的运行必须有利于维护社会主义法制统一的原则。法制统一原则是现代社会法治国家共同提倡和遵守的一项重要原则。所谓法制统一原则，首先是合宪性原则。就是说，包括法律、法规、规章在内的一切规范性法律文件以及非规范性法律文件的制定，必须符合宪法的规定，不得违背宪法。凡是违背宪法者，不具有法律效力。其次，在国家整个法律体系中的规范性法律文件不得相互抵触。最后，不论是中央立法还是地方立法，各个法律部门之间的规范性法律文件不得互相冲突或者抵触，而应该相互协调和补充。

（二）充分发挥中央和地方各自积极性的原则

中央和地方立法权配置的根据是不同立法事项所具有的不同特点，即中央立法和地方立法所规范的对象有

所不同。从我国立法实践来看，按照法律适用的地域范围不同，可以将立法规范的事项或者对象分为全国统一性的事项和具有地方特点的事项。具有全国统一性的事项是全国应当统一适用同一套规则的事项，例如外交、货币、关税、金融、国家财政、邮政、航空、环境保护等，这些事项均具有全国统一性的特点。对于这样的事项，显然只由中央立法予以规范，才能够确保在全国范围内适用统一的规则。而具有地方特点的事项则因为各地存在差异，所以需要因地制宜，适用不同的法律规则。例如，地方税收、市政管理等事项，由地方立法规范较为适宜，只有这样才能保证立法符合各地的具体实际。由于我国幅员辽阔、人口众多，各地发展不平衡，有些事项在某些地区已经发展到需要立法加以规范的程度，但在另一些地区可能还未发生或者还没有达到不需要立法予以规范的程度。在这种情况下，很难用全国性的立法确立统一的规范，而只能让某些地方先行立法。可见，既要重视中央立法，又要调动地方立法的积极性。只有发挥地方立法与中央立法各自的积极性，立法资源的功能才能得以充分发挥。

（三）原则性与灵活性相结合的原则

中央立法权力和地方立法权力的配置要贯彻原则性与灵活性相结合的原则。我国是一个多民族的国家，各个地区经济发展不平衡，不同民族之间的风俗习惯又有较大差异。所以，在立法时，要考虑到各个少数民族聚住地方对立法的特殊要求，在某些方面，应当允许少数民族地区可以根据自己本地方的实际情况作一些变通规定或者补充规定。除此之外，原则性与灵活性相结合的原则还要求充分考虑因历史发展给某些地方带来的特殊性——地方有时不能实施国家统一的法律制度或者要突破国家统一法的有关规定，建立自己的或者自成体系的法律制度。这样一来，就需要赋予地方立法机关更大的，有时甚至与中央立法权相对独立的立法权。由此我们可以看出，立法权配置应当在全国统一原则的前提下，对具有历史特殊性的地方进行灵活处理。

四、对完善我国中央立法权与地方立法权配置的几点建议

（一）在中央和地方立法权力的范围中，应该规定专属于地方的立法权

从立法权力的渊源来看，我国的中央立法权是由宪法或者法律直接明确规定的。而地方的立法权力的渊源有两个方面：一是由宪法、法律和法规直接予以明确规定的；二是由中央立法主体授予的。从国家的法律体系中的地位上讲，中央立法是主导的，地方立法是从属的。尽管如此，地方立法并不是可有可无，无足轻重的。相反，地方立法是非常重要的，其应当有一定的自己的立

法范围。

我国的《立法法》第八条规定了十项专属中央立法权的事项。然而对于地方立法只是在第六十四条就地方法规规定的事项以及在第七十三条对地方政府规章规定的事项作出了原则性的规定，没有具体规定专属于地方的立法事项。世界上有许多国家都分别对中央专有立法权和地方的专有立法权进行了规定。例如，印度宪法明确规定了地方专有的五十九件事项的立法权。

对于应当如何确立地方立法权的专有事项，笔者认为应当遵循以下三个原则：第一，该事项是本地方所特有的，具有本土性和地域性；第二，对中央立法不能干预，如果对中央立法加以干预，不是造成立法成本高、效益低，就是中央立法不能适应地方实际情况，不具操作性和适应性；第三，地方立法原则上不得违背上位法的原则、精神和规定，即维护法制的统一性和中央立法的尊严。就我国目前的立法实践来说，地方立法的专有事项可以包括如下几个方面：一是中央法律规定范围内地方财政的自治权；二是本地方的文化、教育、卫生事务；三是省政、市政管理事务；四是地方公共秩序与环境保护事务等。

（二）地方的先行立法权与中央立法的协调

我国《立法法》第六十四条规定，除《立法法》第八条规定的事项外（中央立法权的专属事项），其他事项国家尚未制定法律或者行政法规的，省、自治区、直辖市和较大的市根据本地方的具体情况和实际需要，可以先制定地方性法规。这是我国地方先行立法的基本法律依据。地方先行立法权的确立在我国是十分必要的，这主要是因为我国地方经济、政治、文化等发展具有差异性、民族多样性等国情特点，由此导致了各地方立法不可能完全步调一致的客观现实。因此，如果某事项处于事物发展的开端，又带有地方特征，且有规范必要加以时，地方可以先行立法。在我国，已经有这样的成功立法实践。

确立地方的先行立法权的事项须遵循以下原则：第一，地方不得就属于中央立法的专有事项进行先行立法；第二，国家法律法规对此类事项还未作规范；第三，地方有必要对此类事项进行规范；第四，不得违背上位法的原则、精神和规定。此外，地方立法的先行权还应当受到一定的限制，即对这种权力在什么样的情况下应该终止行使作出规定。

地方立法先行，为其他地方的立法和中央立法提供了宝贵经验，但是当事物的发展或者地方先行立法的事项超出某一地域范围而成为全国性的事项时，如果仍然允许各个地方行使自己的立法先行权，将会造成巨大的立法资源浪费，这就需要中央立法对该事项加以规范。“在国家制定的法律或者行政法规生效后，地方性法规同法律或者行政法规相抵触的规定无效，制定机关应当及时予以修改和废止。”也就是说，中央立法的时机成熟以后，地方立法应该服从中央立法，以维护法制的统一性与协调性。

（三）完善中央立法主体对地方立法的备案审查制度

我国《宪法》《立法法》都规定，地方性法规要向全国人大常委会和国务院备案，国务院各部门和地方政府的规章要向国务院备案。备案不只是上交文件、立档备查的一个手续，而且是立法必须的监督程序，是实现对法规、规章的事后控制的措施。因此，我们认为要完善我国地方立法备案审查制度，可以从以下两个方面着手进行：一是设立专门的立法备案审查机构，二是应当制定备案审查的程序。

第七章
立法程序

第一节　立法程序概述

一、立法程序的内涵

“立法程序”由“立法”和“程序”两个词语组成。由于学者们对“立法”与“程序”两个基本构词要素的认识有所不同，因此对“立法程序”也有着不同的界说。有的学者认为，立法程序是立法主体在产生、变动法律规范性文件的活动中所必须遵循的法定时间、顺序、步骤、方式的总称；有的认为，立法程序是规范立法机关会议之构成、法案之提出，议程之编制，法案之审查、讨论、修正、再议、复议等各种立法过程中必要的程式及其应有的规律，兼及委任立法的运用与限制；也有学者认为立法程序是有立法权的国家机关，在制定、认可、修改、补充、废止法的活动中，所须遵循的法定的步骤和方法；还有的学者将立法程序定义为有权机关制定法律的工作程序，主要包括起草法律草案、提出法律草案、审议法律草案、通过法律和公布法律等几个阶段。

对于立法程序的概念界定，我们认为应当明确以下三点。

第一，立法程序的主体是有权国家机关。有权国家机关主要是指专门的立法机关，同时也包括宪法、法律授权可以行使部分立法权的其他国家机关。

第二，立法程序的内容是立法活动中的步骤和方法。立法程序仅限于立法活动中所采取的步骤和方法，不包括其他活动，即立法机关的立法职权以外的其他活动的步骤和方法。因此，具有多项职能的国家机关，只有在行使立法职权时所遵循的步骤和方法，才是立法程序。

第三，立法程序中所涉及的步骤和方法具有法定性。立法过程的各个阶段有着多种多样的步骤和方法，但并不是所有的步骤和方法都是立法程序的规范对象。只有由宪法、法律予以明确规定的，有权国家机关所必须遵循的步骤和方法，才是立法程序的规范对象。可见，有权国家机关在行使其立法职权时所必须遵守的这些步骤和方法具有法定性。如果有权国家机关违背了这些法定的步骤和方法，则立法便会因为程序违法而具有不正当性，导致已经形成的法律被变更或者被撤销。

由此可见，立法程序是指有权国家机关在进行立法活动时所必须遵循的步骤和方法。

二、立法程序的分类

无论从立法理论，还是立法实践来说，立法程序的种类都具有多样性。依据不同的标准可以对立法程序作出不同的划分。

（一）成文法立法程序与判例法立法程序

依据制定的规范性法律文件是否法典化为标准，可以将立法程序分为成文法立法程序与判例法立法程序，在我国，立法程序仅指成文法立法程序。

（二）权力机关立法程序与行政机关立法程序

以制定法律的主体为标准，可以将立法程序分为权力机关立法程序与行政机关立法程序，在当代社会，行政机关进行立法已经成为世界潮流，即使在实行“三权分立”最为典型的美国也是如此。

（三）宪法立法程序和普通法立法程序

以立法程序的复杂程度为标准，可以将立法程序分为宪法立法程序和普通法立法程序。在世界上的大部分国家，宪法的制定、修改等程序远比普通法的相应程序要复杂、严格得多。

（四）自主立法程序与授权立法程序

这是根据立法程序的启动原因不同作出的划分，自主立法程序是相关立法主体依据宪法或者法律所赋予的职能而启动的立法程序，实施立法行为；而授权立法程序则是指主体以具有特别授权为前提而启动立法程序，实施立法行为。

此外，以立法活动的不同形态为标准，还可以将立法程序分为制定法的立法程序、修改法的立法程序、解释法的立法程序和废止法的立法程序等，而所有这些立法程序结合在一起才构成完整意义上的立法程序。法的制定，即法的创制，是立法中最基本的表现形式，而法的修改、解释、废止则是在法制定出来之后，为使其适应不断变化的社会客观环境所进行的必要完善。与法的制定一样，法的修改、解释、废止等均是独立的立法活动，需要有权国家机关按照法定程序完成。但由于这些程序与法的制定程序基本相同，因此很多国家对于法的修改、解释、废止等程序不作另外规定。如我国《立法法》对全国人民代表大会及其常务委员会制定法律的程序予以详细规定后，概括性地指出“法律的修改和废止程序使用本章的有关规定”。

目前，立法实践中所称的立法程序并不是对所有上述程序都一一进行说明，而是根据《宪法》《全国人民代表大会组织法》《地方组织法》《立法法》等法律规定，对全国人民代表大会及其常务委员会、国务院及其相关部门、地方国家权力机关与其行政机关等制定的规范性文件的立法程序作以介绍。

三、立法程序的阶段

立法活动是由一系列环节构成的复杂过程，其中包括：立法预测、立法规划、规范性法律文件的起草、提出、审议、通过、公布等。对于立法程序应当包括哪些环节，理论界有不同的看法。

有的学者认为，立法程序是从立法预测和立法规划开始的，主张将立法程序分为立法规划、起草法律草案、提出法律草案、通过法律草案、公布法律等六个主要阶段。有的学者则认为，立法程序是从法律起草开始的。还有的学者主张立法程序是从法案提出到表决通过的全过程，包括提案、辩论、质询、投票表决、协调歧见等几个阶段。目前，学界的主流观点认为，立法程序包括提出法案、审议法案、表决通过法案和公布法四个阶段。

四、立法程序的渊源

立法程序的法律渊源具有多样性。通常来说，主要有以下五个方面。

1. 宪法和法律

这里所说的法律更多的是指国家机关组织法，例如，美国1789年《宪法》以及英国1911年的《议会法》中均有关于立法程序的规定。在当今社会，宪法和法律是各国立法程序比较主要的渊源。

2. 专门的立法法

例如，我国于2000年通过实施的《立法法》对立法程序作出了较为详细的规定。

3. 专门的程序法

比如，1946年美国联邦《行政程序法》对行政法规的制定程序作出了规定。

4. 有权立法的国家机关的活动准则

这种方法也为不少国家所采用，如1995年通过的《明尼苏达州众议院永久规则》和1997年通过的《美国威斯康星州议会参众两院联合规则》中，均有关于立法程序的规定。

5. 法律承认的立法程序惯例

例如，《明尼苏达州参议院永久规则》第一条规定，"凡能应用《梅森立法程序手册》的立法惯例，且该惯例与本规则和程序及参议院和众议院联合规则和程序不抵触时，参议院须遵照《梅森立法程序手册》中的立法惯例从事立法工作。"

在我国，立法程序的渊源主要包括：《宪法》《全国人民代表大会组织法》《立法法》《全国人民代表大会议事规则》《全国人民代表大会常务委员会议事规则》《民族区域自治法》《国务院组织法》《地方各级人民代表大会和人民政府组织法》《行政法规制定程序条例》《规章制定程序条例》《法规规章备案规定》和其他各地人大及其常委会制定的有关立法活动准则的地方性法规等。

与此同时，一些立法程序惯例，诸如人大专门委员会的提前介入和政府法制机构的审读会制度等均是我国立法程序的渊源。可以说，经过新中国成立后这几十年的努力，我国立法程序已经趋于成文化和规范化，但仍需要进行完善。

五、立法程序的作用

（一）完善的立法程序是实现民主立法的必要前提

立法程序在实质上是有权国家机关对特定权利义务进行配置的活动。这就要求立法程序一方面要充分反映民意，保证立法符合公益，并适当兼顾多数和少数人的意志；另一方面要保障立法主体的组成人员平等有效地行使立法权力，保证立法取决于合意而非“一家之言”。

对于前者来说，民主合意是现代立法的精髓所在，如果立法不符合公益，那么所制定的法律将沦为服务于少数利益集团的私人产品。为此，立法程序中包含了公开与参与制度，使设定的立法程序有助于各种不同利益群体的表达、协调、认同、整合，既保障多数人的合理权利，又能够尊重少数人的恰当权利，从而有利于防止立法权行使过程中的权力专断。例如，我国的《立法法》和《行政法规制定程序条列》均对民主参与立法制度和立法听证制度进行了规定，为制定法获得民主性提供了有效的程序保障，为立法结果能够为公众接受和遵守奠定了基础。

对于后者来说，若对审议时的发言时间没有任何限制，合意便无法实现，因此必须建立起合理制度来保障审议过程中，所有的组成人员都有平等的表达意见的机会。如在各国代议机关的议事规则中普遍规定了代表在履行审议职责时所应当遵循的发言规则，包括发言次数和发言时间等。另外，要实现民主的立法决策还需要有充分、全面的立法决策信息的支持，而立法程序无疑为实现这一目标提供了保障。如我国《立法法》中规定的“了解知情权”制度，就是保障代表充分掌握立法信息，履行民主审议职责的有效措施，即提案人应当承担“听取意见、回答询问，根据要求介绍情况”的法定义务。

此外，立法程序在保证实现立法民主的过程中，营造了一种自由、平等的对话条件和氛围，能够确保各种利益群体平等地参与立法过程，并能够充分地表达各自的观点，从而影响立法结果，这就使广大社会大众更容易从心理上接受并认可立法结果的正当性，增强社会凝聚力。

（二）完善的立法程序是实现科学立法的有力保障

虽然立法是对客观规律的反映，但其中也不乏个体的主观意志。为了能够尽量弥补立法者的认识局限性，克服立法活动中的随意性与盲目性，必须建立完备的立法程序，以保障立法主体作出科学的立法决策，使之能够正确地反映客观规律。

我国的《立法法》中规定的三审制度和统一审议制度为立法的科学化提供了程序保障。三审制度是指，列入常委会议程的法律案，一般要经过审议侧重内容不同的三次常委会会议审议后，才能交付表决的制度。《立法法》第二十七条体现了这一制度："列入常务委员会会议议程的法律案，一般应当经三次常务委员会会议审议后再交付表决。常务委员会会议第一次审议法律案，在全体会议上听取提案人的说明，由分组会议进行初步审议。常务委员会会议第二次审议法律案，在全体会议上听取法律委员会关于法律草案修改情况和主要问题的汇报，由分组会议进一步审议。常务委员会会议第三次审议法律案，在全体会议上听取法律委员会关于法律草案审议结果的报告，由分组会议对法律草案修改稿进行审议。"这种三审制度能够保证常委会充分地倾听不同的意见，了解立法可能造成的影响，有助于立法者以谨慎、科学的态度对待立法工作，以提高立法质量。

统一审议制度体现在我国《立法法》的第十八条和第三十一条。其中《立法法》第十八条是对全国人民代表大会统一审议制度的规定："列入全国人民代表大会会议议程的法律案，由法律委员会根据各代表团和有关的专门委员会的审议意见，对法律案进行统一审议，向主席团提出审议结果报告和法律草案修改稿，对重要的不同意见应当在审议结果报告中予以说明，经主席团会议审议通过后，印发会议。”第三十一条是对全国人大常委会统一审议制度作出的规定：“列入常务委员会会议议程的法律案，由法律委员会根据常务委员会组成人员、有关的专门委员会的审议意见和各方面提出的意见，对法律案进行统一审议，提出修改情况的汇报或者审议结果报告和法律草案修改稿，对重要的不同意见应当在汇报或者审议结果报告中予以说明。对有关的专门委员会的重要审议意见没有采纳的，应当向有关的专门委员会反馈。”我国的立法实践已经表明，这种统一审议制度不仅有利于克服长期在某一领域从事专职行政管理工作的代表在审议法律时带有的惯性行政色彩，而且还能够避免不当的部门利益。

（三）完善的立法程序保证立法的高效性

立法不仅要充分反映民意，还要及时向社会提供所需要的规则。在立法活动中，立法机关组成人员众多，议事范围广泛，但会议时间非常有限，如不进行科学安排，容易导致议而不决、效率低下等弊端，立法民主的实现也无从谈起。对此，应当建立完善的立法程序，即对提案制度、审议制度、表决制度、会期制度、参与制度、公开制度等一系列程序的运行进行科学安排，保障立法的每一个阶段都有条不紊地进行，保证会议时间得到合理有效的运用。只有这样才可能使立法活动成为一个高效民主的合意过程，才可能使立法资源有章可循，赢得效率。

在各国的立法实践中，已经形成了一些能够提高立法效率的规则。例如，有限发言制度要求审议者在较短的时间内，精确地表达审议意见；特殊审议制度使审议者可以根据审议对象所花费的资源灵活地确定审议期间；部分表决制度使尚有异议的法律条文的取舍、修改更具效率。我国的《立法法》《全国人民代表大会议事规则》以及《全国人民代表大会常务委员会议事规则》分别对加速、延长、终止法律草案审议的特殊审议规则，以及代表和委员在全体会议和联席会议上的发言次数、发言时间进行了规定。

可见，完善的立法程序将使立法工作进入到规范化的程序轨道，保证立法的每一个阶段、每一个步骤、每一个环节都能井然有序、配合得当、制约有序，从而最大限度地实现立法的效率价值。

第二节　提出法案

一、提出法案的含义

完成立法准备工作后，立法活动即进入到由法案到法的阶段。在这一阶段中，提出法案是第一道程序，也是前提性、基础性程序。提出法案，又称提出立法议案，是指有立法提案权的机关、组织或者人员，依照法定程序和方式，向立法机关提出的关于制定、修改、补充、废止、解释某项规范性法律文件的提议和议事原型的专门活动。提出法案由三个基本要素构成：一是法案的提议应当向有权国家机关提出；二是提出的内容是法案，即立法议案；三是提案必须依据法定程序。

为准确把握提出法案的含义，我们有必要对立法议案与其他几个概念作以区分。

首先是立法议案与法律草案。立法议案与法律草案之间既存在联系，又有所区别。就联系而言，立法议案提出是审议法律草案的必要前提，法律草案的审议是立法议案被列入议程后的必然结果。二者的区别主要表现在以下三个方面。第一，提出主体不同。提出立法议案的主体是法定的，即只能由依法有权行使提案权的机关、组织或者个人提出；而提出法律草案的主体不具有法定性，任何机关、组织、个人均可提出。第二，包含的内容不同。立法议案是一项书面方案，由案由、案据、附案等组成；而法律草案作为可能被审议、表决通过、公布的法律雏形，其主要内容是待定的法律权利和义务。第三，表现形式不同。立法议案一般采取段落式；而法律草案则采用条文式。

其次是立法议案与议案。概括来说，议案包含立法议案。议案泛指代议机关在履行职能时所接受的各种建议和方案。包括任命案、预算案、决算案、质询案等，立法议案只是议案的其中一种，专指代议机关履行立法职能时接受的涉及法的制定、变动等的提议。

最后是立法议案与立法建议。立法建议是社会成员向非特定的国家机关、媒体等提出的有关制定法、变动法等口头和书面主张，其内容不具有规范性。而立法议案的提出主体、接受主体、提出程序和表现形式都具有规范性。一般来说，立法建议需要经过深化、细化、规范化，并经过有权提出立法议案的主体向有权接受提案的主体提出，才能成为立法议案。

立法议案的提出不仅标志着立法程序的正式开始，而且意味着随着社会关系和社会秩序的变动，立法主体将相应调整或者创制法律规范。

二、提案权的归属

（一）国外立法提案权的归属

在不同体制的国家，立法提案权的主体有所不同。

1. 议员或者代表

制定法律是议会和代表机关的主要职能，相应地，作为议会和代议机关的组成人员，议员和代表理应成为立法提案权的行使者。美国是议员行使立法提案权最为典型的国家，其宪法规定只有参众两院的议员有权向国会提出立法议案，其他机关和个人均无权直接提出立法议案。

当然，在两院制国家中，议员作为立法议案提出人的地位也不尽相同。在两院权力相当的国家，各院议员享有的立法提案权基本是平等的；在两院权力悬殊的国家，各院议员享有的立法提案权不平等。例如在德国，联邦议院的26名议员联名可以直接提出法律议案，而参议院的议员则没有提出立法议案的权力。

2. 议会或者代表机关的常设机构、全体会议的领导机构、常设的专门委员会

这些机构和委员会由议员或者代表组成，具有较大的提出立法议案的权力。如朝鲜的最高人民会议及其常任委员会和古巴的国务委员会等，均有立法提案权。

3. 政府和政府首脑

政府不仅要实施议会或者代表机关制定的法律，而且要将自身准备采取的重大措施向议会或者代表机关提出，在获得同意后取得合法依据。内阁制国家的宪法普遍确认了政府的立法提案权，如英国、加拿大、日本，而一些国家也对政府首脑的立法提案权予以确认，如法国宪法就明确赋予了总理以立法提案权。

由于政府直接从事公共事务的管理工作，对国内外各个领域的现实状况和发展趋势比较熟悉，因而能够明确社会现实的立法需求。加之政府拥有精通各门知识的专家和经验丰富的工作人员，能够比较专业地草拟立法对策。这些优势使得政府提出的立法议案不但数量多，

所涉及事宜重要，而且容易被通过。

4. 国家元首

国家元首的立法提案权已经被很多国家宪法所确认，只是提案的方式和途径上有所区别。在国家元首和议会共同构成立法机关的国家，国家元首行使直接立法提案权，即国家元首可以直接向议会提出立法议案，芬兰、白俄罗斯等国属于此类。在其他国家，国家元首享有的提案权是间接的，即国家元首通过发表演说或者咨文的方式提出有关立法动议，如美国。

5. 联邦制国家的邦、州和单一制国家中的地方代议机关

有些联邦制国家明确规定，各邦、州的议会可以向联邦立法机关提出立法议案，如瑞士的邦议会、墨西哥的各州议会。而在一些单一制国家，地方议会有权向国家立法机关提出立法议案，以表达地方的特殊立法诉求。如意大利的法律规定，省议会有权向国会提出立法议案。

6. 司法机关

司法机关一般不参与立法，但有的国家规定最高司法机关可以对司法问题行使立法提案权，如秘鲁、古巴、蒙古等国。

7. 政党组织和社会团体

政党是一个国家政治活动的主要力量，而社会团体是特定群体利益的组织载体。为此，有些国家法律规定，政党组织和全国性的社会团体具有立法提案权，如越南

的总工会、妇女联合会和古巴的劳动者中央工会全国委员会等。

8. 达到法定数量的选民

在实行“公民创制”制度的国家中，一定数量的选民有权联名提出立法议案。但对选民数量具有较高要求，如西班牙、意大利的法律均规定50万名选民可以联合提出立法议案。在实践中，通过这种途径提出立法议案的数量极少。

9. 法定的其他机关

如英国规定，司法方面的议案主要由议会以外的机构提出。

上述九种立法提案主体是对各国立法提案权归属情况的总结归纳，不是所有国家的立法提案主体都由这九类主体构成。有的国家的立法提案权主体超出了这九类主体的范围，有的国家的立法提案权主体则由上述九种主体中的部分机关、组织、人员组成。对于立法提案权的归属问题，大部分国家在宪法或者法律中予以明确，但在实践中，有些主体虽然没有被法律规定享有立法提案权，但是却在实际上享有提案权。因此对一国立法提案权的归属进行研究，不仅要看该国的宪法、法律如何规定，同时要重视该国的立法实践。

（二）我国立法提案权的归属

我国立法提案权的归属经历了一个逐步发展、完善的过程。早在新中国成立之初，《中国人民政治协商会议共同纲领》就作出规定，由中国人民政治协商会议全体会议行使立法提案权。但在当时的立法实践中，实际上行使立法提案权的主体至少还有中国人民政治协商会议全国委员会、中央人民政府委员会、中央人民政府政务院、中央人民政府法制委员会、最高人民检察署、选举法起草委员会等。1954 年召开的一届全国人民代表大会第一次会议通过的《宪法》和《全国人民代表大会组织法》规定，中华人民共和国主席、副主席，全国人民代表大会主席团、全国人大常委会、代表、各委员会，国务院等可以向全国人大提出立法议案；中华人民共和国主席、副主席，全国人大常委会委员长、副委员长、委员、民族委员会、法案委员会，国务院，可以向全国人大常委会提出法案。1975 年《宪法》和 1978 年《宪法》取消了关于国家立法权的规定，国家立法提案权的归属制度失去了宪法依据。1982 年《宪法》重新规定了能够向全国人大及其常委会提出立法议案的主体，并第一次明确规定全国人大代表和全国人大常委会组成人员，有权依照法定程序分别提出属于全国人大和全国人大常委会职权范围内的议案。立法议案当然也包括在内。

根据我国现行《宪法》《立法法》《全国人民代表大会组织法》《全国人民代表大会议事规则》《全国人民代表大会常委会议事规则》的规定，全国人民代表大会主席团、全国人民代表大会常务委员会、国务院、中央军事委员会、最高人民法院、最高人民检察院、全国人民代表大会各专门委员会、全国人大一个代表团或者30名以上的代表联名，可以向全国人民代表大会提出法律案；全国人大委员长会议、国务院、中央军事委员会、最高人民法院、最高人民检察院、全国人民代表大会各专门委员会、全国人大常务委员会组成人员10人以上联名，可以向常务委员会提出法律案。虽然我国法律规定了多方面的机关和人员具有立法提案权，但在司法实践中，绝大多数法案仍是由全国人大和国务院提出的，其他主体提出立法议案的较少。

三、提出立法议案的要求

具有立法提案权的机关、组织和个人在行使立法提案权时应当遵循一定的程序、原则和要求。

（一）提案的范围限制

提出立法议案的范围限制是指有权提出立法议案的机关、组织和人员，只能就其职权或者业务范围内的立法事项行使立法提案权，或者立法提案主体只能就接受立法议案的立法主体权限范围内的事项提出立法议案。对于前者，如意大利法律规定，省议会仅有权就本地区的事务向国会提出立法议案；罗马尼亚规定，大国民议会常设委员会有权就其职权范围内的问题行使立法提案权。其他国家如法国、英国、比利时、西班牙、巴西、阿根廷、加拿大等国要求议员不能就财政问题提出法案。对于后者，美国宪法规定“有关征税的所有法案应在众议院中提出”。

我国在立法提案权范围的限制实际上属于后者，即立法提案主体不能向受案主体提出超出该受案主体职权范围的立法议案。如根据《宪法》《全国人民代表大会议事规则》《全国人民代表大会常委会议事规则》的相关规定，向全国人大及其常委会提出的法律案，应当属于全国人大及其常委会的职权范围内的法律案。虽然我国没有明确提出行使立法提案权的机关、组织和人员应当就与自己业务或者职权范围相称的事项提出立法议案，但是在立法实践中，立法提案者所提出的法案一般都是与自身的业务和职权范围相一致的。这种做法对我国的立法工作是有益的。

（二）提案的人数限制

很多国家规定，提案主体提出立法议案必须符合法定人数。对于人数的限制主要分为最低限制性要求和最高限制性要求。

对于最低限制要求制定的主要目的是保证提交议会审议的议案得到一定数额以上议员的支持，强调议员应当集体而非个人行使立法提案权。例如，德国法律规定，至少 26 名联邦议院的议员才能提出立法议案；西班牙规定，至少 50 名议员才能提出法案；奥地利规定，至少 8

名议员，20 万名选民才能提出法案。

一些强调议员个别提案权、禁止大量议员联合提出同一议案的国家，对提出立法议案的最高人数作出了限制。如卢森堡的法律规定，同一议案的提案人不能超过 5 人。

我国法律规定，全国人大代表及其常委会组成人员个体不能行使立法提案权，只有达到最低法定人数方可集体提出立法议案。例如，全国人大代表满 30 人可以向全国人大提出法律案，全国人大常委会组成人员满 10 人向常委会提出立法议案。之所以这样规定，主要是因为我国全国人大及其常委会人数众多，全国人大代表约有 3000 人，全国人大常委会组成人员也达到几百人，如果对他们行使的立法提案权不做人数上的限制，每个人都可以单独提出立法议案，那么一次全国人大或者全国人大常委会就要受理几百，甚至几千个立法议案。

（三）提案的时间限制

多数国家都没有对提出立法议案的具体时间做出严格的规定，一般来说，在整个会议期间都可以提出。但在一些国家对此进行了明确的限制。如冰岛就规定立法议案只能在会议开始后的 8 个星期内提出。

我国 1989 年通过的《全国人民代表大会议事规则》第六条规定："全国人民代表大会常务委员会在全国人民代表大会会议举行的一个月前，将开会日期和建议会议讨论的主要事项通知代表，并将准备提请会议审议的法律草案发给代表。”这就意味着立法议案最迟要在会议举行前一个月提出。根据该规则第十条，代表提出议案的截止日期由主席团第一次会议决定。如此，凡提请本次会议审议的法律案不能迟于这一截止日期。《立法法》第二十六条规定：“列入常务委员会会议议程的法律案，除特殊情况外，应当在会议举行的七日前将法律草案发给常务委员会组成人员。”

（四）提案的形式限制

有权提出立法议案的机关、组织和人员，应当采取一定的形式提出法案。

有的国家规定，议员提出法案应当采取书面形式；有的国家规定具有提案权的机关和组织应当以书面形式提出立法议案，而个人既可以以书面形式，也可以以口头形式提出立法议案。

对于提案的形式，我国过去的法律制定并没有规定，实践中向全国人大及其常委会提出的立法议案通常采取书面形式。2000 年通过施行的《立法法》仍然没有对这一问题进行直接规定。

四、法案的列入议程

立法议案提出后，不一定全部列入会议议程加以审议。这主要是因为，一次会议的会期有限，用于审议法案的时间更为有限，如果不作任何筛选，而将所有立法议案全部列入议程予以审议，在会议时间上是不允许的。而且一些立法议案所涉及的立法事项虽然重要，但立法条件还不成熟，也无法列入会议议程进行审议。为此，很多国家规定，在有关立法议案列入议程进行审议前，应当先决定是否将该法案列入议程。

尽管不一定每一项提出的法案都能列入议程加以审议，但是每项法案提出后，立法机关都应当考虑是否将其列入议程。为保证所有法案享有被挑选列入会议议程的平等机会，一些国家规定议会领导机构在通过会议议程前，须向议会报告接受法案的情况。

一般来说，审查立法议案的工作是由立法机关的有关委员会或者领导机构承担的。例如，在美国，向参众两院提出的法案，都要先送交给有关的主管委员会，由该委员会决定是否将法案提交大会审议。在日本，议会的议长接到议案后，交给相应的委员会审查，委员会有权决定是否将立法议案提交正式审议。在东欧的一些国家，通常情况下，决定法案是否列入议程的权力是由立法机关的专门委员会和议会主席团共同行使的。而在有的国家，立法机关的大会享有决定法案是否列入议程的权力。

在我国，法案列入中央权力机关议程的制度主要有以下三个方面。

第一，不经过审查，直接列入议程。《立法法》第十二条第一款规定："全国人民代表大会主席团可以向全国人民代表大会提出法律案，由全国人民代表大会会议审议。”第二十四条第一款规定：“委员长会议可以向常务委员会提出法律案，由常务委员会会议审议。”可见，主席团向全国人大提出的法律案和委员长会议向常委会提出的法律案，可以分别由全国人大会议和常委会会议直接审议。

第二，由全国人民代表大会主席团决定。即全国人民代表大会常务委员会、国务院、中央军事委员会、最高人民法院、最高人民检察院、全国人民代表大会各专门委员会，可以向全国人民代表大会提出法律案，由主席团决定是否列入会议议程。一个代表团或者 30 名以上的代表联名，可以向全国人民代表大会提出法律案，由主席团决定是否列入会议议程，或者先交有关的专门委员会审议，提出是否列入会议议程的意见，再决定是否列入会议议程。

第三，由全国人大常委会委员长会议决定。即国务院、中央军事委员会、最高人民法院、最高人民检察院、全国人民代表大会各专门委员会，可以向常务委员会提出法律案，由委员长会议决定列入常务委员会会议议程，或者先交有关的专门委员会审议、提出报告，再决定列入常务委员会会议议程。如果委员长会议认为法律案有重大问题需要进一步研究，可以建议提案人修改完善后再向常务委员会提出。常务委员会组成人员 10 人以上联名，可以向常务委员会提出法律案，由委员长会议决定是否列入常务委员会会议议程，或者先交有关的专门委员员会审议、提出是否列入会议议程的意见，再决定是否列入常务委员会会议议程。

五、法律案的撤回

提案人有权提出法律案，亦有权撤回该法律案。但由于法律案所处的阶段不同，提案人行使法案撤回权有所差别。

首先，对于向全国人民代表大会及其常务委员会提出的法律案，在列入会议议程前，提案人有权撤回。其次，列入全国人民代表大会会议议程的法律案，在交付表决前，提案人要求撤回的，应当说明理由，经主席团同意，并向大会报告，对该法律案的审议即行终止。最后，列入常务委员会会议议程的法律案，在交付表决前，提案人要求撤回的，应当说明理由，经委员长会议同意，并向常务委员会报告，对该法律案的审议即行终止。

除此之外，《立法法》还规定了法案的终止审议。如列入全国人大常务委员会会议审议的法律案，因各方面对制定该法律的必要性、可行性等重大问题存在较大意见分歧搁置审议满两年的，或者因暂不付表决经过两年没有再次列入常务委员会会议议程审议的，由委员长会议向常务委员会报告，该法律案终止审议。

第三节　审议法案

一、审议法案的含义和意义

法案提出后，立法程序即进入到审议法案阶段。审议法案是指立法机关（在我国指全国人民代表大会及其常务委员会）就已经列入会议议程的法律案正式进行审查、讨论的活动。

审议法案是立法程序的关键阶段。由于提案人提出的法律案在被列入会议议程后，能否被通过而成为法律，取决于对该法案的审议结果。因此，审议过程要求立法机关的组成人员对所提出的法案是否符合社会发展需要，是否具备立法条件，法案本身是否科学、合理、可行，是否与其他法律协调等一系列的政策性、合法性、技术性问题发表意见，并进行可行性论证、修改、补充、完善。审议的质量直接影响法案的表决，并关系到法案被通过之后的实施效果。

二、审议前的准备

列入议程的法案在正式审议前需要做好准备工作。主要是：提案主体应当向会议提供包括背景材料、调研情况、各方面意见等在内的法案有关资料。立法机关应当在会议前的一定时期内，将法案和其他有关资料发给代表或者委员。使代表和委员能够充分掌握信息资料，了解与立法有关的各方面基本情况，从而为代表在审议过程中作出正确判断，给提出切实可行的意见提供必要前提。

对此，我国《立法法》第十五条规定：“常务委员会决定提请全国人民代表大会会议审议的法律案，应当在会议举行的一个月前将法律草案发给代表。”第二十六条规定：“列入常务委员会会议议程的法律案，除特殊情况外，应当在会议举行的七日前将法律草案发给常务委员会组成人员。”

三、审议权的行使主体

审议权的行使主体具有排他性，即只能由立法主体自身执掌。一般来说，各国立法机关的全体会议、领导机构和专门委员会可以通过分工合作的方式来行使法案审议权。只是各国立法机关中审议法案的主要承担者有所不同。有的国家审议权主要由议会或者代表大会的全体会议掌握，而专门委员会的审议主要集中在立法技术上，如新西兰。有的国家的审议权实际主要由专门委员会掌控，全体会议的审议往往已经经过委员会的实质性修改，如菲律宾。也有的国家法案审议权主要归议会或者代表机关的领导机构掌握。有的国家还有其他做法。

就我国而言，根据《宪法》《立法法》《全国人民代表大会组织法》《全国人民代表大会议事规则》《全国人民代表大会常委会议事规则》的规定，审议向全国人大提交的法律案的权力，人大代表、由代表组成的代表团和代表团会议，人大专门委员会和委员会会议，人大预备会议，人大主席团和主席团会议，人大开会期间的座谈会议、小组会议、小组联席会议，人大全体会议，以及人大常委会和委员长会议行使。审议向全国人大常委会提交的法律案的权力，则由委员长会议、常委会组成人员、常委会会议和专门委员会行使。

四、审议程序

纵观世界各国的立法实践，为达到兼顾立法民主与效率，各个国家一般同时采取普通审议与特别审议两种程序。

（一）普通审议程序

普通审议起源于中世纪的英国，以后逐渐被美国、瑞典、丹麦、澳大利亚、新西兰、印度等国家效仿，其主要是由议会采取“三读”形式作为审议的一般步骤。

例如在英国，法律案首先在下议院进行审议。在法律草案分发给议员后，由提案人宣布名称或者全文，说明目的，这是“一读”。通过之后，将法律草案交有关常设委员会审议，即将法律草案逐条朗读和辩论，并经10名议员连署便可提出修正案，或者在宣读前将修正案向议长提出，通过“二读”后，再复交有关常设委员会审议。最后在表决前完成第“三读”，即先由下议院完成“三读”后，再送上院进行“三读”。

在澳大利亚，“一读”由负责部长向议会宣读法律草案标题，确定“二读”日期。“二读”期间，负责部长宣读“二读演讲稿”后，议会就法律草案的基本原则进行评论，若议会没有拒绝该法案，则议会辩论进入到委员会阶段。在委员会阶段，法律草案将被逐条逐项讨论、辩论。审议结束后，委员会将审议结果和修改意见报告议会。经修改的法律草案便可进入“三读”。若各党派之间在“二读”时已经达成必要妥协，在经过“三读”后，法律草案便会为该院采纳。

（二）特别审议程序

为了使立法主体能够根据具体立法情况，灵活掌握、合理运用立法期间，各国一般都在普通审议程序的基础上规定了特殊审议程序。

1. 加速审议

加速审议是指立法主体为了提高立法效率，在法定条件下，采用缩短辩论、分隔审议阶段并限定审议时间等方式，以缩短普通审议所需时间的特殊审议步骤。

2. 延期审议

当法定事由发生时，经立法主体组成人员提出，无期限地推迟辩论或者推迟到某些条件具备后，再进行审议的特殊步骤。大多数国家的立法程序中都设有延期审议制度。如芬兰规定，若有1/3以上的议员提出延期审议要求，则法律案在进入“三读”后便可推迟到经大选产生新议会举行首次会议时再行审议和表决。

3. 终止审理

终止审理是为了防止立法主体的组成人员假借辩论名义故意拖延法案通过，经立法主体最低法定人数组成人员提出或者会议主持人认为必要时，及时结束辩论，并使法案交付表决的特殊审议程序。在一些西方国家，代表不同政治集团利益的议员们为阻止法案通过，通常采取发表冗长演说的办法，阻止法案的通过，这种办法被称为“海盗封锁”。

（三）我国审议程序

1. 全国人民代表大会普通审议程序

（1）听取提案人关于法律案的说明。对于列入全国人民代表大会会议议程的法律案，应当由提案人在大会全体会议作关于此法律案的说明。法律要求，法律案的说明包括制定该法律的必要性和主要内容。从立法实践来看，立法依据、法律案的起草经过、法律案的可行性论证也包括在法律案的说明内。

（2）各代表团和有关专门委员会的审议。提案人在大会全体会议对法律案进行说明后，由各代表团进行审议。各代表团审议法律案时，提案人应当派人听取意见，回答询问。而且，根据代表团的要求，有关机关、组织应当派人介绍情况。有关的专门委员有权对列入全国人民代表大会会议议程的法律案进行审议，向主席团提出审议意见，并印发会议。

（3）法律委员会的统一审议。根据《立法法》的规定，列入全国人民代表大会会议议程的法律案，由法律委员会根据各代表团和有关的专门委员会的审议意见，对法律案进行统一审议，向主席团提出审议结果报告和法律草案修改稿，对重要的不同意见应当在审议结果报告中予以说明，经主席团会议审议通过后，印发会议。

（4）审议法案修改稿。法律草案修改稿经各代表团审议，由法律委员会根据各代表团的审议意见进行修改，提出法律草案表决稿，由主席团提请大会全体会议表决，由全体代表的过半数通过。

全国人民代表大会审议通过的法律，一般都是在一次会议上完成的。大会会期较短，一般不超过 15 天。有可能在法律案的审议过程中，出现重大问题，需要进一步研究。对此，《立法法》第二十一条作出了规定："法律案在审议中有重大问题需要进一步研究的，经主席团提出，由大会全体会议决定，可以授权常务委员会根据代表的意见进一步审议，作出决定，并将决定情况向全国人民代表大会下次会议报告；也可以授权常务委员会根据代表的意见进一步审议，提出修改方案，提请全国人民代表大会下次会议审议决定。"

2. 全国人大常委会普通审议程序

我国全国人大常委会的审议程序经历了一个发展、完善的过程。1983 年以前，提交全国人大常委会审议的法律案经一次常委会审议即交付表决。1983 年第五届全国人大常委会第 26 次会议的委员长会议决定自此以后每一项法律案必须至少经两次常委会会议审议才能付诸表决。两次审议确实比一次审议更加充分，有利于更好地反映群众意见，提高立法质量。但对于很多重要、复杂的法律草案来说，两次审议的时间仍然不够充裕，一些委员会的组成人员只能就技术性问题发表意见，无法对法律案的主要内容提出有针对性、有深度的具体意见。为此，第九届全国人大常委会将原来一般实行两次会议审议改为一般实行三次会议审议。

我国《立法法》规定，列入常务委员会会议议程的法律案，一般应当经三次常务委员会会议审议后再交付表决。常务委员会会议第一次审议法律案，在全体会议上听取提案人的说明，由分组会议进行初步审议。常务委员会会议第二次审议法律案，在全体会议上听取法律委员会关于法律草案修改情况和主要问题的汇报，由分组会议进一步审议。常务委员会会议第三次审议法律案，在全体会议上听取法律委员会关于法律草案审议结果的报告，由分组会议对法律草案修改稿进行审议。

3. 特别审议程序

除普通审议程序外，《立法法》还规定了全国人大及其常委会审议法案时的特殊程序。

第一，加速审议。在满足法定条件时，全国人大常委会可以通过减少审议次数来提高立法审议效率。《立法法》第二十八条规定："列入常务委员会会议议程的法律案，各方面意见比较一致的，可以经两次常务委员会会议审议后交付表决；部分修改的法律案，各方面的意见比较一致的，也可以经一次常务委员会会议审议即交付表决。"

第二，延期表决。在符合法定条件时，全国人大及其常委会可以增加自身审议次数和审议时间，或者通过授权其他有关立法主体审议以增加审议次数和时间，以保障审议中的民主价值得到实现。如《立法法》第二十一条规定，列入全国人民代表大会议程的法律案，在审议中有重大问题需要进一步研究的，经主席团提出，由大会全体会议决定，可以授权常务委员会根据代表的意见进一步审议，作出决定，并将决定情况向全国人民代表大会下次会议报告；也可以授权常务委员会根据代表的意见进一步审议，提出修改方案，提请全国人民代表大会下次会议审议决定。第三十八条规定，列入全国人大常委会会议议程的法律案，经常务委员会三次会议审议后，仍有重大问题需要进一步研究的，由委员长会议提出，经联组会议或者全体会议同意，可以暂不付表决，交法律委员会和有关的专门委员会进一步审议。

第三，终止审议。当提案人要求撤回法律案，或者出现终止审议的法定情形时，全国人大及其常委会有权在表决法律草案前终止审议。如《立法法》第二十条规定："列入全国人民代表大会会议议程的法律案，在交付表决前，提案人要求撤回的，应当说明理由，经主席团同意，并向大会报告，对该法律案的审议即行终止。"第三十七条规定："列入常务委员会会议议程的法律案，在交付表决前，提案人要求撤回的，应当说明理由，经委员长会议同意，并向常务委员会报告，对该法律案的审议即行终止。"与此同时，第三十九条规定："列入常务委员会会议审议的法律案，因各方面对制定该法律的必要性、可行性等重大问题存在较大意见分歧搁置审议满两年的，或者因暂不付表决经过两年没有再次列入常务委员会会议议程审议的，由委员长会议向常务委员会报告，该法律案终止审议。"

五、委员会的审议

（一）委员会在审议过程中发挥重要作用

尽管委员会在各国立法过程中的作用有所不同，但是绝大多数国家都把专门委员会的审议作为立法程序的重要环节进行了规定。这主要是因为：其一，对法案进行审议，需要审议者认真负责，充分发表意见，但由于大会人数众多，时间有限，与会者很难充分发表意见。而委员会人数少，时间充裕。即使是临时设立的特别委员会，由于它只对某一项法案进行专门审议，所以能够保证充分的审议时间。由此可见，应当由委员会承担大部分审议工作。其二，现代社会的立法日趋专业化、技术化、复杂化，让每一位大会的与会者都能深入、细致地研究专业性很强的法案，并给出适当结论，是非常困难的。而专门委员会能够把对法案所涉及领域有专长、有经验的议员集中起来，进行先行审议，从而为全体会议的审议提供一个比较可靠的基础。其三，审议法案通常要做大量的、广泛的调研，征求多方意见。这项工作不是每一个大会的与会者都能够胜任的。而委员会却可以比较容易地完成这方面工作。它可以通过自己走出去的方式进行调查研究、征求意见，也可以请有关方面的专家、学者列席会议，提供专门知识。此外，由于大会的会议一般正规而严肃，无法做到畅所欲言。而委员会会议的气氛相对宽松，与会者可以畅所欲言、自由地发表意见。

（二）国外委员会的审议法案

1. 管辖范围

国外委员会审议法案一般都有相对确定的管辖范围。例如，美国众议院的委员会负责审议的法案有190多种，参议院的委员会负责审议的法案有170多种。

2. 活动方式

大部分国家委员会的活动主要在立法机关内部进行。如日本规定，委员会的活动应当主要在议会开会期间进行，闭会后委员会的活动即应停止。但有的国家也有不同的规定，如法国规定，委员会进行院外活动，如进行院外调查必须得到议院批准或者授权。

3. 审议过程

一般审议过程由听取提案人说明，就议案进行质疑，讨论、提出修正、补充意见，表决四个基本步骤构成。

4. 出席会议的人数

很多国家规定，至少有全体成员三分之二出席的情况下，委员会才能举行，并以与会成员的多数票作出决定。当然也有的国家将召开常设委员会会议的法定人数确定为不少于委员会组成人数的三分之一，如美国。

5. 对法案的处理

对于法案的处理，一般多采取以下三种处理办法：①赞成该项法案，并提出修改意见，建议大会通过；②反对该项法案，建议大会予以撤销；③否决该项法案。委员会有权决定法案是否列入大会议程，凡委员会否决的法案，大会通常不再审议。

（三）我国立法机关的委员会审议

根据《立法法》等相关法律规定，结合我国立法实践，全国人大及其常委会的委员会，在立法中发挥着重要作用。

1. 法律委员会的审议

与其他委员会只对与该委员会有关的法案进行审议

不同，法律委员会采取的是统一审议。其审议制度主要包括：① 列入全国人民代表大会会议议程的法律案，由法律委员会根据各代表团和有关的专门委员会的审议意见，对法律案进行统一审议，向主席团提出审议结果报告和法律草案修改稿，对重要的不同意见应当在审议结果报告中予以说明，经主席团会议审议通过后，印发会议。法律草案修改稿经各代表团审议，由法律委员会根据各代表团的审议意见进行修改，提出法律草案表决稿。② 列入常务委员会会议议程的法律案，由法律委员会根据常务委员会组成人员、有关的专门委员会的审议意见和各方面提出的意见，对法律案进行统一审议，提出修改情况的汇报或者审议结果报告和法律草案修改稿，对重要的不同意见应当在汇报或者审议结果报告中予以说明。对有关的专门委员会的重要审议意见没有采纳的，应当向有关的专门委员会反馈。法律委员会审议法律案时，可以邀请有关的专门委员会的成员列席会议，发表意见。

2. 其他专门委员会的审议

其他专门委员会亦在审议法律案方面发挥着重要的作用。列入全国人民代表大会会议议程的法律案，由有关的专门委员会进行审议，向主席团提出审议意见，并印发会议。列入常务委员会会议议程的法律案，由有关的专门委员会进行审议，提出审议意见，印发常务委员会会议。有关的专门委员会审议法律案时，可以邀请其他专门委员会的成员列席会议，发表意见。

3. 常委会工作机构与法案审议工作

全国人大常委会工作机构无法独立行使职权，没有审议法律案的权力，但却在审议过程中发挥着重要的辅助作用。对于列入常务委员会会议议程的法律案，常务委员会工作机构应当收集整理分组审议的意见和各方面提出的意见以及其他有关资料，分送法律委员会和有关的专门委员会，并根据需要，印发常务委员会会议。

六、言论免责制度

在立法过程中，普遍存在意见分歧。一般情况下，人们会通过理性的论理，说服对方并加强自己的立场。但不排除在这其中出现意见的尖锐对立。这就需要通过言论免责制度营造一种有理、有据、有节的讨论场合，从而保障代表能够畅所欲言地表达自己的意见，不受干涉地独立执行职务。为此，世界上很多民主国家都规定，议会在院内所发表的言论和表决，对院外不负责任。这种特权一般被称为言论免责权。

尽管各国言论免责的范围、程度、方式等有所不同，但是它们的主要内容概括起来有以下四个方面。

一是言论免责权具有永久性，不因议员任期的终了而被追究责任。

二是言论免责权的保障范围及于议员执行职务所为的各项行为，包括：提案、调查、演说、表决等。委员会、办公室等国会其他机构中的活动也包括在内，甚至及于对外职权行使。

三是言论免责权在于免除议员如为普通公民时所应承担的法律上的责任。对于无法律意义的道义责任、政治责任和政党对本党议员在议院内言行加以的约束，不属于免责范围。

四是除表决方面的免责具有绝对意义，即表决在任何情形下均不受追究外，议员在议会中的言论须受到议会规则的制约，如有越轨言行，可由议会予以惩戒。

我国《宪法》规定，全国人大代表在全国人大各种会议上的发言和表决，不受法律追究。《全国人民代表大会组织法》将言论免责权的适用范围扩大至全国人大常委会。《地方组织法》又将其延伸至地方各级人大代表及其常委会组成人员。《全国人民代表大会和地方各级人民代表大会代表法》作出归纳，人大代表在人民代表大会各种会议上的发言和表决，不受法律追究。任何单位、个人都不得因人大代表在人大会议上的发言和表决而追究其民事、刑事、行政等法律责任。

第四节　表决和通过法案

一、表决和通过法案的含义

在法案进行审议后，立法程序即进入到表决和通过法案的阶段。

表决法案，是指立法机关和人员通过一定的形式和程序，对审议完毕的法案表示赞成、反对或者弃权等具有最终的、决定意义态度的活动。表决法案是立法程序中的一个重要环节，直接关系到一个法案能否成为正式的法律。经过表决，如法案获得法定数目以上人员的赞成、肯定、同意，即为通过。

从含义看，表决法案和通过法案是两个既有联系又有区别的概念。表决法案是通过法案的必经阶段；通过法案是表决法案的一个主要结果。所有列入审议议程的法案都要经过表决，但并非每一个经过表决的法案都能获得通过。

在整个立法过程中，为保证法案来源的广泛性，法案可以由众多主体提出；法的公布一般由一国国家元首来行使，不涉及对立法内容的实质性审查，仅具有象征意义。可见，最终决定立法的内容和法案命运的立法程序不是提案和公布，而是表决和通过法案。

二、表决权主体

在很多国家，法案通常由立法机关表决，但在某些国家，有时也由全体公民或者部分公民表决，即由公民直接用投票等方式表示对某一项法案的赞成与否。在瑞士、菲律宾等国同时存在立法机关表决与公民表决。而我国尚无公民公决的法律制度，亦无公民公决的立法实践。尽管《立法法》第三十五条规定："列入常务委员会会议议程的重要的法律案，经委员长会议决定，可以将法律草案公布，征求意见。各机关、组织和公民提出的意见送常务委员会工作机构。"但这一规定只是民主原则的一种体现，不是公民公决。

三、表决法案的方式

（一）公开表决和秘密表决

根据议员或者代表的立场是否为他人知晓，可以将表决方式分为公开表决与秘密表决。

1. 公开表决

公开表决是指表决者的态度、立场不被掩盖，能够为外界知晓的表决方式。以议员或者代表的姓名和态度是否同时被记录，并被外界知晓为标准，公开表决又可以划分为无记名公开表决和记名公开表决。

无记名公开表决是指表决时，表决者所作出的赞成、反对、弃权的意思表示虽然为外界所知晓，但在表决记录中，只记录表决结果，而不公开议员或者代表姓名的表决方式。常见的方式有：① 举手表决，即由赞成、反对、弃权者依次举手表达自己对法案的态度，表决的结果为获得多数一方的态度；② 起立表决，即由赞成、反对、弃权者依次起立，表决的结果为获得多数一方的态度；③ 口头表决，即以口头呼喊对法案赞成与否的方式表达对法案的态度；④计牌表决，即表决者从不同色彩的表决牌中，选取能够代表自己态度的那种色彩的表决牌交给大会，表决的结果为获得多数一方的态度。

记名表决是指将议员或者代表的姓名及其所持有的赞成、反对或者弃权的表决态度同时记录下来的表决方式。主要的方式有：唱名表决、记名投票表决、记名电子表决器表决等方式。其中，唱名表决是由议长或者书记员点名，由被点到名字的议员逐一表明态度的表决方式。由于唱名表决记录精准，便于选民对议员表决态度的监督，因此在记名电子表决器表决方式被广泛采用前，唱名表决是表决方式中最正规的一种。

2. 秘密表决

秘密表决是指表决者的意思表示不为外界所知晓的表决方式。常见的方式有：无记名投票、不记名电子表决器表决等。无记名投票是由议员或者代表将自己所持的表决态度写在投票纸上的表决方式。而不记名电子表决器表决则是只在电子表决屏幕上显示表决结果，而不显示议员或者代表姓名和其对法案所持态度的表决方式。

由于秘密表决时，表决者对法案的真实态度不为他人所知晓，因而便于表决结果的真实性，与公开表决相比，秘密表决更为民主。但是总的来看，各国议会在表决法案时多采取公开表决的方式，秘密表决更多被运用于选举中。

在我国，根据《全国人民代表大会议事规则》，全国人民代表大会会议表决议案采用投票方式、举手方式或者其他方式，由主席团决定。宪法的修改，采用投票方式表决。而常务委员会表决议案，采用无记名方式、举手方式或者其他方式。

（二）整体表决和逐步表决

根据是否将法案全部文本作为一个整体，要求表决者表明态度，可以将表决法案分为整体表决和逐步表决。

整体表决，是指由表决者对整个法案表示赞成、反对或者弃权的态度。而逐步表决是指由表决者对法案逐章、逐节、逐条表示赞同、反对或者弃权的态度，最后再就整个法案进行表决。大多数国家采取整体表决的方式，也有国家采取逐步表决的方式。如意大利宪法规定：任何提交每一院的法律草案，都由该院亲自研究，逐条批准并整个加以表决。而比利时宪法规定：两议院对法律案，非经逐条表决不得通过。

整体表决有利于提高立法效率，但这种表决方式过于笼统，不能反映出立法机关对草案每个部分的具体意见。尤其在法案涵盖的内容广泛、条文之间跨度较大的情况下，逐步表决更能客观地反映各种意见。

我国法律并未规定应当采取整体表决还是逐步表决的表决方式。在立法实践中，全国人大及其常委会对法律案都采用了整体表决的方式。

四、通过法案的原则

（一）多数决原则的内涵

所谓多数决原则，是指在立法过程中，通过法律案所须采取以少数服从多数为原则的多数表决制。

在立法过程中，立法机关组成人员对法案经过充分讨论后，须依照法定程序对法案进行表决，此时涉及一个重要问题——表决时应当遵循何种规则。在民主政治体制下，议事规则几乎毫无例外地采取了多数决原则，这实际上是将复杂的社会现状用数字计算的方法进行形式化处理，从而提高决定的效率，减少不必要的摩擦。多数决原则把多数人的选择推定为合理的，可以被普遍接受的选择和判断，把多数人的利益抉择视为代表着社会的利益，有效地将民主与效率融为一体。

当然，采取多数决原则作出的决定并不必然代表真理，但多数人的意见的正确概率，毕竟要高于少数人意见，加之经过多数人同意作出的决定更容易得到认可和执行。可见，多数决原则虽然存在一定缺陷，但在整个民主历程中，迄今还无法找出比其具有更少缺点的其他表决方式。也正是因为如此，多数决原则已经成为了议会政治中一项不可动摇的基本原则。

（二）多数决原则的操作规则

多数决原则的操作规则，是指立法表决中计算表决结果是否通过的方法，主要包括多数决范围规则和多数决比例规则。

1. 多数决基数标准

多数决的基数标准主要分为两类：一类是应到基数；一类是实到基数。应到基数，又称全体组成人员基数，是指无论立法机关组成人员是否出席立法表决会，参加立法表决，在计算立法表决通过的法定人数时，以立法机关全体组成人员作为基数。而实到基数则是指在计算立法表决通过的法定人数时，以出席立法表决会或者参加立法表决的立法机关的组成人员为基数。实到基数又可区分为：出席会议基数和出席表决基数。前者是以立法机关全体组成人员中出席会议人数为基数，不论出席者参加立法表决与否；后者是以立法机关组成人员中出席会议并参加立法表决者的人数为基数。

2. 多数决比例规则

多数决比例规则是指在给定的基数范围内持某种态度的人占大比例才构成多数，才可以通过法律。纵观世界各国的立法表决制度，多数决比例规则主要有普通多数、相对多数和特别多数三种比例。① 普通多数。一般来说，在既定的表决范围内，以超过基数半数的态度作为表决结果的计算多数的表决通过方法。② 相对多数。在既定的表决基数范围内，比较参与表决的表决者中持赞成态度和反对态度的人数，以两种态度中人数较多的态度作为表决结果，而不论其是否超过半数的计算多数的表决通过方法。③ 特别多数。这种计算多数的表决通过方法是指在既定的表决基数范围内，以达到或者超过三分之二表决者的态度作为表决结果。

各国在设计立法多数决制度时，一般要综合权衡各种多数决范围规则和多数决比例规则的利弊，然后确立适合本国立法的多数决规则。在表决通过某些重要问题，尤其是对宪法修正案进行表决时，一般都以全体组成人员为基数，要求全体成员的特别多数同意才能通过。对于不需要被过多修改的法案，应当适用特别多数的多数决比例规则，从而使人民的安全和利益得到比较可靠的保障。在很多国家，普通多数规则被视为最简单、最公平、最可行的多数决比例规则。因为这种规则不但可以防止少数人代表整体采取行动，而且能够防止少数人阻碍整体采取行动。

在我国，根据《宪法》《全国人民代表大会议事规则》《全国人民代表大会常委会议事规则》《立法法》等相关法律的规定，全国人大及其常委会均以立法主体的全体组成人员作为多数决基数标准，除宪法修正案须以全体代表三分之二以上多数（特别多数）赞成为通过外，其他法律草案以全体代表或者常委会全体组成人员的过半数（普通多数）赞成为通过。

第五节　公布法

一、公布法的含义和意义

公布法，是指有权公布法的机关和人员，在特定期间内，以法定方式将有权立法主体通过的法正式公之于众的活动。作为立法程序中的最后一个环节，公布法是法律生效的一个必要步骤，也是法案变成法律的关键性飞越。

在古代习惯法时期，并不存在公布法的问题。因为法的内容如何，应当怎样实施，完全取决于统治者的意愿。在经过激烈的政治较量后，公布成文法才作为一种政治惯例被确立下来。成文法的公布，标志着人类文明的重大进步，是对统治者垄断法的一种限制。

随着近代民主制度建立后，法的公布有了一种全新的含义。成文法的公布不仅能在一定程度上起到制约统治者随意创制法的作用，同时也能够规范和制约人们的行为。在法律草案通过后，必须按法定时间、步骤和形式将其予以公布，使该法案具有法律效力，规范人们的行为，调整一定的社会关系。否则，不采取有效的措施将法公布，以求最大限度地让人们知道法，却在人们违反法律规定时加以制裁，显然是背离法治原则的。

二、公布法的主体

按照各国的规定，公布法的权力主要归属于国家元首和立法机关的领导机构。

（一）国家元首

在大多数国家中，议会立法的公布主体是国家元首。只是在不同的政权组织形式下，各国元首公布法律的意义有所不同。

在实行责任内阁制的国家中，国家元首对立法机关通过的法律无权否决，必须加以公布。在这种情况下，公布只是一种形式而已。当然，这不是可有可无的形式，而是法律生效的必要环节。例如，在英国，国王不得否决法案，如果国王不批准议会通过的法案，将被视为一种违宪行为。在日本，国会通过的法律，由众议院议长通过内阁总理大臣上奏天皇，天皇在上奏之日起 30 日内予以公布。

在总统制国家中，总统公布法具有实质性意义，即总统对立法机关通过的法案享有否决权，可以拒绝公布。这是分权制衡原则的直接体现。在美国，国会通过的法案须交总统签署批准，若总统对国会送交的法律草案表示同意，即可在收到该法案的 10 日内签署公布；若总统拒绝签署国会送交的法案，则应当在 10 日内将法案连同他的反对理由退回，要求国会复议。

（二）立法机关的领导机构

除了国家元首外，立法主体的领导机构也具有公布法的权力。但此时的公布法无法牵制法律草案能否最终生效，其只是立法过程中的一道程序，仅具有形式意义。因为立法机关的领导机构不存在不公布立法主体自身所立之法的情形。

我国公布法的主体经历了一个发展变革的过程。1954 年《宪法》规定，国家主席根据全国人大及其常委会的决定公布法律和法令。1978 年《宪法》删除了这一规定。并规定，全国人大常委会委员长根据全国人大或者全国人大常委会的决定公布法律和法令。但在实际操作中，公布主体并不统一。1982 年《宪法》恢复了由国家主席根据全国人大及其常委会的决定公布法律和法令。2000 年颁布实施的《立法法》规定，全国人大通过的法律和全国人大常委会通过的法案，都由国家主席签署主席令予以公布。在我国，国家主席公布法律时根据最高国家权力机关的决定行使的，具有一种国家权威的象征意义。而对于《宪法修正案》的公布问题，我国《宪法》并未作出规定。立法实践中是由全国人大主席团以全国人大公告的形式予以公布的。

三、公布法的方式

公布法的方式恰当与否直接影响公众对法的知悉程

度。为此，当代各国都非常重视法的公布方式，很多国家专门规定了公布法的正式载体，以确保生效法律畅通、高效地传递给公众。例如，意大利的宪法性文件要求，议会通过的法律应当在《意大利共和国公报》上公布。

我国国家主席公布法的方式是以主席令的形式公布在特定载体上，根据《立法法》第五十二条第二款规定："法律签署公布后，及时在全国人民代表大会常务委员会公报和在全国范围内发行的报纸上刊登。"且以在常务委员会公报上刊登的法律文本为标准文本。

四、公布法的时间

法案被通过并且批准后，应当在一定时间内予以公布。如意大利宪法规定，法律由共和国总统于批准之日起 1 个月内公布；法国规定则为 15 天。我国宪法对此没有作出明文规定，立法实践中的做法是，一般是在通过的当天由国家主席以主席令的形式予以公布。

五、法的生效时间

法的公布与法的生效是两个既有区别又有联系的不同概念。法的公布是法生效的前提条件，但公布法的日期与生效日期却不是完全一致的。这主要是因为法的生效时间可能与法的公布时间相同，也可能滞后于法的公布时间。一般来说，法的生效时间有三种情况。

一是法自公布之日起生效。这种情况一般适用于公布后不需要准备时间即可实施的法律，或者是为了处理紧急情况而颁布的法律。

二是法公布以后经过一段时间才予以公布。这样规定可以在公布与生效之间留有一定的时间间隔，适用于需要一定的准备工作才能实施的法律。

三是在公布的法律中规定以一定条件的具备作为生效日期。这种情况比较少见，一般是为了解决法律实施的外部环境问题。例如，我国于1986年颁布的《企业破产法（试行)》规定，该法自《全民所有制工业企业法》实施满3个月之日起开始施行。

此外，有的国家规定，法律公布后，应当按法律文件到达全国各地的时间不同，分别计算生效时间。例如，巴西规定，法律自公布之日起在国内距离远近不同的地区，从第3天到4个月之间陆续生效。

我国法律没有对法律的生效时间做出统一规定，在立法实践中，一般每部法律的施行日期是由立法主体根据具实际需要做出的具体规定。

从表面看，立法程序仅仅是一个形式。但从实质来看，却体现着一个国家的决策过程是否民主、科学。所以立法程序的规定和执行状况，是一个国家文明、民主和法制建设水平的标志之一。

第六节　行政法规和规章的制定程序

在我国，国务院制定行政法规的程序，国务院有关部门制定部门规章的程序，省、自治区、直辖市和较大的市的人民政府制定地方政府规章的程序可统称为行政机关立法程序。其发展、完善经历了一个过程：1987 年由国务院批准、国务院办公厅发布的《行政法规制定程序条例》是我国第一部较为统一的规范行政机关立法程序的规范性法律文件。该条例规定了行政机关立法所应具备的基本程序，即规划、起草、审定、发布等。但其中仅涉及了行政法规的制定程序，没有统一、明确的规定规章的制定程序。1990 年国务院发布了《法规、规章备案条例》，对行政机关立法程序中的备案程序进行了规定。上述两部条列的内容更多地是行政机关内部工作的协调，缺乏民主参与的因素；其设立目的仅在于提高行政效率，而忽视了行政管理相对人的合法权益保障问题。因而，不可避免地成为行政部门谋求自身利益的工具。

2000 年通过的《立法法》对行政法规的起草、听取意见、送审、决定、签署、公布等程序，以及规章的决定、签署、公布等若干程序都进行了规定。而且明确行政法规在起草过程中，应当广泛听取有关机关、组织和公民的意见。听取意见可以采取座谈会、论证会、听证会等多种形式。这是我国首次以法律的形式要求行政机关在立法过程中将公开征求意见作为其立法必经程序。《立法法》的颁布和实施标志着我国行政机关立法程序的价值取向有了重大变化，为我国行政机关立法程序从单纯的内部性规定逐步变为民主、公开的立法程序奠定了基础。

2001 年，我国先后颁布了《行政法规制定程序条例》《规章制定程序条例》《法规规章备案条例》。前两者对我国行政法规和规章的制定程序作出了统一的、较为详细的规定。而《法规规章备案条例》则对备案程序进行了专门规定。这三个行政法规的发布，意味着我国行政机关立法程序越来越重视立法的民主性和利害关系人的参与性。

一、行政法规的制定程序

《行政法规制定程序条例》规定，制定行政法规，应当遵循《立法法》确立的立法原则，符合宪法和法律的规定。具体来说包括以下几个阶段。

（一）行政法规的立项

我国《立法法》规定，国务院有关部门认为需要制定行政法规的，应当向国务院报请立项。《行政法规制定程序条例》规定，国务院于每年年初编制本年度的立法工作计划。国务院有关部门认为需要制定行政法规的，应当于每年年初编制国务院年度立法工作计划前，向国务院报请立项。国务院有关部门报送的行政法规立项申请，应当说明立法项目所要解决的主要问题、依据的方针政策和拟确立的主要制度。列入国务院年度立法工作计划的行政法规项目应当符合下列要求：① 适应改革、发展、稳定的需要；② 有关的改革实践经验基本成熟；③ 所要解决的问题属于国务院职权范围，并需要国务院制定行政法规的事项。

（二）行政法规的起草

《立法法》第五十七条规定，行政法规由国务院组织起草。国务院年度立法工作计划确定行政法规由国务院的一个部门或者几个部门具体负责起草工作，也可以确定由国务院法制机构起草或者组织起草。起草行政法规时，除应当遵循《立法法》确定的立法原则，并符合宪法和法律的规定外，还应当符合下列要求：① 体现改革精神，科学规范行政行为，促进政府职能向经济调节、社会管理、公共服务转变；② 符合精简、统一、效能的原则，相同或者相近的职能规定由一个行政机关承担，简化行政管理手续；③ 切实保障公民、法人和其他组织的合法权益，在规定其应当履行的义务的同时，应当规定其相应的权利和保障权利实现的途径；④ 体现行政机关的职权与责任相统一的原则，在赋予有关行政机关必要的职权的同时，应当规定其行使职权的条件、程序和应承担的责任。而起草部门将行政法规送审稿报送国务院审查时，应当一并报送行政法规送审稿的说明和有关材料。行政法规送审稿的说明应当对立法的必要性，确立的主要制度，各方面对送审稿主要问题的不同意见，征求有关机关、组织和公民意见的情况等作出说明。有关材料主要包括国内外的有关立法资料、调研报告、考察报告等。

此外，《行政法规制定程序条例》还对起草行政法规时的听取意见，以及与有关部门的协商作出了规定：起草行政法规，应当深入调查研究，总结实践经验，广泛听取有关机关、组织和公民的意见。听取意见可以采取召开座谈会、论证会、听证会等多种形式。起草行政法规，起草部门应当就涉及其他部门的职责或者与其他部门关系紧密的规定，与有关部门协商一致；经过充分协商不能取得一致意见的，应当在上报行政法规草案送审稿时说明情况和理由。

（三）行政法规的审查

我国《立法法》第五十九条规定："行政法规起草工作完成后，起草单位应当将草案及其说明、各方面对草案主要问题的不同意见和其他有关资料送国务院法制机构进行审查。"国务院法制机构应当向国务院提出审查报告和草案修改稿，审查报告应当对草案主要问题作出说明。《行政法规制定程序条例》第十七条规定了审查行政法规的主要内容，即国务院法制机构主要从以下方面对行政法规送审稿进行审查：① 是否符合宪法、法律的规定和国家的方针政策；② 是否符合本条例第十一条的规定；③ 是否与有关行政法规协调、衔接；④ 是否正确处理有关机关、组织和公民对送审稿主要问题的意见；⑤ 其他需要审查的内容。此条例第二十四条作出规定："国务院法制机构应当认真研究各方面的意见，与起草部门协商后，对行政法规送审稿进行修改，形成行政法规草案和对草案的说明。"

对于行政法规送审稿的缓办和退回，《行政法规制定程序条例》第八条规定："行政法规送审稿有下列情形之一的，国务院法制机构可以缓办或者退回起草部门：（一）制定行政法规的基本条件尚不成熟的；（二）有关部门对送审稿规定的主要制度存在较大争议，起草部门未与有关部门协商的；（三）上报送审稿不符合本条例第十五条、第十六条规定的。"除此之外，行政法规的送审稿还需征求意见，即国务院法制机构应当将行政法规送审稿或者行政法规送审稿涉及的主要问题发送国务院有关部门、地方人民政府、有关组织和专家征求意见。国务院有关部门、地方人民政府反馈的书面意见，应当加盖本单位或者本单位办公厅（室）印章。重要的行政法规送审稿，经报国务院同意，向社会公布，征求意见。

（四）行政法规的决定与公布

对于行政法规的决定，我国《立法法》第六十条规定："行政法规的决定程序依照中华人民共和国国务院组织法的有关规定办理。"《行政法规制定程序条例》第二十六条规定："行政法规草案由国务院常务会议审议，或者由国务院审批。国务院常务会议审议行政法规草案时，由国务院法制机构或者起草部门作说明。"从立法实践来看，通常重要的行政法规案都是由国务院常务会议进行审议的，由国务院直接审批的行政法规草案非常少。与全国人民代表大会及其常务委员会通过法律有所不同的是，国务院实行总理负责制，国务院通过的行政法规案，虽然也要遵循民主集中制的原则，但并不实行表决制，而是采用决定制，即由总理根据会议组成人员在会议上发表的意见，作出通过、原则通过、下次会议再审议或者暂不通过等决定。

对于行政法规的公布，我国《立法法》规定，行政法规由总理签署国务院令公布。行政法规签署公布后，及时在国务院公报和在全国范围内发行的报纸上刊登。在国务院公报上刊登的行政法规文本为标准文本。《行政法规制定程序条例》第二十七条规定："国务院法制机构应当根据国务院对行政法规草案的审议意见，对行政法规草案进行修改，形成草案修改稿，报请总理签署国务院令公布施行。签署公布行政法规的国务院令载明该行政法规的施行日期。"

此外，《行政法规制定程序条例》还对行政法规的汇编、施行和备案等问题作出了具体规定，行政法规签署公布后，及时在国务院公报和在全国范围内发行的报纸上刊登。国务院法制机构应当及时汇编出版行政法规的国家正式版本。在国务院公报上刊登的行政法规文本为标准文本。行政法规应当自公布之日起30日后施行；但是，涉及国家安全、外汇汇率、货币政策的确定和公布后不立即施行将有碍行政法规施行的，可以自公布之日起施行。行政法规在公布后的30日内由国务院办公厅报全国人民代表大会常务委员会备案。

二、规章的制定程序

规章的制定程序包括国务院有关部门制定部门规章的程序和省、自治区、直辖市、较大的市的人民政府制定规章的程序。其中国务院的有关部门包括：各部、委员会、中国人民银行、审计署和具有行政管理职能的直属机构。

《规章制定程序条例》对规章制定提出了概括要求，即制定规章，应当遵循《立法法》确定的立法原则，符合宪法、法律、行政法规和其他上位法的规定。制定规章，应当切实保障公民、法人和其他组织的合法权益，在规定其应当履行的义务的同时，应当规定其相应的权利和保障权利实现的途径。制定规章，应当体现行政机关的职权与责任相统一的原则，在赋予有关行政机关必要的职权的同时，应当规定其行使职权的条件、程序和应承担的责任。制定规章，应当体现改革精神，科学规范行政行为，促进政府职能向经济调节、社会管理和公共服务转变。制定规章，应当符合精简、统一、效能的原则，相同或者相近的职能应当规定由一个行政机关承担，简化行政管理手续。制定规章的具体程序如下。

（一）规章的立项

《规章制定程序条例》规定，国务院部门内设机构或者其他机构认为需要制定部门规章的，应当向该部门报请立项。省、自治区、直辖市和较大的市的人民政府所属工作部门或者下级人民政府认为需要制定地方政府规章的，应当向该省、自治区、直辖市或较大的市的人民政府报请立项。报送制定规章的立项申请，应当对制定规章的必要性、所要解决的主要问题、拟确立的主要制度等作出说明。国务院部门法制机构，省、自治区、直辖市和较大的市的人民政府法制机构（以下简称法制机构），应当对制定规章的立项申请进行汇总研究，拟订本部门、本级人民政府年度规章制定工作计划，报本部门、本级人民政府批准后执行。年度规章制定工作计划应当明确规章的名称、起草单位、完成时间等内容。

（二）规章的起草

对于规章的起草，《规章制定程序条例》规定，部门规章由国务院部门组织起草，地方政府规章由省、自治区、直辖市和较大的市的人民政府组织起草。国务院部门可以确定规章由其一个或者几个内设机构或者其他机构具体负责起草工作，也可以确定由其法制机构起草或者组织起草。省、自治区、直辖市和较大的市的人民政府可以确定规章由其一个部门或者几个部门具体负责起草工作，也可以确定由其法制机构起草或者组织起草。起草规章可以邀请有关专家、组织参加，也可以委托有关专家、组织起草。起草单位应当将规章送审稿及其说明、对规章送审稿主要问题的不同意见和其他有关材料按规定报送审查。报送审查的规章送审稿，应当由起草单位主要负责人签署；几个起草单位共同起草的规章送审稿，应当由该几个起草单位主要负责人共同签署。规章送审稿的说明应当对制定规章的必要性、规定的主要措施、有关方面的意见等情况进行说明。有关材料主要包括汇总的意见、听证会笔录、调研报告、国内外有关立法资料等。

除此之外，《规章制定程序条例》还对起草规章过程中应当如何听取、征求意见，如何与有关部门协商等问题予以了明确，即起草规章，应当深入调查研究，总结实践经验，广泛听取有关机关、组织和公民的意见。听取意见可以采取书面征求意见、座谈会、论证会、听证会等多种形式。起草的规章直接涉及公民、法人或者其他组织切身利益，有关机关、组织或者公民对其有重大意见分歧的，应当向社会公布，征求社会各界的意见；起草单位也可以举行听证会。起草部门规章，涉及国务院其他部门的职责或者与国务院其他部门关系紧密的，起草单位应当充分征求国务院其他部门的意见。起草地方政府规章，涉及本级人民政府其他部门的职责或者与其他部门关系紧密的，起草单位应当充分征求其他部门的意见。起草单位与其他部门有不同意见的，应当充分协商；经过充分协商不能取得一致意见的，起草单位应当在上报规章草案送审稿时说明情况和理由。

（三）规章的审查

就规章的审查而言，《规章制定程序条例》第十八条规定："规章送审稿由法制机构负责统一审查。法制机构主要从以下方面对送审稿进行审查：（一）是否符合本条例第三条、第四条、第五条的规定；（二）是否与有关规章协调、衔接；（三）是否正确处理有关机关、组织和公民对规章送审稿主要问题的意见；（四）是否符合立法技术要求；（五）需要审查的其他内容。"该条例第二十五条规定："法制机构应当认真研究各方面的意见，与起草单位协商后，对规章送审稿进行修改，形成规章草案和对草案的说明。说明应当包括制定规章拟解决的主要问题、确立的主要措施以及与有关部门的协调情况等。规章草案和说明由法制机构主要负责人签署，提出提请本部门或者本级人民政府有关会议审议的建议。"

此外，《规章制定程序条例》还对规章送审稿的缓办、退回、征求意见、协调等问题作出了具体规定。"规章送审稿有下列情形之一的，法制机构可以缓办或者退回起草单位：（一）制定规章的基本条件尚不成熟的；（二）有关机构或者部门对规章送审稿规定的主要制度存在较大争议，起草单位未与有关机构或者部门协商的；（三）上报送审稿不符合本条例第十七条规定的。”法制机构应当将规章送审稿或者规章送审稿涉及的主要问题发送有关机关、组织和专家征求意见。对于规章送审稿涉及的主要问题，法制机构应当深入基层进行实地调查研究，听取基层有关机关、组织和公民的意见。当规章送审稿涉及重大问题时，法制机构应当召开由有关单位、专家参加的座谈会、论证会，听取意见，研究论证。如果规章送审稿直接涉及公民、法人或者其他组织切身利益，有关机关、组织或者公民对其有重大意见分歧，起草单位在起草过程中未向社会公布，也未举行听证会的，法制机构经本部门或者本级人民政府批准，可以向社会公布，也可以举行听证会。当有关机构或者部门对规章送审稿涉及的主要措施、管理体制、权限分工等问题有不同意见时，法制机构应当进行协调，达成一致意见；不能达成一致意见的，应当将主要问题、有关机构或者部门的意见和法制机构的意见上报本部门或者本级人民政府决定。

（四）规章的决定和公布

关于规章应当如何决定，我国《规章制定程序条例》规定，部门规章应当经部务会议或者委员会会议决定。

地方政府规章应当经政府常务会议或者全体会议决定。因为国务院有关部门和省、自治区、直辖市、较大的市的人民政府与国务院一样，实行首长负责制，因此在决定规章时，不实行表决制。在决定规章的会议上，与会人员可以充分讨论、发表意见。在此基础上，由部门首长、省长、主席、市长等对该规章草案作出通过与否、暂不通过、调查研究后再讨论的决定。

对于规章的公布，我国《立法法》第七十六条规定："部门规章由部门首长签署命令予以公布。""地方政府规章由省长或者自治区主席或者市长签署命令予以公布。"《规章制定程序条例》第二十九条规定："法制机构应当根据有关会议审议意见对规章草案进行修改，形成草案修改稿，报请本部门首长或者省长、自治区主席、市长签署命令予以公布。"《立法法》第七十七条对公布规章的方式作出规定："部门规章签署公布后，及时在国务院公报或者部门公报和在全国范围内发行的报纸上刊登。""地方政府规章签署公布后，及时在本级人民政府公报和在本行政区域范围内发行的报纸上刊登。""在国务院公报或者部门公报和地方人民政府公报上刊登的规章文本为标准文本。"

除此之外，《规章制定程序条例》还对规章的命令、公布规章后的施行等问题作出了具体规定。

第七节 制定地方性法规、自治条例和单行条例的程序

一、制定地方性法规的程序

省、自治区、直辖市和较大的市的国家权力机关是制定地方性法规的主体。通常情况下，地方性法规的制定程序包括如下几个步骤。

（一）地方性法规案的提出

地方性法规案的提出可以分为两种：一种是向本级人民代表大会提出；另一种是向本级人民代表大会常务委员会提出。

在向本级人民代表大会提出时，《中华人民共和国地方各级人民代表大会和地方各级人民政府组织法》（以下简称《地方组织法》）规定，当地方各级人民代表大会举行会议时，主席团、常务委员会、各专门委员会、本级人民政府，可以向本级人民代表大会提出属于本级人民代表大会职权范围内的议案，由主席团决定提交人民代表大会会议审议，或者并交有关的专门委员会审议、提出报告，再由主席团审议决定提交大会表决。县级以上的地方各级人民代表大会代表10人以上联名，乡、民族乡、镇的人民代表大会代表5人以上联名，可以向本

级人民代表大会提出属于本级人民代表大会职权范围内的议案，由主席团决定是否列入大会议程，或者先交有关的专门委员会审议，提出是否列入大会议程的意见，再由主席团决定是否列入大会议程。

在向本级人民代表大会常务委员会提出时，《地方组织法》规定县级以上的地方各级人民代表大会常务委员会主任会议可以向本级人民代表大会常务委员会提出属于常务委员会职权范围内的议案，由常务委员会会议审议。县级以上的地方各级人民政府、人民代表大会各专门委员会，可以向本级人民代表大会常务委员会提出属于常务委员会职权范围内的议案，由主任会议决定提请常务委员会会议审议，或者先交有关的专门委员会审议、提出报告，再提请常务委员会会议审议。省、自治区、直辖市、自治州、设区的市的人民代表大会常务委员会组成人员 5 人以上联名，县级的人民代表大会常务委员会组成人员 3 人以上联名，可以向本级常务委员会提出属于常务委员会职权范围内的议案，由主任会议决定是否提请常务委员会会议审议，或者先交有关的专门委员会审议、提出报告，再决定是否提请常务委员会会议审议。

（二）地方性法规案的审议

审议地方性法规案，是指对已列入本级人民大表大会及其常务委员会会议议程的地方性法规案进行审查和讨论。对于地方性法规案的审议程序，《立法法》作出了原则性规定：一是根据《地方组织法》；二是可以参照法律案的审议程序；三是应当实行统一审议。下面就《地方组织法》和《立法法》的“统一审议”作以简要的介绍。

人民代表大会审议地方性法规案的程序是：① 由提案人向大会全体会议作草案说明，说明的主要内容包括：起草法规的理由、内容、过程，并需要提供相关参考资料。② 分别由代表团会议和分组会议进行审议，对重大问题可以召开联组会议审议，若存在重大分歧，则应当由主席团决定或者表决。

人大常委会审议地方性法规案的程序为：① 由提案人就地方性法规草案向常委会作出说明。② 由常委会分组会议进行审议，或者同时由有关的专门委员会进行审议。此时，提案人应当派人听取意见，回答询问。一般来说，常委会审议地方性法规案实行三审制，但有时也可以经过一次或者两次常委会会议审议即交付表决。

对于地方性法规案的统一审议，《立法法》规定，地方性法规草案由负责统一审议的机构提出审议结果的报告和草案修改稿。可见，对地方性法规案的统一审议是审议程序中的必经步骤。

（三）地方性法规案的表决和报批

1. 地方性法规案的表决

地方性法规案的修改稿经过本级人民代表大会或者

人民代表大会常务委员会审议后，如果对重大问题没有重大的分歧，分别由大会主席团或者常委会主任会议交付全体会议表决。人民代表大会会议表决地方性法规案，需全体代表过半数通过；而常委会会议通过地方性法规案，需常委会全体组成人员过半数通过。

2. 地方性法规案的报批

在地方性法规案的制定中，除较大的市需要报批外，其他都无需报批。根据《立法法》的规定，较大的市的人民代表大会及其常务委员会根据本市的具体情况和实际需要，在不同宪法、法律、行政法规和本省、自治区的地方性法规相抵触的前提下，可以制定地方性法规，报省、自治区的人民代表大会常务委员会批准后施行。省、自治区的人民代表大会常务委员会对报请批准的地方性法规，应当对其合法性进行审查，同宪法、法律、行政法规和本省、自治区的地方性法规不抵触的，应当在四个月内予以批准。省、自治区的人民代表大会常务委员会在对报请批准的较大的市的地方性法规进行审查时，发现其同本省、自治区的人民政府的规章相抵触的，应当作出处理决定。对于处理决定，认为有以下三种情形：① 认为省、自治区的地方政府规章不适当，批准较大的市的地方性法规；② 认为较大的市的地方性法规不适当，不予批准，或者在予以批准的同时提出修改意见，此时较大的市应当根据修改意见对该地方性法规加以修正；③ 认为省、自治区的地方政府规章与较大的市的地方性法规均不适当，则按照前两种情况处理。

（四）地方性法规的公布

对于地方性法规的公布，《立法法》中有明确的规定：省、自治区、直辖市的人民代表大会制定的地方性法规由大会主席团发布公告予以公布。省、自治区、直辖市的人民代表大会常务委员会制定的地方性法规由常务委员会发布公告予以公布。较大的市的人民代表大会及其常务委员会制定的地方性法规报经批准后，由较大的市的人民代表大会常务委员会发布公告予以公布。

二、制定自治条例和单行条例的程序

与地方性法规一样，自治条例和单行条例也是由有关地方的国家权力机关指定的，均属丁地方立法。但它们之间仍然存在着许多区别。在制定程序方面也不是完全相同的。

《立法法》对自治条例和单行条例的规定比较原则：自治条例和单行条例案的提出、审议和表决程序，根据《中华人民共和国地方各级人民代表大会和地方各级人民政府组织法》，参照《立法法》第二章第二节、第三节、第五节的规定，由本级人民代表大会规定。具体说来，制定自治条例和单行条例的程序有以下三点独特之处。

第一，自治条例和单行条例只能由民族自治地方的人民代表大会制定，而不能由民族自治地方的人大常委会制定。自治条例和单行条例既可以由常委会向人民代表大会提出，也可以由其他提案人向常务委员会提出，在经过常务委员会审议后，提请人民代表大会表决。

第二，自治区的自治条例和单行条例，报全国人民代表大会常务委员会批准后生效。自治州、自治县的自治条例和单行条例，报省、自治区、直辖市的人民代表大会常务委员会批准后生效。

第三，自治条例和单行条例报经批准后，分别由自治区、自治州、自治县的人民代表大会常务委员会发布公告予以公布。自治区的自治条例和单行条例公布后，及时在本级人民代表大会常务委员会公报和在本行政区域范围内发行的报纸上刊登。在常务委员会公报上刊登的自治条例和单行条例文本为标准文本。对于自治州和自治县的自治条例和单行条例的刊登，《立法法》没有予以明确的规定。

第八章
中央立法

第一节　中央立法概述

一、中央立法的内涵

所谓中央立法，是指拥有立法权的中央国家机关，依法制定、修改、补充、废止效力可以及于全国的规范性法律文件的活动的总称。

这里的中央国家机关，不是指所有的中央国家机关，而是仅指依照宪法和有关法律的规定，有资格行使立法权的国家机关，主要包括议会或者代表机关和行使部分立法权的行政机关等。依法，是指依照宪法、法律、法规和授权法规定的立法权限、立法程序和其他要求。效力及于全国，说明了这些拥有立法权的中央国家机关所立之法具有很高的效力等级，由于中央国家机关是代表国家利益在全国范围内行使统治权的机构，因此其依法实施的任何行为在全国范围内都是有效的。如此一来，有立法权的中央机关制定的规范性法律文件在全国范围内也就具有普遍的约束力。

当然，在某些特定情况下，中央国家机关制定的规范性法律文件有可能只是针对某个地方的特定事务，但这种中央立法在全国范围内仍然是有效的。例如，《香港特别行政区基本法》是由全国人民代表大会制定的，属于中央立法的范畴，虽然这部法律主要涉及的是香港特别行政区，但它仍然是国家的基本法律，就其效力而言，不仅在香港特别行政区范围内有效，而且在全国范围内也是有效的，即内地的国家机关、社会团体、企事业单位以及公民均应当遵守《香港特别行政区基本法》。尤其是有关中央政府与香港特别行政区政府关系的法律规定，中央政府必须严格遵守。而属于中央立法范畴的规范性法律文件则主要包括：宪法、法律、行政法律、部门规章等。

如果一个国家存在两级或者多级立法体制，那么便会出现中央立法与地方立法之分。我国实行的是中央统一领导与一定程度的分权，多级并存、多类结合的立法体制。与这种立法体制相适应，中央立法与地方立法的层次划分是我国立法中的一个重大课题。在我国现阶段，中央立法是以全国人民代表大会及其常务委员会的国家立法为主导，以国务院及其有关所属部门的立法为辅助的中央有关国家机关立法的总称。

二、中央立法的特征

中央立法是相对地方立法而言的，与地方立法相比，中央立法主要具有以下几个特征。

1. 中央立法具有更高的效力等级

中央立法产生的规范性法律文件的效力一般要高于地方立法产生的规范性法律文件的效力。大部分国家的中央立法也是由多种不同效力等级的立法所构成，但作为一个整体而言，中央立法的效力仍然是高于地方立法的。通常情况下，中央立法是地方立法的重要依据。

2. 中央立法的调整范围更加广泛

对于政治、经济、军事、法制、文化、外交以及其他各个社会关系领域，中央立法都可以对其进行调整。对于涉及民事、刑事以及其他各部门法的法律、法规，中央立法都可以加以制定和变动。而地方立法一般不能调整军事、外交等方面的事项，对于民事、刑事等基本法律、法规，很多国家的地方立法都不能制定。另外，中央立法的效力是及于全国的，而有立法权的地方国家机关制定的规范性法律文件的效力却仅在特定行政区域，即该机关管辖的区域内具有约束力。

3. 中央立法的内容和形式更加重要

中央立法的调整事项通常是一个国家全局范围内涉及整个国计民生的重大事项，其中很多是关系到一国根本制度的重大事项；而这些内容地方立法一般都不能进行调整。一般来说，中央立法可以就重要的和多样化的法的形式立法；而地方立法却无法就某些重要的法的形式立法。在我国，中央立法可以就宪法、法律、行政法规、部门规章等法的形式立法，而地方立法虽然在整体上也可以制定、变动多种规范性法律文件，但却不能就宪法、法律、行政法规等法的形式立法。

三、中央立法的地位和作用

中央立法的直接任务就是以宪法、法律、行政法规等重要的法的形式和其他规范性法律文件，为国家、社会、公民生活的各个基本方面提供必要的法律规范。中央立法是一国立法体制中，具有前提性、主导型、基础性的重要环节。

（一）中央立法是一国立法体制的前提

在单一制国家中，立法体制的宏观框架和主要方面只能由国家的宪法和宪法性法律作出规定，而地方性法规和其他规范性法律文件没有权利对此作出规定。而在联邦制国家中，虽然各成员国或者各州有宪法和宪法性法律，可以就本联邦成员国或者本州的立法体制作出规定，但这些规定不仅不能违背联邦立法所确立的联邦立法体制基本原则，而且还应当在联邦宪法和宪法性法律允许的范围内作出，一般都是对联邦规定的具体化或者变通性、补充性规定。无论在单一制国家的地方立法，还是在联邦制国家的各成员国或者各州的立法，都是根据中央立法的规定而存在的，它们在不同程度上隶属或者从属于中央立法。可见，中央立法对整个立法体制的主要方面做出规定是一个立法体制的前提。

（二）中央立法在一国立法体制中居于主导地位

中央立法是一国立法体制的重要组成部分。在单一制国家中，中央立法的地位高于地方立法，对地方立法起主导作用。而在联邦制国家中，虽然情况比较复杂，但是总体上说，中央立法通常对整个联邦立法起主导作用，在地位上也高于联邦成员国或者各州的立法。在我国，中央立法主要包括：宪法、法律、行政法规、部分规章等。其中，宪法和法律的位阶高于所有地方立法，而行政法规高于一般地方立法。对于民族自治区立法和特别行政区立法，尽管这两者具有特殊性，但它们在总体上仍然是受制于中央立法的。此外，一国立法体制的基本原则，只能由中央立法确定，地方立法必须遵守。而国家立法所确定的其他大政方针，更是地方立法的指针。由此可以看出，中央立法承担着主要的立法任务，主导着一国立法的基本方向。

（三）中央立法是一个国家立法体制的基础

在一国多层次、多类别的综合性立法体系中，中央立法最具有基础性。一方面，中央立法产生的法涉及的都是一国国家、社会、公民生活中具有全局性的基本问题，而地方立法更多是解决具体问题；另一方面，中央立法是地方立法的主要根据之一，特别是在单一制国家中，它们的地方立法在很大程度上是对中央立法所产生的宪法、法律和法律的贯彻实施。没有中央立法权，也就没有地方立法权存在的价值。

第二节　全国人民代表大会立法

一、全国人民代表大会立法的概念和特征

全国人民代表大会立法，是指我国最高国家权力机关依法制定、修改、补充、废止效力可以及于国家主权范围的规范性法律文件的总称。

全国人民代表大会立法是我国中央立法的首要组成部分，具有自己的显著特征。

第一，全国人民代表大会立法具有根本性。从内容上看，全国人大立法的调整对象是在整个国家、社会和公民生活中的全局性、根本性关系；从形式上看，其制定的是国家的宪法、基本法律和其他重要法律；就效力而言，全国人大立法处于我国立法体制的核心地位，其他立法应当以全国人大立法为根据，并不得与其相抵触。此外，除了全国人大常委会立法外，其他立法都是对全国人大所立之宪法、法律和其他规范性法律文件的贯彻或者补充。

第二，全国人民代表大会立法具有最高性。与西方国家议会与政府、司法机关是既相互独立又相互制衡的关系有所不同，在我国国家机构体系中，全国人大处于最高层，是我国最高国家权力机关，中央政府和司法机关都由全国人大产生，受其监督，并对其负责。而由全国人大产生的《宪法》在我国主权范围内具有一体遵循的效力，其产生的法律除特别行政权等特殊情况外，在主权范围内亦一体遵循。

第三，全国人民代表大会立法最具完整性。其一，全国人大对其所立之法享有完整的制定、修改、补充、废止的权力，亦有提案、审议、表决和决定、公布权；其二，全国人大所立之法的内容广泛、完整，包括宪法、民法、刑法、行政法、经济法、诉讼法等部门法。

第四，全国人民代表大会立法最具独立性。一方面，全国人大的立法权居于最高地位，其他立法主体所立之规范性法律文件均不得与全国人大所立之法相抵触，全国人大所立之法既不需要报其他国家机关批准或者备案，也不存在被其他国家机关撤销的问题。虽然全国人大常委会可以补充、修改全国人大制定的法律，但是全国人大常委会在补充、修改全国人大制定的法律时要受到时间、内涵以及外延的限制，并且补充、修改是通过作出修改决定来实现的，而全国人大是有改变、撤销全国人大常委会不适当决定的权力的。国家主席可以公布全国人大制定的法律，然而国家主席没有权力独立决定是否公布法律，如果国家主席违背了全国人大的决定而不公布全国人大制定的法律，并违反了《宪法》规定，全国人大对其有权罢免。此外，民族自治地方和特别行政区的立法可以与全国人大的法律存在不一致的地方，但这种不一致是有一定限制条件的。另一方面，全国人大独立行使立法权，全国人大常委会和其他有关国家机关可以在某些方面参与全国人大的立法活动，如全国人大会议要由全国人大常委会召集，国务院、中央军事委员会、最高人民法院、最高人民检察院等可以向全国人大提出立法议案，全国人大每一项立法权的行使都必须通过全国人大会议的审议和表决。

全国人民代表大会立法之所以具有根本性、最高性、完整性和独立性，是有其根源的：我国的一切权力属于人民，全国人民代表大会是人民行使国家权力的最高机关。因此，全国人大所立之法自然在整个立法体系中居于最高地位。

二、全国人民代表大会的立法权

全国人民代表大会是我国的最高国家权力机关，行使国家最重要、最根本的权力。立法权是全国人民代表大会行使的一项重要权力，具体包括制定和修改宪法、基本法律，监督其他国家机关立法的权力。

（一）制定和修改宪法

宪法是国家的根本大法，在一个国家法律体系中居于首要的和核心的地位。与其他普通法律相比，宪法具有以下四个基本特征。① 就其性质而言，宪法是根本法。宪法的内容主要是关于公民的基本权利、国家的根本组织等国家、社会、公民生活中的根本性、全局性问题。② 就其范围而言，宪法是社会的总章程，涉及面非常广泛，其对社会的政治、经济、文化等各个方面都作出了原则性规定。③ 就其效力而言，宪法在整个法律体系中具有最高效力。其他法律都要依据宪法制定，并且不得与宪法相抵触。④ 就其作用而言，宪法是国家法或政治法。即宪法的作用在于保障人民的权利，调整公民与国家的关系。宪法的这种极其重要的地位决定了我国的宪法只能由最高国家权力机关即全国人民代表大会制定和修改。全国人大常委会只能解释宪法，不能修改宪法。

从我国的立宪实践来看，全国人民代表大会的立宪活动主要有三种形式。第一，制定宪法。制定宪法通常是在社会发生重大变化时进行的。例如，当政权发生更替，社会制度出现重大变化时，新政权往往要制定反映其自身要求，并标示其存在的新宪法。新宪法与旧宪法在价值取向、基本原则和具体制度上往往有重大的、基本根本性的区别。1954 年，第一届全国人民代表大会第一次会议制定了新中国的《宪法》，这一《宪法》不是对原有宪法的修改和补充，而是根据一定的理论、原则、纲领和实践经验，为给新中国的国家生活、社会生活、公民生活提供一个全新的总章程而产生的。第二，对宪法作重大修改。1975年、1978年、1982年，全国人大先后三次对我国《宪法》作了全面的、重大的修改和补充。从条文数量上看，1954年《宪法》共106条，1975年修宪后《宪法》条文减少到30条，1978年修宪后又恢复至60条，1982年修宪后增加至138条。第三，对宪法作局部修改。1982年以来，为适应改革开放和现代化建设的需要，全国人大已经先后四次对1982年《宪法》进行局部的、小范围的修改和补充。

（二）制定和修改基本法律

在我国现行法律体系中，法律的效力低于宪法，高于其他所有规范性法律文件，是行政法规、地方性法规和其他有关规范性法律文件的立法依据和基础。法律又可以区分为基本法律和一般法律两种。基本法律是对国家生活、社会生活、公民生活中具有根本性、全局性、普遍性的关系和问题进行调整和解决的法律，民法、刑法、诉讼法等均属于基本法律。一般法律是调整和解决除应当由基本法律调整和解决以外的国家生活、社会生活和公民生活中的某一方面的社会关系和问题的法律。与基本法律相比，一般法律的调整对象相对狭窄，内容较为具体。商标法、著作权法、环境保护法等即属此类。

根据《宪法》和《立法法》的规定，全国人大制定和修改刑事、民事、国家机构和其他的基本法律。对于非基本法律全国人大是否可以制定，《宪法》和《立法法》没有作出明确规定。从法理上讲，全国人大作为国家最高权力机关，可以制定一切法律，自然由法加以调整的事项它都可以进行立法。而《宪法》第六十二条第十五项规定，全国人大可以行使应当由最高国家权力机关行使的其他职权。这就意味着只要全国人大认为必要，就可以制定非基本法律。

根据《立法法》第八条的规定，以下十项只能制定法律的事项，属于全国人大的立法权范围。

1. 国家主权的事项

国家主权是指一个国家独立自主地处理自己的对内和对外事务的最高权力。国家主权对内表现为一种最高的权力，对外表现为一种独立权力。国家主权包括政治主权、经济主权、领土主权、对外主权和属人主权等，内容涉及国家领土、国防、外交、国籍、中国公民出入境和外国人入出境、国旗、国徽等事项。国家主权范围内的事项，只能由国家的最高权力机关行使立法权。目前，在国家主权的相关事项上，全国人大及其常委会已经制定了《领海及毗连区法》《专属经济区和大陆架法》《国防法》《人民防空法》《兵役法》《预备役军官法》《缔结条约程序法》《国籍法》《外国人入境出境管理法》《中国公民出境入境管理法》《国旗法》《国徽法》等法律。

2. 各级人民代表大会、人民政府、人民法院和人民检察院的产生、组织和职权

各级人民代表大会、人民政府、人民法院和人民检察院构成了我国国家机构体系的整体，是代表广大人民行使国家权力、实现国家职能的组织系统。它们的产生方式、组织原则、职权范围和活动程序等问题，不仅体现了我国国家政权的基本性质，而且影响着国家政权的稳定和国家机构的工作效率。因此，这方面的法律只能由全国人大及其常委会制定。目前，全国人大及其常委会已经制定了《选举法》《代表法》《全国人民代表大会组织法》《国务院组织法》《人民法院组织法》《人民检察院组织法》《地方各级人民代表大会和人民政府组织法》等法律。

3. 民族区域自治制度、特别行政区制度、基层群众自治制度

民族区域自治制度、特别行政区制度、基层群众自治制度是我国三项重要政治制度。民族区域自治制度是我国党和政府解决民族问题的重要政治制度，有助于保障各少数民族的自治权利，维护和发展各民族之间的平等、团结和互助关系。特别行政区制度是我国根据“一国两制”方针，恢复对香港、澳门行使主权和解决台湾问题而采取的政治制度。运用这一制度，我国政府已经成功地解决了香港、澳门问题，并且将采用这种方式解决台湾问题。基层群众自治制度是社会主义民主政治的

重要内容，是基层群众直接行使当家做主权利的重要保证。这三项制度直接关系到我国的民族关系、国家统一和人民民主等重大国家问题，只能由全国人大及其常委会立法。目前，在这个方面，全国人大及其常委会已制定了《民族区域自治法》《香港特别行政区基本法》《澳门特别行政区基本法》《居民委员会组织法》《村民委员会组织法》等法律。

4. 犯罪和刑罚

犯罪是法律所确认的严重侵犯或者危害国家利益、社会利益和个人利益的行为。判断哪些行为构成犯罪，直接关系到国家和社会的安危，以及全体社会成员的利益。所以，应当将判断社会成员的行为是否为犯罪的权力赋予国家最高权力机关。刑罚是法律规定的惩罚犯罪行为的方式。在所有的法律制裁中，刑罚是最为严厉的法律制裁，可以直接限制或者剥夺公民的财产权、自由权乃至生命权。刑罚的适用是否正确，直接影响人们的权利和自由，以及刑罚的功能和效果。因此，与判断犯罪问题一样，对于各种犯罪应当采用哪些刑罚，如何适用刑罚，应当由国家最高权力机关立法加以规定。

5. 对公民政治权利的剥夺、限制人身自由的强制措施和处罚

公民的政治权利和人身自由是公民最重要的一项基本权利，是公民享有其他一切权利和自由的基础，也是公民参加政治生活和社会生活的基本条件。对公民的政

治权利的剥夺、人身自由的限制，将直接影响到公民的政治地位、生活状况乃至个人的前途命运。因此，对公民的政治权利的剥夺、人身自由的限制，只能由全国人大及其常委会以法律的形式加以明确规定，其他任何国家机关都不能在这方面制定规范性法律文件或者违反法律的规定采取相关措施。

6. 对非国有财产的征收

财产权是自然人和法人所享有的一项基本权利，任何组织和个人不得非法侵犯。在当今社会，财产权已经被世界各国的宪法和法律所肯定和保护。私有财产权属于财产权的范畴，受到法律的保护。然而，在某些特殊情况下，如国家处于战争、戒严状态，发生严重的自然灾害，或者进行大型工程项目的施工时，为了维护公共利益，国家有时需要对非国有财产进行征收。对非国有财产的征收是现代政府的一项重要的权力，但由于该项权力的行使将直接导致对私有财产权的剥夺，因此必须由全国人大及其常委会以法律的形式加以明文规定，并作出必要的限制。

7. 民事基本制度

在现代社会中，民事法律制度对于建立社会的日常生活秩序、保障人们的民事基本权利、提高人们的生活质量，具有非常重要的意义。民事基本制度主要包括民事主体制度、物权制度、债权制度、知识产权制度、人身人格权制度、婚姻家庭制度、收养制度、继承制度等。

为了保障全国民事法律制度的统一，民事基本制度应当由全国人大及其常委会立法。目前，全国人大及其常委会已经在这方面制定了一系列民事法律制度，包括《民法通则》《物权法》《合同法》《侵权责任法》《担保法》《专利法》《著作权法》《商标法》《婚姻法》《继承法》《收养法》等。

8. 基本经济制度以及财政、税收、海关、金融和外贸的基本制度

基本经济制度直接关系到一个国家或者社会的性质，是一项十分重要的国家制度。如此重要的制度当然只能由国家的最高权力机关加以制定。我国《宪法》确立了我国基本经济制度的基本内容。为了贯彻和落实宪法的这些原则性规定，全国人大及其常委会在基本经济制度方面做了大量的立法工作，颁布实施了很多基本经济制度法律，如《全民所有制工业企业法》《乡镇企业法》《外资企业法》《中外合资经营企业法》《中外合作经营企业法》《个人独资企业法》《合伙企业法》《公司法》等。除了这些基本经济制度外，为了建立和完善社会主义市场经济，保障国民经济持续、稳定、健康的发展，不断提高社会经济发展水平和人民生活水平，国家要运用财政、税收、金融等多种经济杠杆对国民经济的运行进行宏观调控。这些直接关系全国经济秩序和经济发展的宏观调控制度，只能由全国人大及其常委会代表国家统一立法。如《预算法》《税收征收管理法》《个人所得

税法》《企业所得税法》《海关法》《中国人民银行法》《商业银行法》《证券法》《对外贸易法》等都属于此类法律。

9. 诉讼和仲裁制度

诉讼和仲裁是现代社会最为正式，也是最为权威的纠纷解决途径，是现代国家为人们提供的两种最主要的法律救济方式。诉讼和仲裁直接涉及人们的人身权利、财产权利、政治权利等基本权利的保护或者剥夺的问题，尤其是刑事诉讼。在刑事诉讼中，法院可以剥夺或限制公民的人身自由权、政治权利，甚至剥夺公民的生命权。因此，有关诉讼制度和仲裁制度的法律应当由全国人大及其常委会制定。当前，全国人大及其常委会已经制定了《民事诉讼法》《刑事诉讼法》《行政诉讼法》《仲裁法》等有关诉讼和仲裁制度的法律。

10. 必须由全国人民代表大会及其常务委员会制定法律的基本事项

《立法法》对全国人大及其常委会的专属立法权的规定采取了列举的方式，但任何一部法律都不可能完整、准确地列举出全国人大及其常委会的全部专属立法权。为了保证全国人大及其常委会能够有效地行使国家的最高权力，防止因《立法法》列举的疏漏而影响其对国家立法权的行使，《立法法》规定全国人大及其常委会有权就“其他事项”进行立法。这意味着，全国人大及其常委会可以根据情况的变化和实际需要，对不在《立法法》

明确列举的九类事项范围内的其他事项制定法律。

尽管全国人大可以对上述的十大类事项立法，但是由于全国人大每年只举行一次会议，而且会期时间较短，一般只有两周，因此全国人大所能立法的数量是非常有限的。一般来说，非常重要的基本法律由全国人大进行立法，而大量的非基本法律实际上更多的是由全国人大常委会来制定的。

（三）立法监督

全国人民代表大会作为我国最高权力机关，在整个国家的立法监督体系中居于核心地位。根据《宪法》第六十二条的规定，全国人大主要享有两方面的立法监督权：一是全国人民代表大会改变或者撤销全国人民代表大会常务委员会不适当的决定，具有规范性的法律性决定是这些决定中一部分；二是全国人大有权监督宪法的实施，这种权力中包含了对违宪立法的监督。

《立法法》第八十八条对全国人大的立法监督权作出了进一步规定。其一，全国人民代表大会有权改变或者撤销其常务委员会制定的不适当的法律；其二，全国人民代表大会有权撤销全国人民代表大会常务委员会批准的违背宪法、违背法律或者行政法规的基本原则，对《宪法》和《民族区域自治法》的规定，以及其他有关法律、行政法规专门就民族自治地方所作的规定作出变通规定的自治条例和单行条例。《立法法》规定的全国人大监督权与《宪法》中的规定，虽然有一定的区别，但是也存在交叉之处。从监督对象来看，《宪法》与《立法法》均直接将全国人大常委会作为全国人大的立法监督对象。但全国人大不仅可以对全国人大常委会的立法行为进行监督，对于国务院及其各部委的行政立法，地方各级人大及其常委会制定的地方性法规，地方各级人民政府制定的地方政府规章，从法理上来讲，全国人大也可以行使立法监督权。只是在立法实践中，全国人大不可能，也没有必要亲自监督其他一切国家机关的立法活动，而应以全国人大常委会的立法活动为主要监督对象。

尽管《宪法》与《立法法》均赋予了全国人大对全国人大常委会的立法监督权，但是由于全国人大没有设立监督全国人大常委会立法活动的专门机构，导致全国人大实际上从未行使过此项职权。目前，全国人大对全国人大常委会的监督主要是通过听取和审议全国人大常委会的工作报告来实现的，没有涉及撤销或者改变全国人大常委会的立法问题，这显然与立法监督有所区别。因此，应当设立专门的监督机构，建立具体的监督制度，以切实贯彻落实全国人大的立法监督权。

第三节　全国人民代表大会常务委员会立法

一、全国人民代表大会常务委员会立法的含义和特征

全国人民代表大会常务委员会立法，是指我国最高国家权力机关的常设机关，依法制定、变动、废止效力可以及于全国的规范性法律文件活动的总称。

全国人大常委会立法与全国人大立法共同构成了我国国家立法的整体，是我国中央立法的非常重要的方面。与其他形式的立法相比，全国人大常委会立法有其自己的独特之处。

第一，全国人大常委会的立法地位仅次于全国人大立法。全国人大常委会是最高国家权力机关全国人大的常设机关，制定和变动除应当由全国人大制定的法律以外的其他法律，除全国人大立法外，全国人大常委会的立法地位高于其他所有立法主体的立法。全国人大常委会制定的法律适用于全国范围。

第二，全国人大常委会立法范围广、任务重，并处于经常化状态。① 全国人大常委会除享有制定、变动法律的权利外，还有权对《宪法》作出解释，有权在全国人大闭会期间对全国人大制定的法律进行部分补充和修改，有权解释全国人大制定的和自己制定的法律，还有权撤销行政法规、地方性法规以及省级自治条例、单行

条例。可见，全国人大常委会享有广泛的立法权。② 全国人大常委会立法调整的对象是国家、社会和公民生活中各有关方面的基本事项和重要事项。③ 全国人大常委会作为最高国家权力机关的常设机关，比全国人大更多地行使国家立法权。因此，全国人大常委会的立法任务也要比全国人大的立法任务繁重得多。

第三，全国人大常委会立法具有相当的完整性、独立性。全国人大常委会对其所立法律既有制定、修改、补充和废止权，也有提案、审议、表决和决定、公布权；既有权自己立法，也有权监督其他有关立法主体立法，还有权授权其他国家机关立法；全国人大常委会的立法不需要向有关立法主体备案，经有关立法主体批准。这些是全国人大常委会立法具有完整性、独立性的具体表现。当然，全国人大常委会的立法也要受到一定的限制：它无权制定和变动《宪法》，无权制定基本法律，它行使补充和修改全国人大法律的权力，是以不与被修改法律的基本原则相抵触为前提的。此外，全国人大还有权对它制定的不适当的决定和法律予以撤销。由此可见，全国人大常委会的立法既具有完整性与独立性，又受到一定的限制，这就使全国人大常委会立法呈现出相当的完整性和独立性。

二、全国人大常委会的立法权

根据《宪法》和《立法法》的规定，全国人大法定立法权主要包括：制定和变动法律权；解释宪法和法律权；立法监督权；其他立法权。

（一）制定和变动法律

全国人大常委会制定和修改除应当由全国人大制定的法律以外的其他法律。“全国人大制定的法律”是指全国人大有权制定的刑事、民事、国家机构等基本法律和其他全国人大认为应当由它制定的法律。根据《宪法》第六十七条第三项的规定，在全国人民代表大会闭会期间，全国人大常委会有权对全国人民代表大会制定的法律进行部分补充和修改，但是不得同该法律的基本原则相抵触。对全国人大制定的法律进行补充和修改是一项非常重要的立法权，但它只能在全国人大闭会期间行使，并且只能进行部分补充和修改，而不能进行全面的补充和修改，亦不得同被补充和修改的法律的基本原则相抵触。近些年来，全国人大常委会较为充分地行使了这方面的权力，制定和变动了相当数量的法律，为完善我国法律体系作出显著的成就。

之所以将制定、变动部分法律的权力赋予了全国人大常委会，主要是因为，我国人口众多，各地区、各民族、各阶层、各政党都要有适当数量的人大代表，而代表人数多必然会造成召开会议的不方便。加之这些人大代表并不是专职的，因此，全国人大很难成为经常性的工作机构。这就在一定程度上影响了全国人大适应形式需要及时制定法律。而全国人大常委会作为全国人大的常设机构，是一个经常性的工作机构，不但其人数适当，而且开会、议事都较为方便，所以实行全国人大常委会与全国人大共同行使国家立法权的制度安排，是符合我国国情的。

（二）解释宪法和法律

根据《宪法》第六十七条第一项的规定，全国人大常委会有解释宪法的权力。宪法解释权属于广义的制宪权，被置于全国人大常委会的各项职权之首。在西方国家，解释宪法权力通常不属于议会。在中国，将这一权力赋予全国人大常委会行使，突显了我国最高国家权力机关常设机构的地位。虽然宪法赋予了全国人大常委会此项职权，但是至今全国人大常委会还从未行使过此项职权。

《宪法》第六十七条第四项规定，全国人大常委会负责解释法律。《立法法》第四十二条也作出规定："法律解释权属于全国人民代表大会常务委员会。法律有以下情况之一的，由全国人民代表大会常务委员会解释：（一）法律的规定需要进一步明确具体含义的；（二）法律制定后出现新的情况，需要明确适用法律依据的。"这里所说的"法律"不仅包括全国人大制定的法律，还包括全国人大常委会制定的法律。

解释宪法和法律，在很大程度上是为了更好地理解、实施宪法和法律。但解释宪法和法律本身则属于立法范畴，通过解释宪法和法律产生的文件，分别为宪法性文件和法律性文件，是宪法和法律的组成部分。需要注意的是，行使解释宪法和法律的权力应当符合宪法和法律的基本原则和精神，遵循《立法法》所确定的基本制度。

（三）立法监督

全国人大常委会享有广泛的立法监督权，在我国立法体系中居于重要地位。根据《宪法》和《立法法》的相关规定，全国人大常委会享有以下立法监督权。

（1）根据《宪法》第六十七条第一项的规定，全国人大常委会有权监督宪法的实施。

（2）撤销同宪法、法律相抵触的行政法规、决定和命令，撤销同宪法、法律和行政法规相抵触的地方性法规和决议，撤销省级人大常委会批准的违背《宪法》和《立法法》的自治条例和单行条例。撤销制度是现行中国立法体制中反映各种立法权关系的一项重要制度。撤销权的行使可以使国家立法权对其他立法权，高层次立法权对低层次立法权的领导关系得到保障。

（3）裁决法律之间的冲突。当法律之间对同一事项的新的一般规定与旧的特别规定不一致，不能确定如何适用时，由全国人大常委会裁决。地方性法规与部门规章之间对同一事项的规定不一致，不能确定如何适用时，由国务院提出意见，国务院认为应当适用地方性法规的，应当决定在该地方适用地方性法规的规定；认为应当适用部门规章的，应当提请全国人大常委会裁决；根据授权制定的法规与法律规定不一致，不能确定如何适用时，由全国人大常委会裁决。

(4) 接受有关立法主体的立法备案和批准有关规范性法律文件。宪法和有关法律规定，省级人大及其常委会制定的地方性法规，报全国人大常委会备案；自治区的自治条例和单行条例，报全国人大常委会批准；自治州、自治县的自治条例和单行条例，报全国人大常委会备案。《立法法》补充规定到：行政法规、地方性法规、自治条例和单行条例均须报全国人大常委会备案；根据全国人大常委会授权制定的规范性法律文件，如果全国人大常委会的授权决定提出备案要求，也应当报全国人大常委会备案。

(四) 批准对外缔结条约和协定

根据《宪法》和《缔结条约程序》的规定，国务院同外国缔结的条约和协定，须经全国人大常委会批准。这些条约和协定主要包括：① 友好合作条约、和平条约等政治性条约；② 有关领土和划定边界的条约、协定；③ 有关司法协助、引渡的条约、协定；④ 同中华人民共和国法律有不同规定的条约、协定；⑤缔约各方议定须经批准的条约、协定；⑥ 其他须经批准的条约、协定。

除上述职权外，全国人大常委会还可以行使全国人大授予的立法权。自20世纪50年代开始，全国人大已经多次授予全国人大常委会行使立法权。例如，20世纪80年代初授予全国人大常委会通过和公布《民事诉讼法(试行)》。

三、全国人大常委会的立法范围

在《立法法》之前，我国《宪法》和相关法律没有对全国人大常委会的立法范围作出列举或者限制性的规定。判断当时全国人大常委会立法范围的主要根据，即是《宪法》规定的全国人大常委会的职权范围和《宪法》规定的需要法律调整的事项。

《宪法》第六十七条规定，全国人大常委会行使21项职权。行使这些职权如需借助法律的作用，则全国人大常委会便可以在这些职权范围内制定法律、实行立法调整。这些职权涉及的事项包括：① 制定和变动法律、解释宪法和法律、监督宪法实施和立法上的撤销、批准、备案等方面的事项；② 国民经济和社会发展计划、国家预算方面的事项；③ 监督国务院、中央军委、最高司法机关方面的事项；④ 国务院、最高司法机关和其他有关司法机关有关人事决定或任免事项，驻外全权代表任免事项；⑤ 决定同外国缔结的条约和重要协定的批准和废除方面的事项；⑥ 军人和外交人员的衔级制度方面的事项；⑦ 授予国家的勋章和荣誉称号方面的事项；⑧ 特赦方面的事项；⑨ 全国人大闭会期间的决定战争状态事项和全国总动员或局部动员事项；⑩ 全国或个别省、自治区、直辖市的戒严方面的事项；⑪ 全国人大授予的其他职权方面的事项。

2000 年《立法法》颁布后，全国人大常委会的立法范围得到了明确，即《立法法》第八条规定的十项只能由法律调整的事项。但对于这十个事项哪些应当由全国人大制定法律，哪些应当由全国人大常委会制定法律，《立法法》没有进一步明确。此外，对于《宪法》第六十七条规定的全国人大常委会的职权范围和《宪法》规定的需要由法律调整的事项，如这十个事项未包括在内，全国人大常委会仍然可以行使立法权。

第四节　国务院立法

一、国务院立法的概念和特征

所谓国务院立法，是指我国最高国家行政机关即中央政府，依法制定、修改、废止行政法规，并参与、从事其他立法活动的总称。

国务院立法主要有以下特征。

第一，国务院立法兼具从属性和主导性。在西方国家，中央政府是与议会平行的国家机关。但在我国，国务院，即中央政府，是作为我国最高国家权力机关（全国人民代表大会）的执行机关而存在于国家机构体系中的最高国家行政机关。这就决定了国务院立法要从属于全国人大及其常委会的立法。也就是说，国务院立法要以贯彻全国人大及其常委会的宪法、法律和其他规范性法律文件为基本任务，国务院立法应当以宪法和法律为依据，不得与它们相抵触。另外，国务院作为最高国家行政机关，担负统一领导和管理我国行政工作的责任，所以对全国的行政工作具有主导性。与之相适应，国务院立法对地方立法，尤其是对制定地方性法规和地方政府规章的立法活动，具有主导性。地方性法规和地方政府规章不能与国务院行政法规相悖。

第二，国务院立法范围广、任务重。我国幅员辽阔、人口众多，作为最高国家行政机关的国务院，其行政管理范围极其广泛。相应地，国务院立法调整的范围，也远比全国人大及其常委会立法和地方立法调整的社会关系和规定的事项广泛、具体得多。国家和社会生活中的经济、政治、教育、科学、文化、体育以及其他方面的社会关系和事项，只要不是带有根本性的或相当重要一定要由宪法和法律调整的，行政法规都可以调整。这些年来国务院制定的行政法规，数量是全国人大及其常委会所立法律的许多倍，对中国社会发展发挥了重要的作用。这也直接导致了国务院的立法任务非常繁重。与此同时，国务院立法负有使宪法和法律得以贯彻实施、向全国人大及其常委会提出法律案、随时接受全国人大及其常委会授予的立法职权以完成特定立法任务、为地方立法提供立法依据等使命，这些使命使得国务院立法在我国立法体制中承担的任务尤为繁重。

第三，国务院立法具有多样性、先行性和受制性。其一，国务院行使多种立法权，包括：参与国家立法，即向国家立法机关提出法律案，制定、修改、废止行政法规，完成国家立法机关的授权立法任务，监督行政规章是否适当等。这无疑是我国立法体制中最具多样性的一种立法。其二，国务院制定的行政法规，在一定程度上是为未来制定相关法律积累经验、准备条件。在走向法治的进程中，有些事项不适合直接通过制定法律加以调整，国务院根据全国人大及其常委会授权制定规范性法律文件，不但可以为全国人大及其常委会解决一些权宜问题或特定问题，也可以为此后授权者就解决这些问题制定法律积累经验、准备条件。此时，针对这些事项制定的行政法规往往成为法律的先导或者前身，即通过行政法规的先行制定而为以后就这些事项制定法律奠定基础，从而使针对这些事项而制定的法律更为成熟可靠。其三，国务院立法是受到多方面限制的。国务院作为最高国家权力机关的执行机关，其立法活动要对最高国家权力机关负责，受到最高国家权力机关制约。行政法规是根据宪法和法律制定的，没有后者就没有前者，而且国务院立法的一个重要目的是贯彻、实施宪法和法律，因而具有一定的受制性。此外，虽然国务院有权向全国人大及其常委会提出法律案，但是该法律案能否通过，还要取决于接受法律案的机关。而当国务院根据全国人大及其常委会的授权进行立法活动时，由于权力来源于全国人大及其常委会，也就自然要受到全国人大及其常委会的制约。

二、国务院的立法权

各国中央政府的立法权大小因各国国情的不同而有所区别。目前，我国国务院行使立法权主要体现在以下四个方面。

（一）制定行政法规

根据我国《宪法》和《立法法》的有关规定，国务院制定行政法规的权限范围主要包括以下三项。

1. 为执行法律需要制定行政法规的事项

国务院是我国最高国家行政机关，是最高国家权力机关——全国人民代表大会的执行机关。执行最高国家权力机关制定的法律是国务院的一项重要职责。行政机关面对的情况是具体的，而法律条文的规定则是比较抽象的，在很多情况下，为了贯彻执行法律的规定，国务院必须要制定具体的实施规则。我国很多法律都作出规定，赋予国务院对法律未明确的事项制定行政法规的权力。纵观我国行政法规制定的实际情况，属于这种情况的行政法规主要有以下三类。

（1）综合性的实施细则、实施条例、实施办法。一部法律在实施过程中可能会遇到各种问题，这时可以由国务院制定实施细则、实施条例、实施办法，对其中的问题作出比较全面的规定。全国人大及其常委会制定的很多法律都在附则中明确规定，国务院可以根据法律制定实施细则，《收养法》《森林法》《税收征管法》《档案法》均属此类。

（2）为实施法律中的某项规定或者制度而作出的专门规定。对于某些问题，实践中情况非常复杂，而法律仅作出了原则性规定，需要由实施法律的机关对此作出具体的专门规定。例如，《行政处罚法》规定，作出处罚的行政机关应当与收缴罚款的行政机关相分离。具体办法由国务院制定。以这一规定为根据，国务院制定了罚款决定与罚款收缴相分离的实施办法。

（3）对法律实施过程中的过渡、衔接等相关问题作出的规定。随着社会的进步，法律要作出调整以适应不断变化的社会生活。为了保持法律的连续性、稳定性，一定要注意新的法律颁布实施与现有制度相衔接、相协调的问题。例如，《公司法》第二百二十九条规定："本法施行前依照法律、行政法规、地方性法规和国务院有关主管部门制定的《有限责任公司规范意见》《股份有限公司规范意见》登记成立的公司，继续保留，其中不完全具备本法规定的条件的，应当在规定的限期内达到本法规定的条件。具体实施办法，由国务院另行规定。"

2.《宪法》第八十九条规定的国务院行政管理职权的事项

国务院是我国最高行政机关，统一行使国家的行政管理职权。《宪法》第八十九条规定，国务院行使下列职权：① 根据宪法和法律规定行政措施，制定行政法规，发布决定和命令；② 向全国人民代表大会或者全国人民代表大会常务委员会提出议案；③ 规定各部和各委员会的任务和职责，统一领导各部和各委员会的工作，并且领导不属于各部和各委员会的全国性的行政工作；④ 统一领导全国地方各级国家行政机关的工作，规定中央和省、自治区、直辖市的国家行政机关的职权的具体划分；⑤ 编制和执行国民经济和社会发展计划和国家预算；⑥ 领导和管理经济工作和城乡建设；⑦ 领导和管理教育、科学、文化、卫生、体育和计划生育工作；⑧ 领导和管理民政、公安、司法行政和监察等工作；⑨ 管理对外事务，同外国缔结条约和协定；⑩ 领导和管理国防建设事业；⑪ 领导和管理民族事务，保障少数民族的平等权利和民族自治地方的自治权利；⑫ 保护华侨的正当的权利和利益，保护归侨和侨眷的合法的权利和利益；⑬ 改变或者撤销各部、各委员会发布的不适当的命令、指示和规章；⑭ 改变或者撤销地方各级国家行政机关的不适当的决定和命令；⑮ 批准省、自治区、直辖市的区域划分，批准自治州、县、自治县、市的建置和区域划分；⑯ 依照法律规定决定省、自治区、直辖市的范围内部分地区进入紧急状态；⑰ 审定行政机构的编制，依照法律规定任免、培训、考核和奖惩行政人员；⑱ 全国人民代表大会和全国人民代表大会常务委员会授予的其他职权。

其中，第①项为国务院的行政立法权，第②项为国务院的提案权，第⑱项为全国人大及其常委会的授权规定，除了这 3 项规定外，其他各项均为国务院的具体行政管理权。在这些职权范围内，如果有必要，国务院可以通过制定行政法规等形式对各有关事项进行立法调整，以保证国务院能够充分地行使宪法赋予的权力。

3. 全国人大及其常委会的授权立法事项

为了及时应对复杂多变的社会环境，积极运用法律手段解决社会问题，全国人大及其常委会有时会将专属于它们的立法权授予国务院行使。对此，我国《立法法》规定，对于只能制定法律的事项尚未制定法律的，全国人民代表大会及其常务委员会有权作出决定，授权国务院可以根据实际需要，对其中的部分事项先制定行政法规，但是有关犯罪和刑罚、对公民政治权利的剥夺和限制人身自由的强制措施和处罚、司法制度等事项除外。应当由全国人民代表大会及其常务委员会制定法律的事项，国务院根据全国人民代表大会及其常务委员会的授权决定先制定的行政法规，经过实践检验，制定法律的条件成熟时，国务院应当及时提请全国人民代表大会及其常务委员会制定法律。

国务院授权立法权与国务院其他立法权相比，具有一定的特殊性。第一，授权立法权来源于国家立法机关，是国家立法权的派生物；而国务院的其他立法权通常直接根据宪法的有关规定产生。第二，授权立法权在时间、事项和其他有关方面通常有更为严格的限制；而国务院所享有的其他立法权是根据宪法产生的权力，在宪法有效期限内一直存在，并具有相对独立性。第三，授权立法权是国家立法机关授权代行的一种立法权，在效力等级上高于国务院其他立法权。

国务院授权立法权在我国立法权限划分体制中是非常重要的一部分。在经济、政治、文化、科技，以及其他方面需要由法律来调整的事项愈益增多的情况下，其可以帮助解决种种不适宜或者不便由最高国家权力机关解决的特定的问题。

国务院行政法规立法权具有非常重要的地位。它在现行中国立法权限划分体制中具有承上启下的作用。其一，行政法规在法的形式中处于低于宪法、法律而高于一般地方性法规的地位，其效力可以及于全国。行使行政法规立法权要以贯彻实施宪法和法律为基本目的，行政法规能够使宪法和法律的原则、精神具体化，能够保证宪法和法律更好地、有效地实现。其二，行政法规又是联结宪法、法律与地方性法规的重要纽带。地方性法规的制定不得与行政法规相抵触，从而进一步保证了宪法、法律的实施。

（二）向全国人大及其常委会提出法律案

国务院有权向全国人大及其常委会提出法律案。法律提案权是整个立法权力体系中不可或缺的组成部分，也是国务院立法权的重要组成部分。在当今世界很多国家中，最多行使法律提案权的不是立法机关及其成员，而是政府；而在立法过程中，政府所提出的法律案在立法机关获得讨论的机会更多、更容易通过。可见，政府实际上是立法提案活动中最主要、最重要的角色。例如，法国政府在行使立法提案权方面就比议员更具优越性。

在我国，现行《宪法》《全国人大组织法》《立法法》虽然规定了多方面的机关和人员可以向全国人大及其常委会提出法律案，但是在实践中，绝大多数的法律案仍然是由全国人大和国务院这两个国家机构提出的。自 1979 年以来，国务院就制定新法律、将行政法规修改完善上升为法律以及修改和废止现行法律等多方面事项，向全国人大及其常委会提出了大量法律案。在全国人大及其常委会所立法律中，由国务院提案的约占 70%。

（三）对外缔结条约和协定

《宪法》第八十九条规定，国务院有权同外国缔结条约和协定。根据《宪法》和《缔结条约程序法》的规定，国务院同外国缔结的条约和重要协定须经全国人大常委会的批准。这里所说条约和重要协定主要是指：① 友好合作条约、和平条约等政治性条约；② 有关领土和划定边界的条约、协定；③ 有关司法协助、引渡的条约、协定；④ 同中华人民共和国法律有不同规定的条约、协定；⑤ 缔约各方议定须经批准的条约、协定；⑥ 其他须经批准的条约、协定。除了这些条约和重要协定外，国务院同外国缔结的其他协定和具有条约性质的文件，无须经全国人大常委会的批准。

（四）立法监督

根据《立法法》的规定，国务院享有一定范围的立法监督权。主要表现在：① 国务院有权改变或者撤销不适当的部门规章和地方政府规章。② 地方性法规与部门规章之间对同一事项的规定不一致，不能确定如何适用时，由国务院提出意见，国务院认为应当适用地方性法规的，应当决定在该地方适用地方性法规的规定；认为应当适用部门规章的，应当提请全国人民代表大会常务委员会裁决。③ 部门规章之间、部门规章与地方政府规章之间对同一事项的规定不一致时，由国务院裁决。

这里的“改变”“撤销”“裁决”都是国务院有权对有关立法活动实施监督的具体形式。国务院在我国国家机构体系和立法体制中的地位，决定了国务院的立法监督权在我国这样的单一制国家，对保持法制统一特别是立法的统一，有着重要的意义。

综上所述，国务院立法权在现行我国立法权限划分体制中占有非常重要的地位。看清这种地位，是搞好我国政府法律建设从而推进整个国家法律建设的一大重要条件。

第五节　国务院各部门立法

一、国务院各部门立法的含义和特征

国务院各部门立法，是指我国最高国家行政机关，即国务院的所属部门，依据法律制定行政规章以及从事其他立法性活动的总称。

国务院各部门立法所具有的主要特征有以下四点。

第一，国务院各部门立法是调整范围广泛的具体立法。当然，国务院各部门的立法未必都具有广泛的调整范围，但将国务院数十个部门的立法综合在一起，其调整范围则是非常广泛的。此外，国务院各部门立法的调整范围是非常具体的，无论是作为整体的部门立法还是作为各个单个部、委或者直属机构的立法，其调整范围都是很具体的。

第二，国务院各部门立法的从属性和受制性尤为突出。国务院各部门立法虽然是中央立法的组成部分，但是在我国整个立法体制中，其从属性和受制性仍然是非常突出的。在多种层次、多种类别的中央立法体制中，国务院各部门立法是位于最低层次的一种立法。国务院各部门立法不仅要遵守宪法、法律以及行政法规，还要

以国务院的决定和命令为根据，其任务和目的首先是贯彻实施法律、行政法规和国务院的决定及命令，它们通常是从属于法律的，特别是直接从属于行政法规的，如果国务院各部门规章的规定不适当，国务院有权予以改变或者撤销。

第三，国务院各部门立法属于同一国家机关所属部门的集群性立法。与全国人大及其常委会立法和国务院立法都是单个立法主体立法有所不同，国务院具有数十个部、委、直属机构，国务院各部门立法是这数十个立法主体立法的总称。虽然地方立法也是集群性立法，但地方立法并非作为某一个国家机关所属单位的立法而存在，国务院数十个部门的立法都是作为国务院所属部门立法而存在的。而且，国务院部门立法本身不能再进行层次划分，国务院各部门制定的规章之间具有同等效力，不像地方立法那样是由多种类别、多种层次的具体立法构成的。

第四，国务院各部门立法是具有中国特色的一种立法现象。世界上很多国家的中央政府都在各自国家的立法体制中占据着一定地位，甚至是非常重要的地位。但中央政府所属部门也可以进行立法的情况，却并不常见。在我国，自国务院成立时起，其所属部门制定的规范性法律文件，就开始在行政管理方面发挥重要作用。1982年《宪法》规定，国务院部委可以发布规章。1989 年颁布的《行政诉讼法》规定，人民法律审理行政案件时，可以参照国务院部门规章。2000 年颁布的《立法法》进一步规定，国务院各部、委、中国人民银行、审计署，以及具有行政管理职能的直属机构，可以就有关事项制定规章。从这些规定可以看出我国国务院部门是具有一定立法职能的。这种情况在当今世界还是较为鲜见的现象。

国务院各部门立法在我国立法体制占有重要地位。法律特别是行政法规，在很大程度上有赖于部门规章使其具体化。很多行政法规都规定该法规的实施细则由国务院有关部门制定。在立法实践中，地方性法规和地方政府规章的制定，在相当大的程度上要考虑与部门规章的协调问题。与法律、法规相比，部门规章的数量更多，规定的内容更加具体，因而能够起到很大的作用。我们通常所说的行政机关要依法行政，其中所依的法，有相当大的一部分是部门规章。

二、国务院各部门的立法权限

1982 年《宪法》确定国务院各部委可以发布规则，这是首次以国家根本大法的形式赋予了国务院各部委法定的制定规范性法律文件的权力。《宪法》第九十条第二款规定：“各部、各委员会根据法律和国务院的行政法规、决定、命令，在本部门的权限内，发布命令、指示和规章。”2000 年颁布的《立法法》对其有了进一步的发展，将“发布”变为“制定”，将“各部委”变为

"各部、委、中国人民银行、审计署和具有行政管理职能的直属机构"。实际上，国务院拥有众多的直属机构，如国家税务总局、国家工商行政管理局、国家技术监督局等，这些直属机构虽然不是部、委，但却承担着某一方面的全国性行政管理工作。

根据《立法法》第七十一条第二款的规定，国务院各部门可以制定规章的事项主要是实行法律、行政法规以及国务院的决定和命令的事项。其一，执行法律、行政法规的事项。为了保证法律和行政法规的有效实施，国务院各部门可以根据其管理领域的具体情况，将法律、行政法规具体化、精确化，以制定部分规章。这主要是因为，我国的法律、行政法规的规定比较原则，需要由国务院各部门制定规章来解决实际中的问题。其二，执行国务院的决定、命令的事项。国务院在领导和管理国家的政治、经济、文化等方面的事务中，经常要根据国家的实际情况，发布行政决定、命令。而国务院的各有关部门可以为执行这些决定、命令，制定部门规章。

若部门规章所涉及的事项属于两个以上国务院部门职权范围的事项，则应当提请国务院制定行政法规或者由国务院有关部门联合制定规章。

三、国务院部门立法中存在的问题和对策

国务院部门立法主要存在三个问题：一是部门保护主义；二是越权立法；三是立法冲突。

首先，就部门保护主义而言，国务院的个别部门在立法时，并不是从全局利益和整体利益出发，而只制考虑本部门、本行业的利益，力图通过立法扩大本部门的权力，有时甚至不惜侵犯其他部门的职权。其次，对于越权立法，主要是指国务院的某些部门制定的规章中所规定的内容超越了其本身具有的立法权限。例如，有的部门规章规定了只能由法律规定的某种处罚方式，有的部门规章增设了只能由法律规定的权利义务，有的部门规章滥设许可、批准等制度。最后是立法冲突，这主要表现在国务院的部门规章与法律、行政法规之间，国务院各部门规章之间，国务院各部门规章与地方性法规之间存在矛盾和冲突的现象。

要解决上述问题，可以从以下几个方面着手。

第一，加强对国务院部门立法的监督。虽然《宪法》《立法法》等相关法律规定，国务院有改变、撤销国务院各部门发布的不适当的规章的权力，但从立法实践来看，国务院并未有效地行使此项职权。对于不适当的规章，该改变的没有改变，该撤销的没有撤销，导致这些规则仍然在实践中被执行，给我国的社会发展和法制建设带来了不利影响。对此，应当进一步加强国务院对各部门立法的监督，使这种监督经常化、制度化。

第二，建立部门规章的清理制度。对部门规章进行清理不但有利于消除部门规章之间的矛盾和冲突，还有助于对部门规章及时作出立、改、废的决定。1985 年国务院办公厅41号文件要求国务院各部门每年都应当对规章进行一次清理。但在立法实践中，国务院的各部门并没有做到每年清理一次规章。因此，国务院各部门应当切实建立部门规章清理制度，定期对部门规章进行清理。

第三，完善国务院部分立法程序。相关法律法规对国务院部门立法程序规定得过于简单，不利于国务院部门立法的民主化、科学化。对此，国务院应当制定专门的行政法规，对国务院各部门立法予以规范。

第九章
地方立法

第一节　地方立法概述

一、地方立法的内涵和特征

（一）地方立法的内涵

所谓地方立法，是指具有立法权的地方国家机关，根据本地区的政治、经济、文化生活的特点，制定、修改、废止在本行政区域一定范围内适用的规范性法律文件的活动。

这里所说的地方国家机关，是指《宪法》《立法法》确定的有权制定规范性法律文件的地方国家机关，以及根据授权可以进行立法的地方国家机关。根据我国《宪法》《地方组织法》《立法法》等相关法律的规定，享有立法权的地方国家机关主要有：省、自治区、直辖市的人民代表大会及其常委会和同级人民政府；省、自治区的人民政府所在地的市和经国务院批准的较大的市的人民代表大会及其常委会和同级人民政府；香港特别行政区立法会、澳门特别行政区立法会等。在这些地方立法机关中，不同层次的地方国家机关拥有的立法权不同，同一层级但不同类型的地方国家机关拥有的立法权也不尽相同。地方立法权的效力仅限于在制定机关所管辖行政区域的一定范围内有效。“一定范围内有效”是指效力既可以是在本行政区域的全部范围内都有效，也可以是在本行政区域的部分范围内有效。在我国现阶段，地方规范性法律文件主要包括：① 地方性法规，即由有立法权的地方人民代表大会及其常委会制定的规范性文件；② 地方政府规章，指有立法权的地方人民政府制定的规范性文件；③ 自治条例、单行条例，指拥有自治立法权的自治区、自治州、自治县的人民代表大会所制定的规范性文件；④ 特别行政区的法律，指拥有特别行政区自治立法权的立法会所制定的规范性文件。

地方立法是相对于中央立法而言的，是构成整个国家立法的一个重要方面。不少国家的地方立法本身也构成一个体系，由多类别、多层次的立法构成。我国地方立法可分为一般地方立法和特殊地方立法，特殊地方立法包括：民族自治地方立法、经济特区立法和特别行政区立法。

（二）地方立法的特征

与中央立法相比，地方立法具有下列一些特征。

1. 地方性

第一，地方立法的主体只能是地方国家机关，不能是中央国家机关，即使是中央国家机关制定的专门解决地方问题的法律、法规也不属于地方立法的范围，如全国人大制定的《香港特别行政区基本法》。第二，地方立法的内容具有地方性。一方面，地方立法一般具有鲜明的地方特色，其是从本地具体情况和实际需要出发，制定的实施细则或实施办法，使中央的立法在地方得到切实的落实；另一方面，对于中央没有规定而需要地方予以规范的地方特有事务，需要由地方立法进行规范。第三，地方立法的效力具有地方性。地方国家机关制定的地方立法只在其管辖的行政区域的一定范围内适用，超出其管辖的行政区域即失去效力。

2. 从属性

第一，地方立法权具有从属性。关于地方立法权的来源，在西方理论上存在固有说和承认说两种学说。固有说认为，地方团体的立法权是地方所固有的权力，其性质与个人基本权相同，不受国家权力的侵犯和干预；承认说则认为，地方立法权来源于国家的授予，并受国家的监督，其权限和范围都由国家进行规范。在我国现阶段，对于地方立法权的来源采取的是承认说，即认为地方立法权来源于全国人民代表大会的授予，即其他一切可以立法的主体的立法权均来自于全国人大及其常委会。

第二，地方立法内容具有从属性。地方立法中的很大一部分内容是根据本行政区域的具体情况和实际需要，对国家的法律与行政法规进行贯彻落实。

第三，地方立法效力具有从属性。与中央立法相比，地方立法处于相对次要的地位。专属于中央立法的事项，地方不得立法。就共同立法事项，中央优先立法，地方立法不得与宪法和上位法相抵触。在我国，地方性法规不得与宪法、法律和行政法规相冲突；地方政府规章不得与宪法、法律、行政法规和同级地方性法规相冲突；民族自治地方制定的自治条例、单行条例不得违反宪法、法律和行政法规的基本原则。

3. 自主性

虽然与中央立法相比，地方立法处于从属地位，但其仍具有相对独立性。这是因为在地域广大、人口众多的国家，中央不可能事无巨细地处理问题，必须适当分权给地方，让地方自主解决自身问题。即应当以地方立法的形式调整地方社会关系，解决地方问题。在不与宪法、中央法律和法规相抵触的前提下，地方可以独立自主地立法，积极地解决应当由自己解决的问题。正如《宪法》第三条第三款所强调的："中央和地方的国家机构职权的划分，遵循在中央的统一领导下，充分发挥地方的主动性、积极性的原则。"值得注意的是，地方立法的从属性与自主性并不是对立的。认清地方立法具有从属与自主两重性，就要防止两种片面性：一是只看到地方立法从属于中央立法的一面，把地方立法看作单纯的为执行、补充中央立法以及为中央立法积累经验存在的，导致在地方立法问题上视野狭窄，认识保守，缺乏应有的主动性和积极性；二是过于强调地方的特殊性，把地方立法看成是可以脱离国家法制大局的一种纯粹的地方性活动，以致陷入褊狭的地方主义泥坑。

4. 尝试性

为中央立法提供探索性经验，也是地方立法的特征所在。当在一国部分领域出现的法律关系缺乏一定法律规范予以调整时，特别是在经济发展领域，必须采取地方化的协调措施予以解决。我国幅员辽阔、人口众多，这种尝试性的先行地方立法在我国更具必要性。对此，我国已经授权了沿海开放城市和经济特区先行出台地方性法规的权力，促进了地方开放进程和法制发展。例如，《广东省公司破产条例》《福建省台湾同胞投资企业登记管理办法》《云南省严禁毒品的行政处罚条例》等地方性法律的颁布实施，为全国性的法律、法规的出台奠定了坚实的基础。

5. 复杂性

从总体上说，地方立法比中央立法更为复杂。首先，地方立法有更多的关系需要处理。在我国，制定地方性法规，至少要处理六种关系：与宪法、法律的关系；与行政法规的关系；与部门规章的关系；与地方政府规章的关系；与上级或者下级地方权力机关及其常设机关的地方性法规的关系；民族自治地方制定地方性法规还要处理与自治条例、单行条例的关系。其次，地方立法调整的社会关系更具体，在总体上规定的事项更多，许多不宜由中央立法解决的问题便交由地方立法解决，从而增加了地方立法的复杂程度。最后，各地经济、政治、文化等发展不平衡的情况，也使得地方立法复杂化。

二、地方立法的基本原则

地方立法除了必须遵循立法的一般原则外，还必须遵循下列两项基本原则。

（一）法制统一原则

法制统一原则是单一制国家立法所必须坚持的基本原则，集中反映了中央对立法权的控制，目的在于使法律有必备的系统性、体系性、稳定性和协调性。法制统一原则要求一切法律、法规、规章、条例均应当符合宪法的规定，下位法符合上位法的规定，以防止出现地方立法权违法、越权行使。

我国《宪法》及相关法律对地方立法遵循的法制统一原则作出了如下规定：省级地方性法规，应当在不与宪法、法律和行政法规相抵触的前提下制定；市级地方性法规，应当在不与宪法、法律、行政法规和本省、自治区的地方性法规相抵触的前提下制定；地方人民政府规章，应当根据法律、行政法规和省级地方性法规制定；

自治条例和单行条例，可以对法律和行政法规作出变通规定，但不得违背法律和行政法规的基本原则。

（二）立足地方实际原则

地方立法与国家立法的不同之处在于地方立法有其独特的立法土壤。因此，地方立法必须从各地不同的地理环境、人口状况、生活方式、经济特点出发，突出立法重点，解决实际问题。

1. 立足各地的地理环境

我国地理环境复杂、自然资源分布不均，管理环境的区域性特征十分明显。因而，在一个自然资源丰富的地区，应该对资源的开发利用提出详细、全面、科学的立法建议，并采取立法措施加以保护和规范；在一个农业资源丰富的省市，应该致力于农业生产力的保护；在工业较为发达的地区，应该致力于促进工业的发展。

2. 立足各地生活实际

满足人类日益增长的物质文化生活需求，是地方政府的重要职责，地方管理事项的重要内容就是当地居民的生活。因此，地方立法必须关注当地居民的利益。

3. 立足各地的经济发展水平

地方立法机关在进行立法之前，应当重视对本地区经济状况和经济特点的调研分析，既不能超前于经济发展，也不能落后于经济发展。要对经济关系的发展是否已经提出了制定某项立法的客观需要作出判断。当然，当一些地方改革中出现的某些新的社会关系，如新的所有制合作形式、就业方式、劳动报酬给付、社会服务扶助等，当地不必急于求成地立法，而应当先采取政策指导、行政管理等具体措施加以调节，等时机成熟时，再总结上升为法律规则。

4. 立足各地的文化发展水平

文化的发达程度，在一定程度上决定着民众的法律意识、法律信仰、法律心理、法律行为。在进行地方立法时，要考虑本地区文化发展的程度和需要，推行适应当地民风民情的法律制度。

三、我国地方立法的地位和作用

（一）地方立法的地位

一国地方立法的地位是由该国各种有关国情因素的综合作用所决定的。在我国，地方立法的层级虽然低于中央立法，但地方立法却在法制建设和整个国家、社会和公民生活中发挥着重大的、不可或缺的作用。

1. 我国地方立法的法定地位

根据现行《宪法》和《立法法》的规定，省、自治区、直辖市的人民代表大会及其常务委员会根据本行政区域的具体情况和实际需要，在不与宪法、法律、行政法规相抵触的前提下，可以制定地方性法规。较大的市的人民代表大会及其常务委员会根据本市的具体情况和实际需要，在不与宪法、法律、行政法规和本省、自治区的地方性法规相抵触的前提下，可以制定地方性法规，报省、自治区的人民代表大会常务委员会批准后施行。民族自治地方的人民代表大会有权依照当地民族的政治、经济和文化的特点，制定自治条例和单行条例。省、自治区、直辖市和较大的市的人民政府，可以根据法律、行政法规和本省、自治区、直辖市的地方性法规，制定规章。在效力位阶方面，地方立法的地位低于中央立法。在上述法律规定中，确立了地方立法在我国现行立法体制中的合法地位。

2. 我国地方立法的实践地位

我国地方立法的实践地位和法定地位并不是完全一致的。新中国成立初期，中央还没有以统一立法形式解决全国问题的经验，而在各地情况异常复杂的局面下，中央也不可能以统一立法的形式解决各地的各种复杂问题。此时，各大行政区、省、市、县和民族自治地方所制定的各种规范性法律文件，在对弥补中央立法的不足，因地制宜解决各地问题，有效地建立并保障新的社会秩序方面，发挥着重要作用，是不可缺少的法的形式。特别是 1979 年后发展起来的新时期地方立法，由于在实际生活中扮演着十分重要的角色，其在立法实践中的地位愈显重要，不可忽视。然而，在 1954 年《宪法》施行后到 1979 年《地方组织法》施行前的这段时间里，我国地方立法在事实上几乎不起任何作用。

3. 我国地方立法的国情地位

我国幅员辽阔、人口众多、各地区各民族的经济社会文化发展很不平衡，在“一国两制”的治国方针等国情因素的综合作用下，地方立法在我国是长期存在并且稳定发展的，在我国国家立法体制中占据着不可或缺的位置。

（二）地方立法的作用

1. 使宪法、法律、行政法规和国家大政方针得以贯彻落实

在我国，宪法、法律、行政法规和国家的大政方针在全国范围内具有普遍约束力，应当统一实施。虽然在民族自治地方和经济特区范围内，一些地方立法可以对某些法律、行政法规或者它们的某些内容进行变通，但是在地方行政区域内，依然有统一实施宪法、法律、行政法规和国家大政方针的义务。而地方立法不仅可以使宪法、法律、行政法规和国家大政方针具体化，为它们制定实施细则或者变通规定，使之能够在情况各异的不同地区得以有效推行，而且对于宪法、法律、行政法规和国家大政方针中存在的欠缺或者不便操作之处，地方立法可以对它们加以补充或者使其便于操作。

2. 解决暂时不宜由中央立法解决的问题

在我国，由于经验局限、时机未成熟、各地情况不平衡等种种因素的制约，虽然有些问题应当由中央立法

解决，但是往往无法立即立法加以解决，在这种情况下，不能坐等经验的积累、时机的成熟和其他条件的具备，而可以由地方对这些问题进行现行立法，或者由中央授权地方先行立法，积累经验、等待时机、创造其他必要条件，为其后的中央立法做好准备。

3. 自主解决应当由地方立法解决的各种问题

在我国现阶段，不仅民族自治地方、经济特区、香港特别行政区、澳门特别行政区在立法上享有不同程度的自主权，而且在一般地方，也享有一定的立法自主权。地方立法的自主性，表现在它可以在地方立法主体的职权范围内，解决地方特有的，并且需要以立法形式解决的问题，即根据各地所特有的政治、经济、教育、科学、文化、卫生、民政和其他有关方面的实际情况，进行地方立法。

四、我国地方立法的发展历程

新中国地方立法发展大致可分为三个阶段。

第一阶段，从1949年《大行政区政府组织通则》施行到1954年第一部《宪法》颁布，在这段时期内，我国存在地方立法。主要体现在：在一般地方，如大行政区、省、市、县可以拟定法令条例或单行法规；根据1952年《民族区域自治实施纲要》的规定，在民族自治地方，从最基层的民族自治乡往上，各级民族自治机关都有权制定单行法规。

第二阶段，从1954年《宪法》施行到1979年《地方组织法》生效。这一时期的我国地方立法处于低谷阶段。从1954年《宪法》的施行到1966年“文化大革命”之前，地方立法几乎是不存在的。这是因为1954年《宪法》取消了一般地方享有的法令条例拟定权，即宣告我国绝大多数地方不存在地方立法，仅规定民族自治地方有权制定自治条例、单行条例，但当时的民族自治地方同一般地方一样，仅有人大而没有人大常委会，由于人民代表大会开会少，代表又全部是兼职，因而不可能经常地、有效地行使自治条例、单行条例的制定权。而从“文化大革命”开始直至1978年《宪法》公布的这一时期里，整个法制被搁置一边，完全不存在地方立法。

第三阶段，从1979年《地方组织法》的施行到现在。1979年的《地方组织法》开辟了一个新时期、新阶段，是我国立法史上一个重要的变革，对我国地方立法和整个立法具有深刻的意义。这一阶段，我国地方立法的发展又可以分为两个时期。

1. 我国地方立法新格局逐步形成

这一时期始于1979年《地方组织法》规定省级人大及其常委会行使地方性法规制定权。又经过1982年《宪法》，规定了省、直辖市的人民代表大会及其常务委员会可以行使此项职权，并重新确认民族自治地方行使自治条例、单行条例制定权。到1986年，规定了省级政府所在地的市和经国务院批准的较大的市的人民代表大会及其常务委员会有权制定地方性法规报省级人大常委会批准后施行，而不是仅有权拟定地方性法规草案，提请省人大常委会审议制定。经过 7 年的发展，新时期我国地方立法的新格局已经逐步形成。

与之前的状况相比，这一时期的我国地方立法发生了根本变化。虽然各地地方立法的发展很不平衡，但是已经明确了地方立法主体和立法权限的宏观划分体系，并且制定了数量可观的地方性法律等规范性法律文件，这些地方规范性法律文件对调整社会关系，引导、推进、保障经济、政治、文化和其他建设事业的发展，尤其对推进改革开放，发挥了积极而重要的作用。

2. 我国地方立法开始走向正轨、完善

1986 年，我国对《地方组织法》进一步修改、补充后，我国地方立法加快了发展步伐。主要表现在：第一，地方立法的重要地位，逐渐为越来越多的人所明确，对地方立法的认识更为理性、层次更深，我国地方立法已经开始走向正轨、走向完善；第二，立法主体建设尤其是立法工作机构建设，得到了加强；第三，立法制度尤其是立法程序逐步走向法定化，在这一阶段，陆续制定了立法主体议事规则和立法程序的地方性法规等规范性法律文件；第四，根据全国人大及其常委会的授权，地方授权立法也得到了进一步的发展；第五，大量的地方性法规和其他规范性法律文件结合在一起，为越来越广泛的领域提供了法律依据。

当然，并不是每个地方的立法均开始了这一历程，有些地方的立法仍然处于落后阶段。我国地方立法要全面走向正轨，全面实现完善，还有很长的路要走。

第二节　一般地方立法

一、一般地方立法的概念和特征

一般地方立法是相对于特殊地方立法而言的，指一般地方的有关国家机关，依法制定、修改、补充、废止效力可以及于本地一定范围的规范性法律文件的活动的总称。

与特殊地方立法相比，一般地方立法的特点表现在以下三个方面。

第一，一般地方立法更具普通性。首先，一般地方立法是由宪法和法律明文确定的地方立法，其立法权主要直接来自宪法和法律的规定，而特殊地方立法，如经济特区的授权立法，其立法权更多来自于中央立法主体的另行授权。其次，一般地方立法的调整对象多是地方上普遍需要以法的形式调整的普通范围的事项，而特殊地方立法的对象，如民族自治地方立法、特别行政区立法和经济特区的立法，在调整对象方面通常带有鲜明的特殊性。最后，民族自治地方立法、特别行政区立法和经济特区的授权立法均带有一定的突破性，而一般地方立法在总体上，如立法的任务和程序等，通常是普通的、常规性的，而且是确定的。

第二，一般地方立法的任务更为繁重。一般地方立法是我国地方立法中地域范围最为广泛的立法。省、自治区、直辖市、较大的市都享有一般地方立法权。一般地方立法既要贯彻实施中央法律、法规，又要解决本地需要以立法方式解决的问题，它可以在广泛的领域制定地方性法规和地方政府规章，因此，就立法任务而言，一般地方立法要比特殊地方立法繁重得多。

第三，一般地方立法的从属性和自主性更加鲜明。其一，就从属性而言，与民族自治地方立法、特别行政区立法和经济特区立法相比，一般地方立法更需要注重贯彻实施中央立法产生的规范性法律文件，使中央立法具体化。而作为特殊地方立法的民族自治地方立法、特别行政区立法和经济特区立法，虽然也要贯彻实施中央立法产生的规范性法律文件，以维护国家法制的统一，但它们在这方面不如一般地方立法那样更具从属性。其二，就自主性而言，在立法程序和立法范围方面，一般地方立法的自主性较特殊地方立法的自主性更大些，例如，地方性法规不需要报全国人大常委会批准，在时间和空间等方面也不像经济特区的立法那样受到种种明确的限制，一般地方立法可以在自己权限范围内自主地解决所要解决的问题。

二、一般地方立法的构成

地方立法是由系统的、不同类别、不同层次的立法所构成的，每一类别、层次的地方立法又由多种不同内容的、受有关方面制约的具体的立法所构成。

在我国现阶段，除民族自治地方的自治立法、经济特区立法和特别行政区立法外，所有地方立法都是一般地方立法。从类别上说，我国的一般地方立法由一般地方的国家权力机关及其常设机关的立法和相应地方政府立法构成。从层次上说，一般地方立法是由省、自治区、直辖市、较大的市的立法构成。

我国一般地方立法的这种结构是经过一个发展过程的。新中国成立初期，一般地方立法是由大行政区、省、市、县的立法构成的。当时在非民族自治地方，县级以上都具有地方立法权。大行政区、省、县的立法是三个不同层次的地方立法。1954 年《宪法》确定了立法上的中央集权制。1979 年《地方组织法》和 1982 年《宪法》对立法体制的改革作出了重大贡献，但它们在规定一般地方立法的结构时，仅规定了省级人民代表大会及其常务委员会可以制定地方性法规。之后，经过两次地方组织法的修改，确定了省政府所在地的市和国务院批准的较大的市也享有地方立法权，而 2000 年颁布实施的《立法法》又进一步规定，经济特区所在地的市也可以制定地方性法规，从而使我国地方立法的结构更为完善。需要指出的是:《立法法》使“较大的市”有了新的内涵。在《立法法》实施之前,较大的市仅指经国务院批准的较大的市,而在《立法法》中,较大的市包括省、自治区、直辖市人民政府所在的市、经济特区所在地的市以及经国务院批准的较大的市。

三、地方性法规

(一)地方性法规的概念

所谓地方性法规,是指省、自治区、直辖市的人民代表大会及其常务委员会在不同宪法、法律、行政法规相抵触的前提下,根据本行政区的具体情况和实际需要所制定的规范性法律文件的总称。

1979年,第五届全国人民代表大会第二次会议通过的《地方组织法》将地方法规的立法权赋予了省级人大及其常委会,自此拉开了我国地方立法的改革序幕。在之后的一段时间里,能够行使地方立法权的主体进一步增多。根据现行《宪法》《地方组织法》《立法法》的规定,地方性法规的立法主体只能是有立法权的地方国家权力机关。我国目前的地方政权共划分为四级,即省、市、县、乡四级。这四级地方政权都设有地方国家权力机关,即人民代表大会。但也并不是所有地方各级人民代表大会都可以制定地方性法规。根据《立法法》规定,指有省级人大及其常委会、较大的市的人大及其常委会享有地方性法规的制定权。具体来说，地方性法规的立法主体主要包括两大类：一类是省、自治区、直辖市人民代表大会及其常务委员会。我国目前有22个省、5个自治区、4个直辖市。另一类是较大的市的人民代表大会及其常务委员会。根据《立法法》的规定，较大的市包括三类：一是省、自治区的人民政府所在地的市；二是经济特区所在地的市；三是经国务院批准的较大的市。

从法律位阶上来说，地方性法规的效力低于宪法、法律和行政法规，但高于同级人民政府制定的地方政府规章。地方性法规的制定必须依据宪法、法律和行政法规，并且不得与宪法、法律和行政法规相抵触。由于地方性法规是由地方人大及其常委会制定的，地方政府规章是由地方人民政府制定的。因此，地方性法规的效力高于同级政府的规章。但是，根据《立法法》的规定，地方性法规与部门规章之间又不存在效力高低的问题。

（二）地方性法规的权限范围

根据《立法法》第六十四条的规定，有立法权的地方人大及其常委会可以就下列事项制定地方性法规。

1. 为执行法律、行政法规的规定，需要根据本行政区域的实际情况作具体规定的事项

有立法权的地方人大及其常委会为保证法律和行政法规能在本行政区域内更好地执行，可以根据本行政区域的实际情况制定地方性法规。由于我国地域辽阔、人

口众多，各个地区的经济、文化、社会发展很不平衡。法律和行政法规在制定时更多考虑的是全国共同的情况，很多规定比较原则和概括。各地在执行法律和行政法规时，可以根据当地的实际情况作出具体的规定，即制定地方性法规。在我国，很多法律都规定由省、自治区、直辖市、较大的市人民代表大会及其常务委员会制定实施细则、实施办法或具体规定。例如，《食品卫生法》规定：对食品摊贩和城市集市贸易食品经营者在食品生产、经营过程中的卫生要求，由省、自治区、直辖市人民代表大会常务委员会根据《食品卫生法》作出具体规定。

值得注意的是：第一，地方性法规不应当是对法律、行政法规的简单重复，而应当是对法律、行政法规内容的具体化；第二，地方性法规只能在法律、行政法规的幅度内加以具体化，而不能改变或者变通法律、行政法规的规定，否则就构成同法律、行政法规相抵触。

2. 属于地方性事务需要制定地方性法规的事项

在有些地方存在的当地的特殊事务，在其他地区不具有普遍性。因此，一般不需要也没有必要由全国制定法律、行政法规作出统一的调整，在这种情况下，可以由享有立法权的地方人大及其常委会制定地方性法规。例如，对于是否可以燃放烟花爆竹，不必要也不应当由国家统一立法，而应由各个城市根据当地的情况及人民群众的意见作出具体规定。

3. 全国人大及其常委会的专有立法权之外中央尚未立法的其他事项

《立法法》第六十四条第二款规定："除本法第八条规定的事项外，其他事项国家尚未制定法律或者行政法规的，省、自治区、直辖市和较大的市根据本地方的具体情况和实际需要，可以先制定地方性法规。在国家制定的法律或者行政法规生效后，地方性法规同法律或者行政法规相抵触的规定无效，制定机关应当及时予以修改或者废止。"这一规定不仅切实保障了地方的立法权，而且协调了中央立法权与地方立法权的关系。由于各地情况不同，在有些地方急需法律加以干预的迫切问题，在其他地区可能表现得不够明显。对于这样一些事项，国家在一定时期内可能并不会通过制定法律作出调整。此时，地方可以先行尝试制定地方性法规，以解决本地的实际问题。

需要指出的是，对于哪些地方性法规应当由地方人大制定，哪些地方性法规应当由地方人大常委会制定，法律并没有作出规定。《立法法》第六十七条仅规定：本行政区域内特别重大事项的地方性法规，应当由人民代表大会通过。但并没有进一步明确规定"特别重大事项"的具体含义。

四、地方政府规章

(一) 地方政府规章的概念

省、自治区、直辖市以及较大的市的人民政府，可以根据法律、行政法规和本省、自治区、直辖市的地方性法规制定的规范性法律文件即可称为地方政府规章。

从制定主体来区分，我国地方政府规章分为四种：一是省、自治区、直辖市人民政府制定的规章；二是省、自治区人民政府所在地的市的人民政府制定的规章；三是国务院批准的较大的市的人民政府制定的规章；四是经济特区所在地的市的人民政府制定的规章。这四类规章的效力等级取决于行政机关的级别等级。其中，第二、三种规章的效力等级低于第一类规章。

虽然地方政府规章的效力低于宪法、法律、行政法规和上级或者同级人大及其常委会制定的地方性法规，而在我国法律渊源体系中处于位阶最低的一种法的形式，但地方政府规章的数量多，调整范围广，规范具体，对贯彻实施宪法、法律、行政法规和地方性法规，发挥着不可替代的积极作用。从法律的实施效力来看，地方性规章在本地域范围内对所有组织和个人都具有约束力。地方政府在依法实施本地行政工作时，更依赖于地方政府规章。

（二）地方政府规章的权限范围

根据《立法法》第七十三条的规定，地方政府规章所能规定的事项包括以下两个方面。

1. 为执行法律、行政法规、地方性法规的规定需要制定规章的事项

地方各级人民政府负有执行国家法律、行政法规以及本地地方性法规的职责。为了更好地执行法律、行政法规、地方性法规，省、自治区、直辖市和较大的市的人民政府可以根据实际情况，制定地方政府规章。这其中又可分为两种情况：第一，法律、行政法规、地方性法规明确授权地方人民政府就某些事项制定规章。地方人民政府可以根据这种授权，结合本地区的实际情况，就如何执行法律、行政法规、地方性法规的规定制定有关规章。第二，虽然法律、行政法规、地方性法规没有明确授权地方人民政府制定规章，但是地方人民政府为了有效地执行法律、行政法规、地方性法规，可以根据本地的需要，制定配套措施和具体规定。

2. 属于本行政区域的具体行政管理事项

根据《宪法》的规定，县级以上地方各级人民政府依照法律规定的权限，管理本行政区域内的经济、教育、科学、文化、卫生、体育、城乡建设事业和财政、民政、公安、民族事务、司法行政、监察、计划生育等行政工作。省、自治区、直辖市和较大的市的人民政府可以就

属于本行政区域内的具体行政管理事项制定规章。省、自治区、直辖市和较大的市的人民政府还可以就有关行政机关自身建设方面的事项，如政府内部的自律性规则，对公务员的纪律、培训、考核、办事规则等制定规章。

第三节　民族自治地方立法

一、民族自治地方立法的含义和特征

民族自治地方立法，是指民族自治地方的自治机关，依法制定、修改、废止效力可以及于本民族自治地方的自治条例和单行条例的活动的总称。

民族自治地方立法的主要特征在于以下五点。

第一，民族自治地方立法有特定的区域，其只存在于民族自治地方。民族自治地方又可分为自治区、自治州、自治县。各民族自治地方都有权进行民族自治地方立法，而一般地方并不都具有立法权。

第二，民族自治地方立法有特定的立法主体，其是由民族自治地方的人民代表所进行的立法，而不是由人大、人大常委会、政府都能进行的立法。民族自治机关包括自治区、自治州、自治县的人大和政府。不是所有的民族自治机关都是民族自治地方立法的主体，只有民族自治地方的人大才是立法主体，而在一般地方，人大、人大常委会、政府三个方面都是立法的主体。

第三，民族自治地方立法有特定的表现形式，其限于制定、修改、补充、废止自治条例和单行条例。

第四，民族自治地方立法权是特定的立法权，其属于民族自治地方的自治权范畴，同时它又是其他自治权得以有效行使的重要依据。自治权十分广泛，以立法的形式使自治权得以行使的民族自治地方立法，比一般地方立法的范围也更显广泛，它可以规定的很多事项，一般地方立法是不涉及的。

第五，民族自治地方立法在立法依据、立法程序以及与中央立法的关系方面，也呈现出不同于一般地方立法的显著特征。民族自治地方的人大制定自治条例和单行条例，要依照当地民族的政治、经济和文化特点。自治区的自治条例和单行条例报全国人大常委会批准后生效，自治州、自治县的自治条例和单行条例报省、自治区、直辖市人大常委会批准后生效，这种程序以及与中央立法的关系，与一般地方立法不同。自治条例和单行条例可以根据当地民族的特点，对法律和行政法规作出变通规定，但不得违背法律或行政法规的基本原则，这种变通权以及与中央法律、法规的关系，地方性法规一般是不存在的。我国是统一的多民族国家，各民族在政治、经济、文化，以及其他许多方面发展不平衡，特别是汉民族与少数民族发展不平衡。实行民族区域自治，是国家一项长期的基本政策，是保护各少数民族的利益，促进各民族共同繁荣所必需的一项基本制度。

二、民族自治地方立法的构成

在我国，实行民族区域自治的地方自治机关，依照当地民族的政治、经济和文化特点制定的规范性法律文件可分为自治条例与单行条例。

其中，自治条例是民族自治地方的人民代表大会依照当地民族的具体情况而制定的，全面调整自治地方事务的综合性法律规范性文件。是行使民族区域自治权的总体性法律规定，是民族自治地方的总章程。其内容主要包括：① 自治地方的名称、辖区范围、首府等；② 自治地方自治机关的组织、人员，如对少数民族干部的比例作出规定；③ 自治地方的经济建设和财政管理；④ 自治地方的教育、科学、文化（尤其是民族语言的使用）、卫生和体育事业；⑤ 自治地方的民族关系和宗教事务；⑥ 自治条例通过、批准的程序及条例的解释权等。

单行条例是民族自治地方的人民代表大会，依照当地民族的实际情况而制定的调整自治地方某方面事务的单项法律规范性文件。单行条例是民族自治地方行使某一方面自治权的具体性法律规定。一般包括两类：一类是对国家法律的具体实施进行的变通和补充规定；另一类是民族自治地方根据当地实际需要对法律尚未规定的事项作出规定。

自治条例与单行条例的区别在于，自治条例是民族自治地方行使各方面自治权的综合性规定；而单行条例是关于民族自治地方行使某一方面自治权的具体性法律规定。因此，一个民族自治地方只能制定一部自治条例，但可以制定多部单行条例。

三、自治条例与单行条例的权限范围

根据我国《宪法》《民族区域自治法》《立法法》的规定，民族自治地方的人民代表大会可以在制定自治条例与单行条例时，对法律和行政法规作出变通规定。“变通规定”是指：在坚持一般法律原则的前提下，根据本民族地区的具体情况和实际需要，对民族地区的政治、经济和文化事务，作出与法律和行政法规不同的、适合当地民族风俗习惯和需要的规定。这种变通规定不是对法律和行政法规性质的改变，更不是对法制统一原则的破坏，是民族自治地方立法原则性和灵活性的有机结合与统一。这种变通主要体现在以下两方面：一是国家法律明确授权可以变通的事项。我国授予民族自治地方变通或补充权的法律有 13 部，而民族自治地方只对 4 部法律，即《婚姻法》《选举法》《继承法》《森林法》进行了变通和补充，其中 80% 的变通又集中在《婚姻法》方面。二是国家立法虽未明确授权，但其规定不完全适合民族自治实际情况。由于国家立法不可能完全兼顾各个民族自治地方的特殊情况，因此有可能出现不完全适合民族自治地方的规定。在这种情况下，自治条例和单行条例可以依法对国家立法作出变通规定。

为保障国家法制的统一，《立法法》又对不能变通的情况作了明确规定。一是不得对法律和行政法规的基本原则作出变通规定；二是不得对《宪法》和《民族区域自治法》作出变通规定；三是不得对其他法律、行政法规专门就民族自治地方所作出的规定作出变通规定。

第四节　经济特区立法

一、经济特区立法的概念

我国自实行对外开放政策以来，为发展对外贸易，开展对外经济合作和技术交流，吸引外资，引进先进技术，在某些地区或某些地区划出一定区域，实行特殊政策。这些地区或者区域即成为经济特区。

经济特区立法是指20世纪80年代以来，我国有关地方出现的经济特区的相关国家机关，基于全国人大及其常委会的专门授权而形成的，制定效力不超出经济特区范围的规范性法律文件的一种地方立法活动。

二、经济特区立法的特点

与一般地方、民族自治地方和其他地方立法相区别，经济特区立法具有如下主要特征。

第一，立法权的来源不同。经济特区立法权来源于最高国家权力机关或其常设机关的授权规定。而一般地方和民族自治地方的立法权则来源于《宪法》《地方组织法》《立法法》《民族区域自治法》的规定。

第二，立法的效力等级和调整范围不同。经济特区立法所产生的规范性法律文件，就性质来说，其效力等级一般低于授权主体本身制定的规范性法律文件，又应当高于一般地方与授权主体相同级别的国家机关所制定的规范性法律文件。经济特区立法的范围，以不超出授权主体的授权范围为限，但可以超出授权机关的职权范围；而一般地方立法和民族自治地方立法所调整的范围，是以《宪法》、相关法律，特别是《立法法》所规定的事项范围或这些地方的立法主体的职权范围为限。

第三，同一般地方立法相比，经济特区地方立法带有明显的破格性、先行性，有时还带有一定程度的试行性。

第四，在立法程序和任务方面，经济特区立法经常带有特殊性、不确定性，经济特区立法在时间和空间（事项）等方面受到种种明确的限制；而一般地方立法的任务和程序是普通的、常规的、确定的，其自主性也较大，如地方性法规的立法无须报全国人大常委会批准。

三、经济特区的立法权限范围

（一）经济特区人民代表大会及其常务委员会的立法权限范围

（1）在形式方面，经济特区人大及其常委会有权制定在经济特区实施的法规。这里的法规，不仅包括广东省、福建省人大及其常委会，根据1981年11月全国人大通过的授权决定，有权制定的各该省经济特区的各项单行经济法规，也包括海南、深圳、珠海、汕头、厦门等省、市人大及其常委会，根据1988年以来全国人大及其常委会的多次通过的授权决定，有权制定的在各该省、市经济特区实行的各项法规。

（2）在内容方面，经济特区人大及其常委会的立法权限主要表现在三个方面：一是根据国家立法机关的有关授权规定，就原本属于国家立法机关立法的事项进行立法，针对这些事项制定经济特区的法规在经济特区内实施。二是根据国家立法机关的有关授权规定，结合经济特区的具体情况和实际需要，制定解决经济特区特殊问题的法规。三是根据经济特区的具体情况和实际需要，在授权范围内制定实施细则，以保证宪法、法律、行政法规在本经济特区的有效贯彻实施。

（二）经济特区人民政府的立法权限范围

（1）在形式方面，经济特区政府有权制定在经济特区实施的规章。这里的规章，迄今为止是指深圳市、厦门市、汕头市和珠海市人民政府，根据1992年、1994年、1996年全国人大及其常委会通过的授权决定，有权制定的在各自经济特区内实施的规章。

（2）在内容方面，从国家立法机关全国人大及其常委会的既有授权决定来看，经济特区人民政府的立法权和立法范围并不清晰。根据这些授权决定的目的、精神和经济特区及经济特区人民政府的性质和特点，经济特区政府的立法权和立法范围应当表现在以下四个方面：一是为贯彻执行与本经济特区有关的法律、行政法规和上级地方权力机关及其常设机关制定的地方性法规而制定规章。二是为贯彻执行同级权力机关及其常设机关制定的经济特区法规而制定规章。三是根据经济特区权力机关或其常设机关的授权制定规章，以调整本来应当由授权主体通过制定法规的方式调整的事项，待条件成熟后再由授权主体制定为法规。四是为行使应当由经济特区人民政府行使的职权、履行应当由经济特区政府履行的职责，解决应当由经济特区政府解决的特殊问题而制定规章。

第五节　特别行政区立法

一、特别行政区立法概述

我国《宪法》第三十一条规定："国家在必要时得设立特别行政区，在特别行政区内实行的制度按照具体情况由全国人民代表大会以法律形式规定。"这是我国实行一国两制的宪法依据。依据这一授权，1990 年 4 月 4 日，第七届全国人民代表大会第三次会议通过《中华人民共和国香港特别行政区基本法》，1993 年 3 月 31 日，第八届全国人民代表大会第一次会议通过《中华人民共和国澳门特别行政区基本法》。这两部法律规定，香港、澳门是直辖于中央人民政府的特殊行政区域，特别行政区实行高度自治，与中国其他地方行政区域所实行的基本社会制度不同，将长时期保留资本主义制度。我国已经分别于 1997 年和 1999 年恢复对香港和澳门行使主权，一个国家两种制度的构想已经变成现实，并日益发挥积极作用。香港、澳门特别行政区立法与中国其他地方立法相比，有很大不同，其主要特征在于实行高度自治。

二、特别行政区的立法机关

（一）香港特别行政区的立法机关

《香港特别行政区基本法》第六十六条规定：“香港特别行政区立法会是香港特别行政区的立法机关。”其由 60 名议员组成。《香港特别行政区基本法》第六十七条规定：“香港特别行政区立法会由在外国无居留权的香港特别行政区永久性居民中的中国公民组成。但非中国籍的香港特别行政区永久性居民和在外有居留权的香港特别行政区永久性居民也可以当选为香港特别行政区立法会议员，其所占比例不得超过立法会全体会议议员的百分之二十。”

香港立法会的产生办法由作为《香港特别行政区基

本法》附件的《香港特别行政区立法会的产生办法和表决程序》规定，主要体现了这样的原则：立法会的产生办法，要根据香港特别行政区的实际情况和循序渐进的原则而规定，最终达到全部议员由普选产生的目标。

立法会除第一届任期为 2 年外，每届任期 4 年，立法会如经行政长官依《香港特别行政区基本法》规定解散，须于 3 个月内依基本法重新选举产生。立法会主席由立法会议员互选产生。主席由年满 40 周岁，在香港通常居住连续满 20 年，并在外国无居留权的香港特别行政区永久性居民中的中国公民担任。

（二）澳门特别行政区的立法机关

澳门特别行政区作为我国的一个行政区域，其立法会议员应由澳门永久性居民中的中国公民担任。但考虑到澳门的实际情况，可允许一部分立法会议员由非中国籍的澳门永久性居民担任。也就是说，对于澳门特别行政区立法会的组成及议员资格，只要求议员具有澳门特别行政区永久性居民的身份，而无国籍的限定，也没有“在外国无居留权”的限制。这显然与香港特别行政区立法会的组成及议员资格规定有所不同。

三、特别行政区立法权

特别行政区享有高度的自治权，其中包括高度自主的立法权。根据基本法的规定，特别行政区立法会有权依照基本法的规定和法定程序制定、修改和废除法律。澳门特别行政区立法会还可以依照上述规定和程序暂停实施法律。

香港原有法律，包括普通法、衡平法、条例、附属立法和习惯法，除同基本法抵触外，采用为香港特别行政区法律。澳门原有法律、法令、行政法规和其他规范性文件——除同基本法相抵触外或经澳门特别行政区的立法机关或其他有关机关依照法定程序作出修改者外，予以保留。

第十章 授权立法

第一节 授权立法概述

一、授权立法的概念

由于各国国情和授权立法的实践存在不同之处，学者们对授权立法的概念界定也有所差别。

在西方国家，授权立法又称为委任立法。最初仅指议会授权行政机关立法，之后授权立法的形式逐渐丰富，其内涵和外延也得到了一定的发展。根据《牛津法律大词典》，授权立法是指法律非由议会制定，而由议会将特定事项授予无立法权的团体或个人制定，这些被授权者主要包括政府、公共事务行政机构和委员会、司法机关、大学和其他机构等。

在我国，学者们对授权立法的概念界定也不尽相同，主要有以下几种观点。

有的学者认为，授权立法一般是指立法机关通过法定形式，将某些立法权授予行政机关，由行政机关依据授权法（含宪法）创制法律规范的行为。该观点将授权主体和被授权主体分别限于立法机关和行政机关。

也有学者将授权立法界定为，一个立法主体依法将其一部分立法权限授予另一个国家机关或组织行使，另一个国家机关或组织根据所授予的立法权限进行的立法活动。该观点未具体说明授权和被授权的主体，从而为研究并界定授权立法留下了较大空间。

还有的观点认为，授权立法是指一个立法主体将其部分立法权授予另一个能够承担立法责任的主体，该主体根据授权要求进行的立法活动。该观点强调被授权主体是能够承担立法责任的主体。

笔者认为，授权立法是指行使立法权的法定主体将其立法权限内的立法事项通过特别或者法条等形式授予其他主体，由该主体在授予时限内对授予的立法事项制定规范性法律文件的活动。

二、授权立法的分类

根据不同的标准，可以对授权立法作出不同的分类。

（一）普通授权立法与特别授权立法

以授权方式为标准，可以将授权立法分为普通授权立法和特别授权立法。普通授权立法又称为法条授权立法，其授权方式是在授权主体所立之法的具体条文中予以授权。特别授权立法又称专门授权立法，其授权方式是授权主体通过专门的授权决议进行授权。

（二）主动授权与被动授权

以授权的启动方式为标准，授权立法有主动授权和被动授权之分。立法机关根据需要，主动地、自动地将某些立法权授予有关机关行使的，是主动授权立法。而有关机关根据需要，要求立法机关授予一定立法权的，称为被动授权立法。

（三）综合授权与单项授权

以授权事项是否确定为标准，可以将授权立法分为综合授权和单项授权。综合授权立法又称概括授权立法，其特点是授权的事项范围较为宽泛，且没有明确的界限。1959 年全国人大授权其常委会在全国人大闭会期间对当时法律中不适用的条文适时加以修改，并作出新的规定，就属于综合授权立法。授权主体授予被授权主体就具体的、专门的事项，制定具体的规范性法律文件的权力，则为单项授权立法。如 1984 年全国人大常委会的授权决定，授予国务院拟定和发布试行税收条例的权力，便属于单项授权立法。

（四）自主性授权立法、试验性授权立法、补充性授权立法与执行性授权立法

授权立法有自主性的、试验性的、补充性的和执行性的授权立法之分。自主性授权立法，意味着授权主体在一定的事项范围和时间范围内，可以较为自主地立法。

综合授权立法通常是自主性授权立法，我国现阶段经济特区的授权立法多为自主性授权立法。试验性授权立法，意味着授权主体根据授权所进行的立法，是为后来更高规格的立法进行探索和准备经验的立法。1985 年，国务院根据全国人大的授权决定，在经济体制改革和对外开放方面制定暂行规定或条例的立法，即属于试验性立法。该决定规定：这些暂行规定或者条例经过实践检验，在条件成熟时可由全国人大或其常委会制定法律。补充性授权立法，是指为弥补授权主体所立法律之不足而开展的立法。国务院根据 1983 年全国人大常委会的授权，对职工退休退职办法进行部分修改和补充的活动，即属于补充性授权立法。执行性授权立法，是旨在贯彻实施上位阶法律、法规所进行的立法。被授权主体根据法条授权中的规定，制定实施细则、实施办法的活动，即为执行性授权立法。

三、授权立法的作用

授权立法起源于 19 世纪 30 年代的英国。20 世纪以来，特别是第二次世界大战以后，授权立法在各个国家得以广泛发展，成为现代立法体制的重要组成部分。授权立法是 19 世纪晚期以前国家生活和社会生活的发展所导致的结果，是弥补立法机关不足和完善立体体制所必需的。

授权立法的作用主要体现在以下五点。

第一，有助于缓解立法机关所担负的繁重的立法任务。随着经济、科技、文化等各个方面的发展，社会关系愈益纷纭复杂，在社会生活中，诸如金融、环保、航空、福利、失业、救济等新现象层出不穷。因此，也引致需要法律调整的社会关系和社会现象不断增多。在立法任务十分繁重的情况下，仅仅依靠原有的立法机关是难以适应社会对立法的需求的，这就有必要由立法机关授权其他有关机关代为立法。一般来说，授权立法比较灵活和简便，授权立法的过程可以相对缩短，也便于缓解立法机关繁重的立法任务。

第二，有利于完成技术性和专业性较强的立法任务。在社会科学技术和社会文化迅速发展的环境下，需要法律调整的社会关系和社会现象中，技术性和专业性程度较强的社会关系和社会现象所占比重愈益增大。完成这方面的立法任务，往往不是专门的立法机关所能完全承担的，因为立法机关的议员不可能对所有专业性和技术性问题都精通。而行政机关和其他有关方面，由于担负着管理或服务这些技术性和专业性较强领域的职能，存在着各种各样的专业人才和技术部门。这就决定了既有必要又有可能授予行政机关和其他有关方面以一定的立法权，以协助立法机关完成技术性和专业性较强的立法任务。

第三，有助于应对突发事件。在发展变化的现代社会生活中，随时可能出现的突发性事变，诸如应对战争、动乱、经济危机和流行性疾病之类。随着法治文明和管理经验的积累，人们愈益懂得法律不仅可以用于调整那些趋于稳定的社会关系，也可以用于对随时发生的事件或突发性事变起到有效的调整、规范和抑制作用。而由于立法机关的会期制度和繁复的立法程序，往往使其难以应对这种随时可能出现的局面。在这种情形下，由立法机关授权行政机关或其他有关主体进行立法，便可以成为许多国家应急的手段，因为与立法机关相比，行政机关或者其他有关主体，在应对这些突发性事件方面更具便捷性和灵活性。

第四，有助于贯彻实施立法机关所制定的法律。立法机关制定的法律通常是调整国家生活和社会生活某些方面重大事项的，其所规定的制度往往更具框架性、方向性、纲领性和原则性，更强调稳定和包容，它的贯彻实施通常需要有下位阶的规范性法律文件进行具体化，使其更具操作性。这就需要授权行政机关或者其他有关主体完成使法律具体化的工作，从而使法律能够更有效地贯彻实施。

第五，授权立法可以弥补现行立法体制的不足，可以在保持现行立法体制不发生重大或根本变化的情况下，对其作适应情况需要的局部性调整。授权立法也有利于积累立法经验，可以为制定更为成熟、更为稳定的法律准备条件。在幅员辽阔、国情复杂的国家，授权立法的存在，往往也是解决特殊国情问题所必需的一种立法手段。

第二节 授权立法制度

一、授权立法的主体资格

授权立法主体是授权立法存在的前提，授权立法的主体需要具备一定的资格条件。授权主体是宪法或者相关法律确定的行使一定立法权的机关。换言之，只要是宪法或者相关法律确认的行使一定立法权的法定立法主体，无论其是中央立法机关还是地方立法机关，甚至行政机关，在确有需要时，均可以成为授权立法主体。

对于被授权主体的选择主要取决于两个基本条件：一是有必要，二是能够接受并且能够较好地完成授权立法任务。从各国的立法实践来看，被授权主体的范围比授权主体的范围更为广泛。起初被授权主体主要是行政机关，后来发展到行政机关以外的其他国家机关，如下位阶的立法机关，甚至有关组织也可以成为一定的授权主体。当然，非国家机关的社会组织接受立法授权的情形也存在，但却十分少见。有些国家强调，被授权主体必须具有法定立法主体的资格。

在授权立法中，按照授权主体的授权范围和授权要求立法，是被授权主体的基本任务。被授权主体不得将授权主体所授予的立法权再转授以其他机关或者组织，这主要因为，被授权主体所获得的授权立法权原本不是自己享有的立法权，被授予以后也只是暂享有，而仍然不属于它自己的立法权，自然也无权转授；另外，如果允许被授权主体转授立法权，那么原来的授权主体便难以对授出立法权的行使施行有效的监督。

二、授权立法的范围

授权立法是立法机关将自己的立法权授予有关主体，或者将有关立法权授予本来不享有这种立法权的主体，如果没有明确授权范围，是十分危险的。所以，各国立法对授权立法的范围都颇为关注。

授权立法的范围包括授权事项范围和授权时限范围。所谓授权立法的事项范围，是指授权主体以授权规定或者授权法条，将被授权主体可以在什么样的事项范围内进行立法的权力界限予以明确。而授权立法的时限范围，则是指授权主体在授权规定或授权法条中，把被授权主体可以在多长的时间内行使所授予的立法权明确下来。也就是说，授权主体所接受的立法权只能在法定的事项范围和时限范围内行使。只有明确授权立法的范围，才能从一个主要方面保障授权立法在发挥积极作用的同时，不致发生越权甚至侵权的负面效果。因此，法治国家的授权立法制度是很注重明确授权立法的法定范围的。例如，意大利《宪法》第七十六条规定，除非有指导性原则和规则的规定，并仅在限定的时间和就特定的问题，立法权不得授予政府行使。当然，对授权立法的事项范围和时限范围进行限制，意味着授权立法权力是需要有法定界限的，并不是说授权立法只能针对不重要的事项，或者只能在很短的时间内进行立法。

授权立法的范围应当法定化，通常有两种方式：一是列举授权主体可以在什么样的事项范围和时限范围进行立法；二是对授权立法的事项范围和时限范围作出限制性的规定。例如，1984 年 9 月全国人大常委会对国务院的授权就规定了事项方面的限制：税收收条例不适用于中外合资经营企业和外资企业。第一种方式是明示的方式，在采用这种方式确定授权立法范围的情况下，被授权主体在立法范围方面通常可以获得一种明确而肯定的指引。而第二种方式明确和肯定的程度不及第一种方式，在采用这种方式的情况下，被授权主体需要以授权法的限制性规定为根据，将授权立法的特点和有关具体情况结合起来，把握好权力行使的界限。

授权立法的范围主要是对被授权主体而言的，但授权主体在授予立法权力方面也不是没有范围限制的。这个范围就是：第一，授权主体不能把不属于自己立法权限范围的事项授权有关主体去立法，如果这样做，就属于越权，其授权就是无效的，或者是违宪的。第二，授权主体不能把一些特别重大的事项轻易授权有关主体去立法，而应当把一些重大的立法事项保留下来，例如应当把有关国家主体、基本人权、公民的基本权利和义务、刑事犯罪、司法制度之类的立法调整事项保留下来，不予授出。第三，授权主体也不能把不适合被授权主体进行立法的事项授予有关主体立法。

三、授权立法的程序

授权立法的程序包括授权主体做出授权的程序和被授权主体依据授权进行立法的程序。授权主体做出授权的程序应当与该主体进行其他立法所遵循的程序相同。被授权主体依据授权进行立法的程序，既要遵循一般意义上的立法程序，还要根据授权要求，遵循某些特殊程序。例如，被授权主体制定规范性法律文件，一般要先行公告或者公布草案程序；举行听证或者采取其他听取意见的方式；引证授权法的根据；获得授权主体的批准或者向授权主体备案等。这些特殊的制定程序实际上是对授权立法予以监督的程序。

这主要是因为授权立法是一柄“双刃剑”。它的用途是广泛和重要的，“但危险在于授予的权力可能被滥用。那些得到了不受约束的权力的人可能以人们意想不到的或者是专横的方式来运用权力”。为抑制这种危险，特别是避免授权立法发生严重的负面效应，必须设置并运行有力和有效的监督程序。

授权立法的监督制度主要由三方面要素构成：一是监督的主体。监督主体主要包括立法机关和司法机关。立法机关的监督主要是授权主体对被授权主体的监督，这是授权立法监督中最为主要的监督方式，这种监督制度通常在授权法中就有所规定。在有些国家，司法机关在监督普通立法的同时，也对授权立法施行监督，监督的基本途径便是司法审查。有的国家的宪法法院对授权立法的监督，也可以列为司法监督或者司法审查之列。二是监督的内容。监督内容通常包括程序监督和实体监督两个方面。程序监督是审视授权主体的授权是否合乎法定程序，特别是审视被授权主体根据授权进行立法是否合乎授权法所规定的特别程序。实体监督，主要是审视授权立法中授权主体与被授权主体是否有超越职权、是否滥用职权和是否有不尽职守的情形存在。三是监督的方式。监督方式主要是审视授权立法的事项范围和时限范围，规定批准和备案制度，规定撤销和诉讼制度。

四、授权立法的授权方式

授权立法的方式主要有两种：专门授权和法条授权。

专门授权又称特别授权，是指授权主体通过专门的授权法亦即授权决议或决定，将原本属于自己的立法权调整范围内的事项，授予有关主体以立法的方式予以调整。被授权主体及其所进行的授权立法，主要应当根据授权法。1955 年以来，全国人大已经多次以这种形式授权其常委会立法，而全国人大常委会也以决议或者决定的形式，将属于自己的立法权限范围内的事项，授权给国务院制定行政法规。

专门授权一般需要规定授权的事项范围、时限范围、程序、监督和有关要求等，但在缺少经验或者法制环境比较落后的情形下，专门授权所规定的内容往往是不完整的。比如，1955 年全国人大授权其常委会立法的决议，只规定“授权常委会依照宪法的精神，根据实际的需要，适时地制定部分性质的法律”。在这个授权法里，没有关于授权的事项范围、时限范围、程序、监督之类的制度规定，只规定了少许要求。全国人大及其常委会后来的授权法中，有的对授权的事项范围、时限范围、程序、监督和有关要求作出了规定，有了明显的进步，例如，1985 年全国人大授权国务院在经济体制改革和对外开放方面，可以制定暂行规定或者条例的决定，以及 20 世纪 90 年代全国人大及其常委会授权经济特区制定法规和规章的决定，在这方面就有所进步。

法条授权，是指立法主体在其所制定的规范性法律文件中，以法条的形式授予有关主体制定有关规范性法律文件的权力。以法律条文的形式授权，其情形是比较复杂的：有的是授权有关主体制定实施细则之类，有的则是授权有关主体以一定范围的立法权。

第三节　我国的授权立法制度

在新中国成立之际，授权立法就已经产生。时至今日，授权立法历经半个多世纪的历史。在我国社会生活中发挥着重要作用。

一、我国授权立法的两个发展阶段

1949 年，在新中国成立前夕所诞生的具有宪法性效力的规范性法律文件——《共同纲领》中，就规定在普选的全国人大召开之前，由中国人民政治协商会议的全体会议执行全国人大的职权，制定中央人民政府组织法。这一规定，可以视为当代中国授权立法的开端。

第一阶段：从 1949 年共同纲领的授权开始，至 1982 年《宪法》的公布实施。这段期间的授权立法主要是全国人大授权其常委会进行立法。例如，1954 年《宪法》规定，全国人大是唯一的立法主体，全国人大常委会只能“解释法律，制定法令”，无权制定法律。但是，这种立法权体制很难满足当时社会政治经济发展过程中的立法需求。为解决这一矛盾，1955 年 7 月，第一届全国人民代表大会第二次会议作出决议，授权全国人大常委会根据实际需要适时制定单行法规。1959 年 4 月 28 日，第二届全国人民代表大会第一次会议授权全国人大常委会在全国人大闭会期间，根据情况发展和工作需要，对法律中的一些已经不适用的条文加以修改，作出新的规定。1981 年 12 月，第五届全国人民代表大会第四次会议再次授权全国人大常委会通过和公布《民事诉讼法（试行)》。此外，1981 年 11 月 26 日，第五届全国人大常委会第二十一次会议通过关于授权广东省、福建省人大及其常委会制定所属经济特区的各项单行经济法规的决议。

这一阶段是当代中国授权立法的初级阶段。此时的授权立法制度还很不健全，关于授权立法的范围和程序通常都没有明确规定。授权立法的法律依据都是间接的，例如 1959 年和 1981 年全国人大向全国人大常委会的两次授权均未作出正式决议，1981 年全国人大常委会已经向广东省和福建省人大及其常委会作出授权，但此时的全国人大常委会还未取得法定的立法权。因此，这一时期在授权制度方面还存在着制度缺位的问题。

第二阶段：从 1982 年《宪法》公布实施开始至今。这一时期，我国的授权立法活动比较频繁，主要呈现出如下特点。

第一，授权主体非单一性。授权主体与被授权主体均呈现出扩大化趋势。授权主体除了全国人大之外，还包括全国人大常委会。被授权主体主要包括国务院、经济特区人大及其常委会和政府。

第二，特别授权为唯一方式。全国人大常委会以专门决定的方式，向国务院特别授权三次，向经济特区特别授权四次。其中，向国务院的授权包括：1983 年 9 月 2 日，第六届全国人大常委会第二次会议决定，授权国务院修改和补充 1978 年 5 月 24 日第五届全国人大常委会第二次会议原则批准的《国务院关于安置老弱病残干部暂行办法》和《国务院关于工人退休退职暂行办法》的部分规定；1984 年 9 月 18 日，第六届全国人大常委会第七次会议授权国务院在实施国营企业利改税和改革工商税制的过程中，拟定有关税收条例，以草案形式发布试行；1985 年 4 月 10 日，第六届全国人大第三次会议决定，授权国务院对有关经济体制改革和对外开放方面的问题，必要时可以制定暂行规定或者条例。向经济特区的四次特别授权为：1988 年第七届全国人大第一次会议在《关于建立海南经济特区的决议》中，授权海南省人大及其常委会，根据海南经济特区的具体情况和实际需要制定法规，在海南经济特区实施；1992 年 7 月 1 日，第七届全国人大常委会第二十六次会议通过决定，授权深圳市人大及其常委会、市政府分别制定法规和规章在深圳经济特区实施；1994 年 3 月 22 日，第八届全国人大第二次会议决定，授权厦门市人大及其常委会、市政府分别制定法规和规章在厦门经济特区实施；1966 年 3 月 17 日，第八届全国人大第四次会议决定，授权汕头市和珠海市的人大及其常委会、人民政府分别制定法规和规章在各自的经济特区内实施。应当看到，这一阶段的授权方式已经较为规范化。

第三，综合性授权为主导。历次授权中关于授权事项的规定均为概括，而且宽泛没有具体的范围，被授权主体由此获得了相当宽泛的立法权。例如，1985 年国务院根据特别授权获得了对“经济体制改革”和“对外开放”中的问题制定条例的权力。

二、我国现行授权立法制度

我国授权立法在实践上与新中国几乎是同时产生的。但发展速度却较为缓慢。在《立法法》之前，宪法和其他法律都没有相关制度，授权立法始终处于缺失状态。虽然《立法法》的产生，没有完全回答和解决全部制度问题，但是却以基本法律的形式正式规定了若干授权立法制度。《立法法》中的授权立法规定，主要体现在第九条、第十条、第十一条、第六十五条的规定中。此外，在第五十六条、第六十四条、第八十一条、第八十六条、第八十九条中，对授权立法制度也有所规定。

第一，关于授权立法的主体。我国现行授权立法制度中的授权主体，主要是全国人大及其常委会，被授权主体主要是国务院、经济特区所在地的省、市的人大及其常委会。

第二，关于授权立法的范围。

(1) 关于全国人大及其常委会授权国务院立法的事项范围，是直接规定的。《立法法》第九条规定，属于只能由法律规定的事项尚未制定法律的，全国人大及其常委会有权作出决定，授权国务院可以根据需要，对其中的部分事项先制定行政法规，但是有关犯罪和刑罚、对公民政治权利的剥夺和限制人身自由的强制措施和处罚、司法制度等事项除外。

(2) 关于授权立法的时限范围，通常在具体的授权决定亦即授权法中规定，因为每一个授权立法都有自己的特殊性。但《立法法》作为确立立法制度的基本法律，对授权立法的时限范围也必须予以关注；虽然难以作具体的直接规定，却可以在一定程度上作出间接规定，或者作出方向性规定。《立法法》第十一条规定："授权立法事项，经过实践检验，制定法律的条件成熟时，由全国人民代表大会及其常务委员会及时制定法律。法律制定后，相应立法事项的授权终止。"

第三，关于转授权的禁止。《立法法》禁止了授权立法的转授权，其第十条第三款规定："被授权机关不得将该项权力转授给其他机关"。

第四，关于授权立法的监督。根据《立法法》第八十九条第五项以及第八十八条第七款的规定，"备案"和"撤销"是对授权立法结果的两种事后监督制度，即"根据授权制定的法规应当报授权决定规定的机关备案"；"授权机关有权撤销被授权机关制定的超越授权范围或者违背授权目的的法规，必要时可以撤销授权"。

第五，关于授权制定的法规的效力和适用。《立法法》并未规定依据授权所制定的行政法规和特区法规的效力等级。但为了解决根据授权制定的两类法规与法律规定不一致时的适用问题，《立法法》第八十六条第二款规定："根据授权制定的法规与法律规定不一致，不能确定如何适用时，由全国人民代表大会常务委员会裁决。"这是因为授权法规的制定依据是全国人大及其常委会的授权决定，被授权机关必须严格按照授权目的和范围制定法规。当根据授权制定的法规与法律不一致时，可能仍然符合授权目的和范围，也可能已经不符合授权目的和范围。至于究竟符合与否，只有全国人大常委会有权对授权决定作出解释。正因为如此，当上述情况发生时，由全国人大常委会裁决与法律规定不一致的授权法规的适用。

三、我国授权立法制度存在的问题及完善措施

《立法法》确立的上述授权立法制度无疑为我国授权立法的发展提供了基本的法律依据。但是《立法法》对于授权立法的规定并不全面，需要进一步予以完善。

（一）进一步规范授权立法主体

《立法法》关于授权立法的规定仅仅涉及全国人大及其常委会向国务院的授权和全国人大向经济特区人大及其常委会的授权。然而，授权立法理论表明，任何法定立法主体都具有将其本身所行使的立法权力予以授出的资格；同时，我国立法体制运行实践中曾出现过全国人大和省级、较大的市级人大对其常委会的授权以及地方权力机关的常设机构对同级人民政府的授权等，这些显现的问题说明，有必要进一步扩大授权立法的实际需求。

因此，应当在《立法法》或者其他相关法律中，进一步明确授权主体和被授权主体的范围。授权主体应以

全国人大及其常委会，省、自治区、直辖市人大及其常委会为主。在其他法定立法主体中，有的所行使的立法权是不完全的，如较大市级人大及其常委会制定的地方性法规必须报省级人大常委会批准后才能施行，有的本身行使的只是实施性立法权力，如国务院各部委、行、署和具有行政管理职能的直属机构等，这两类主体均不宜成为授权立法主体。就被授权主体而言，则应限于现行立法权体制中具有立法主体资格的国家机关，不能扩展至个人或者团体，否则难以保证授权立法的正当和有效。

（二）强化对授权立法的监督

在《立法法》颁布以前，我国授权立法实践并不鲜见，但因全国人大或者全国人大常委会的授权决定对授权立法的事项和时间范围的限制比较原则和“粗放”，以致授权主体无法对授权立法进行必要的监督。虽然《立法法》首次规定了对授权制定的法规的备案和撤销等制度，但是其在立法实践中的运行效果并不理想。为保障授权立法的正当性和有效性，防止越权立法乃至行政专横和地方不当保护，应当进一步完善授权立法的监督制度。具体可以从以下三个方面进行尝试。

1. 建立程序审查制度

建立程序审查制度即被授权主体制定规范性法文件时应当遵循授权立法的一般程序和授权法规定的特别程

序；对于违背程序要求的，授权主体应当认定该授权之立法无效。

一般立法程序是所有授权立法的基本制定程序，对一些重要的立法事项，授权法可专门规定特别的制定前程序和制定后程序。所谓制定前程序，主要包括听证程序或者协商程序，即授权法规定被授权主体在制定该规范性法律文件之前应当举行听证，或者与该项立法相关的团体进行协商。所谓制定后程序，主要涉及对授权制定的规范性法律文件的生效实施程序。一般而言，除非赋予公民某种权利，否则授权所立之法应当在公布一段时间之后才能生效实施。

2. 完善授权立法撤销制度

完善授权立法撤销制度即授权主体发现授权所立之法存在违背授权目的、超越授权范围或者违反制定程序等情形时，授权主体有权直接宣布该授权之立法无效并将其撤销；在必要时，授权主体经审查认为被授权主体不具备完成或者不适宜完成某项授权立法时，有权直接收回该立法事项的授权。尽管《立法法》第八十八条第七项原则规定了授权立法和授权的撤销制度，但应当就两种予以撤销的“情况”以及各自的撤销程序进一步作出具体的、可操作的规定。

3. 细化备案审查制度

细化备案审查制度即被授权主体在立法之后的一定时期内向授权主体报送所制定的规范性法律文件，以备授权主体审查。尽管《立法法》对授权立法的备案已经作出了规定，但因过于原则，难以得到具体执行和操作。因此，应当细化备案的期限、备案的登记部门等具体制度，并明确规定被授权主体应当在备案期限内向授权主体提交所制定的规范性法律文件，授权主体也应当在一定期限内完成审查，以保障备案监督的功能性、严肃性和有效性。

（三）补充缺漏或者疏漏的授权立法制度

需要补充建立的制度主要有：授权制定的法规的效力等级、授权制定的经济特区法规的限制、授权制定的经济特区法规与同一主体所制定的地方性法规不一致时的适用，等等。

第十一章
立法效力

第一节　法的效力等级概述

一、法的效力等级的概念和特征

（一）法的效力等级的概念

法的效力等级的研究对象是规范性法律文件在一国法律体系中的纵向地位，即指在一国法律体系中，各种规范性法律文件因其制定主体以及所行使的立法权性质等不同而形成的效力上的等级差别现象。

由于各种规范性法律文件在一国法律体系中所处的效力等级不同，它们之间存在上位法、下位法与同位法的关系。上位法是指相对于其他规范性法律文件，在法律体系中处于更高效力等级的规范性法律文件；而下位法是指相对于其他规范性法律文件，在法律体系中处于更低效力等级的规范性法律文件；同位法是指在法律体系中处于同一效力等级的规范性法律文件。

（二）法的效力等级的特征

第一，法的效力等级是以法的渊源的多元性、效力的多层次性为前提的，若一国法律渊源只有一种，或者法律渊源虽然有多种但在效力上完全相同，则不存在法的效力等级问题。

第二，法的效力等级所涉及的仅仅是制定法的效力等级。对于非制定法，如判例法等并不是法的效力等级的研究对象。

第三，法的效力等级是指一国现行有效的法的效力等级现象。已经被废除的法或未生效的法因不具有有效性而不存在效力等级问题。一国未认可或者未批准的国际性法律亦不存在效力等级问题。

二、法的效力等级的意义

1. 有助于理顺不同位阶的法之间的效力关系，使法律体系结构具有有序性

法的效力等级可以在效力上对一国所有的规范性法律文件作出高低不同的层次划分，从而使不同渊源的规范性法律文件在效力上呈现出等级有序的阶梯状态。其中，处于较高层次的是上位法，处于较低地位的是下位法。高位阶法的效力高，低位阶法的效力低。较低层次的法在效力上服从于较高层次的法，从而将复杂的法的效力关系理顺为“金字塔式”的等级关系。

2. 有助于明确法冲突时的适用规则，实现法律适用的稳定有序

在同一个社会关系中，可能会适用效力等级各不相同的多个法。由于这些不同的法对同一社会关系的规范有时并不一致，甚至相互之间存在冲突。此时，若适用不同的法，则可能产生不同的法律后果，因而导致法的适用上的冲突。

虽然法的效力等级为处于不同效力等级或者为同一效力等级，但是内容相互冲突的规范性法律文件之间安排了适当的效力和适用关系；当拟适用的多个规范性法律文件之间存在效力等级的区分时，应当适用上位法的规定；当法律渊源之间的效力等级相同时，则应当遵循新法优于旧法或特殊法优于一般法的规则。可见，明确法的效力等级，可以使司法机关在法的适用过程中能够按照确定的法的等级进行选择，从而形成规范化的法律适用规则，以减少法律的无序适用，满足实现法治的需要。

3. 有助于维护法的权威，满足于实现法治的需要

法的效力等级强调较低层次的法服从于较高层次的法，强调一切法律皆服从于宪法。如果相关国家机关在进行立法、执法和司法活动时能够自觉遵守这一制度，那么法的冲突现象将大为减少，立法质量则会得到显著提升；执法人员滥用法律的现象将会在一定程度上被遏制，司法人员因适用法律法律不当所导致的不公正判决

也将大幅减少。而这些都在一定程度上有利于促进法治的真正实现。

三、法的效力等级的划分依据

（一）法的效力等级与制定法的主体的地位基本一致

在影响法的效力等级的诸多因素中，法的制定主体的地位差异是其中的主要因素。

在一个国家内部，法的制定主体的地位应当与其所行使的国家权力相匹配，下级立法主体不能超越自身的权限而进行立法行为。下级国家机关在立法时不得行使上级国家机关的立法权。可见，法的效力等级是与制定法的主体行使的国家权力相匹配的。

当然，国家结构形式不同，法的效力等级的规定也可能存在差异。单一制国家在法的效力等级问题上一般奉行“一切法律服从于宪法”“上位法优于下位法”的原则。在联邦制国家，除宪法具有最高法律效力外，基于“国家权力来自于地方授权”的理念，联邦的主要立法权由地方行使，地方可以行使除授予中央立法权之外的其余立法权，而且在中央立法与地方立法存在冲突时，不完全遵照“上位法优于下位法”的原则。而在邦联制国家中，邦联国家没有最高权力机关和最高行政机关，没有统一的宪法，各组成成员之间的法律制度是相互独立的，邦联国家没有统一的法律适用制度。

在我国，法的效力等级的高低与法的制定主体的地位是基本一致的。作为单一制国家，我国具有统一的宪法以及国家最高权力机关。地方权力来自于中央的授权，并接受中央的统一领导与监督。因此，在法的效力等级上，中央国家机关立法的效力高于相应的地方国家机关立法的效力，上级国家机关立法的效力高于相应的下级国家机关立法的效力。

（二）法的效力等级在特定情况下与立法权的性质相关

法的制定主体的地位是确定法的效力等级的一般依据，但在特殊情况下，在确定法律的效力等级时还需要考虑立法权的性质。

依据立法权来源属性的不同，可以将立法权分为法定立法权和授权立法权。法定立法权由法律、行政法律等明确规定；而授权立法权通常是由法定主体依法授予的立法权。在国外立法实践中，一般认为授权立法规范不得违背议会的法律，因此确立了授权立法的效力低于议会制定的法的原则。例如，在德国，授权立法是位于联邦基本法、议会制定的法律之后的第三层次的法；在英国，授权立法属于从属性的立法，其地位低于议会的法律，不得与议会立法相抵触；在我国，全国人民代表大会及其常务委员会在其专属立法事项还尚未制定法律时，可以根据实际需要授权国务院对其中的部分事项先行制定行政法规。经济特区所在地的省、市的人大及其常委会可以根据全国人大的授权决定，制定在经济特区范围内实施的地方性法规。根据《立法法》的规定，行政法规的效力低于宪法和法律，而这里的行政法规理应包括国务院依授权制定的行政法规。

（三）法的效力等级划分的辅助依据

除了立法主体本身的地位和立法权的性质之外，法的调整对象、制定程序、制定依据和法的适用范围等因素也在一定程度上影响法的效力等级的确定，但不能将这些因素作为判断法的效力等级的独立标准。

这主要是因为，如果将法的调整对象作为划分法的效力等级的依据，那么无法解释同一机关针对不同调整对象制定的规范性法律文件在效力等级上相同的现象；如果以法的制定程序作为划分法的效力等级的依据，那么可能会得出制定程序更为严格的较大的市的地方性法规的效力要高于行政法规的效力的结论；如果将法的制定依据作为划分法的效力等级的依据，那么同样依照法律制定的行政法规和地方性法律在效力等级上则是相同的；如果单独以法的适用范围作为划分法的效力等级的依据，就可能推论出适用范围较大的部门规章的效力大于地方性法规的结论。由此可以看出，法的调整对象、制定程序、制定依据和法的适用范围等因素只有与法的制定主体的地位和立法权的性质结合在一起，才能作为判断法的效力等级的辅助因素。

第二节　我国法的效力等级

为了避免法律适用上的冲突和无序，我国《立法法》进行了有益尝试，确立了法的适用规则，并建立了法的效力等级制度。

一、我国法的适用规则

法的适用规则，是指在规制同一法律行为时，效力等级不同的各类规范性法律文件的适用顺序和产生冲突时的争议解决机制。综合《立法法》的相关规定，我国法的适用规则主要有以下四点。

1. 上位法优于下位法

当规制同一法律行为时，如果下位法的规定与上位法的规定不一致，那么应当适用上位法的规定，即上位法优先于下位法。宪法在我国具有最高法律效力，一切法律、行政法规、地方性法规、自治条例和单行条例、规章都不得同宪法相抵触；法律的效力高于行政法规、地方性法规、规章；行政法规的效力高于地方性法规、规章；地方性法规的效力高于本级和下级地方政府规章；省、自治区的人民政府制定的规章的效力高于本行政区域内的较大的市的人民政府制定的规章。

2. 特别法优于一般法

处于同一效力等级的法律之间，当特别规定与一般规定不一致时，应适用特别规定。“特别法优于一般法”规则仅适用于同一机关制定的法的特别规定与一般规定之间，若上位法的一般规定与下位法的特殊规定不一致时，一般仍应当按照上位法优于下位法的规则处理。

3. 新法优于旧法

同一机关制定的法的新的规定与旧的规定不一致时，适用新的规定。当社会形势发生变化时，旧法的规定已经无法满足调整现时社会关系的需要。此时，新法更能体现立法者现时的立法诉求。因而，在法的适用时一般确定新法优于旧法的规则。值得注意的是，该规则也仅仅适用于同一机关制定的新法与旧法之间。

4. 法不溯及既往

法的溯及力，又称法的溯及既往的效力，是指新法生效后，是否可以适用其生效之前的发生行为和事件。如果法对其生效以前发生的行为和事件可以适用，则说明该法具有溯及力，如果不能适用，则说明该法不具有溯及力。现代国家对法的溯及力一般奉行两个原则：其一，“法不溯及既往”原则；其二，“有利追溯”原则。由于国家不能用现在生效的法律去规范其生效前发生的行为和事件，更不能因为人们过去进行了某种当时合法而新法生后是违法的行为，而被新法追究和处罚。所以，现代国家一般都奉行“法不溯及既往”原则。但是，如果为了更好地保护公民、法人和其他组织的权利和利益，可以有条件地适用“有利追溯”原则。

二、我国法的效力等级制度

我国法的效力等级是一个以宪法为核心的多层次的结构体系。

（一）最高效力等级的法：宪法

宪法是国家的根本大法，在一国法律体系中具有最高地位。“宪法具有最高的法律效力，一切法律、行政法规、地方性法规、自治条例和单行条例、规章都不得同宪法相抵触”。

作为国家的根本大法，宪法调整国家最根本的社会关系，规定根本制度和根本任务等国家根本性的问题。在制定和修改程序上，宪法有别于其他法律。与普通法律相比，宪法在制定和修改的程序上更为严格和复杂。在我国，宪法由最高国家权力机关全国人大制定，宪法的修改须经全国人大常委会或者 1/5 以上的全国人大代表提议，并由全国人大以全体代表的 2/3 以上的多数通过。

较之其他法律相，宪法在我国是具有最高效力等级的法，在我国法律体系中具有最高的法律地位。主要表现在：第一，宪法是其他法律的立法依据，宪法和其他法律之间是母法与子法的关系，宪法所确立的原则是其他法律的立法基础和立法依据。同时，其他法律的内容也是宪法内容和精神的具体化和延伸。第二，宪法具有最高的法律效力，其他规范性法律文件的制定皆须以宪法为依据，所有与宪法相抵触的法都不具有法律效力。第三，宪法是一切国家机关和武装力量、各政党、各社会团体、各企业事业单位组织以及全体公民的最高活动准则。

（二）第二效力等级的法：法律

法律是我国最高国家权力机关严格按照法定程序制定的具体较高效力等级的规范性法律文件，法律可分为基本法律和其他法律。其中，基本法律由全国人大制定，其他法律由全国人大常委会制定。

法律的效力高于行政法规、地方性法规和规章。除宪法在我国具有最高的法律效力之外，全国人大及其常委会制定的基本法律和其他法律在我国法律体系中处于第二效力等级。

全国人大是最高国家权力机关，全国人大及其常设机关全国人大常委会行使国家立法权。其他国家机关的立法权皆派生于全国人大、全国人大常委会的立法权。国务院由全国人大选举产生，并对全国人大及其常委会负责并报告工作。国务院在国家权力结构体系中的地位低于全国人大及其常委会。全国人大及其常委会制定的基本法律和其他法律是行政法规、地方性法规和规章的制定依据。

（三）第三效力等级的法：行政法规

在我国，行政法规由国务院依据宪法和法律制定。除宪法和法律之外，国务院制定的行政法规在我国法律体系中处于第三效力等级。行政法规的效力高于地方性法规和规章。

行政法规在效力上高于地方性法规，是由国家结构和立法权限等因素决定的。首先，我国是单一制国家，在中央和地方的关系上奉行地方服从中央，下级服从上级的原则。我国地方立法自然要服从、服务于中央立法；其次，行政法规在全国范围内实施，而地方性法规则仅在一定地方行政区域内有效，根据中央政府和地方政府的领导与被领导关系以及我国的单一制的国家体制，行政法规的效力要高于地方性法规；最后，在立法权限上，地方性法规仅涉及地方性事务，不得染指由法律和行政法规调整的应进行全国统一规定的事项。

行政法规的效力高于规章。国务院是我国最高国家行政机关，国务院各部门、地方各级人民政府受国务院统一领导，对其负责。国务院制定的行政法规是部门规章和地方政府规章的立法依据。部门规章和地方政府规章不得与行政法规相抵触。

（四）第四效力等级的法：地方性法规

在我国，地方性法规分为省级地方性法规和较大市级地方性法规。其中，省级地方性法规由省、自治区、直辖市的人民代表大会及其常委会制定，较大市级地方性法规由省、自治区的人民政府所在地的市，经济特区所在地的市和国务院批准的较大的市的人民代表大会及其常委会制定。

地方性法规的效力高于本级和下级的地方政府规章。在宪法、法律、行政法规之后，地方性法规在我国法律体系中处于第四效力等级。其中，省级地方性法规的效力高于本级和下级地方政府规章，较大市级地方性法规的效力高于本级地方政府规章。

地方人大及其常委会是地方权力机关，地方政府是地方权力机关的执行机关。地方政府由地方人大产生，对地方人大负责并向其报告工作。地方人大和地方政府之间是权力机关与执行机关的关系。地方性法规是地方政府规章的制定依据之一。

（五）第五效力等级的法：省级地方政府规章

按照我国的行政管理体制，下级政府从属于上级政府，在权力关系上属于领导与被领导的关系。因此，省、自治区的人民政府制定的规章的效力高于本行政区域内的较大的市的人民政府制定的规章。

部门规章之间、部门规章与地方政府规章之间具有同等效力，在各自的权限范围内施行。与此同时，地方性法规的效力高于本级和下级地方政府的规章。但这并非意味着在我国地方性法规的效力高于部门规章。若认为地方性法规的效力高于部门规章，则在地方性法规与部门规章之间不一致时，就应理所当然地适用具有较高效力等级的地方性法规，但《立法法》第八十六条第一款第二项规定："地方性法规与部门规章之间对同一事项的规定不一致，不能确定如何适用时，由国务院提出意见，国务院认为应当适用地方性法规的，应当决定在该地方适用地方性法规的规定；认为应当适用部门规章的，应当提请全国人民代表大会常务委员会裁决。"

（六）第六效力等级的法：较大的市的地方政府规章

地方政府规章在效力等级上等同于部门规章。部门规章是对全国事务的纵向管理，地方政府规章是对地方事务的横向管理，地方政府规章和部门规章虽然在管辖事项上有所交叉，但是其适用范围的分工却是相对明确的。而且国务院部门与地方政府之间也不存在管辖与被管辖，领导与被领导的关系。

《立法法》将较大的市的规章制定主体予以扩大，赋予经济特区所在地的市以地方政府规章制定权。全国人大仅仅授权了经济特区所在的省或市的人大及其常委会制定法规，而未授权经济特区所在地的省或市的人民政府规定规章。因此，经济特区所在地的市的人民政府享有的规章制定权限仅是一般地方政府规章的制定权限，而非依授权行使的立法权。经济特区所在地的市的政府规章在效力等级上应当与省、自治区人民政府所在地的市及经国务院批准的较大的市的政府规章相同，仅在本行政区域内适用。在效力上低于本省（自治区）人民政府制定的政府规章。

（七）其他几个法的效力等级问题

在我国，立法种类非常丰富，除了中央立法、一般地方立法外，还有民族地方立法、经济特区立法、特别行政权立法；除了职权立法外，还存在授权立法。因此，在探讨宪法、法律、行政法规、地方性法规、部门规章、地方政府规章等常态性立法的效力等级之余，还应适当关注一些特殊的规范性法律文件的效力等级问题。

1. 自治条例与单行条例的效力等级

自治条例和单行条例是由自治区、自治州、自治县的人民代表大会制定的。“自治条例和单行条例依法对法律、行政法规、地方性法规作变通规定的，在本自治地方适用自治条例和单行条例的规定”。由此可见，在民族自治区域，自治条例和单行条例具有优先适用的效力。

但是，这种变通又受到一定的限制：第一，变通必须合法，即这种变通必须严格按照《宪法》《立法法》《民族区域自治法》的授权进行，不得违背法律、行政法规、地方性法规的基本原则，不得变通宪法和民族区域自治法的规定，不得变通上位法专门就民族自治地方立法所作出的一般原则规定；第二，变通规定仅在本民族自治区域内适用，不得扩大适用范围；第三，即使在本民族自治区域内，对于变通规定以外的部分仍然适用法律、行政法规、地方性法规的一般规定。

2. 依授权制定经济特区法规的效力等级

经济特区法规根据授权对法律、行政法规、地方性法规作出变通规定的，在本经济特区范围内适用经济特区法规的规定。经济特区所在地的省、市人民代表大会及其常委会根据全国人大的授权决定，制定法规在经济特区范围内实施。经授权制定的经济特区法规可以对法律、行政法规和地方性法规作出变通规定。相较于法律、行政法规及地方性法规的一般性规定而言，这些变通规定具有优先适用的效力。但对变通规定之外的部分，仍然应当适用法律、行政法规、地方性法规的有关规定。而且这种优先性并不表明经授权制定的经济特区法规在效力上高于法律、行政法规和地方性法规。相反，在变通规定之外的部分，经授权制定的经济特区法规在效力上低于法律、行政法规和相应的上级地方性法规的效力。

3. 部门规章的效力等级

部门规章之间、部门规章与地方政府规章之间具有同等效力，在各自的权限范围内施行。国务院各部门之间是平行的分工合作关系，相互之间不具有领导关系或者管辖关系。而国务院各组成部门与地方政府之间也不存在上下级的关系，部分省级政府在行政级别上还高于一些国务院的组成部门。它们都是国务院统一领导下的行政机关。

部门规章以法律、行政法规为依据，在效力等级上低于宪法、法律和行政法规。在我国，虽然地方性法规的效力高于本级和下级地方政府规章，但是不能认为地方性法规的效力高于部门规章。部门规章在效力等级上有其特殊之处，其既与省级政府规章和较大市的政府规章效力等级相同，又不能当然推断其在效力等级上低于地方性法规。

4. 军事法规和军事规章的效力等级

军事法规和军事规章在我国属于法定的法的类型。军事法规在效力等级上低于宪法、法律。军事法律由中央军事委员会制定，在我国的权力结构体系中，中央军事委员会由全国人大选举产生、对其负责，全国人大及其常务委员会有权监督中央军事委员会的工作，全国人大及其常委会和中央军委之间是监督与被监督的关系。军事法规与行政法规属于同一效力等级的法。军事法规适用于全国范围内的武装力量内部，行政法规适用于全国行政区域，二者都在全国范围内实施。在制定主体的地位上，中央军事委员会与国务院同为全国人大产生，前者为最高国家军事机关，后者为最高国家行政机关，在权力级次上属于同一位次。

军事规章由中央军事委员会各总部、军兵种、军区制定。军事规章依据法律、军事法规、中央军委的决定、命令制定。中央军委各总部、军兵种、军区受中央军委的统一领导，在权力序列上属于上下级关系。可见，军事规章在效力等级上低于军事法规，也低于宪法和法律。同时，与军事法规、行政法规的效力等级相同相类似，军事规章与部门规章具有同等效力。

5. 国际法律的效力等级

我国缔结或者参加的国际条约、国际公约经全国人大或者全国人大常委会批准后，即在我国具有法律效力。我国加入世界贸易组织以来，随着对外交往的不断深入，国际法律在我国法律体系中占用的比重逐渐增大，相伴而生的是国际法律与国内法的冲突现象也越来越多，而现实是我国既缺乏与之相适应的法的适用规则，又没有明确规定国际法律的效力等级，这势必会影响国际法律的适用效果。

国际法律一般需要经过全国人大及其常委会的批准后方为有效，在国际私法、国际经济法领域，国际法律不能直接适用，而需要经过国内立法机关制定单行法律的形式才能予以实施。实际上，在我国有效的国际法律一般是经过国内立法程序，转化为国内法形式予以实施的，世界贸易组织规则在我国的适用即是如此。

宪法在我国具有最高的法律效力，一切法律皆服从于宪法。因此，无论是经过“批准”还是通过“转化”

进行实施的国际法律，在效力等级上均低于宪法。由于“批准”或者“转化”主体的不同，国际法律又可分为类似于基本法律的国际法律、类似于其他法律的国际法律、类似于行政法规的国际法律和类似于部门规章的国际法律。因制定主体同一，其在效力等级上可分别参照基本法律、其他法律、行政法规和部门规章。我国在缔结或者参加国际条约，国际公约时声明保留的条款除外。

三、立法效力的裁决

当各种规范性法律文件之间出现不一致，而根据现有的规则不能确定如何适用时，需要对立法效力进行裁决。对此，《立法法》第八十五条规定：“法律之间对同一事项的新的一般规定与旧的特别规定不一致，不能确定如何适用时，由全国人民代表大会常务委员会裁决。”“行政法规之间对同一事项的新的一般规定与旧的特别规定不一致，不能确定如何适用时，由国务院裁决。”第八十六条规定：“地方性法规、规章之间不一致时，由有关机关依照下列规定的权限作出裁决：（一）同一机关制定的新的一般规定与旧的特别规定不一致时，由制定机关裁决；（二）地方性法规与部门规章之间对同一事项的规定不一致，不能确定如何适用时，由国务院提出意见，国务院认为应当适用地方性法规的，应当决定在该地方适用地方性法规的规定；（三）部门规章之间、部门规章与地方政府规章之间对同一事项的规定不一致时，由国务院裁决。根据授权制定的法规与法律规定不一致，不能确定如何适用时，由全国人民代表大会常务委员会裁决。”

上述规定实际上涉及两种裁决：一种是法律、行政法规对同一事项的新的一般规定与旧的特别规定不一致时，或者同一机关制定的地方性法规、规章的新的一般规定与旧的特别规定不一致时，不能简单地适用“特别法优于一般法”或“新法优于旧法”的原则。因为在这些情况下，适用上述两个原则得出的结论是互相矛盾的，所以需要由制定机关根据具体情况作出如何适用的裁决。另一种是地方性法规与部门规章对同一事项的规定不一致，不能确定如何适用时；部门规章之间、部门规章与地方政府规章之间对同一事项的规定不一致，不能确定如何适用时；根据授权制定的法规与法律规定不一致，不能确定如何适用时，也需要由有关机关进行裁决。这是因为地方性法规、部门规章、地方政府规章分别是由同一级别的不同类型的机关或者经过授权的机关制定的，所以要分别由全国人大常委会和国务院来决定如何适用。同时，由于全国人大及其常委会是国家最高立法机关，所以当国务院认为应当适用行政机关的规章时，能否适用的决定权理应由全国人大常委会掌握。而在部门规章之间、部门规章与地方政府规章之间对同一事项的规定不一致，不能确定如何适用时，要经国务院裁决适用，这是因为这些规章是由同一级别的不同行政机关分别制定的，理应由他们的上级机关即国务院作出如何适用的裁决。

第十二章 立法监督

第一节 立法监督原理

一、立法监督释义

“立法监督”一词，通常被人们在三种意义上使用。一是用以说明对立法活动和立法结果的监督。二是用以说明有关主体运用立法手段对行政、司法等方面的监督。在我国则主要指国家权力机关对“一府两院”的监督。三是用以说明由立法机关或议会对行政、司法和立法本身诸多方面的监督，以及有关方面对立法主体的监督。严格意义上或纯粹意义上的立法监督，单指第一种意义上的立法监督，本书以下阐述的即为这种意义上的立法监督。

这里所谓对立法活动的监督，主要是指对立法主体制定规范性法律文件的活动过程所进行的监督；这里所谓对立法结果的监督，主要是指对基于立法所产生的规范性法律文件所进行的监督。这两方面的监督都是必要和重要的。一方面，立法监督的一个主要目的，就是尽可能杜绝恶法、劣法和笨法的出现。如果只注重对立法活动或立法过程进行监督，而忽视对立法结果的监督，所立之法存在种种弊病，则对立法活动或立法过程的监督，只能是浪费司法资源，毫无意义。另一方面，要杜绝恶法、劣法和笨法的出现，需要从源头做起，需要从监督立法活动或立法过程开始。如果仅仅将立法监督定位在只是监督立法结果这一个方面，一味地等到恶法、劣法和笨法出现之后才去予以关注，无异于舍源逐流，不仅会使立法监督失之于聪慧，加大立法监督的成本，而且会造成本来可以通过监督立法活动或立法过程便能避免的种种弊病。因此，严格意义上或纯粹意义上的立法监督，也应当包括监督立法活动和立法结果两个方面。

这种包括监督立法活动和立法结果两个方面的立法监督，也可以为人们作两种意义上的理解。一种理解认为，这种立法监督是有权的主体，在自己的监督权限范围内，依据一定的程序，对有关立法主体的立法活动和立法结果所实行的监察和督促。其内容、方式和其他方面，因不同时代和不同国家而有区别。这是一种应当遵循法定制度的立法监督，是具有法的效力的立法监督，也是主要的一种立法监督。另一种理解认为，立法监督包括国家机关、社会团体和公民在内的一切组织和个人，在一定的范围内，依据一定程序或方式，对立法主体的立法活动和立法结果实行的监察和督促。这种立法监督，虽然也有或也可以有法定制度遵循，但是它的法定制度较为宏观，通常也不完整或不需要有完整的规定，它多半不具有法的效力，但却对影响、制约和完善立法，有相当大的作用。本章所阐述的立法监督，主要是第一种意义上的立法监督。

二、立法监督的性质和特征

立法监督的性质，即针对立法活动和立法结果所实行的立法监督中的法定立法监督的性质。立法监督，按其性质论，可以视为准立法。这主要是因为以下三个方面。

第一，立法监督的目的不在于产生新法或新的法律规范，从这个意义上说，立法监督不具有立法性质。但立法监督往往可能甚至必然引致某些法发生变动，即引起某些法发生修改、补充、废止或撤销。而法的修改、补充、废止或撤销，则属于立法性质的活动。并且，立法监督的目的虽然主要不在于产生一个新法，但是事实上实行立法监督的结果，却往往也能引出新法或新的法律规范的产生，这也是不能把立法监督拒之于立法范畴之外的原因。在迄今为止的我国立法实践中，立法监督引起的法的变动固然甚少，但只要稍稍检视国外立法监督的实践，就会随处可见由于违宪或违反上位法而导致的法的失效。

第二，立法监督权可以为多方面的主体行使，立法主体本身和其他有关主体都可以行使，在这一点上它不具有典型立法权的性质。但作为对立法活动和立法结果所实行的法定的监察和督促活动，立法监督毕竟不是随便哪个主体都可以施行的，而只能由一定的主体来进行。其中，立法机关本身享有的立法监督权尤其值得重视，特别是它所行使的立法监督权，能够直接对立法活动产生结果。在这些意义上，立法监督权和立法监督主体也有立法权和立法主体的某些特性，而这些特性的存在，有理由将立法监督纳入准立法的范畴。

第三，立法监督程序较为复杂，立法监督活动不必一概遵循一般立法活动所须遵循的法定程序，在这一点上，立法监督程序与典型立法程序不同。但立法监督活动的许多方面也要遵循法定程序，某些立法监督程序，如对有关立法主体的法律、法规进行修改、补充和撤销的程序，对有关法律、法规加以否定的程序，同一般立法程序差别无多或基本一致，这些情形使立法监督必然带有一定的立法色彩。

三、立法监督和立法机关监督、议会监督

理解立法监督，有必要理解立法监督和立法机关监督、立法监督和议会监督之间的联系与区别。

（一）立法监督和立法机关监督

立法监督和立法机关监督是两个既相互联系又相互

区别的概念和事物。

立法监督和立法机关监督在含义上有部分重叠。立法机关监督也包括立法监督的内容，立法监督是立法机关监督的重要组成部分。这是两者的联系。

立法监督和立法机关监督又有以下区别。

(1) 立法监督的主体不仅是立法机关，在许多国家，行政机关和司法机关对立法也有监督权。立法机关监督的主体则是单一的，其他享有立法监督权的机关实行的立法监督，不能称为立法机关监督。

(2) 立法监督的内容是单一的，除对立法活动及其结果实行监督外，其他监督都不是立法监督。立法机关监督的内容则是多方面的，除对立法实行监督外，许多立法机关还有权实行人事监督、财政监督、司法监督、工作监督等。

(3) 立法机关的立法监督是它的各种监督中的首要监督。其他主体除某些独立于立法机关之外的宪法法院把立法监督列为首要监督外，通常并不把立法监督作为首要监督。

(4) 立法监督具有准立法性质，立法机关监督的性质则较复杂。

注意立法监督和立法机关监督的联系和区别，就意味着：① 立法机关在行使监督职权时，既不能忘记立法监督是自己的一个主要监督职权，也不能忘记自己还有其他监督权，从而注意完整地行使自己的监督权；② 其他享有立法监督权的主体应当积极负起立法监督的责任，同立法机关一起，把立法监督办好，而不能把立法监督仅仅视为立法机关的专属事项；③ 在监督的性质、程序、形式和其他有关方面，都不能把立法监督和立法机关监督混同起来。

（二）立法监督和议会监督

立法监督和议会监督也经常被人混同。实际上，立法监督和议会监督既有联系又有区别。这种联系和区别同立法监督和立法机关监督的联系和区别多有相同之处。

议会监督和立法机关监督并非同一概念。各国议会监督自然有许多不同特色，但总的来说，议会监督的范围是明确的。议会包括各种代议机关、代表机关、权力机关，还包括一般的专门立法机关。各国议会监督的内容虽然有区别，但通常都包括监督立法、行政、司法、财政、人事等方面的事项，所不同的只是监督的程度有别。然而对于立法机关监督的含义和范围，人们的认识却是有分歧的。例如，在什么是立法机关的问题上，就有不同的理解。有人所说的立法机关，主要指那些称为立法议会、立法院的国家专门机关。这些机关当然也属于议会的范畴，但不同于一般的议会，后者比前者的职权大、职能多。有人所说的立法机关，其范围则大得多。

议会监督和立法机关监督虽然都包含立法监督，但由于议会的职能更多些，立法监督在各国议会监督体系中所处的地位不尽相同。有的国家的立法监督在议会监督体系中处于同其他监督（如对行政和司法的监督）平行的地位，有的国家的立法监督在议会监督体系中处于稍低于行政和司法的监督的地位。中国的最高国家权力机关对立法的监督，比起它对政府、法院和检察院即“一府两院”的监督，从现行宪法和法律的规定来看，其地位则难分高低。而立法监督在立法机关的监督体系中，如前所述，都处于首要的和主要的地位。也可以说，议会监督和立法机关监督的区别，是由议会和立法机关这两个范畴的区别所派生的。

第二节　立法监督制度

一、立法监督主体和立法监督权限

立法监督主体是对立法活动和立法结果实施监督的组织和个人的总称。立法监督主体及其立法监督权限，是现代立法监督制度中最基本的要素之一。立法监督主体和立法监督权限问题，实际上就是谁有权实施立法监督，能在多大的权限范围内实施立法监督的问题。

立法监督主体范围的确定，同人们对立法监督的理解和一定的国情因素直接相关。就当今世界各国法定立法监督主体而言，主要有两大类别：一类是国家机关，特别是作为立法主体的国家机关，尤其是立法机关或议会。它们通常行使一国的主要的立法监督权，是更经常和更主要的立法监督主体。通常所说的立法监督，从主体的角度说，主要就是这些作为立法主体的国家机关所实行的立法监督；从内容上说，则专指立法主体和其他国家机关专事对立法活动和立法结果所实行的监督。另一类是作为国家主权者的社会公众和有关社会组织。他们在有的国家是重要的立法监督主体，享有法定立法监督权，如享有公民公决权；在另外一些国家则不算是重要的立法监督主体，也未必都享有法定立法监督权。

在现代国家，几乎所有的国家机关都可以就立法事项发表见解，直至采取实际举措，因而都可以是立法监督主体。但由于这些国家机关的性质和地位颇有差异，它们的立法监督权限和立法监督作用也有明显区别。一般而言，在众多能够发挥立法监督作用的国家机关中，担当立法主体角色的国家机关，是主要的立法监督主体，它们都负有监督自己内部各有关方面立法活动和立法结果的职责，也都有权在一定程度上监督其他立法主体的立法活动和立法结果。

而立法机关、议会或国家权力机关等，在大多数国家，又无疑是立法监督主体中最基本和最主要的立法监督主体，它们能够对立法活动和立法结果实施更经常、更广泛、更常规的监督，它们所实施的立法监督是典型的立法监督，是具有完整监督权的立法监督。立法机关、议会或国家权力机关，对立法活动和立法结果的各个主要环节或主要几乎都可以实行立法监督。观察西方国家的情形，可以看到，立法机关或议会所实施的立法监督，主要表现在三个大的方面：第一，在立法机关或议会的内部实施立法监督。这是更主要的一个方面。这种立法监督在两院制国家似乎表现得更突出。在这些国家，立法监督的尤为常见的表现形式，是两院之间的相互制约。在美国，参议院和众议院在立法方面的地位是平等的，同时两院在立法方面又是互相制约的，一院如果反对另一院所通过的法案，被反对的法案便不能成立。在英国，两院中的上院，其基本职能之一就是对下院立法实施监督，并有权以延搁法案为由威胁下院，使其做出妥协或让步。第二，对授权立法和政府立法实施监督。立法机关或议会在它们的授权决定中就规定了对被授权行使授权立法权的种种限制，在授权之后又密切关注受权者是否依照所受之权立法。立法机关或议会又对政府的行政立法实施监督，比如英国议会对内阁制定的行政法规就享有监督权。第三，对下位阶的立法和其他形式的立法实施监督。英国议会有权对郡和地方自治机关制定的规范性法律文件实施监督。古巴全国人民政权代表大会作为最高国家权力机关，负责监督宪法的实施，并有权对法律、法令和其他具有普遍适用性的决定或文件是否违宪实施监督。

二、我国立法监督的内容

《立法法》第八十七条规定："法律、行政法规、地方性法规、自治条例和单行条例、规章有下列情形之一的，由有关机关依照本法第八十八条规定的权限予以改变或者撤销：（一）超越权限的；（二）下位法违反上位法规定的；（三）规章之间对同一事项的规定不一致，经裁决应当改变或者撤销一方的规定的；（四）规章的规定被认为不适当，应当予以改变或者撤销的；（五）违背法定程序的。"可见，我国立法监督主要包括两方面的内容：一是对立法权行使的合法性的监督，二是对立法权行使的适当性的监督。其中以对前者的监督为主。

（一）合法性的监督

对立法权行使的合法性监督主要有以下三个方面。

（1）立法的权限必须合法。我国的立法体制明确规定了各立法主体的立法权限和立法事项的范围。在现代法治国家中，任何超越权限的立法、超越授权范围或违背授权目的的授权立法，都是无效的，都应当被改变或撤销。

（2）立法的内容必须合法。这就要求法律、法规、规章等不得违反其上位法的规定。法律渊源体系应当有严格的效力等级，在这一等级体系中，下位法不得违反上位法的规定，任何违反上位法规定的下位法都是无效的，都应当被改变或撤销。当然，这不是说下位法便因此没有主动性、灵活性，只能亦步亦趋地重复上位法的规定。相反，在不与上位法规定相抵触的前提下，下位法可以而且应当结合本区域内的实际情况，制定更为详尽、更具操作性的规定，以完成上位法所希望达到的立法意图、目的，所希望实现法律价值。

（3）立法的程序必须合法。法律、法规和规章从提出、审议到表决、公布，法律、法规和规章从修正、解释到废止，都必须有完善的法定程序并严格遵守这些程序。程序的完备和公正是保障规范性文件内容合法的前提，违背法定程序的立法都是无效的，也应当被改变或撤销。

（二）适当性的监督

对立法权行使的适当性的监督是对立法权行使的合法性监督的继续和补充。立法监督首先关注的是立法的合法性问题，但是对于合法性的判断标准有时却并不是很清晰。其原因在于：随着法律所涉及的社会关系越来越广泛和复杂，立法主体应当相应享有更广泛的自由裁量权。但是立法主体对自由裁量权的行使，有时并不直接涉及违法问题，而是更多地涉及其自由行使的立法权力是否适当的问题，这时便会出现合法但不适当的问题。我国《立法法》第八十七条规定，“不适当”的法律、行政法规、地方性法规、自治条例和单行条例、规章，都应当被撤销或改变。而且，这里“不适当”也可能发生在形式上合法的情形中。所以，判断何谓“适当”就显得尤为重要。因而，立法监督在进行合法性审查的同时，还必须关注立法的适当性。当然，如果从更广泛的意义看，适当性也可以纳入合法性的范畴内，作为合法性的一种衡量标准。

关于对立法的适当性监督的具体内容，目前尚没有统一的看法。我们认为，对立法的适当性监督可以从如下几方面进行分析。第一，立法要顺应民意。立法遵循宪法和其他上位法的同时，还要考虑如何最大限度地反映和表达民众的真实愿意，如何最大可能地扩展公民的自由和保障其权益。第二，立法要符合常理，尊重生活习惯。立法能背离客观规律，也不能对人们提出过高的行为标准。否则，很难在社会中实施，即使是推行，社会效果也不会好。立法要从具体的国情、区情、民情出发，而不能仅凭立法者的一时好恶。法律要具有一定的理想性、纲领性，但这并不是说立法可以脱离实际。所以，立法者要最大限度地使立法建立在具体生活的实际基础上。第三，立法要遵循节制的原则。社会生活没有法律调整不行，但也不是说法律越多越好。法律调整尽管是必要的，但也要防止社会生活过度法律化带来的负面影响。因此，在以抽象的法律规则来规范具体生活时，应当遵循节制原则，即在可以不用法律规制时，就尽量不要设定法律，由当事人自由处置，或由民间规范予以调整。在设定法律责任性规范时遵循节制原则，一般比较容易理解。在设定权利性规范时，实际上也是如此。由法律过多地设定权利性规范并不一定有益，有许多权利性的要求并不一定需要由法律规范保障。第四，立法要遵循最小成本原则，即效率和效益原则。立法每设定一项权利、义务和责任，都意味着增加了一定的法的实施成本，由此会耗费更多的社会资源。这是立法的效益的形式方面。就立法的实质或内容方面来看，立法所设定的行为模式，对行为的权利、义务和责任的制度安排，会直接影响这些行为的实际社会效益和这些行为对社会资源的创造或损耗。因此，立法要讲求效率，要力求以最小的社会成本耗费，达到最大的法律效益和社会效益，并力求达到法律效益最大化与社会效益最大化之间的协调。

三、我国立法监督的基本方式

我国目前立法监督的方式主要有：批准、备案、审查、裁决和清理。其中，批准属于事前审查型的立法监督，备案、审查、裁决和清理属于事后审查型的立法监督。

（一）批　准

立法过程中的批准是指有关国家机关制定的规范性文件，需要报其他有关国家机关同意后才能颁布实施的制度和活动。有些学者认为，批准制度更多地属于立法过程的一个环节而非立法监督措施。从这种制度能够有效预防立法冲突的角度，把它作为对立法活动进行事先监督的一种方式。在规范性文件批准过程中所涉及的审查内容主要是合法性问题。

根据《立法法》的规定，在我国需要报请批准的规范性文件主要有：① 自治区的自治条例和单行条例，报全国人民代表大会常务委员会批准后生效。自治州、自治县的自治条例和单行条例，报省、自治区、直辖市的人民代表大会常务委员会批准后生效。② 较大的市可以制定地方性法规，报省、自治区的人民代表大会常务委员会批准后施行。省、自治区的人民代表大会常务委员会对于报请批准的地方性法规，应当对其合法性进行审查，同宪法、法律、行政法规和本省、自治区的地方性法规不抵触的，应当在 4 个月内予以批准。

（二）备　案

立法过程中的备案是指有关国家机关将其通过或批准的规范性文件报有其他有关国家机关登记、存档，以备审查的制度。备案是为了加强对立法的监督管理，对立法状况的全面了解。有人认为，备案本身似乎谈不上是立法监督的方式，它只是为立法监督所做的准备。关于备案是否一定与对立法的审查相联系，也有不同的意见。笔者认为，备案后的审查可以有两种形式：一是主动型审查，即接受备案的机关对于报送备案的规范性文件无须其他国家机关或社会团体、企事业组织和公民提出审查建议就主动进行合法性的审查；二是被动型审查，即接受备案的机关对于报送备案的规范性文件须有其他国家机关或社会团体、企事业组织及公民提出审查建议才被动进行合法性审查。所以，被动型审查只表示向某机关进行了立法的登记、存档，有关机关对此项立法已经知晓。从《立法法》的规定来看，我国的备案制度包括这两种类型。不过，《立法法》现在尚无关于备案后的审查程序、审查内容的具体规定。

《立法法》第八十九条规定："行政法规、地方性法规、自治条例和单行条例，规章应当在公布后的三十日内依照下列规定报有关机关备案：（一）行政法规报人民代表大会常务委员会备案；（二）省、自治区、直辖市的人民代表大会及其常务委员会制定的地方性法规，报全国人民代表大会常务委员会和国务院备案；较大的市的人民代表大会及其常务委员会制定的地方性法规，由省、自治区、直辖市的人民代表大会常务委员会报全国人民代表大会常务委员会和国务院备案；（三）自治州、自治县制定的自治条例和单行条例，由省、自治区、直辖市的人民代表大会常务委员会报全国人民代表大会常务委员会和国务院备案；（四）部门规章和地方政府规章报国务院备案；地方政府规章应当同时报本级人民代表大会常务委员会备案；较大的市的人民政府制定的规章应当同时报省、自治区的人民代表大会常务委员会和人民政府备案；（五）根据授权制定的法规应当报授权决定规定的机关备案。”

（三）审　查

立法过程中的审查是指对已经公布生效的规范性文件的合法性、适当性进行检查和监督的制度和活动。审查所导致的法律后果包括：被审查的规范性文件因合法和适当而继续实施；被审查的规范性文件因不合法和不适当而被改变或撤销。审查的启动主要有以下三种情况：一是因法定职权主动提起的审查，如有关机关认为必要时，可以依据职权对有关国家机关提出进行审查的要求，从而启动审查程序；二是因有关国家机关、社会团体和企事业组织和公民提出进行审查的建议，从而启动审查程序；三是因接受备案机关对报送备案的规范性文件主动进行审查，从而启动审查程序。

对于上述三种情况，《立法法》分别作了规定。《立法法》第九十条规定：“国务院、中央军事委员会、最高人民法院、最高人民检察院和各省、自治区、直辖市的人民代表大会常务委员会认为行政法规、地方性法规、自治条例和单行条例同宪法或者法律相抵触的，可以向全国人民代表大会常务委员会书面提出进行审查的要求，由常务委员会工作机构分送有关的专门委员会进行审查、提出意见。前款规定以外的其他国家机关和社会团体、企业事业组织以及公民认为行政法规、地方性法规、自治条例和单行条例同宪法或者法律相抵触的，可以向全国人民代表大会常务委员会书面提出进行审查的建议，由常务委员会工作机构进行研究，必要时，送有关的专门委员会进行审查、提出意见。”《立法法》第九十一条规定：“全国人民代表大会专门委员会在审查中认为行政法规、地方性法规、自治条例和单行条例同宪法或者法律相抵触的，可以向制定机关提出书面审查意见；也可以由法律委员会与有关的专门委员会召开联合审查会议，要求制定机关到会说明情况，再向制定机关提出书面审查意见。制定机关应当在两个月内研究提出是否修改的意见，并向全国人民代表大会法律委员会和有关的专门委员会反馈。全国人民代表大会法律委员会和有关的专门委员会审查认为行政法规、地方性法规、自治条例和单行条例同宪法或者法律相抵触而制定机关不予修改的，可以向委员长会议提出书面审查意见和予以撤销的议案，由委员长会议决定是否提请常务委员会会议审议决定。”《立法法》第九十二条规定：“其他接受备案的机关对报送备案的地方性法规、自治条例和单行条例、规章的审查程序，按照维护法制统一的原则，由接受备案的机关规定。”

（四）裁　决

立法过程中的裁决是指处于同一位阶的各种规范性文件之间的规定不一致，不能确定如何适用时，有关国家机关依法经过裁判，决定适用某一规范性文件的制度和活动。这种裁决是在《立法法》中首次予以规定的，解决了法律规定在不一致的情况下的遵守和适用问题，即适当性的问题。因为，同一位阶的各种规范性文件之间的规定不一致，不一定存在不合法的问题，而主要是适用何者更适当的问题。这也是一种立法监督。

（五）清　理

立法过程中的清理是对规范性文件进行系统化的方法之一，同时也是立法监督的方式之一。

四、我国立法监督的对象

（一）对法律的立法监督

按照我国《宪法》和《立法法》的规定，在国家立法权划分的框架中，全国人大居于主导地位。全国人大对全国人大常委会的立法有权进行监督。所以，我国《宪法》规定，全国人大有权改变或者撤销全国人大常委会不适当的决定。《立法法》也规定，全国人大有权改变或者撤销它的常委会制定的不适当的法律。

但是，目前这种立法监督在实践中仍然面临一些需要解决的重要问题。第一，对全国人大制定的基本法律的合宪性如何审查和监督，没有明确的法律规定。从理论上讲，基本法律违反宪法的可能性是存在的。按照目前的法律规定，只能由全国人大自己主动纠正，但是并无相应的程序性规定。全国人大常委会对法律的修改和补充，并不是对全国人大立法行为的监督。而在现代宪政国家中，对议会所制定法律的合宪性审查是违宪审查制度的核心。第二，全国人大在对其常委会的监督过程中，应当进一步明确什么是对法律的“部分”修改，什么是基本法律，什么“不适当”的决定，什么是同该法律的基本原则“相抵触”。尽管从理论上说全国人大可以随时就此作出自己的判断，但是为了保障全国人大常委会的立法权，也为了使其不逾越权力，应当以立法的形式对此作出明确界定。第三，从议事程序上看，由于常委会实际上主导着代表大会，常委会安排代表大会的议程，常委会的领导人员也是代表大会的领导人员，全国人大对其常委会的立法监督在实际操作程序上存在困难。所以，应当对全国人大的工作制度作出相应的改革，以有利于它对全国人大常委会的监督。

（二）对行政法规的立法监督

我国《宪法》规定，全国人大常委会是对行政法规进行立法监督的机关。《宪法》规定，全国人大常委会监督宪法的实施，有权撤销国务院制定的同宪法、法律相抵触的行政法规、决定和命令；《立法法》也规定，全国人大常委会有权撤销宪法和法律相抵触的行政法规。

目前，国务院制定的行政法规数量较大，涉及的社会关系领域也很广泛。加强对行政法规的立法监督，对于严格依法行政，维护法制统一，具有重要意义。但是，全国人大常委会对于行政法规的合宪性、合法性的监督还不够，存在的问题主要是：第一，对于全国人大常委会与国务院的立法权限仍缺乏清晰的界定，致使在一些立法事项上难以准确判断国务院是否越权。虽然《立法法》对于只能制定为法律的事项有所规定，也使我国的立法体制有所明确，但是鉴于全国人大常委会与国务院行使的权力有某些交叉，现行法律对它们的立法权限的界定仍有待于在实践中探索解决。应当说，行政法规是否越权的问题，由于立法权限界定清等原则一时也难以解决。但是，行政机关的权力必须接受严格监督和限制这一法治的核心问题，是必须加以解决的。因为，不受严格监督的行政立法权，也会导致立法腐败的问题。第二，过去全国人大常委会没有专门的机构来审查行政法规，使得对行政法规的监督往往只是停留在理论上。现在，《立法法》规定由全国人大专门委员会负责审查行政法规，但是这些专门委员会能否真正发挥作用还需要用实践来检验。第三，关于对行政法规进行监督的具体程序，还缺少详细的规定。

（三）对地方性法规的立法监督

根据《宪法》，全国人大常委会是对地方性法规进行立法监督的机关。《宪法》规定，全国人大常委会有权撤销省、自治区、直辖市国家权力机关制定的，同宪法、法律和行政法规相抵触的地方性法规和决议。《立法法》也规定，全国人大常委会有权撤销同宪法、法律和行政法规相抵触的地方性法规。

对地方性法规的监督存在的问题主要有：第一，中央与地方在立法权限上的划分不够清晰，使得对地方性法规的监督有时无根据可循。中央与地方立法权的划分是政治体制改革的重要内容，只有随着政治体制改革逐步深入，这一问题才能得到合理处理。第二，应当准确理解“不抵触”原则。制定地方性法规的一个原则就是不得同宪法、法律和行政法规等相抵触，因此如何准确理解“不抵触”原则便成为对地方性法规进行监督的一个重要问题。需要进一步明确这一原则的内涵，以便为监督提供依据。第三，对地方性法规与部门规章之间的冲突应当重视。地方性法规与部门规章具有同等效力，在各自的权限范围内施行。《立法法》规定：地方性法规与部门规章之间对同一事项的规定不一致，不能确定如何适用时，由国务院提出意见。国务院认为应当适用地方性法规的，应当决定在该地方适用地方性法规的规定；认为应当适用部门规章的，应当提请全国人大常委会裁定。但是《立法法》对裁决依据的原则并无明确规定，所以，二者在发生冲突时有无效力的优先，是问题的核心所在。第四，省、自治区、直辖市的人民代表大会与其常委会在制定地方性法规的权限上的划分不够明晰，《立法法》只是规定本行政区域特别重大事项由人民代表大会通过，对此还需要在地方立法实践中探索解决。《立法法》规定，省、自治区、直辖市的人民代表大会有权改变或者撤销它的常务委员会制定的和批准的不适当的地方性法规，但是由于目前人大常委会在人大工作中的主导地位，所以人民代表大会对其常委会所制定的地方性法规的监督力度还需要在实践逐步加强。第五，对较大的市人大及其常委会所制定的地方性法规的监督力度也不够，监督制度也不健全，还不能满足对这类地方性法规的监督要。因为较大的市的地方性法规可能在立法技术、立法内容等方面存在问题，应当有更完善的监督制度。

（四）对自治条例和单行条例的立法监督

《立法法》规定，全国人大有权撤销全国人大常委会批准的违背《宪法》和《立法法》第六十六条第二款规定的自治条例和单行条例。《立法法》第六十六条第二款规定："自治条例和单行条例可以依照当地民族的特点，对法律和行政法规的规定作出变通规定，但不得违背法律或者行政法规的基本原则，不得对《宪法》和《民族区域自治法》的规定以及其他有关法律、行政法规专门就民族自治地方所作的规定作出变通规定。"

对自治条例和单行条例的监督存在的主要问题包括：第一，自治条例和单行条例与地方性法规在所涉及事项、规范内容等方面的界限不够清楚，自治权与地方国家机关的一般权力范围的界限也不够清楚。第二，关于自治条例和单行条例的变通问题，只是明确了不得违背法律或行政法规的基本原则，不得对《宪法》和《民族区域自治法》的规定，以及其他有关法律、行政法规专门就民族自治地方所作的规定作出变通规定，这一规定的可操作性不够，还应当进一步明确可变通的事项范围、变通方式等。第三，省、自治区、直辖市对自治州、自治县的自治条例和单行条例的监督，除了事先批准外，还应当有其他事后监督方式。批准者在法的实施中是否自然享有改变或撤销权，这一点在理论上是否成立，在实践中是否需要以立法形式明确规定，值得讨论。

（五）对规章的立法监督

我国《宪法》规定，国务院有权改变或者撤销各部、各委员会发布的不适当的命令、指示和规章；有权改变或者撤销地方各级国家行政机关的不适当的决定和令。《立法法》也规定，国务院有权改变或者撤销不适当的部门规章和地方政府规章。

对规章的监督存在的主要问题是：第一，部门规章之间、部门规章与地方政府规章之间、部门规章与地方性法规之间就同一事项的规定不一致时，在立法上应当如何监督和处理，监督的程序尚不完善。目前虽然有裁决制度，但是这一制度如何启动和实施还需要选一步明确。第二，应当进一步明确区分部门规章、地方性法规与地方政府规章的立法事项范围，以利于立法监督。

（六）对授权立法的监督

《立法法》规定了我国的授权立法制度，同时也规定了对授权立法的监督，即全国人大常委会有权撤销同宪法和法律相抵触的行政法规以及同宪法、法律和行政法规相抵触的地方性法规，其中包括因授权立法而制定的行政法规和地方性法规。《立法法》还规定，授权机关有权撤销被授权机关制定的超越授权范围或违背授权目的的法规，必要时可以撤销授权。

对授权立法的监督存在的主要问题有：第一，授权立法制度还不完备，对授权立法的监督也不够。在法律上应由授权机关对授权立法进行监督，因为只有授权机关才最了解某一授权立法是否符合授权的目的和范围。但是由于对授权立法的权限范围、效力等级及立法程序等还缺乏明确的规定，所以对授权立法的监督也无法可循。第二，经济特区根据授权可对法律、行政法规、地方性法规作出变通规定，但变通的范围、方式等还缺少明确的法律依据。另外，这类授权立法与法律、地方性法规的关系也有待于进一步明确。第三，应当明确授权立法与各机关依据职权所制定的法规、规章之间的关系，以妥善处理它们之间可能存在的矛盾和冲突，否则不利于对授权立法的监督。

|第十三章|
立法和法的解释

第一节　法的解释原理

一、法的解释界说

法的解释，就是有关主体根据立法原意、法律意识和有关需要对法的内容、含义和有关术语所作的说明、解答或阐述。

法的解释的基本特征在于：第一，法的解释的主体不是确定的，有解释权的主体可以解释法，没有解释权的主体也可以解释法，前者有法的效力，后者无法的效力。第二，法的解释的范围或对象主要是规范性法律文件，可以是完整的规范性法律文件，也可以是它们中的有关规定或有关条文；同规范性法律文件相附随的情况，如一定的经济、政治、文化和其他方面的背景情况，又如规范性法律文件的附件或其他附属资讯，也可以是解释的对象。第三，法的解释可以是同具体案件密切相关的，如针对具体案件的法的适用方面的解释；也可以是同具体案件没有密切或直接关系的，如全国人大常委会就法律所作的解释，往往同具体案件没有密切或直接的关系。有的著述认为法的解释的一个特点是同具体案件密切相关，这是忽视了立法机关如全国人大常委会也可以解释法。第四，法的解释总是在解释者的法律意识的支配或影响下进行的，因而通常都具有一定的价值取向。

法的解释制度是连接立法和用法的重要纽带，法的解释是伴随法的存在而存在的，只要有法，人们便必然会有对法的理解或看法；国家机关在运用法的过程中，便必然需要对法加以说明或解答。即使在法治状况落后或人治肆虐的环境下，法的解释也可以经常发挥其作用。中国自 1954 年《宪法》以来，无论期间人治和法治的状况如何，历次《宪法》都有关于法律解释权归属的规定，实践中法的解释也运作和存在着，就是一个明证。因此，法的解释存在与否，不以法制和法治发达与否为转移。也因此，法的解释的意义和价值，早已为学界普遍认同，中国法理学教科书一般都有关于法的解释何以必要之类的阐述。

这些阐述虽有不同，但有一点是大体相通的：大多侧重于阐明法的解释有助于弥补立法的不足和有助于推进法的实施。有的强调法的解释是弥补法的局限性所必不可少的：法是概括的、抽象的，只有经过解释，才能成为具体行为的规范标准；法具有相对稳定性，只有经过解释，才能适应不断变化的社会需要；人的能力有限，只有经过解释，法才能趋于完善。有的强调立法和法的适用的局限性决定了法的解释不可或缺：在复杂多样的现实生活面前，法常常会表现出疏漏不周；法不可能通过强调用语的规范严格达到准确的表达，因为语言本身会因语境的不同而出现歧义或模糊；现代生活的急剧变化使得立法往往表现出大刀阔斧的政策指向，大批量的立法显然没有传统立法的从容，而对相关概念用语缺乏充分法理分析的结果，必然加剧法自身不确定性；法的适用者在与法打交道时不可避免地带有自己的成见，即使法制定得完美无缺，法的适用者与法之间的关系也不会是一种简单的反映和被反映、主观和客观的关系。如此等等，都使法的解释的作用凸显出来。有的则注重从法的适用、法的理解和法的体系协调性角度阐明问题：要把一般的法律规定适用于具体案件或事项，往往需要解释；要把过去制定的法适用到现在的实际生活中去，使法能适应形势发展需要并保持自身的稳定性，往往需要解释；要使法中的某些专门的名词、术语为人理解，或使法中的某些普通名词、术语在含义上与通常用法有所区别，往往需要解释；因此法的解释对于协调统一法的体系内部的关系和消除有关弊病，对于法制宣传教育，有时也是必要的。

二、法的解释的种类

法的解释可以分为两大类别：法定解释和非法定解

释。这种分类的标准主要在于法的解释的主体是谁，解释是否具有普遍的法的效力。

1. 法定解释

法定解释是指有权的国家机关和人员根据宪法和法律所赋予的职权，对法所作的具有法的效力的说明、解答或阐述。法定解释有三个基本特征：一是解释主体是法定有权解释的主体；二是解释文本具有法的效力；三是这种法的效力具有一定的普遍性。由于法定解释是有权的国家机关和人员依法进行的，所以又称为有权解释。由于法定解释同被解释的法具有同等效力，所以又称为有效解释和正式解释。这种解释是最重要的法的解释。

应当指出，法定解释虽然是有权的国家机关和人员所进行的解释，但这并不是说，有权的国家机关和人员所有对法所作的解释都是法定解释。例如，全国人大常委会组成人员、最高人民法院法官，他们在日常工作中都有对法的理解和解释的情况存在，这种解释因为不具有法的效力或不具有普遍有效性，因而不属于法定解释。他们的解释只有具有上述三个特征，才算是法定解释。

2. 非法定解释

非法定解释，是指不享有法定解释权，所作的解释不具有法的效力的解释。非法定解释的主体，可以是国家机关，如司法部或某省政府宣传部门为宣传某法，而对该法所作的解释；可以是社会组织，如团中央为宣传《未成年人保护法》，全国妇联为宣传《婚姻法》，分别对这两个法作出阐述；也可以是个人，如法学教授著书立说，对法作出解说。非法定解释和法定解释的主要区别是：解释的依据不同，一个是依法定职权，一个不是；解释的效力不同，一个有法的效力，一个没有法的效力。由于非法定解释不具有法的效力，所以又被称为非正式解释。

这里应当注意两点：其一，不少著述将非法定解释也称为学理解释，这是不妥的。“非法定解释”这个概念的核心是强调解释没有法的效力，而“学理解释”这个概念的核心是强调解释是依学理进行的。其二，非法定解释尽管不具有法的效力，但对人们理解法是有帮助的，对司法机关办案是可供参酌的，因而不能低估甚至忽视非法定解释的价值和作用。

三、法的解释的方法

法的解释有学理解释和任意解释，语法解释和字面解释，限制解释和扩充解释，历史解释、逻辑解释和目的解释等的区分。其中学理解释和任意解释，语法解释和字面解释，限制解释和扩充解释的方法更为常用。

（一）学理解释和任意解释

学理解释，是有关主体从法学理论的角度对法所作的解释。一般法学著述几乎都将学理解释看作同法定解释对应的解释，这是明显不当的。按这样的分析，所有法定解释就都成了没有学理的解释，就都是不讲理的解释。实际上，法定解释所强调的是特定的主体对法作出具有法的效力的解释。而学理解释的主体是非确定的，它并不是一般法学著述所说的仅仅由社会组织、学者、学术团体和报刊之类所作的解释。其实，除了这些主体外，国家立法机关、司法机关、行政机关也可以根据学理对法进行解释。而社会组织和报刊之类所作的解释也并不一定都是根据学理所进行的解释。学理解释这一概念强调的是法的解释方法，而不像法定解释那样强调的是法的效力。可见，法定解释同学理解释根本不是相对应的范畴，事实上法定解释和学理解释经常是二位一体的，法定解释往往就是根据一定的学理进行的，我国立法机关和司法机关对法所作的法定解释，很大程度上就是根据学理进行的。那种把学理解释的主体局限于宣传、教育、研究者的范围的观点，需要校正。

任意解释，指有关主体按照自己的理解，对法的内容、含义和有关术语所作的解释。这种解释没有主体资格和解释对象范围的限制，一般公民、社会团体或诉讼当事人、辩护人和其他有关人员，都可以按照自己的理解或看法，对他们想要解释的法或所面对的法作出解释。任意解释对法的适用有参考价值，这种解释没有法的效力，对于司法机关和其他国家机关没有法的约束力。

（二）语法解释和字面解释

语法解释又叫文理解释、文义解释，是根据语法规则分析法的句子结构、文字排列和标点符号等，对法的内容、含义和有关术语所进行的解释。法通常是以概括的语言文字构成的，要了解法的确切内容、含义或有关术语的含义，先要弄清法的句子结构、文字排列和标点符号等究竟意味着什么，从语法上来解释法所规定的内容和含义。因此，语法解释是法的解释的一种重要方法。当然，进行语法解释，应当把握法的精神实质，连贯全文进行推敲，而不能断章取义，曲解法的精神。

字面解释是指根据法的字面含义所作的解释。这种解释是法的解释中最一般的方法，其特点是依据或墨守文字的本义，既不扩大作出广于其文字含义的解释，也不缩小作出窄于其文字含义的解释，而完全按照法的文字所表现的内容去解释。字面解释同语法解释不同，字面解释强调只就表述法律规定的文字进行解释；语法解释强调的则是法律规定应当是什么意思，是用语法规则、词语结构、标点符号等来说明法律规定的含义。

（三）限制解释和扩充解释

（1）限制解释，是指对法律规定所作的小于其文字本来含义的解释。这种解释之所以必要，是因为有的法律条文的用词，其含义比立法者所要表达的含义范围要广泛，如果不作限制解释，那么对这一法律条文的理解就不符合立法的原意。例如，《婚姻法》规定：“父母对子女有抚养教育的义务。”这里的“父母”仅指具有抚养教育能力的父母，而这里的“子女”仅指没有独立生活能力、需要抚养教育的子女。对这条规定只有作限制解释，才符合立法的本意。

（2）扩充解释，是指对法律规定所作的广于其字面本来含义的解释。这种解释所以必要，是因为有的法律条文的内容和含义广于其法律条文的文字表现的内容和含义，为了正确表达立法的原意，就要采取扩充解释。也以《婚姻法》为例：“父母和子女有相互继承遗产的权利。”在这里，“父母”和“子女”均需要作扩充解释，他们不仅包括亲的父母和子女，也包括养父母和养子女以及继父母和受其抚养教育的继子女等。

第二节　我国现行法律解释制度

一、我国现行法律解释的制度框架

法的解释的分类理论表明，法的解释是非常复杂的现象。而就现代法的解释而言，有解释权的主体对宪法的解释是最高的解释，对法律的解释是基本的解释。研究现代法的解释，尤其需要注重探讨有解释权的主体对宪法和法律的解释。另一方面，解释的问题也是复杂的，有法的解释的理念、制度问题，也有法的解释的方法和其他问题。在种种问题中，解释制度问题更具实在性。本章所注重阐明的，便是我国现行法律解释制度。

一国法律解释制度通常由宪法、法律解释法和其他有关宪法性法律所建置。我国迄今尚无专门的法律解释法。我国现行法律解释制度主要存在于现行《宪法》和《立法法》关于法律解释的规定中。此外，迄今规定过我国法律解释制度的法律和其他规范性法律文件，按照时间顺序，还有1949年9月通过的《中央人民政府组织法》，1954年《宪法》，1955年6月全国人大常委会通过的《关于法律解释问题的决议》，1975年《宪法》，1978年《宪法》，1979年7月通过的《人民法院组织法》，1981年6月全国人大常委会通过的《关于加强法律解释工作的决议》。根据《宪法》《立法法》和以上规范性法律文件中仍然有效的法律文件的规定，中国现行法律解释制度由下列要素构成。

第一，全国人大常委会行使法律解释权，对一定范围的事项进行解释。1954年《宪法》首先以根本大法的形式确定了全国人大常委会行使法律解释权的制度，它的第三十一条关于全国人大常委会职权的规定中，设定了法律解释的职权。1955年全国人大常委会《关于法律解释问题的决议》，1981年全国人大常委会《关于加强法律解释工作的决议》，对全国人大常委会解释法律的权限范围予以规定：凡关于法律、法令条文本身需要进一步明确界限或作补充规定的，由全国人大常委会分别进行解释或用法令加以规定。1975年《宪法》和1978年《宪法》尽管条文和内容都很少，但都保留规定了全国人大常委会行使法律解释权这一制度。1982 年《宪法》所确定的全国人大常委会职权有二十四项，其中第四项便是解释法律的职权。到了 2000 年 3 月通过的《立法法》，更是专门以第四十二条规定了这一制度：“法律解释权属于全国人民代表大会常务委员会。法律有以下情况之一的，由全国人民代表大会常务委员会解释：（一）法律的规定需要进一步明确具体含义的；（二）法律制定后出现新的情况，需要明确适用法律依据的。”

第二，全国人大常委会解释法律应当遵循一些基本程序。① 提出法律解释要求。《立法法》第四十三条规定：“国务院、中央军事委员会、最高人民法院、最高人民检察院和全国人大各专门委员会以及省、自治区、直辖市的人大常委会可以向全国人大常委会提出法律解释要求。”② 全国人大常委会工作机构研究拟订法律解释草案，由委员长会议决定列入常委会会议议程。③ 法律解释草案经常委会审议，由法律委员会根据常委会组成人员的审议意见进行审议、修改，提出法律解释草案表决稿。④ 法律解释草案表决稿由常委会全体组成人员的过半数通过。⑤ 法律解释由常委会发布公告予以公布。

第三，全国人大常委会的法律解释同法律具有同等效力。

第四，最高司法机关可以就司法工作中具体应用法律的问题进行解释。1955 年全国人大常委会《关于法律解释问题的决议》规定，凡关于审判过程中如何具体应用法律、法令的问题，由最高人民法院审判委员会进行解释。虽然这个决议现在失效了，但是对最高司法机关法律解释进一步作出规定的1981年全国人大常委会《关于加强法律解释工作的决议》（简称《决议》），仍然有效。1981年《决议》规定：凡属于法院审判工作中具体应用“法律、法令的问题，由最高人民法院进行解释。凡属于检察院检察工作中具体应用法律、法令的问题，由最高人民检察院进行解释。最高人民法院和最高人民检察院如果有原则性的分歧，报请全国人大常：会解释或决定。1979年通过、1983年修改的《人民法院组织法》第三十三条也对最高人民法院对于在审判过程中如何修改法律、法令的问题，进行解释。长期以来，人们一般都认为，中国的法律解释权只属于全国人大常委会，其他机关没有法律解释权，这是不正确的。

第五，其他制度。根据1981年《决议》的规定，不属于审判和检察工作中的其他法律、法令如何具体应用的问题，由国务院及主管部门进行解释。这里的主管部门，包括国务院办公厅、各部和各委员会，也包括全国人大常委会工作机构。

以上所述，便是中国现行法律解释制度的基本框架。

二、我国法律解释制度的合法性问题

法律解释制度的合法性问题，主要是谁有权规定法律解释制度的问题。这是研究法律解释制度的前提性问题，涉及法律解释权同立法权的关系：法律解释权是包含于立法权之中，还是从属于立法权，抑或是同立法权平行的权力，等等。如果法律解释权是包含于立法权之中的，有权立法的机关，就同时也有法律解释权；如果法律解释权是从属于立法权的，有权立法的机关，就可以推定为也有法律解释权的机关；如果法律解释权同立法权是平行的权力，有权立法的机关就未必一定有法律解释权。一国法律解释权同立法权究竟是什么关系，取决于该国的性质、国家权力体制的特征、法治的发达程度、民主的形式、历史传统和其他有关国情因素。从当今各国的实际情况看，有的国家的法律解释权是包含于立法权之中的；有的国家的法律解释权是属于立法权的；有的国家的法律解释权同立法权是平行存在的；而在法治偏于落后的国家，则没有比较明确的制度，在这些国家，此类问题还无人研究，实践中则呈现出比较杂乱的状况。我国目前仍然属于后者之列。

在这种情况下，研究和回答谁有权规定我国法律解释制度的问题，便需要选择下限，也就是确定一个起码的规则：有权规定法律解释制度的，至少应当是有权制定法律的机关；无权制定法律的机关，也同样无权规定法律解释制度。这个下限规则，也是国家权力存在和运行的起码的基本规则。

以这个规则检视我国的实际情形，可以会发现：在中国，在 1982 年《宪法》是分水岭。1982 年《宪法》

之前，全国人大是行使国家立法权的机关，有权制定法律；在1982年《宪法》之后，全国人大及其常委会都是行使国家立法权的机关，都有权制定法律。在1982年《宪法》之前，根据当时几部《宪法》的规定，全国人大常委会有权解释法律，因而当时常委会可以就自己如何行使法律解释权确定具体制度，而无权就其他机关（例如，司法机关、行政机关、下级国家权力机关）有什么样的法律解释权作出制度规定。但1955年常委会《关于法律解释问题的决议》却就全国人民代表大会常务委员会自身的解释和最高法院审判委员会的解释规定了两项制度。前一项制度，可以视为全国人大常委会就自己如何行使法律解释权确定有关制度，因而是合法的；后一项制度，则明显超越了全国人大常委会的职权范围，因为当时的全国人大常委会作为执行法律解释职能的机关，可以解释法律，也可以规定自己如何行使解释法律职权的制度，却无权规定其他机关可以解释法律。权力执行者是无权把授予自己的权力再转授其他机关的，这是一个基本规则。虽然1955年7月，第一届全国人大第二次会议有过《关于授权常务委员会制定单行法律的决议》，该决议规定：全国人大常委会在全国人大闭会期间可以依照宪法，根据实际需要，适时地制定部分性质的法律，即单行法律。但全国人大的这一决议是1955年7月作出的，而常委会1955年《关于法律解释问题的决议》是6月作出的；并且，根据全国人大的授权决议，常委会也只是可以行使很有限度的法律制定权。

至于1981年全国人大常委会《关于加强法律解释工作的决议》（简称“1981年《决议》”），规定了四项法律解释制度，其中除第一项重复1955年决议第一项内容，不属于超越职权范围之外，后三项规定中有两项是超越职权范围的规定。也就是说，该决议关于最高司法机关、国务院及其主管部门有解释法律的职权的规定，属于超越全国人大常委会职权范围的规定，因而都存在合法性乃至合宪性的问题。这时的全国人大常委会可以依照第一届人大第二次会议的授权制定单行法律，它可以就这些单行法律的解释事项，规定最高司法机关、国务院及其主管部门可以如何解释，却不能就全国人大所制定的法律，规定最高司法机关、国务院及其主管部门可以如何解释。

1982年之后，全国人大常委会正式享有制定法律的职权，因而也可以就法律解释制度作出规定。但这时的常委会也还是只能就自己制定的法律的解释问题规定制度，无权就全国人大制定的法律的解释问题规定制度。

除了可以用1982年《宪法》作为分水岭，判断谁有权规定法律解释制度外，还可以研究《立法法》与1981年《决议》的关系，据此理解1981年《决议》是否还应具有法律效力。《立法法》第八十三条规定：“同一机关制定的法律，特别规定与一般规定不一致的，适用特别规定；新的规定与旧的规定不一致的，适用新的规定。”《立法法》和1981年《决议》虽然不是同一机关制定的法律，但1981年《决议》如果可以列入法律性决议的话，便可以比照适用《立法法》这一规定处理两者的关系。按照《立法法》这一规定，1981年《决议》同2000年制定的《立法法》，在所规定的法律解释制度方面不一致时，是应当以后者即《立法法》这个新法的规定为准的。

三、谁更有权解释中国的法律

法律解释权应当由谁行使？这个问题对一般国家而言不是难题。现今绝大多数国家法律解释权一般都主要由司法机关行使。这一点，只要一览各国宪法关于法律解释的规定和它们的法律解释汇编，便可以得到印证。

然而，中国的情形不同于一般国家。在法律解释权的归属问题上，中国所采取的制度是二元化的体制。一方面，确定最高国家权力机关的常设机关全国人大常委会，作为法律解释的主体，行使法律解释权；另一方面，规定最高司法机关和其他方面也是法律解释的主体，也行使法律解释权。这种二元化的法律解释体制，在目前各国法律解释体制中是极为少见的。这是中国法律解释权限划分体制不同于大多数国家的一个特征。

中国这种二元化的法律解释体制中的两个侧面，是不平衡的。从法定制度角度看，全国人大常委会是首要的行使解释法律权的主体，它的法律解释权是《宪法》

和《立法法》所确定的。而最高司法机关和其他方面的法律解释权，其法律根据，主要是1981年《决议》，以及《人民法院组织法》第三十三条的具体规定。并且，如前所述，1981年《决议》的合法性和合宪性，还值得研究。

此外，这种二元化体制中两个侧面的法律地位不平衡状况，在实际生活中却颠倒过来了。实际生活中，最主要最经常的法律解释主体不是全国人大常委会，而是最高司法机关。作为我国的最高国家权力机关的常设机关，作为宪法和法律上规定的主要的法律解释主体，其法律解释的任务非常大，完成这种法律解释任务需要通过完成相当数量的法律解释来实现，然而几十年间，全国人大常委会所作的法律解释，为数非常有限。相反地，法律上处于其次地位的最高司法机关的法律解释，在近几十年里却为数甚多。以至于人们通常讲到法律解释，首先和主要是指的最高司法机关的法律解释，学界甚至有人以为中国不存在事实上的全国人大常委会的法律解释。

法律解释制度与法律解释实际生活何以会有这种矛盾的状况，是耐人寻味的问题。回答这一问题，需要具体研究为什么我国的法律解释权在法律上主要属于全国人大常委会，全国人大常委会能否有效地担负主要的法律解释者的角色，实践上为什么是最高司法机关担当法律解释的更主要的角色，中国司法机关是否不应当享有法律上的主要法律解释权这样一些问题。学界和法律界迄今没有专门研究和回答此类问题的论著。这一则可能是由于此类问题的确难以回答，再则这也是中国的法学理论同法制实际生活往往严重疏离的一个症状。

在一般国家，法律解释权无论在法律上还是在实践中，都由司法机关行使或主要由司法机关行使。在这些国家，一则法律解释主要是基于司法实践中存在法律解释的需要而发生的，二则这些国家的权力划分体制决定了法律由立法机关制定，法律的应用则主要通过司法活动予以实现。然而，中国一直以来所施行的，是人民代表大会制度，是一种“议行合一”制度。在这样的制度下，制定法律的人民代表机关不仅应当行使法律解释权，而且应当担当主要的法律解释者的角色。如果人民代表机关制定的法律，允许人民代表机关以外的其他国家机关予以解释，这种解释又具有法律效力，那么人民代表机关作为国家权力机关的地位和权威在逻辑上便不复存在，“议行合一”便不复存在；所存在的便是立法、司法、行政三者分权制衡的体制。而这种体制，许多人认为是不符合中国国情的。

可是问题在于，全国人大常委会的确难以有效享有和行使主要的法律解释权，以胜任主要的法律解释的角色。1954 年《宪法》确定法律解释权由全国人大常委会行使后，实际生活的发展很快就表明，单由全国人大常委会解释法律，是远远不敷需要的。因此，1955 年 6 月全国人大常委会作出《关于法律解释问题的决议》，扩大了法律解释的主体，规定最高人民法院审判委员会也有一定的法律解释权。全国人大常委会难以独力行使法律解释权，并不是偶然的。司法实践中随时可能发生只有通过法律解释才能正确适用法律的事情，而全国人大常委会通常是每两个月召开一次会议，会议所持续的时间一般也比较短，仅仅由常委会行使法律解释权，不可能满足司法实践对法律解释的需求。而且，由于法律解释主要是基于司法实践中存在需要解释法律的原因而发生的，常委会并不具体从事司法实践，把法律解释权主要由没有司法实践经验的人大常委会行使，让专门从事司法实践的主体作为其次的法律解释主体，在理论上和逻辑上便难以说通。这是中国法制建设和法治运作中的一个矛盾。这样的矛盾，既不是立法机关所造成的，也不能归咎于司法机关，而是现行有关法律体制所不可避免的伴随物。改变这种状况，便需要改革和完善现行有关法律体制，完善我们的政治文明。

这样，如何处理这个矛盾，便成为我国法制和法治的一个难题。学界和法律界一直在寻求解决这个难题的路径。迄今提出的主要的解决这一难题的办法就是：从法律解释的分类问题上入手。

长期以来，中国学界和法律界不仅像世界上其他国家一样，把法律解释分为正式解释和非正式解释两大类，正式解释是有解释权的机关做出的具有法律效力的解释，非正式解释则是不确定的主体做出的一般不具有法律效力的解释；而且还进一步把法律解释的分类方法中国化，进一步阐明：在正式解释之中，又有立法解释和应用解释之分。立法解释指法律、法规、规章的制定机关就自己所制定的法律、法规、规章做出的解释，应用解释则是指司法机关、行政机关在实施法的过程中就法的应用问题所做的解释，其中司法机关的解释称为司法解释，行政机关的解释称为行政解释。这样，就产生了颇具中国特色的立法解释、司法解释、行政解释的区分。在法制和法治比较发达的环境下，人们是难以读到立法解释、司法解释、行政解释之类的概念的，正如人们在那样的环境下难以读到“行政执法”、“执法主体”这类概念一样。

尽管我国宪法和法律并没有把法律解释作立法解释和应用解释的区分，所使用的都是“法律解释”概念，但学界和法律界却总是这样区分的。一般法理学教科书通常都有关于立法解释和应用解释的分类。立法机关有关人士在《立法法》出台后更是明确地把法律解释分为立法解释和应用解释两个类别。全国人大常委会负责人主编的《立法法讲话》指出：法律解释分为正式解释和非正式解释。正式解释又分为立法解释和应用解释。立法解释就是立法机关在法律制定后法律的执行情况和执行中遇到的问题，对法律的有关规定的含义作出进一步说明和阐述。应用解释就是执法机关（包括审判机关、检察机关和行政机关）在应用法律的过程中，对法律的有关含义所作的说明和解释。法制工作委员会另一位负责人主编的《中华人民共和国立法法释义》对此有完全一致的阐述，并明确指出《立法法》所规定的法律解释是指正式解释中的立法解释。法制工作委员会主任顾昂然也说："宪法规定属于常委会职权的法律解释，指立法解释。"实践中，最高司法机关在法的实施过程中，历来都将自己视为有权对法律做出司法解释的机关，特别是《立法法》明确规定法律解释权由全国人大常委会行使，最高司法机关只是有权提出法律解释要求之后，最高司法机关关于法律解释的活动和所制作的法律解释文件，都更正规更规范了。

法律解释分类的文章，从表面看似乎解决了问题，消解了矛盾，但实际上不仅没有解决问题和消解矛盾，反而更增加了一个新的问题或矛盾：这样分类本身是否有法律根据，是否违背或抵消了《宪法》和《立法法》关于法律解释权由全国人大常委会行使的规定。有人会问：把《宪法》和《立法法》所规定的"法律解释"变成"立法解释"，这样解释《宪法》和《立法法》关于"法律解释"的含义是有效的吗？如果《宪法》和《立法法》所规定的法律解释的确就是立法解释的意思，为什么不直接且明确地使用"立法解释"这样的表述以避免发生歧义。

在实行人民代表大会制度的情况下，在国家权力结构不是实行分权制衡体制的情况下，由人民代表大会为主导的立法主体享有和行使首要的和主要的法律解释权，是合乎逻辑的。然而仅仅合乎逻辑未必能完全解决问题，未必能实行法治的现代化。全国人大常委会会期不足，不能随时根据需要解释法律；它不是处于应用法律特别是适用法律办理案件的位置，因而难以适时地就法律应用，特别是司法实践问题做出法律解释。在这种情况下，赋予司法机关特别是最高司法机关具有首要的和主要的法律解释权，是完全必要和正当的。绝大多数国家都由宪法和宪法性法律明确规定司法机关可以行使法律解释权，是主要的和经常的法律解释主体。我国的最高司法机关事实上也历来是担负主要的法律解释主体角色的。把这些因素综合起来，可以肯定，中国应当修改和完善现行《宪法》和《立法法》关于法律解释权属制度的规定，给予最高司法机关主要的经常的法律解释主体的合法地位，并进而完善最高司法机关的法律解释制度，使法律解释主体的法律地位和实际作用呈现和谐的而不是分裂的局面。

第三节　我国法律解释运作制度的完善

法律解释的运作制度比法律解释的权力归属制度更富实践性。欲使法律解释发挥更好的作用，特别需要建置和完善法律解释的运作制度。具体而言，全国人大常委会的法律解释运作制度，《立法法》已经有若干规定，但不具体，需要进一步细化，使其既周全又可以操作。最高司法机关的法律解释运作制度，尚无法律作出最基本的规定，因而其建置和完善的任务更显突出。

一、明确法律解释主体的解释权限范围

建置和完善法律解释的运作制度，首先需要明确法律解释主体的解释权限范围。在我国，主要是明确全国人大常委会的法律解释和最高司法机关的应用解释各自的权限范围，以防止出现应当由全国人大常委会解释的事项被最高司法机关解释的情况，也要避免相反的情况，还要防止和避免出现任何一方在法律解释问题上出现不尽职守或贻误时机的情况。

《立法法》对全国人大常委会法律解释权限范围的规定是：法律的规定需要进一步明确具体含义的，法律制定后出现新情况需要明确适用法律依据的，由全国人大常委会解释。1981 年《决议》对最高司法机关法律解释权限范围的规定是：凡属于法院审判工作或检察院检察工作中具体应用法律、法令的问题，分别由最高人民法院和最高人民检察院进行解释。这里的问题是，两种规定的含义实际上在很大程度上是重合的，最高司法机关在司法工作中具体应用法律的问题，主要的或很重要的方面，也就是需要进一步明确法律规定的具体含义问题，或是在法律制定后出现新情况需要明确适用法律依据的

问题。实践中，最高司法机关的大量解释，很多都是针对或基于这两者作出的。这就是说，《立法法》和1981年《决议》分别对全国人大常委会和最高司法机关法律解释权限范围所作的规定，形式上似乎划分了界限，实际上没有真正划清界限，因而不可避免地出现此类问题：应由全国人大常委会解释的事项，往往由最高司法机关解释；在少数情况下，应由最高司法机关解释的事项，却由全国人大常委会解释。这种法定制度界限不清的状况，实际上也是以往全国人大常委会的法律解释数量很少的主要原因所在。应当总结这方面的经验教训，形成合理的、具体的、可以操作的法律解释权限范围的法定制度。

重要的一个办法是，使全国人大常委会和最高司法机关的法律解释范围进一步具体化。以常委会法律解释范围为例，《立法法》所规定的是两大范围："法律的规定需要进一步明确具体含义的"；"法律制定后出现新的情况需要明确适用法律依据的"。从实际情况看，全国人大常委会的法律解释主要有以下几种情形。

(1) 使法律中的有关规定或名词术语的含义得以明确和具体。如2002年8月全国人大常委会《关于〈中华人民共和国刑法〉第三百十一三条的解释》所作的下列规定："刑法第三百一十三条规定的'人民法院的判决、裁定'是指人民法院依法作出的具有执行内容并已发生法律效力的判决、裁定。人民法院为依法执行支付令、生效的调解书、仲裁裁决、公证债权文书等所作的裁定属于该条规定的裁定。”

（2）使法律中有关规定或所确定的有关制度得以变通、弥补或完善。例如，第五届全国人大第二次会议通过的自1980年1月1日起施行的《地方人民代表大会和地方政府组织法》规定：县级以上地方各级人大设立常委会，省、自治区、直辖市、自治州、县、自治县、市、市辖区、镇设立人民政府。但实践中一些地方人大可能在《地方人民代表大会和地方政府组织法》施行之前召开。针对这种情况，1979年9月全国人大常委会专门作出《关于省、自治区、直辖市可以在1979年设立人民代表大会常务委员会和将革命委员会改为人民政府的决议》，规定省、自治区、直辖市如果能够做好准备工作，也可以在1979年召开人民代表大会，设立人大常委会和将革命委员会改为人民政府。

（3）使法律或法律规定在特别的时空条件下得以有效实施。如1996年5月全国人大常委会作出《关于〈中华人民共和国国籍法〉在香港特别行政区实施的几个问题的解释》。

（4）使法律或法律规定在有关方面对其理解或适用发生较大意见分歧的情况下得以形成共识或得以正确实施

如1999年6月全国人大常委会《关于〈中华人民共和国香港特别行政区基本法〉第二十三条第六款和第二

十四条第二款第3项的解释》规定，香港特别行政区法院引用香港基本法有关条款应以本解释为准。

（5）使法律或法律规定在情况发生变化时得以实施或适用。如1983年3月全国人大常委会《关于由对外经济贸易部行使原外国投资管理委员会的批准权的决定》规定，在进出口管理委员会、对外贸易部、对外经济联络部和外国投资管理委员会合并设立对外经济贸易部后，《中外合资经营企业法》及有关的涉外经济法规规定由外国投资管理委员会行使的准权，相应由对外经济贸易部行使。

（6）其他情形。应当将这些情形予以总结提升，以法律化、制度化的形式予以规制，使《立法法》关于全国人大常委会法律解释范围的规定进一步具体化和具有可操作性。最高司法机关法律解释范围制度，同样需要以法定形式使其具体化和具有可操作性。

建置和完善法律解释主体的解释权限范围制度，还需要划清法律解释同法律修改和补充的界限。至今所存在的突出问题之一，是法律解释往往与法律修改或补充混同起来，甚至以法律解释取代法律修改或补充。全国人大常委会的法律解释同法律修改或补充混同起来，就使应当以法律修改和补充的程序，即立法程序形成的制度，变成以简单的多的法律解释程序所形成的制度，使立法的严肃性受到损害。最高司法机关的法律解释同法律修改或补充混同起来，就直接侵犯了立法权，堕入违法以至违宪的境地。在什么样的情况下可以采用法律解释或法律修改或补充的方式呢？有的著述总结了全国人大常委会在实践中所掌握的两个原则：一是凡属于不需要改变原来的法律规定，而是作为一种特殊情况对法律进行变通执行的，可以采用法律解释的办法，不修改法律。如关于国籍法在香港、澳门特别行政区的实施的解释，属于这种情况。二是从问题的性质来看，应当修改法律，但问题比较具体，修改法律一时还提不上议事日程，可以先采用法律解释的办法，待以后修改法律时再补充进法律或对法律进行修改。如关于省长、自治区主席、市长等正职领导人因故不能担任职务时，可以在副职中推举或指定一人代理的解释，后来在修改法律时，即在法律中作出明确规定。可以将这些原则予以提升，使之成为划清法律解释同法律修改和补充的界限的法定制度。

二、完善法律解释运作程序

法律解释需要坚守法定程序，这是现代法律解释的基本要求。全国人大常委会的法律解释程序已经由《立法法》作出基本规制，其框架包括五道程序：① 提出法律解释要求；② 研究拟订法律解释草案；③ 审议法律解释草案；④ 表决法律解释草案。⑤ 公布法律解释文本。尽管这是较简易的程序，但遵循这些程序，可以使常委会的法律解释逐步走向正规，避免以往的种种混乱。

全国人大常委会法律解释的五道程序，既显示出它的特点，也显露出它尚需进一步完善。首先，以“提出法律解释要求”作为法律解释的第一道程序，显示出法律解释程序不像立法程序那样以提出法案为第一步。这是它的一个特点。有的著述认为这一特点也是它的优点：只需要陈述要求法律解释的理由和依据，而不用像提出法案那样，既要陈述理由和依据，也要陈述具体内容。不陈述解释的内容有两个好处：① 有关方面提出解释要求，是因为提出者不清楚法律规定的含义，如果提出解释要求的机关能够提出具体的解释内容，说明提出者对法律的含义是清楚的，也就无须要求解释了。② 有利于克服立法解释的部门倾向，避免使立法解释成为一些部门扩大自己权力和谋取不正当利益的工具。这样的看法有其合理之处。但问题是，《立法法》同时也规定常委会的法律解释同法律具有同等效力，因而法律所产生一般也应当履行立法程序，在这个环节上就是要履行提案程序。否则就会在立法实践中出现程序不一、不严肃、防止了一种部门倾向又容易滋生解释部门的部门倾向等新的问题。以“提出法律解释要求”代替“提出法律解释案”，至少是得失参半，因而需要进一步改进。

其次，《立法法》规定法律解释草案由全国人大常委会工作机构研究拟订。这一规定既是对立法实践中的现行具体做法的肯定，也有失之不慎、容易发生诸如越权之类问题的弊端。法律解释同法律具有同等效力，而全国人大常委会工作机构，即法制工作委员会是没有立法权的。法律解释草案仅仅由法制工作委员会拟订，其他方面不能拟订，相当于让一个没有立法权的工作机构扼住了立法的一个前提性要塞。这在理论上、逻辑上难以成立，在实践中则容易出问题。诚然，法制工作委员会作为常委会的立法工作机构，在委员长会议领导下，负责对列入议程的所有法律草案、法律解释草案的具体研究和修改工作，为全国人大及其常委会、委员长会议和法律委员会审议法律案服务，是适当的；但如果部分法律解释草案都由法制工作委员会拟订，就等于封杀了其他方面，如全国人大法律委员会和其他专门委员会拟订法律解释草案的权力。而法律委员会和其他专门委员本来是有权提出、审议以至表决法律案的，并且它们对各相关法律的立法意旨是明了的、熟悉的，因而它们更有资格提出法律解释草案，特别是法律委员会尤其有资格提出法律解释草案。如果将法律解释草案的拟订工作由某一个部门负责，以保持法律解释的统一，那么也只能确定由一个法律委员会负责。比较好的做法应当是：法律委员会、其他专门委员会和常委会法制工作机构都可以拟订法律解释草案。

另外，《立法法》所确定的全国人大常委会法律解释程序中，仅仅规定法律解释草案由法律委员会根据常委会组成人员的审议意见进行审议、修改，提出法律解释草稿案表决稿，没有规定全国人大其他专门委员会是否可以或应当审议法律解释草案；仅仅规定法律解释草案由常委会审议，没有规定实行几审制。这样，在实践中便容易出现问题：前者过死地限制了其他专门委员会对审议法律解释草案发挥应有的作用；后者使常委会在审议法律解释草案的审次问题上，自由裁量权过大或过于灵活。此外，《立法法》没有规定列入审议议程的法律解释草案是否应当同时提出关于草案的说明，没有规定法律委员会在提出法律解释草案表决稿的同时是否应当提出审议结果报告。所有此类问题，都有待于继续总结经验，并在适当的时候予以解决，使《立法法》所建置的法律解释程序制度日臻完善。

至于最高司法机关的法律解释程序的法定制度尚付阙如的状况，当然更需要尽快转变。

三、实现法律解释形式的规范化

现代化的法律解释应当有规范化的表现形式。然而我国法律解释形式在很长时间内是杂乱的、非规范化的；完善我国法律解释运作制度，需要解决这一问题。

以法律解释的名称而论，几十年来，全国人大常委会的法律解释，有的称解释，如《关于〈中华人民共和国国籍法〉在澳门特别行政区实施的几个问题的解释》。有的称为决定，如《关于被剥夺政治权利的人可否充当辩护人的决定》。这是20世纪80年代之前全国人大常委会的法律解释所采取的表现形式。有的称为批复，如

《关于死刑案件由最高人民法院判决或者核准的决议如何执行问题给最高人民法院的批复》。还有的称之为意见。在这些法律解释中，除直接称为解释的可以一望而知是法律解释外，取其他名称的，一般人难以理解或者了解它们是法律解释。现在人们之所以把有些称为决定、批复、意见之类的文件看作法律解释，一是由于在全国人大常委会的工作报告中指明了某些决定是法律解释；二是靠有关方面予以仔细甄别。许多人之所以认为全国人大常委会过去没有法律解释实践，很重要的一个原因便在于他们认为全国人大常委会过去没有发布过去称为解释的规范性法律文件。在最高司法机关的法律解释中，名称则更多。单以近几年最高人民法院的司法解释为例：有的称为解释，如《最高人民法院关于诉前停止侵犯注册商标专用权行为和保全证据适用法律问题的解释》。有的称为规定，如《最高人民法院关于涉外民商事案件诉讼管辖若干问题的规定》。有的称为批复，如《最高人民法院关于建设工程价款优先受偿权问题的批复》。有的称为安排，如《最高人民法院关于内地与澳门特别行政区就民商事案件相互委托送达司法文书和调取证据的安排》。先前的名称更多更杂，诸如规则、通知、解答、答复、答复、意见、函、复函，等等。

完善我国法律解释制度，需要简化和统一法律解释的名称，实现法律解释内容和形式的统一，使人们能够通过名称一望而知某个法律文件是否为法律解释。

第十四章
立法技术概述

第一节　立法技术的概念和特征

立法技术是立法活动中所遵循的用以促使立法臻于科学化的方法和操作技巧的总称。同立法原理、立法制度相比，立法技术有如下基本特征。

第一，立法技术是一种方法和操作技巧。立法技术不是立法，因而它不是什么“活动”，也不是什么“过程”。它是人们在立法实践和立法研究中所产生的一种智力成果，取静态形式。作为一种方法，它和立法制度不同，不是实体性准则，而取观念形态。作为一种操作技巧，它和立法原理有区别，不是观念性准则，而是实体性准则。

第二，立法技术是立法活动中所遵循的方法和技巧。同立法原理、立法制度一样，立法技术产生于立法实践又为立法实践服务，它以立法实践为出发点和归宿，离开了立法实践，它就无法存在和发展。

第三，立法技术是用以促使立法臻于科学的一种方法和操作技巧。立法原理、立法制度与立法的性质和内容关联更紧，立法技术对立法的科学化程度作用更大。这里所谓臻于科学化，指尽可能达到使立法者或执政者满意，同时符合或在相当大的程度上符合立法的客观规律。促使立法臻于科学化，是立法技术的目的和功能之所在，不同时代的立法者和执政者在立法实践运用立法技术，正是要促使他们的立法臻于当时所能具有的科学化程度，尽可能满意地实现自己的立法宗旨。

第二节　立法技术与立法、法制和社会发展

一、现代社会与立法技术

现代社会作为法治社会，对法的调整的要求愈来愈高。不仅愈加广泛的社会关系需要法来规范，而且日益广泛的社会关系愈益需要高质量的法来实现这种规范。那种需要什么法就可以随之将法制定出来而不在意法的质量如何的状况的观点，已与我们所处时代的要求相去渐远。

当今时代的社会关系比任何时代都要复杂得多。进入至少在法律上、形式上人们之间处于相当程度的自由、平等、多元化的民主状况，从而使社会关系日趋多样化、复杂化，使立法调整的任务由此而变得繁重得多、复杂得多，也因此使提高立法技术水平成为不容忽视的大事；

那么，现代社会呈现给我们的，就比当初市民社会形成之时更是远为繁复而多彩的世界。毫无疑问，这个社会对立法调整和立法技术的要求，也达到空前的高度。一方面，繁复多彩的世界把难以计数的社会问题摆到立法者面前，要求给予解决；另一方面，现代化的以科学技术迅速发展为主要特征之一的客观世界，把大量的非注重立法技术就不足以正确解决的问题摆到立法者面前，要求给予立法调整。这就迫使立法者无论是自觉还是不自觉，都必须考虑和采取必要的立法方法、立法策略和立法操作技巧。立法者既坚持原则又辅以灵活变通之策结合起来，以统揽大局而兼及各别；既坚持立法的稳定性、连续性又注意立法的时变动性妥善结合起来，以正确地面对现实而兼顾过去和未来；既需要立法者予以反映国内外的丰富实际生活经验，又需要立法者能超越这些经验、不囿于这些经验的局限，把总结、借鉴与科学预见结合起来，以尊重实际反映规律；既要把中国特色与国际大势糅合起来，又要独树一帜而不离整个文明大道；既不能让立法一味尾随实际生活，又不能让立法大幅度地超越实际生活时，不能不把立法的超前、滞后与同步正确地予以估价并取舍适当地结合起来，以同步为正宗、以超前相辅助，并在不得已时也给滞后以一定的空间；立法者要既从实际出发又注意理论指导，既注意具备客观条件又注意具备主观条件，既注意现实性又注意可行性，以使应然与实然、现实主义与理想主义在立法上统一起来。

二、法制系统与立法技术

（一）立法与立法技术

立法是法制系统的前提性、基础性的子系统，它的各个基本环节，都与立法技术相关联。

（1）从运筹和谋略的角度看，立法者对立法全局的驾驭能力，所立的法与社会关系的吻合程度，与立法者的立法技术水平或对立法技术的重视程度有很大关系。

（2）从功能和观念的角度看，立法规律、本质和作用，立法意图、目的和任务、立法政策、经验、效率和效果，立法指导思想、基本原则和理论学说，在法律、法规和规章中实现的程度或状况，与掌握和运用立法技术的程度或状况直接相连。

（3）从结构和表形式的角度看，法的名称和内容，法的行为模式和后果模式，法的总则、分则和附则，法的目录、标题、序言、括号和附录，法的卷、编、章、节、条、款、项和目，法的文体和语言，能否得到科学的安排和表现，在很大的程度上取决于立法者掌握和运用立法技术的状况。

（4）从效率和成本的角度看，立法的速度，立法所需耗费的人力、物力，立法的进程和周期，无不与立法者的立法技术水平和运用立法技术的条件有直接关系。

（二）法的实施与立法技术

司法、守法和法的监督合称为法的实施。法的实施状况取决于种种因素，其中包括法的质量因素，而法的质量状况在很大程度上取决于立法技术状况。质量好、品位高、影响大、便于实施的法，同它们表现出来的高水平的立法技术，总是联系在一起。法技术水平高，就能从一个重要的方面，使立法意图、目的和任务，立法指导思想和基本原则，立法内容和形式，明确无误、清楚合理地表现出来，使立法协调和法的体系协调有保障，因而也就便于执法、司法、守法和法的监督。

三、立法运作与立法技术

立法技术的价值，会在立法运作或立法活动过程中，更为直接、系统地表现出来。如果把立法过程分成若干阶段，那么在每个阶段中都能看出立法技术的价值。

第一，在立法准备阶段，即形成法案的阶段，重视和运用立法技术，有助于认识立法的必要性和可能性，把握好立法时机，适时而正确地作出立法决策或领会立法决策；协调好立法与政党、行政、司法的关系和各相关立法主体关系，正确解决各种重大问题。

第二，正式立法阶段，即将法案提交立法主体审议、表决、争取通过并使法获得公布的阶段，重视和运用立法技术，有助于有的放矢、高屋建瓴地对法案加以说明，弄清各相关方面对法案的看法和态度，有针对性地、有成效地开展疏导工作。法案应获得尽可能多的人的理解、支持，争取使法案便于获得通过而成为法律或法规，并为该法在今后实践中得以有效实施打下基础。

第三，立法完善阶段，即在立法的善后阶段，重视和运用立法技术，有助于收集立法信息反馈，及时发现所立之法的缺点，适时对所立之法进行修改、补充以至废止，并为制定有关新法准备条件；有助于科学地进行法的清理、汇编和编纂，恰当地解释所立之法，并使其日臻完善；亦有助于使整个法的体系按社会和立法规律发展，更有效地体现人民的意志和利益。

研究当代中国立法，不仅需要对立法原理、立法制度作深入、系统的探讨和阐述，还要积极研究立法技术问题。中国法学界迄今对立法技术问题的研究在总体上还比较薄弱。关于立技术的专门研究时间不长，也可以说尚处于起步阶段，即使有关立法技术的一些基本理论问题的研究，亦有待深入和走向科学化。加强立法技术研究，使我国立法学体系呈大体平衡的状态发展，满足我国国情和立法实际的需要，使我国立法实践得以沿着科学、健康的轨道运作；应当成为我国立法研究工作者继续努力的目标。

第十五章 立法方法、策略和要求

第一节 立法的一般方法

一、从实际出发和注重理论指导相结合

在立法中坚持从实际出发和注重理论指导相结合，其根本含义就是在立法过程中坚持辩证唯物主义的思想方法和工作方法，避免主观唯心主义和机械唯物主义的思想方法和工作方法，把立法实际同科学的法学理论紧密结合，把客观实际同主观能动性紧密结合，制定出合乎实际需要、能解决实际问题的法律、法规和规章，而这种立法活动和所立之法又充分体现着科学理论的指导作用，体现出人民和立法工作者的智慧和创造性。

我国立法坚持从实际出发和注重理论指导相结合，是国情的客观要求。首先，现今中国社会仍然处在社会主义初级阶段，有着一系列不同于典型社会主义社会的特点。其次，注重从实际出发，注重用理论指导实践，是马克思主义的根本原则之一，在立法中坚持从实际出

发和注重理论指导相结合，是作为中国立法指导思想的马克思主义的重要体现。

中国立法实践的主流一向是注意从实际出发的。例如，20 世纪 50 年代起草《刑法草案》时，鉴于当时政治、经济、文化等许多方面还处在剧烈的变革中，只能把已成熟经验，迫切需要规定的，先规定下来，就不强求完备和应有尽有，以免法律规定不能符合实际情况；考虑到各地情况不同和犯人犯罪情况不同，为能实事求是地对各种不同犯罪判处适当刑罚，避免对同类犯罪判刑轻重过于悬殊，在量刑幅度上既不规定得过宽，也不规定得过窄；考虑到我国是多民族国家，各地情况不同，草案初稿规定民族自治地方不能全部适用本法规定的，可以由自治机关根据当地和本法的基本原则，制定变通的或补充的规定，报全国人大常委会批准施行。

二、客观条件和主观条件相结合

立法需要具备必要的条件。这些条件从总体上划分，可以分为客观条件和主观条件两类。在立法中坚持客观条件和主观条件相结合的方法，就意味着要以唯物主义的观点和科学的态度进行立法。一方面，在不具备必要条件时不去盲目地立法；另一方面，条件还不成熟时，应当善于促进条件的成熟，以积极态度对待立法，不能消极坐等条件成熟，消极地对待立法。立法要坚持客观条件和主观条件相结合的方法，原因在于立法是非常重要的国家活动，是科学性很强的活动，在现代社会它是一项十分复杂的、涉及众多方面的社会工程。

立法要具备客观条件，首先，要求立法应当在社会经济、政治、文化等对立法提出需求的情况下进行。其次，要求立法应当在社会经济、政治、文化等迫切需要法的调整，并且为法的调整提供可能性的情况下进行。最后，要求法的公布实施要考虑到可行性。

立法的主观条件对立法的进行也有重要价值。所立的法要能正确地反映和作用于客观世界，需要执政者、立法者发挥其主观能动性。首先，执政者和立法者要认识到立法的重要作用，并重视发挥法的作用，否则立法活动搞不好。其次，具备立法的主观条件是指立法的决策机关已作出制定或变动某项法律、法规的决策，某项立法项目已列入立法规划，立法者对所立之法要调整的对象和应有的技术特征，有了清楚、全面的认识。例如，如果立法者要对医疗事故、违反计划生育多项行为加以法的调整，但对这类行为和由这类行为引起的社会反响等方面的问题缺乏周密的研究、了解，便贸然作出法的规定，是难有好的效果的。最后，具备立法的主观条件还指对调整对象已确立了或正在形成正确、可行的政策，并且一定的实践经验也在形成过程中。

三、原则性和灵活性相结合

在立法中坚持原则性和灵活性相结合，是指在立法时，既应当坚持各项基本原则，如体现广大人民的意志和利益，坚持法制的统一和立法的法治化，要求立法合乎科学；又允许在一定条件下对这些原则作灵活的、变通的运用，允许留有余地。

我国立法要坚持原则性和灵活性相结合，其依据在于：第一，现阶段中国存在着多层次的生产力和与之相适应的以国有经济为主导的多种经济形式并存的市场经济结构，这决定了立法在维护和促进社会主义市场经济发展时，既要讲原则性，又不能“一刀切”。第二，现阶段我国法制仍然是上层建筑领域亟待加强的薄弱环节，这决定了现阶段立法既要讲求科学性，又不能在这方面要求过高，因此需要既讲原则性，又允许灵活性存在。第三，原则性和灵活性是马克思主义的一项基本原则，立法要以马克思主义为指导，同时应当坚持这一原则。第四，中国的地理环境、人口状况、民族关系和各地经济、文化等发展很不平衡的情况，决定了在立法上不能只讲原则性不讲灵活性。第五，现阶段经济特区的设置和香港、澳门特别行政区的存在，以及可能出现的台湾问题的和平解决，也决定了我国立法应当坚持原则性和灵活性相结合的方法。

立法应当坚持原则性和灵活性相结合的方法，但通常情况下原则性毋庸置疑是主要的、第一位的，灵活性则是辅助性的、第二位的。

四、稳定性、连续性和适时变动性相结合

在立法中坚持稳定性、连续性和适时变动性相结合，是历史上许多思想家所一再强调的、各国立法一般都要坚持的方法或原则。坚持这一方法的主要含义在于：其一，所立之法一经公布、实施，就不能朝三暮四、轻率改变，而应当使法处于相对稳定的状态；但在需要对其加以修改、补充或废止时，就要积极主动地、适时地修改、补充或废止，使稳定性和适时变动性统一起来。其二，一种法定制度一经确立、生效，就不能朝令夕改、随意中断，而应当使其和同类制度具有连续性或关联性；但在需要对其加以变动时，要能从整体和全局的角度，适时加以变动，并且这种变动如导致同现行某些法定制度或法的规定不一致时，要分析其原因，及时采取相应对策，包括采取对这些现行制度或规定加以连带修改、私充或废止的对策，使立法能保持连续性和协调性。

从我国现阶段国情看，我国正进入一个长期稳定的新时期，同时这又是大兴改革的时期。新时期这一特点对立法坚持稳定性、连续性和适时变动性相结合提出较高的要求。这就需要特别注意研究如何在立法中坚持这一结合。同时，要十分注意适应改革的需要，用立法的形式促进改革，并巩固改革的成果。

五、总结、借鉴和科学预见相结合

坚持立法的总结、借鉴和科学预见相结合，就是总结、借鉴本国和外国历史的和现实的立法经验，特别是本国的现实经验，以搞好现实的立法；同时，又不是一味地受经验的局限，不是仅仅让立法作感官经验的刻板摹写，而是把总结、借鉴既有经验和对未来作科学预见，又对未来作适当且必要的反映，从而使立法对社会生活的反映处于主动地位，使所立之法能更好地发挥对社会生活的规范和指引作用。

坚持总结、借鉴和科学预见相结合的方法，包括总结和借鉴历史的，尤其是新鲜的经验，并由此对未来作出科学预见。《刑事诉讼法草案》原来的文本是“搜集证据”，后改为“收集证据”。这一字之改，就是为避免像过去那样先定好框框再去“搜集”证据，而是要求办案人员从客观出发把有关事实“收集”起来。

坚持总结、借鉴和科学预见相结合，重点是总结和借鉴本国的经验特别是现实的经验，但也适用于对待外国的经验；重点是在有关经济、文化领域把既有经验与科学预见相结合，但也适用于其他某些领域。在实行对外开放、搞活经济之际，立法工作注意总结和借鉴外国经验并在经济、文化领域作出科学预见性的规定，更有价值。当然，对外国的东西不能照抄照搬，方针仍然应当是以我为主、洋为中用，取其对我有益之处，为建设和发展适合中国国情的法的体系服务。

坚持总结、借鉴和科学预见相结合的方法，不是要盲目地崇拜，而是要汲取实践中的经验，并由此作出预见性的规定。认为每个法的条文、法律规范都必须以经验为依据，就陷入了经验主义泥坑，否定了理论的指导作用和人们在立法上的能动性、创造性，也谈不上作出科学预见。

因此，坚持总结、借鉴和科学预见相结合的过程，应当是把经验与一定的时间、地点、条件相结合的过程，是把经验与科学立法理论相结合的过程，是把总结、借鉴和科学预见相结合当作充分发挥主观能动性和创造性的过程。

六、中国特色和国际大势相结合

坚持中国特色和国际大势相结合，就是要在立法中正确处理中国国情和国际大环境的关系，使所立的法既深深地植根于中国国情的土壤之中，表现中国立法的个性，又同国际环境的主流相吻合，反映世界立法文化的普遍趋势。

立法中坚持中国特色和国际大势相结合的方法，既和坚持上述诸项方法关联颇紧，又有自己的原因。首先，中国国情具有极为深刻而鲜明的个性或极大的特殊性，中国立法作为这种国情的反映和产物，作为对这种国情加以改造的一种重要途径，不能不具有这种国情的深深的烙印，因而也就不能不带有同这种国情直接相连的中国特色。其次，今日世界大不同于往日的一个鲜明特点在于：世界的整体性、相关性比任何时候都更强了。

在立法中坚持中国特色和国际大势相结合，首先要求立法者深入了解中国国情，善于用立法反映和改造中国国情。其次，要求立法者深入了解国际情况特别是立法者所处时代或历史时期的国际发展大势，善于用立法反映这种国际情况或国际大势中同中国情况紧密相关的那些因素，使中国立法同国际立法文化的主流共潮汐。再次，特别要求立法者在立法中善于把中国情况与国际情况结合起来。最后，在中国特色和国际大势两者之间，前者是基础、是主要的，在立法中坚持中国特色和国际大势相结合，主要是在坚持中国特色的基础上促成这两者的结合。

第二节　立法的基本策略

一、立法的超前、滞后与同步

（一）超前立法

超前立法作为一种观念和做法，在西方国家存在已久。它是科学技术的迅速发展，作用于人们立法观念和法制实践的产物。在中国，超前立法一经有人提出，便很快成为一种流行的提法，有人还呼吁把它作为中国立法的一项基本原则。对超前立法的含义，也很快产生种种界说。例如，有人这样界说："超前立法的基本思想是立法不应仅仅依制定法时的客观条件为依据，而应对社会作出预测。主要依通过预测获得的未来的社会为依据，在法律中充分反映将来法律实施时的社会条件，作出一定程度的超前规定。"

一方面，不能对超前立法期望过高，不能简单地把它作为中国立法的一项基本原则看待。所谓超前立法，就是在一定社会关系形成之前，便预先以立法的形式对这种社会关系作出调整。这种立法显然有悖于法理常识和立法实践的基本经验。同时，在一定社会关系形成之前，就"超前"将法立好，这种法便不仅在前提性的环节上失去科学性，也将在执行或实施的环节上出现问题。社会关系形成之前，人们的确可以对它的发展前景作出预测。预测结果总有两种可能性存在：可能预测对，也可能预测不对或不那么对。如果预测不对或不那么对，根据这种预测"超前"立出的法，岂能算作科学的法，岂能行之有效？

另一方面，对超前立法亦不能全盘否定，简单地将其拒之于可供采行的立法方法之外。需要以立法来调整的社会关系既是丰富多彩的，也是异常复杂的。对有的社会关系作立法调整，完全按照常规的方法进行，未必是上佳的选择。在这种情况下，舍弃常规的方法，采用诸如超前立法的方法，不失为正确的或至少不失为必要的选择。

问题的关键是：怎样才能正确把握是否采用超前立法、在多大范围采用超前立法的度。把握这个“度”，关键要搞清楚采用超前立法的条件。首先，超前立法通常只是在常规立法方法已经不敷使用的情况下，才有必要性。换言之，在采用常规立法方法以解决问题的情况下，超前立法的方法是不必也不宜使用的。其次，超前立法主要是现代科学技术和现代经济发展过程中的一种产物，是一国开国之初或社会变革之际往往不得不采取的一种立法方法。在科学技术和经济还较为落后的国情之下，在并非社会变革之际，对超前立法寄予过高期望，是不科学和不切实际的。

（二）滞后立法

滞后立法作为一种立法方法或形式，其主要特征在于立法落后于它所调整的社关系的发展。当一种新的社会关系出现在人们面前，并且需要以立法加以调整时，立法者思想滞缓、行动缓慢，以致使其所进行的立法调整未能及时适应这种社会关系的需要，甚至这种社会关系出现较长时间后才对其加以立法调整，这种立法便可以称为滞后立法。例如，公司遍布全国已历时经年，有价证券面世已历时经年，亟须有公司法、证券法来加以调整，但这些法却迟迟不能出台，或是耽搁颇长时间才得以出台，这种现象便是立法滞后或滞后立法现象。

但滞后立法也并非百无一是。在有的情况下，它还是必要的一种立法方法或形式：① 当某种社会关系已经出现，并且需要以立法加以调整时，由于一国或一地区的整个立法还相当落后，人们还不谙运用立法的形式对这种社会关系加以调整，每当这种情况下，与其匆忙采取立法措施，出台没有把握的、不科学的、难以实施的、先天不足的法律法规，毋宁稍缓时日，采取积极、有效的办法，制定出较好的法律、法规，以暂时无法可依为代价，换取日后的有效的立法调整。② 当社会关系迅速发展，一下子提出繁重的立法任务，制定大量的法律、法规的客观条件已经成熟，然而由于立法者力量不足或其他主观条件的局限，不能同时四面出击、在短时间内完成大量法律和法规的立法工作时，立法者根据实际情况，将各种立法任务分出轻重缓急，以暂缓一些活动为代价，换取先完成一部分重要的、急迫的立法任务，不仅是无可非议的，也是完全必要的。不过，就总体上说，滞后立法的主要倾向是消极的。

（三）同步立法

所谓同步立法，是指与所调整的社会关系同步而行的立法，是一种常规立法。当一种需要以立三法形式加以调整的社会关系出现时，关于这种社会关系的立法调整的创议亦相应产生；当这种社会关系最终形成后，对这种社会关系加以调整的法律、法规亦相应出台。这一过程，即为同步立法的过程。

与前两者相比较而言，同步立法应当是值得提倡的一种主要的立法方法或形式。国家、社会总是在人们的主观设计和它们的客观必然性相结合的过程中向前发展的。同步立法之所以应当作为主要的一种立法方法或形式，也在于它比之超前立法、滞后立法，带有明显的优点。同步立法更多地、主要地存在于国家、社会处于稳定发展的情况下。同步立法与法治相通，没有法治便难有长久的同步立法，法治社会已经成为现代社会的一个突出标志。

应以同步立法为主导，以超前立法为辅助，在少数情况下也允许滞后立法在一定程度上得以采用，这应当是我们的上佳选择。

二、立法的协调性

立法要协调，包括内部协调性和外部协调性两方面的要求，前者指立法本身要有协调性，后者指立法要与它所调整的社会关系相协调。

立法本身或立法内部的协调，主要包含以下五层意思。

（一）各种法之间的纵向关系要协调一致

宪法、法律行政法规、地方性法规、规章之间要协调一致，下一层次的立法不得与上一层次的立法相抵触，如有抵触，应当撤销或修改。

（二）各种法之间的横向关系要协调一致

各种法之间的横向关系要协调一致，主要包括：①法的体系内部即各个部门法之间要协调一致；②法的内容特别是规范性内容之间要协调一致；③同类法的规定要协调一致。

（三）法的内部结构要协调一致

法的内部结构中最主要的要件是法律规范。法律规范至少应当由行为模式和法的后果两要素构成。这两个要素并不都要统一于每一个法或每一条文中，但一般说法律规范都不可缺少某一个要素。法律规范两要素可以分别体现在不同的法中，又缺一不可，这一特点决定了立法必须统筹全局。

（四）法的内容和形式要协调一致

例如，宪法这种法的形式，应当包含关于国家制度、社会制度和公民基本权利义务的规定（内容），不应当包括有关具体问题的规定。相反，地方性法规这种法的形式，一般不应当规定有关公民基本权利义务的内容。

（五）法的内容、形式和法的结构要协调一致

例如，《全国人大常委会关于刑事案件办案期限的补充规定》这种内容有限、形式简单的法，就不宜采取包

括编、章、节等要件在内的法的结构。

马克思主义立法观强调立法要与它所调整的各种社会关系相协调，因为在种种社会关系中，经济关系是最主要的。马克思主义立法观的这一基本观念，应当成为指导中国立法协调发展的一个重要思想。要努力使中国立法符合经济关系的要求，经济关系发展了，立法也要相应地发展。同时，其他各种社会关系对经济关系也发生着影响，而且它们之间也互相影响。因此，要使中国立法协调发展，就要从中国国情出发，使立法同它所调整的各种社会关系的整体保持平衡和统一，做到协调发展。

三、立法的可行性

立法要可行，就要注意从实际出发，原则性和灵活性相结合，稳定性和适时废、立相结合，充分考虑主客观条件，把立法的协调性摆到相应的地位，合理地处理立超前、滞后和同步的关系，采取科学、严肃、慎重的立法态度，避免和消除立法混乱弊病。此外，还应当注意以下几点。

所立之法要能为人所接受。所立所禁，要能恰到好处，较为适当，不过分。所立之法要能为人所实行。立法时要充分顾及有无能力、人力来较好地贯彻行所立之法。所立之法要宽严适度，易于为人遵守。所立之法要与国情、地情、民情相吻合。

立法与国情吻合，指一国立法特别是国家立法、中央立法，要与一国的生产方式、国家制度、政治形势、科学文化、历史传统、地理环境、人口状况和所处的国际环境等方面的实际情况相符。

四、立法的完备

立法的完备可以指整个立法的完备，也可以指整个立法过程的一个阶段的完备，还可以指法的体系或部门法或某个法的完备。这里是从总体上所说的整个立法的完备。这种意义上的完备，内容主要包括：一是立法体制和整个立法制度的完备；二是立法过程的完备；三是法的形式的完备；四是法的体系的完备；五是法典或单行法的完备；六是法律规范的完备；七是其他立法的完备；八是立法原理原则的完备。

总结关于立法完备问题的多种观点，从立法技术特别是立法策略的角度看，尤其应当注意以下五点。

第一，把立法的完备同特定的时空条件结合起来。在这一点上，可以用列宁的观点和经验说明问题。列宁认为，在非常时期，不能谈完备而影响大局。今天读列宁的这些言论，应当作这样的理解：一是在非常急迫的情况下，可以先立法，哪怕该法有缺点，然后加以完善；二是在正常情况下，则没有理由忽视技术问题，应当尽量立出完备的法来。

第二，在立法的完备问题上，既要看到立法的完备需要一个过程，因而需要有必要的耐心和严肃、慎重的态度，又要注意抓住时机，采取积极主动的态度。立法的完备需要有社会实践和积累经验的过程，不能简单地照抄别人、别国的东西，也不能随心所欲地按自己的主观意愿搞立法的完备。

第三，立法的完备是一个过程，要求人们在实现立法完备的过程中，善于区分轻重缓急，在注意立法协调发展、立法完备的同时，先抓住重点，甚至先在一定程度上放松一些要求，进行立法。

第四，要把立法的完备同实现法的量和质的结合统一起来，同实现法的简明扼要统一起来。实现立法的完备，不是说法越多越好，不仅是法的量的增加，甚至主要不是法的量的增加，而是质和量的统一。实现立法的完备，也不是说法越复杂越好，不仅是法律规范的细密，甚至主要不是法律规范的细密，而是细密和恰当的统一。

第五，要认识到立法的完备是相对的。实现立法的完备，就要注意对法及时进行修改和补充。另外，要实现立法的完备，但又不能过于追求完备。否则，不仅难以实现法的完备，甚至还会耽误立法。

第三节　立法技术的其他要求

一、立法要有科学、严肃、慎重的态度

科学、严肃、慎重的态度，是搞好立法的一项基本

要求。这个要求在古今众多历史人物的思想言论中，有种种反映。

柏拉图提出：立法者在制定新法之前应当对原来有关制度和人们的品质进行一番清洗，有如画家在创制新画前有必要将画板洗刷干净一样。

毛泽东也主张以科学的态度立法。他明确说过："搞宪法是搞科学。我们除了科学以外，什么都不要相信。就是说，不要迷信。"搞宪法如此，搞其他法自然也如此。

彭真也多次说过法是一门科学。主张以科学、严肃、慎重的态度对待立法。彭真在谈到新时期立法任务时指出：除了需要制定宪法和有关基本法律外，"还有一些重要的迫切需要的法律有待制定，立法任务还很繁重。由于各项改革正在展开，许多工作还处在试验和积累经验的过程中，法律的制定只能随着实践经验的成熟逐步走向完备，不能匆忙，不能草率从事。也不能主观地片面地贪多求全，并且要防止过于烦琐，以致难以通行，也难以为干部、群众熟悉和掌握。我们要根据实际的需要和可能，有计划、有步骤地进行立法工作，做到既积极又慎重，以保持法律的严肃性和稳定性"。

二、立法要避免和消除混乱的弊病

立法的大忌之一是混乱不清。避免和消除这种弊病，是立法者应当注意的一个基本要求。混乱可以表现在多方面：立法指导思想混乱，立法体制混乱，法的体系混乱，法的形式混乱，法律规范混乱，立法技术环节混乱，以及其他等。造成混乱的原因颇多：有传统方面的原因，有体制方面的原因，有立法目的方面的原因，有立法技术水平方面的原因。

密尔从另一个角度批评了立法混乱的状况。在他看来，造成立法混乱的原因在议会自身。他说，在英国，法案可能是由最有资格且具有各种设备和手段的权威所起草的，或由精通该问题的人们组成的、多年从事研究特定措施的特别委员会起草的，但也不能免除混乱可能发生。因为下院不愿放弃用他们的笨拙的手加以修修补补的宝贵特权。上院议员比之下院议员不那么喜欢插手，也不那么珍视个人的发言权，但法案经过他们之手时也不能幸免于被宰割。有些条款，对其余条款的实施是不可少的，被省略掉了；为安抚某种私人利益，或某个威胁着要延搁法案的想入非非的议员，有些不一贯的条款被插进去了；在某个单纯假充内行的一知半解的人的动议下，一些条款被插进去了，结果导致提出该法案的议员或持该法案的议员事前未预见到的结局，使他们不得不在下次会议作出修正案以纠正其坏影响。

无独有偶。梁启超在发出“法案之草创及修正，其精神系统不可紊也”的呼吁时，所针对的也是类似于密尔所说的情形，只是这情形已经被中国化了。梁启超断然作出结论：“治国之立法，以国家及大多数人之福利为目的；乱国之立法，以个人或极少数人之福利为目的；目的不正，则法愈多而愈以速乱。”

三、立法要正确认识和处理其他有关问题

（一）要正确看待“成熟一个，制定一个”的方法

这些年来中国立法的实践中，普遍存在这种立法方法：“成熟一个，制定一个”。人们对这种立法方法一般都给予肯定。但实际上这种立法方法不宜简单肯定和提倡。因为这种立法方法犹如滞后立法的方法一样，在缺少立法经验和不具备立法条件的情况下，它不失为一种可以选择的立法方法，但总的说，不宜作为一种常规的立法方法加以运用。

主要原因如下：① 没有统一标准，“成熟”二字便容易被随意理解。② 立法规划、立法预测等就失去作用，立法的协调发展和建设科学的法的体系就会落空。③ 有时一个也不成熟，有时同时成熟一大批。在一个不成熟时，立法是否完全停止？在一大批同时成熟时，立法是否不要分别轻重缓急一涌而起？这个问题按“成熟一个，制定一个”的观点，难以回答。

（二）关于先“零售”后“整售”

在我国立法实际生活中，先“零售”后“整售”也是经常被人强调的一种立法方法。这种方法是指立法不

必在意法律、法规、规章的完整性，一个法可以分若干次制定出来，先一个部分一个部分零星地制定，经过一个积累过程后，再制定一个完整的或相对完整的法。

这种方法可以适合制定规模较大的法律（法典），但对规模不大的法律、法规、规章，不适宜先“零售”后“整售”。目前，我国立法的主要任务不仅在于制定规模大的重要法律，更多的是在于制定大批的、规模不大的法律、法规、规章。从实践看，先“零售”后“整售”的情况，主要存在于民法部门的立法方面，即先制定继承法、民法通则，以后再制定统一的民法典。也就是说先“零售”后“整售”并不是普遍情况。相反，实践中倒是存在颇多的先“整售”后“零售”的情况。

（三）关于制定“试行法”和“暂行法”

制定“试行法”和“暂行法”是我国立法实践中不时采用的又一种立法方法。其实，这种“方法”是不宜采用的。因为，无论何种法，都是以国家强制力为后盾保证实现的，具有特殊的权威性。一个法并不因为它是“试行法”或“暂行法”，就失去这种特殊的强制力和权威性，就不存在法的效力和普遍约束力，就可以随意对待，就可以推翻根据它们作出的已经发生法的效力的处分、裁决和判决。但从实际效果看，一个法被立法主体当作“试行法”或“暂行法”制定出来，它们在贯彻实施过程中，通常就自然不如其他法即“正式法”那样具有必要的强制性和权威性，往往被人看成是可行不行的、试试看的或效力等级低一些的东西，往不能得到很好的贯彻执行。

第十六章
立法预测、规划和决策

第一节　立法预测

一、立法预测的含义、任务和作用

（一）立法预测的含义和任务

所谓立法预测，是指运用一定的方法和手段，考察和测算立法的发展趋势以及未来状况。

立法预测的基本任务和目的，是获得有关信息和资料，使立法建立在科学的基础上，并发挥其最佳的社会效果。

一要考察和揭示立法的发展规律，使今后立法尽可能合乎规律；二要考察和测算社会对今后立法的需求和需求的范围，实现这种需求的可能性；三要考察现行立法达到预期效果的程度，对社会需求满足的程度，以及在今后的可行性程度，测算出目前和今后在法的修改、补充和废止方面的任务，明确应当修改、废止哪些效果不好或缺乏可行性的法，补充和完善哪些效果较好和具有可行性的法；四要考察和测算由于社会进步和社会发展，可能会促使立法理论、制度、技术发生哪些变化，立法者如何使立法适应这些变化，随着社会前进。

（二）立法预测的作用

1. 立法预测有助于协调立法与社会发展的关系

法只有积极、主动、准确、适当地反映这些社会需求和进步，才能真正实现其调整社会关系的使命。

2. 立法预测有助于协调法制系统的内部关系

法制是一个系统工程，立法、执法、司法、守法的任何一个环节的状况和发挥作用的程度，都这样或那样地作用于和受制于其他环节。

3. 立法预测有助于使立法实现自身科学化，发挥其最佳社会效果

立法的社会效果如何，不仅取决于立法与社会发展的协调程度、与法制系统的协调程度，也取决于立法自身的科学化程度。

4. 开展立法预测也是时代对立法的要求

当今时代是信息时代，不了解信息，这个时代就没有立足之处。要注重立法预测，了解本国社会对今后立法的需求，寻找这种需求的理想方案；了解别国立法动向，及时借鉴别国立法经验，使本国立法处于各国立法的先进行列，就能使立法随着信息时代的脉搏而发展。

二、立法预测的原则

1. 科学性原则

立法预测是一项科学活动，应当采取科学的态度和方法进行。

2. 合宪性原则

立法预测要根据宪法进行，特别要根据宪法确定的今后社会发展的道路、国家和人民的根本任务进行，使立法预测建立在合宪的基础上。

3. 系统性原则

系统性原则指运用系统的预测方法，从整个法的制度和法的体系出发开展立法预测。

4. 效果性原则

应当在各种预测方法中选择预测效果最好、最能提高立法质量的方法开展预测。

三、立法预测的条件和步骤

（一）立法预测的条件

（1）客观条件。需要有相当发达的科学技术作为基础，需要有一定的物质条件如电脑系统等现代化设备。

（2）主观条件。要建立一支专业化的立法预测队伍，需要有一批素质较好的立法预测人员，他们熟悉或善于了解各种有关情况，掌握立法理论、预测理论、立法实践和整个法制的大量信息。

（二）立法预测的步骤

（1）作出立法预测的决策。决策由拟开展立法预测的主体，根据立法决策和立法预测的基本原则、必备条件作出。

（2）落实立法预测的班子。班子的人员结构要合理。

（3）确定立法预测的目标。目标要根据法制建设的实际情况及其对立法预测的要求确定。目标要具体，内容要实在，根据这种目标可以确定所需时间、物力、人力。

（4）选定立法预测的类别。对所要开展的立法预测，既要明确它是短期、长期还是中期预测，又要明确它本身的起止时间；既要明确它是宏观或微观预测，又要明确是全国性预测或地方性预测。

（5）选择立法预测的方法。根据所要开展的预测的性质、特征和具体条件，选取相应预测方法。有时也可以把几种预测方法结合起来使用。

（6）正式进行预测。要充分搜集各相关信息，主要是搜集社会发展给立法调整的社会关系带来的各方面变化的信息。搜集信息应当全面、详细、准确。包括执政党和国家的各有关政策方针，法的实施情况，国内外各种政治、经济、文化、法制的理论和实践的发展变化情况。根据这些信息进行分析、研究，得出预测结果，草拟预测报告。预测报告稿中可以多拟订几个立法预测方案以供选择。

第二节 立法规划

一、立法规划的含义、性质和特征

（一）立法规划的含义和准法性质

立法规划是有权的主体在自己的职权范围内，为达到一定目的，按照一定原则和程序，所编制的准备用以实施的关于立法工作的设想和部署。

立法规划属于一种准法性质的规范性文件：它具有法的性质，但又不是完全意义上或典型意义上的法，而是特殊意义上的法，即“准法”或“半法”。同立法规划的性质相适应，编制立法规划的活动，是准立法活动。

（二）立法规划的特征

（1）特殊的指引。立法规划作为关于立法工作的设想和部署，具有指导性和指令性两重属性。

（2）特殊的准则。立法规划作为关于立法工作的设想和部署，它是立法者应当遵循的准则，在立法较完善的一些国家，相当于《立法法》中某些内容的实施细则。

（3）特殊的权力。立法规划作为关于立法工作的设想和部署，应当由有权的主体或其授权的有关主体编制。立法规划的提案、审议、通过和公布，都应当由它们进行。

（4）特殊的程序。立法规划作为关于立法工作的设想和部署，它的编制应当遵循一定的程序。编制立法规划是为正式立法做准备的工作，是前立法阶段的一个环节，它的编制完成，并不意味产生了法，要把规划变为现实，还要通过诸如法案起草、提出、审议、表决、通过和法的公布等环节或程序。既讲程序又与正式立法程序相区别，这种情况正是立法规划的准法性质的又一个表现。

（5）特殊的实施。立法规划作为关于立法工作的设想和部署，是立法者完成立法工程的施工蓝图。

二、立法规划和立法项目、建议、政策

（一）立法规划和立法项目

立法规划的主要目的和关键内容，是对需要完成的立法项目加以确定、列举和安排。西方立法学著述讲到立法规划，通常主要就是讲立法项目问题。但立法规划和立法项目并非同一事物。首先，立法规划是一定主体在一定时期、一定范围实施立法工程的施工蓝图，立法项目则是这幅蓝图绘出的所要建筑的具体而实在的对象。其次，编制和实施立法规划，离不开确定和落实立法项目，然而不是所有立法项目都以列入立法规划，有关方面往往提出许多立法项目，这些项目中被选中的项目才

能列入立法规划。最后，立法规划以确定、列举和安排立法项目为主要内容，但主要内容并非全部内容，正如法的规范是法的主要内容但不是法的全部内容一样。

（二）立法规划和立法建议

立法建议是有关立法意愿、立法要求、立法主张的一种表现形式。国家机关、社会组织或公民个人，希望或要求立某个法，并将这种愿望或要求以具体的立法主张表达出来，让立法主体或有关方面知晓，这就是提出立法建议。它们是编制立法规划的重要参考因素。编制立法规划需要研究大量的立法建议，否则就难以形成反映多方面意愿和要求、具有广泛社会基础因而具有很大可行性的立法规划。确定是否将某事项列为立法项目、编入立法规划时，是否存在关于这一事项的立法建议，是判定这种确定的条件是否成熟的一个标准。但两者有诸多区别。

（1）立法规划是有权的主体编制的；立法建议的主体则广泛得多，国家机关、社会组织和公民群众都可以提出。

（2）立法规划是一定的主体根据自己的职权和一定的原则，通过一定的程序编制的；立法建议的提出则不要求一定与建议人自己的职权或业务范围相关，也未必要遵循一定原则和程序，如公民以投书报刊的方式便可以提出立法建议。

（3）立法规划需要采取书面形式，需要有一定的结构和技术规格；立法建议则可以是书面的，也可以是口头的。书面的立法建议也不必采取固定的格式。

（4）立法规划是要贯彻实施的；立法建议提出后未必能被采纳。

明确立法规划和立法建议的联系和区别，有助于立法规划的实施者避免把立法规划和立法建议混同起来而不注意立法规划具有准法性质，从而认真按照规划立法，使立法规划能有效地贯彻实施。

（三）立法规划和立法政策

这两者的任务都是指引立法，而立法政策对立法规划又具有指导性，立法规划对立法政策的实现又有重要意义，但两者不能混淆。

（1）立法规划通常由有权立法的主体编制，立法政策的制定主体不一定是有权立法的主体。

（2）立法规划的编制主体通常是规划的实施主体，只是在授权情况下或其他少数情况下例外。

（3）立法规划通常有规范化的文字表现形式，内容较具体；立法政策不具有这样的特点。

理解立法规划和立法政策的联系和区别，就应当充分注意：执政党可以制定立法政策，但不能代替立法主体编制立法规划，实施立法政策；也不能以立法规划代替立法政策。要避免把立法规划搞成像立法政策那种形式不规范、内容不具体的样子。

三、立法规划的功能

（一）协调立法和它所调整的社会关系

编制立法规划，按照规划立法，可以促使立法者去研究社会发展对立法的需求程度，将立法活动纳入有序的运行机制中，使立法和它调整的社会关系得以协调发展，进而获得最佳的社会效果。

（二）帮助构建完备的法的体系和法制体系

一方面，通过立法规划，促使立法者把整个立法当作一个整体来运筹。既要避免只注意单个的、零散的立法项目而忽视以宪法为核心的整个法的体系的全局建设，又要避免只注意立法活动的某一环节而忽视从法的制定、修改、补充和废止的全局来安排、布置立法。另一方面，既可以通过立法规划，促使宪法和其他法之间、各部门法之间、各法的规范之间，在最大程度上协调一致，减少或避免法的体系内部的矛盾和不必要的交叉重叠现象，又可以通过立法规划，发现法的体系中存在的问题，促进法的整理、汇编、编纂和其他法的系统化工作，使法的体系日渐完善。

（三）指明道路，促使做好立法工作，使立法臻于科学化

通过立法规划，有助于立法者做到站在全局的角度，

确定一定时期和范围的立法目标、任务、方向、战略和战役，并将这样做的必要性和可行性揭示出来，从而为立法指出明确、可行的道路。合理、适当、科学地调控整个立法进程，既注重全局又突出重点，既注重当前又顾及长远，既明确眼下立法工作的重点、紧迫点和难点，又明确随后应当做什么。

四、立法规划的原则

立法规划的原则是编制和实施立法规划的基本准绳。现代立法规划的基本原则主要是法治、可行、科学三项原则。

（一）立法规划的法治原则

立法规划的法治原则，是指编制和实施立法规划应当有法的根据，或不与现行法相抵触。坚持这一原则，是由立法规划的准法性质、基本特征、应有功能决定的，也是现代立法及其基本原则以至整个现代法制，对编制和实施立法规划的一个基本要求。

（二）立法规划的可行原则

立法规划的可行原则，是指编制和实施立法规划，要充分考虑规划在未来实践中变为现实的程度。坚持可行原则是整个立法所要坚持的实事求是、从实际出发原则对编制和实施立法规划的基本要求。坚持立法规划的可行原则，就要正确处理需要与可能的关系，既努力适应社会发展对立法的需要，又量力而行，使其成为既有编制的必要性，又有较大的实施可能性的立法规划。

（三）立法规划的科学原则

立法规划的科学原则，是指编制和实施立法规划，要合乎客观规律的要求，作出最佳选择，具有科学性。一个为现代立法提供具有准法性质和特征的准则的规划，一个对现代立法工作指明方向、作出设想和部署以期实现一系列应有功能的规划，它的编制和实施理所当然需要坚持科学原则。

五、立法规划的编制权限、程序和实施保障

（一）立法规划编制权的归属

立法规划权既然是一种准立法权，就属于国家立法权力体系的重要组成部分。对立法规划权的归属，许多国家有明文规定的制度。我国尚无明文规定的统一制度。这方面存在的突出问题是越权现象普遍存在。

为完善我国立法规划权的归属制度，应当以法的形式规定。

（1）法律、行政法规、地方性法规、自治条例和单行条例、规章及其他规范性法文件的立法规划，应当分别由有权制定和变动它们的立法主体编制。

（2）有关立法主体认为有必要制定或变动自己无权制定或变动的法，可以建议有权主体将这些法的制定或

变动事项列入有权主体的立法规划，或以法案的形式依法定程序直接分别提交有关立法主体审议。

（3）有关立法主体如编制包括自己无权制定的法律、法规等多种法的形式的综合性立法规划，应当以“拟提请审议的法律、法规案”的名义来安排、布置立法项目，或以“法律、法规案提案规划”的名义来安排、布置立法项目，自己无权直接确定完成这些立法项目；但法律、法规另有规定或有权机关另有合法授权的除外。

（4）有权编制立法规划的主体，应当以自己的名义编制和公布立法规划，它们的有关专门委员会或工作机构可以根据它们的授权草拟立法规划，但不能以专门委员会的名义编制和公布。

（5）上级或高位立法主体有权改变或撤销下级或下位的与法相抵触的、不适当的立法规划。

（二）立法规划权的行使程序

为了完善中国编制立法规划权的行使程序，应当以法的形式确立至少包括下述内容的制度。

（1）立法规划权应当依确定的程序行使。

（2）对于立法规划草案，可以立法主体自行起草或由其委托的所属有关机构起草。

（3）立法规划草案的审议、通过（批准）、公布，可以比照立法案的审议、通过、公布的程序进行。只有立法主体才可以行使审议、通过（批准）、公布权。

(4) 对立法规划的变动，由立法主体或其委托的机构按上列同样程序进行。

(5) 规定立法规划权行使程序的规范性法文件，无论是对外公布的规范性法文件，还是对内的文件，都只有立法主体才能制定和公布（发布），办公厅、局或其他办事机构、工作机构无权制定和发布。

（三）立法规划的实施保障

编制立法规划的目的和价值，需要通过实施立法规划来实现。在编制和实施立法规划的整个过程中，应当努力坚持立法规划的三项原则，使立法规划的实施有法的保障，有客观可能性，有科学根据。要认真组织对立法规划的贯彻落实。立法主体、执行立法规划的机构和部门，要以定期和不定期相结合、全面和重点相结合等方式，认真检查立法规划贯彻落实情况，发现和解决问题。

第三节　立法决策

一、立法决策的含义、特征

（一）立法决策的含义

立法决策，是立法主体在自己的职权范围内，就立法活动中的实际问题作出某种决定的行为。

（二）立法决策的特征

（1）立法决策的主体是立法主体，主要包括有权立法的国家机关和这些机关的负责人。

（2）立法决策要根据法定职权作出。

（3）立法决策是一种具有实在性、旨在解决立法实际问题的行为。

（4）立法决策是就立法实际问题作出对策性决定的行为，不是仅就这些问题作出考虑或加以讨论、研究的行为。

（5）立法决策是就立法问题作出价值判断和决定取舍的行为。

二、立法决策的原则

（一）尊重法定制度原则

这主要是立法的法治原则对立法决策的基本要求。立法决策者来说，坚持立法的法治原则，特别要牢牢记住并做到：决策应当有法的根据或不与法相抵触。有些决策本身是以改革完善现行法的制度为目的的，这类立法决策，也不能背离一国整个法制的基本精神。

（二）注重综合作用原则

立法决策的直接根据首先应当是法的规定和经验，而其更深刻的根据则应当是主要国情的综合作用。

（三）重视集体智慧原则

立法的民主原则和科学原则都要求摒弃专断、任性的习性作出立法决策。实行重视集体智慧原则，是立法的民主原则、科学原则和立法决策本身的地位、特征，对立法决策的基本要求。即便实行同集体决策相对应的个人决策，也应当注意实行民主集中制，尊重和发挥集体的智慧。

（四）择优决策原则

立法决策的过程，主要就是对立法问题作出价值判断和决定取舍的过程。有多种方案，仅作单向思维，仅有一项方案，就谈不上选择，就容易缺乏全面性，就难有理想的决策结果。要善于对这些方案作出比较，择优而用。虽然有多种方案可供选择，但是决策者不善对比、选择，依然难能作出科学的立法决策。

（五）信息准确原则

科学的立法决策，需要有准确、全面的信息作为依据。制作可供选择的方案，需要有准确、全面的相关信息。对方案作对比、选择，也离不开掌握、分析、研究相当数量的相关信息。

三、立法决策的步骤

立法决策是一个过程。这个过程的内容主要通过对立法问题作出价值判断和决定取舍表现出来，但其具体步骤则不止于此。立法决策过程至少由如下步骤所构成。

（一）发现和提出问题

这是立法决策过程的第一个步骤。立法决策作为就立法问题作出某种决定的行为，它以一定的立法问题的产生和存在为前提。没有立法问题没有立法决策。

（二）确定解决问题的目标

应当予以解决或亟待解决的立法问题业经发现和提出以后，接着一个；步骤是要确定解决问题的目标。例确定目标是立法决策过程的一个重要步骤，目标正确与否，直接关系立法决策的成败与否。

（三）设计解决问题的方案

设计方案是立法决策过程中一个具体操作步骤。完成这个步骤就要设计两个以上方案。立法决策既是就立法问题作出价值判断和决定取舍的过程，就需要有可供判断和取舍的方案存在。这里所谓两个以上方案，一般指两个以上的独立方案，也可以指一个方案中同一事项的具体不同解决方案。设计方案的工作应当尽可能吸收各相关方面参加。

（四）作出抉择和定夺

这是立法决策过程中最具实质性的步骤。抉择是就多种方案中选择更好的一种方案，定夺通常是以决定的形式对这一方案加以认可。选择是一项复杂的工作，选择的过程是根据计算和数据、凭借经验和才能，比较各个方案利弊得失的过程。认可的方案应当是顾全大局、利多弊少、合理合算、省时见效的方案。

（五）完善决策

决策作出之后，在贯彻实施的过程中，由于种种原因，往往还需要对已经作出的决策加以必要的修改、补充。

第十七章 规范性文件的结构与形式

第一节 规范性文件的结构与形式概述

一、规范性文件的结构与形式的三个方面

规范性文件是一个由若干部分构成的统一整体。我们经常见到的各种规范性文件，表现形式是多种多样的，结构也是各有不同的。但是经过归纳分析，规范性文件在结构上有不少必备成分。这些成分就是规范性文件的结构和形式。

一个比较完整的规范性文件的结构和形式一般包括三个方面：一是规范性文件的名称。二是规范性文件的内容，其中包括规范性内容和非规范性内容。规范性内容即通常所说的行为规范，它规定人们的行为模式和行为后果；非规范性内容即规范性文件中关于制定该文件的依据、宗旨和原则的说明（宪法和有的法律还包括序言），关于该文件的适用范围的规定，关于专门概念和术语的解释，关于通过机关和通过时间、批准机关和批准

时间、公布机关和公布时间，关于该文件的生效或施行时间，关于授权有关机关制定变通、补充规定或制定实施细则的规定，关于废止有关规范性文件及其中内容的规定，等等。三是表现规范性文件内容的符号。主要包括名称下方的括号、目录、总则、分则、附则及各部分的标题，卷、编、章、节、条、款、项、目，有关人员的签署，附录等。

二、规范性文件的结构类型

从实践来看，每个规范性文件并不一定都要由上述各种要件构成。与构成规范性文件的要件具有不同地位和作用的情况相联系，各种规范性文件有简单结构、复杂结构和介于两者之间的一般结构的区别。

（一）简单结构的规范性文件

简单结构的规范性文件通常包括以下要件：① 名称；② 行为规范；③ 有关说明和解释；④ 名称下方的括号；⑤ 制定机关和制定时间；⑥ 公布机关和公布时间；⑦ 生效或施行时间。简单结构的规范性文件当然不是绝对必须包括这 7 个要件，有的可能少一两个，有的则可能超出这一范围。

（二）复杂结构的规范性文件

复杂结构的规范性文件的要件较多，通常包括：① 名称；② 行为规范；③ 有关说明和解释；④ 名称下方的括号；⑤ 制定机关和制定时间；⑥ 公布机关和公布时间；⑦ 生效或施行时间；⑧ 目录；⑨ 序言；⑩ 总则、分则、附则；⑪ 各部分的标题；⑫ 卷、编、章、节、条、款、项、目；⑬ 关于适用范围的规定；⑭ 关于授权有关机关制定变通，或补充规定，或制定实施细则的规定；⑮ 关于废止有关规范性文件或其有关内容的规定；⑯ 有关人员的签署；⑰ 附录。当然，具有复杂结构的规范性文件，有的不一定完全包括这 17 个方面的要件。例如，我国 1982 年《宪法》的结构属于复杂结构，它包括名称、名称下的括号、通过机关和通过时间、公布机关和公布时间、施行时间、有关说明和解释、目录、序言、各部分的标题、行为规范、章节条款项目、关于适用范围的规定、有关人员的签署等 14 个要件。

（三）一般结构的规范性文件

一般结构的规范性文件是介于简单结构和复杂结构之间的一种规范性文件，其要件比简单结构的要件多，但比复杂结构的要件少。采取这种结构的规范性文件，其要件通常包括：① 名称；② 行为规范；③ 有关说明和解释；④ 名称下方的括号；⑤ 制定机关和制定时间；⑥ 公布机关和公布时间；⑦ 生效时间和施行时间；⑧ 条、款；⑨ 适用范围；⑩ 授权有关机关制定实施细则的规定；⑪ 废止有关规范性文件或其有关内容的规定。全国人大常委会通过的法律和地方制定的法规中，有一部分采用的是这种结构，如《中华人民共和国中外合资经营企业法》《中华人民共和国学位条例》《中华人民共和国国籍法》《中华人民共和国个人所得税法》《中华人民共和国外国企业所得税法》《中华人民共和国国务院组织法》等。再比如《北京市劳动保护监察条例》《北京市农业联产承包合同条例》等。

第二节　规范性文件的名称

一、规范性文件名称的意义

（一）立法方面的意义

名称问题解决好了，规范性文件的制定者在制定时可以很好地把握所制定的规范性文件的效力等级、性质和内容；制定后可以明确该文件由哪个机关进行解释、补充、修改或废止；还有利于立法机关对规范性文件进行分类、清理、汇编等系统化的工作。

（二）法学研究方面的意义

规范性文件的名称，特别是法律的名称解决好了，可以更容易地对立法资料进行分类、编排、整理和统计，有利于开展法学特别是立法学的研究。

（三）执法、司法和守法方面的意义

规范性文件有规范、科学的名称，可以使执法者、

司法者和守法者明确地了解该文件的性质、内容和效力等级，从而了解该文件与自己的业务或日常工作、生活有什么关系，使自己在执法、司法和守法时避免盲目性，增强自觉性。

二、规范性文件名称的完善问题

近年来，我国在规范性文件名称的科学化方面做了大量工作，取得了较大的进展，当然还存在一定的不足。主要体现在如下两方面。

其一，从名称的过多过杂逐步变为名称的规范统一。全国人大及其常委会所立法律的名称，就有法、决议、决定、条例、规定、办法、方案七种。国务院行政法规使用的名称有几十种，单是近年来常用的名称就有条例、规定、决议、决定、办法、通知、规则、细则、意见等10余种。逐步实现了不同效力等级的规范性文件使用不同的名称。例如，全国人大及其常委会制定通过的规范性文件，称为“××法”“全国人民代表大会关于××的决议”“全国人民代表大会常务委员会关于××的决议(决定)”等。行政法规、地方性法规主要用“条例”“规定”“办法”等，而且基本上不用“暂行条例”“试行规定”等名称。全国人大及其常委会所制定的规范性文件，相当一些是有关法律问题的决议、决定、规定。国务院行政法规除了称“条例”外，还有“决定”“规定”“办法”“细则”“意见”等。一些部门规章的名称则更为混乱。

其二，从名称混乱不一到名称的简单明了。现在制定新的行政法规都统一用“中华人民共和国××条例（规定、办法）”“国务院关于××的决定（规定）”；部门规章不用“中华人民共和国”的字样，直接标明什么内容；地方性法规和地方政府规章则标明“××省（市）”的字样。但是，许多效力等级有很大差别的国家法律和行政法规有同类名称，从它们的名称上看不出效力等级差别。例如，《中华人民共和国学位条例》《中华人民共和国经济合同仲裁条例》《中华人民共和国居民身份证试行条例》《中华人民共和国发明奖条例》等，是全国人大常委会和国务院分别制定的，它们的效力等级有很大差别。但从它们的名称上无法辨别哪些条例是享有国家立法权的全国人大常委会制定的法律，哪些是只享有行政法规制定权的国务院制定的行政法规。

第三节　规范性文件的结构

一、总则、分则与附则

从规范性文件内容上的结构来说，通常包括总则、分则和附则三部分。要提高一个规范性文件的科学水平，重要的条件之一是必须注意合理地构造这三个组成部分。

（一）总　则

规范性文件的总则是对整个规范性文件具有统领地位的，与分则、附则等相对应的条文和规范的总称。它是整个规范性文件的纲领和事关该文件全局的内容的综合，是规范性文件整体中的一个组成部分。

在构造规范性文件的总则时应当意：不能过于简单，不能不写入应当包括的内容；也不能过繁，不宜篇幅过长、条文过多，不能把可以独立作为一个部分且分量较重的内容写进总则；同一类规范性文件，其总则内容差别不能过大；不能把总则当成一个“杂物袋”，把凡是不好放到别的部分去的内容，都写入总则，这样会使总则成为没有统领性、规律性和内在联系的部分。

总则的内容应包括如下：第一，制定规范性文件的目的；第二，制定规范性文件的根据；第三，规范性文件的基本原则；第四，有关制度或基本制度；第五，规范性文件的效力；第六，规范性文件的适用。其中，除第四个方面外，是一般总则应当包括的，第四个方面的内容一般是规模比较大的法律、法规中总则应当包括的。

规范性文件的总则，有明示与非明示两种形式。明示的总则一般出现在有一定规模、设有“章”的规范性文件的结构中。其名称最普遍的是称为“总则”，还有称为“总纲”“基本原则”“一般规定”的，此外还有其他名称。非明示的总则即是无标题的总则，一般出现在简单结构的规范性文件中，或出现在不设“章”的规范性文件中。无论是明示总则还是非明示总则，一般都应当设在规范性文件的开始部分，只有在总则之前还有序言、前言的情况下，可以例外。

（二）分　则

规范性文件的分则是该文件的整体中与总则相对应的，使总则内容得以具体化的条文的总称。分则在规范性文件的结构中居于重要地位。分则是对各有关主体、客体、行为、结果作出分别规定的部分，即规定具体的行为规则，指明该规范性文件鼓励什么、允许什么、禁止什么、限制什么，具体的奖励与处罚措施，等等。

从各种规范性文件的分则的共性来看，分则的内容主要包括如下三个方面：一是对制定规范性文件的目的和根据、原则、基本制度及其他总则内容的具体化；二是对各有关主体、客体、行为、事件、结果等加以具体的规定；三是以系统地、具体地规定权利或职权、义务或职责，并规定行使这些权利或职权、履行这些义务或职责的保障措施，以及行使或侵犯权利或职权、履行或不履行义务或职责所引起的结果为内容的。

规范性文件的分则在形式上也有明示和非明示之分。明示分则的显著标识是在分则内容前标有“分则”的标题。如我国的《刑法》《合同法》等。明示的分则通常出现在总则内容较多、与分则内容在比重上相差不悬殊的规范性文件中。它的优点是可以使人们清楚地看出该规范性文件的统领性规定和实现这些统领性规定的具体规定以及其他具体规定的布局，便于贯彻实施规范性文件以及研究这些文件。非明示的分则是指在规范性文件中没有分则标题，但其内容属于分则范畴的一种形式。例如，我国的《民法通则》《行政诉讼法》《民事诉讼法》《行政处罚法》《中外合资经营企业法》《学位条例》《国籍法》等。

（三）附　则

规范性文件的附则是该文件整体中作为总则和分则的辅助性内容而存在的一个部分。附则作为总则和分则的辅助性内容，对总则和分则的实施有着重要的意义。附则并不是每个规范性文件都具备的部分，但是绝大多数规范性文件都需要有附则内容的存在。

规范性文件附则的内容主要应当包括这样几方面：① 名词、术语的定义；② 解释权的授权规定；③ 制定实施细则的授权规定；④ 制定变通或补充规定的授权规定；⑤ 宣布有关规范性文件或有关规定失效或废止的规定；⑥ 施行问题的规定。当然，有的规范性文件的附则，未必全部包括这些内容。

范性文件的附则，也有明示与非明示的区分。明示的附则存在于设章的规范性文件结构中。实践中大多数设章的规范性文件中都有明示的附则，其显著特征是在附则内容前标有“附则”的字样。非明示的附则即无标题“附则”，一般存在于简单结构的规范性文件或不设章的规范性文件中，有的设章的规范性文件中，虽然有附则的内容，却没有附则的标题。

二、目录、序言、附录

（一）目　录

规范性文件的目录是在完整的规范性文件结构中将总则、分则和附则各部分的标题集中排列于序言或正文之前的部分。除简单结构的规范性文件外，大多数设有章、节的规范性文件都需要有目录，以便于人们能方便地从宏观上把握规范性文件的基本内容，了解规范性文件的结构，快捷地查阅有关文件。

（二）序　言

规范性文件的序言是指在该文件的正文前叙述性或论述性的文字部分。序言有两种表现形式：一种是在序言前标明“序言”的字样，如我国《宪法》的序言；另一种是没有标明“序言”的字样，如波兰、匈牙利等国家的宪法序言。序言有长有短，长的如《南斯拉夫宪法》的序言有 1.2 万字，短的则仅有数十个字。

序言并不是所有规范性文件都必须有的。在实践中，哪些规范性文件设序言，各国情况不统一。有些国家如英国的成文法多数有序言，有些国家的规范性文件很少有序言。但是宪法是例外，世界上多数国家的宪法都有序言。据统计，全世界各国宪法中有2/3写有序言。我国规范性文件设序言的情况主要有三种：一是《宪法》；二是个别基本法律，如《民族区域自治法》《香港特别行政区基本法》《澳门特别行政区基本法》等；三是以决议、决定形式出现的规范性文件。前两者的序言一般标有“序言”字样，有一定篇幅；后者的序言没有“序言”字样，篇幅短，通常也被视为前言。

（三）附　录

附录是部分规范性文件的正文后所附加的有关资料的总称，有时也称为附件。设置附录的目的主要是，通过附录可以使规范性文件或其中的有关内容能够得到一定的说明，更好地为人们所理解，有助于该文件的实施，同时也可以避免在有关的条文中出现与其他条文不协调的引文、说明、图表、图形、数据、名单等。附录并不是所有规范性文件所必备的。一个规范性文件是否需要设置附录，要看该文件是否需要附加有关资料以便得到更好的说明。由于附录是由制定规范性文件的主体经过选择附加在文件正文之后的，因而它也是规范性文件整体的组成部分。附录作为规范性文件整体的组成部分，也具有规范性文件的效力，可以作为执行、适用、遵守的根据或参考。

第四节 规范性文件的形式要件

一、规范性文件的标题

在复杂结构的规范性文件中，由于内容较多、篇幅较长，仅仅用条文形式还不足以组合规范性文件的内容，所以需要设置章、节，有的还在节前标出的内容，就是标题。标题的意义在于方便人们从宏观上了解、把握和记忆规范性文件的基本内容。

规范性文件标题的层次，根据具体情况有多有少。有的规范性文件有四级标题，如法国的《民法典》；有的是三级标题，如我国的《民事诉讼法》《刑法》《刑事诉讼法》等；多数的是两级标题，如我国的《民法通则》《行政诉讼法》《行政处罚法》等；还有许多是只有章一级标题，如《合伙企业法》《公路法》等。标题层次的多少，由规范性文件的规模而定。除了这类标题外，在许多国家和地区的规范性文件中，还有条文标题，即在每个条文之前都有一个说明本条内容的标题。例如《德国民法典》。设置条文标题，可以使人们对规范性文件的各个具体内容有更明确的掌握，对于执法和司法人员援用条文、把握条文的精神实质有积极的作用。

为完善法的结构中标题这一要素，法案起草人、法案审查和审议者应当注意：第一，要确切地表述规范性文件中各有关组成部分的立法目的和主要内容。第二，文字表达要科学、规范、长短应当适度，要尽量简洁明了；标题一般不用标点符号；各级标题之间、标题与条文内容的字体要有所区别。第三，同一个规范性文件中各个同级标题，在结构、文字风格和其他方面要尽可能一致；同一级别的规范性文件中的标题，也应尽可能协调。第四，对法的内容作修改、补充时，被修改、补充部分的原标题如不适合新的内容，也应当改动相应部分的标题。

二、规范性文件的符号

（一）卷、编

卷、编通常在法典中或篇幅较长的法律中被加以使用。如《法国民法典》就是由3卷共35编构成的。特别是卷，几乎都出现在巨型的或大型的法典中。考察古今中外的立法实践，可以注意到：卷帙浩繁的法典多出于民法典和混合性（或综合性）法典中，前者如古罗马的《查士丁尼安民法大全》以及《法国民法典》《德国民法典》《日本民法典》，后者如《唐律》。在现代立法的实践中，卷是规范性文件的形式结构中单位最大的组成部分，因而运用得不多。而编的设置在规范性文件的形式结构中就多一些，如我国的《民事诉讼法》《刑事诉讼法》《刑法》等。

在卷、编的设置中，应当注意：第一，卷一般设置在特别重大、篇幅很长的法典中；编一般设置在重大的、篇幅长的法典、法律中。第二，卷、编在级别相等的重大法典、法律中的设置，应尽量协调一致。在设卷的规范性文件中，卷以下的编应当采用统一序号排列，以便于人们了解和引用。

（二）章、节

在设章的规范性文件中，章是连接文件整体的主要符号之一，是让人们了解些文件的结构、整体、主要内容及风格的重要要件。章的设置是否妥当，宏观上关系到法的整体框架是否科学，中观上关系到法的结构中各组成部分是否和谐，微观上关系到各个具体条文、规范是否能得以妥善安排。

运用章这个要件构造法，应当注意：① 章的使用频率仅次于条和款，具有中等篇幅的法都可以或应当分章排列、构成；② 每章应当列有标题；③ 法的结构中无论是否有卷、编的设置，整个法中的所有的章均应当按统一的序数连贯排列。

节是法的结构中低于章并隶属于章的一个要件。节只能在设有章的法的结构中存在，但并非所有设章的法中都必须设节。一个设章的法中是否设节，取决于该法自身的性质如何、内容多寡、篇幅长短。通常是在章的内容较多的法中才使用节这个要件或符号。在我国立法实践中，许多设章的法中有节的设置、民事的基本法律中，一般都设节。同样地，也有不少设章的法中没有节的设置，如我国有关国家机构的法律，都有章的设置，但它们都没有设节。此外，设节的法中也并非所有的章都设节，我国现行《宪法》《刑法》《刑事诉讼法》《民法通则》《民事诉讼法》等重要的法律，都是有的章设节、有的章不设节。

（三）条、款

条是构成规范性文件的最重要、最常见的单位。从有成文法的时候起，条就是绝大多数法律文本的基本构成部分。在现代立法实践中，条更是所有规范性文件不可或缺的要件。在规范性文件的结构中，条通常是以“第×条”的形式出现的。所有的条文均应按照统一序数连贯排列；条文的先后顺序，应当按照由一般到具体的逻辑顺序排列。条文的长短和它包含的内容多少有关。立法者应当尽量使条文包含的内容适当，使条文的长短保持适中。条文不宜过短，过短则显琐碎；也不宜过长，过长则减弱法的特征。

款是规范性文件中条之下、隶属于条的一种结构单位。当一个条文的内容有层以上的意思需要表达时，就要用款的形式。款的重要性和使用频率仅次于条。在现代立法中，没有款的成文法是比较少见的。款的长短也决定于它所包含的内容的多少，但应尽量使包含的内容适当，长短适中。在一个条文有多款的情况下，各款也应以由一般到具体的逻辑顺序排列。在我国，规范性文件的款是以自然段的形式加以表现的。

（四）项、目

项是法的结构中包含于款之中、隶属于款的一种要件。目则是包含于项之中、隶属于项的一种要件。项通常在款的内容有两个以上层次时出现。目则出现于项的内容有两个以上层次的情况下。项和目比之条和款，在法的结构中使用频率要低得多，特别是目在一般法的结构中极少出现。在一个法的条文中，是否要设置项和目，主要取决于条文内容的多少和复杂程度。

第十八章
立法的完善

第一节　法的修改与补充

一、法的修改与补充的概念和特征

法的修改，就是通过改变法律的某些规定，使立法达到预期目的，适应新的社会需要。法律的补充，是指在现行法律规定不变的情况下，加入新的内容，使其更加完善。法律的补充不改变法律的原有内容，所以同法律的修改有所区别。但是经过补充后，原来的法律发生了变化，从这种意义上讲，法律的补充也是一种法律的修改。

法律的修改和补充，是立法活动的重要组成部分，同法律的制定一样，属于立法的范畴，具有立法活动所具有的共同特征。同时，法律的修改和补充作为一种特定的立法活动，相对于法律的制定，又有其独具的特征：它的目的在于使法律趋于完善，任务是改变法律的原有面貌，法律呈现新的面貌，而不像法律制定的目的那样首先是产生一个新的规范性文件。

二、法律修改和补充的权限和程序

法律的修改和补充是在立法的准备阶段和确立阶段之后进行的一个新的阶段，即立法的完善阶段。法的修改和补充作为立法系统工程的重要组成部分，它们的进行，需要像其他立法活动一样遵循法定制度。一方面，法的修改和补充像法的制定等立法活动一样，要由特定主体依法定权限、法定程序和其他法定要求进行；另一方面，法的修改和补充在遵循法定制度的同时，又与法的制定等活动明显不同。

有权对法律进行修改和补充的机关，即法律修改和补充的主体，可以是被修和补充的法律的制定者，也可以是非制定者。通常情况下，法律、行政法规、地方性法规、规章，是由它们的制定者来修改和补充的。但在有些情况下，修改和补充的主体可以是非制定者。如修改和补充全国人民代表大会通过的法律，其主体可以是全国人民代表大会；在全国人民代表大会闭会期间，也可以是全国人大常委会。修改和补充有关地方人大制定的地方性法规，其主体不仅可以是地方的人民代表大会，在人民代表大会闭会期间或其他某些情况下，也可以是人民代表大会的常设机关。

修改和补充法律，须依照法定的权限进行。非制定者要修改和补充法律，必须要有明确的授权。主要有两个方面：一是制定者依法作出的临时授权；二是由专门法律规定所作的授权，如《宪法》专门规定全国人大常委会在全国人民代表大会闭会期间有权对全国人民代表大会制定的法律进行补充和修改。

法的修改和补充受到的法定限制，通常比法的制定严格，且数量更多。特别是由非制定者进行的法的修改和补充，其限制更多更严格。后者通常表现在：非获法的许可；只能对法作局部或部分的修改和补充；不得与被修改和补充的法的基本原则相抵触；所作的修改和补充应当呈报有关主体（通常为被修改和补充的法的制定机关）审查批准。在我国，《宪法》规定，全国人大常委会修改和补充全国人大的法律，受到前两条的限制。

因撤销产生的法律修改，是一种特殊的法律修改形式。主要是上级主体改变下级主体制定的法律，或上位主体改变下位体制定的法律。这类修改的权限和程序不同于其他修改，但也需要依法进行或依其他确定程序进行。在我国，有立法权的国家机关中，上级机关可以改变有关下级机关作出的不适当的决定（包括规范性文件），有关的国家权力机关有权改变其常设机关的不适当的决定（包括规范性文件）。

三、法律修改和补充的方式

（一）整体（全局）修改和补充与部分（局部）修改和补充

这是按修改和补充法的内容的分量、比重，对法的修改和补充方式的一种分类。整体修改和补充，一般是对原法所作的大量的甚至是全局性的变动。通常采用以新的同名法代替原来的法的方式。这种修改和补充包括两种情况：一是原法的基本内容可用，新法是在原法的基础上产生的；一是同名新法和旧法在基本内容方面不同。如我国 1982 年对《宪法》的修改和补充，1997 年对《刑法》的修改和补充。这种修改和补充的优点是便于人们了解某个法在一定时期的新的整体面貌，不足之处是不便于人们了解某个法在一定时期发生了哪些变化、有何发展或退步。

部分修改和补充，是指对原法律所作的少量的或局部性的变动。全面修改和补充之外的修改和补充，均属于这种修改和补充。目前，部分修改和补充主要有如下几种形式。① 通过决议的形式修改法律。这种决议往往也包括补充法律的内容。如第五届全国人大第二次会议《关于修正〈中华人民共和国宪法〉若干规定的决议》，第五届全国人大第五次会议《关于修改〈中华人民共和国全国人民代表大会和地方各级人民代表大会选举法〉

若干规定的决议》，即属于这种修改和补充的形式。② 通过决定的形式修改法律。这种决定一般也都包括修改、补充法律的内容。如第六届全国人大第二次会议《关于修改〈中华人民共和国法院组织法〉的决议》《关于修改〈中华人民共和国检察院组织法〉的决定》。③ 通过规定的形式。如第六届全国人大常委会第六次会议通过的《关于刑事案件办案期限的补充规定》，对《刑事诉讼法》中有关办案期限的问题作了补充。④ 通过作出专门的决定，规定对某些事项的处理不按既有法律办事，而按该决定办事。这种决定虽然在名称上不是修改、补充法律的决定，但是由于它的公布，使原有法律的某些规定与该决定在调整同一事项时，要依照该决定处理。该决定的公布实际上就是对原有法律的修改和补充。⑤ 在单项法律中作出某些或某种规定，这些规定事实上是对别的法律作出了修改或补充。

（二）明示的修改和补充与默示的修改和补充

明示修改和补充，是以明晰的方式表明对某法或法中的某些内容所作的变动。明示修改和补充一般都是直接的、专门的修改和补充。上述以新的同名法取代原来的法，以作出修改和补充法的决议、决定和规定的方式对原法作一定的变动，通过专门的决定来规定对某些事项的处理不按既有的法办事而按该决定办事，都属于明示修改和补充的方式。根据宪法、法律的规定，有关机关有权改变其他机关的规范性法律文件，这种改变也是对法的明示修改或补充。明示修改和补充的方式，便于人们明了哪些法或哪些法的规定已经发生变动，有助于法的执行、适用和遵守。

默示修改和补充，指由于新法、法的规定或法的行为的出现，而引申出或包含着对某法或法的规定的变动。这种法的修改和补充一般都是间接的、附带的修改和补充。它以“后法优于前法”的原则为根据。上述在一个法中作出某些或某种规定，这些规定事实上对别的法作出了修改或补充的情况，即属默示修改和补充。《民法通则》生效后，由于它确认了精神损失的赔偿制度，这就意味着先前的有关法律关于民事诉讼的赔偿范围仅限于物质损失的规定应当作变动。全国人大议事规则和全国人大常委会议事规则公布实行后，它的有关新规定的出现，也就意味着先前的全国人大组织法所确定的有关制度将由此发生改变。司法解释作为一种法的行为，它的出现如引出有关法的规定发生变动，则也属一种间接修改甚至是补充。在制定一个法或作出一种法的解释的同时，就对别的法或有关法的规定作出修改或补充，虽然默示修改和补充在立法上有简化程序、减少成本的好处，但是由于它不是明晰地指明对哪些法或哪些法的规定作出修改或补充，也容易发生弊病，不利于人们特别是不利于非法制工作者准确划清新规定和已经被修改或补充的原规定的界限。在成文法国家，采用默示修改和补充的方式，应当慎之又慎。目前，我国法的修改和补充仍然常用这种方式，与我国法制建设仍然处于发展过程中有关。

（三）同位修改和补充与错位修改和补充

这是按照法的位阶顺序对法律的修改和补充方式所作的一种分类。同位修改和补充，就是指同级的法律制定主体之间和同级法律之间的修改和补充；错位修改和补充，是指不同级别的制定主体之间和不同级别的法律之间的修改和补充。一方面，为了对法律创制活动实施有效的监督，上级制定主体可以修改和补充下级制定主体所制定的法律，高层次的法律可以修改和补充低层次的法律。如全国人大常委会有权改变国务院的同宪法、法律相抵触的行政法规。另一方面，在上级制定主体不开展活动期间，或者在高层次的法律一时难以产生的情况下，下级制定主体也可以有条件地修改和补充上级制定主体制定的法律，低层的法律也可以有条件地修改和补充高层次的法律。如全国人大常委会有权改变国务院制定的同宪法、法律相抵触的行政法规。在上级制定主体不开展活动期间，或者在高层次的法律一时难以产生的情况下，下级制定主体也可以有条件地修改和补充上级制定主体制定的法律，低层次的法律也可以有条件地修改和补充高层次的法律。如全国人民代表大会闭会期间，全国人大常委会可以依照法定条件，对全国人民代表大会制定的法律进行修改和补充。无论是同位还是错位修改或补充，都应当十分慎重。法律的修改和补充，主要应当实行同一制定主体修改和补充该主体所立法的原则，同位、错位修改和补充，特别是错位修改和补充，应当是法律修改和补充的辅助方式。

第二节　法的清理

一、法的清理的含义和意义

（一）法的清理的含义

法的清理指有权的国家机关，在其职权范围内，以一定方式，对一国一定范围所存在的规范性法律文件进行审查，确定它们是否继续适用或是否需要加以变动（修改、补充或废止）的专门活动。

法的清理的目的，是把有关的现存法以一定方式，加以系统地研究、分析、分类和处理。法的清理有两方面的基本任务，并由此形成两个阶段：一是要搞清楚现存各种法的基本情况，确定哪些可以继续适用，哪些需要修改补充，哪些需要废止。完成这面的任务是法的清理的第一阶段——梳理法的阶段。二是对可以继续适用的，列为现行法；对需要修改或补充的，提上修改或补充的日程，有些可以届时修改或补充的，加以修改或补充再列为现行法；对需要废止的，加以废止。完成这方面的任务是法的清理的第二阶段——处理法的阶段。

法的清理的第一阶段，不需要在原有的法中增添新内容，也不改变它的面貌，而是对它进行分析、分类，因而不是直接制定或变动法的立法活动。但由于这一阶段实质上是就现存法是否继续适用或是否需要变动而作出决策的活动，它的进行关系到法的或存或废或改变面貌，因而也具有立法的性质。在法的清理的第二阶段，要具体解决法的或存或废或修改或补充的问题，因而这一阶段的法的清理，是直接的正式的立法活动。

（二）法的清理的意义

1. 法的清理有助于促进法与社会需求之间的和谐

法作为调整社会关系的规范，要随社会关系的发展变迁而经常地制定、修改、补充和废止。适应这种需要，就要经常对现存的各种法加以清理，确定它们中哪些仍然适合调整现存社会关系，哪些已经不适合，哪些需要修改或补充才能适合，从而为肯定、废止或修改、补充相应的法准备条件。

2. 法的清理有助于实现法的科学化、系统化

一国的现存法，是由不同国家机关在不同时期制定的，在内容、形式和其他方面往往不统一、不一致、矛盾、抵触、重复、混乱、庞杂。要消除这类现象，就要清理，以便该肯定的肯定，该修改补充的修改补充，该

废止的废止，实现法的系统化。

3. 法的清理有助于立法的开展

一方面，通过法的清理，可以总结立法经验教训，看清利弊得失，找出规律性的东西，避免在新的立法过程中走弯路。清理过程就是了解现存法的优缺点过程。对于优点，在今后立法中发扬；对于缺点，在今后立法中克服。清理现存法，就是为搞好今后立法准备条件。

4. 法的清理对执法、司法、守法也很有好处

长期以来，我国法的实施过程中所以存在有法不依、执法不严、违法不究的情况，很重要的一个原因在于法本身存在缺点。进行法的清理，发现弊端，解决现存法的存留、废止、修改、补充问题，无疑有助于严格执法、司法、守法。

二、法的清理的主体和权限

（一）法的清理的主体

法的清理只能由享有一定立法职权的国家机关和这些机关授权的机关进行。我国立法实践中，法的清理有的由立法主体的工作机构如全国人大常委会法制工作委员会，或立法主体成立的临时工作机构如国务院法规清理小组来具体操作，由立法主体对它们的清理报告或结果加以审查、批准。但也有由立法主体的一个部门审查、批准法的清理报告或结果的情况。例如，由国务院办公

厅审查、批准法规清理报告或结果。这有悖于法治精神，因为国务院办公厅不是行政法规的立法主体，有关行政法规是否继续有效，是否需要修改、补充或废止，它无权决策。应当改由国务院径直作此决策。国务院办公厅审查、批准行政法规清理报告或结果，至少要经由国务院授权。

（二）法的清理的权限划分

立法主体或其授权的主体应当在自己的职权范围内进行法的清理。既不能越权清理自己无权清理的法，如国务院所属部门不能未经国务院授权而清理国务院行政法规；又不能越俎代庖清理不必由自己清理的法；也不能在有必要清理自己所立之法时，不尽职守，不去清理。通常应当坚持谁制定谁清理（包括授权有关主体清理）的原则。未经授权，超出自己有权制定的法的范围而清理别的立法主体所立的法，即为越权。

三、法的清理的程序

（一）法的清理案的提出

法的清理案，是关于确定法是否有效、是否需要修改、补充或废止的议案。一般应当由两部分构成：一是关于对法进行清理的提议，二是关于法的清理的具体报告。

法的清理案是立法议案的一种，应当由有立法权或一定立法性职权的主体提出。清理案涉及的清理对象一般应当是立法主体所立的法。如果立法主体不愿自己向自己提案或有其他原因，可以授权其有立法性职权的专门委员会（如全国人大的法律委员会）提案，或授权其所属工作机构（如全国人大常委会的法制工作委员会）提案。立法主体不设或没有专门委员会的，可以授权其工作机构或有关机构如临时成立的机构提案。从我国立法实践看，提出法的清理案的，主要是立法主体的法制工作机构，但这些工作机构大都没有获得专门授权。这种状况需要改变。

（二）法的清理案的审议

法的清理案的审议也应当由有立法权或一定立法权或一定立法性职权的主体进行。在我国立法实践中，审议法的清理案的，有的是立法主体，有的是立法主体的工作机构，后者更多。在后一种情况下，如果法的清理案本来就是立法主体的工作机构提出的，就发生实际是立法主体的工作机构自己提案自己审议的现象。这种现象有悖于现代立法的民主和法治原则，不利于完善立法中的监督、制约机制，还可能导致法制工作机构发生越权行为。

审议的标准主要应为：① 是否适合国家或本地的社会发展需要，是否适合变化了的客观情况，在多大程度上适合。② 与现行《宪法》、国家大政方针和高位法，以及中国参与缔结或认可的国际条约，是否一致或相抵触，在多大程度上一致或相抵触。③ 本身在内容、文字表述和其他有关方面是否存在问题，问题的严重程度如何。

（三）法的清理结果的公布

法的清理案经审议修改并经立法主体正式表决获通过或批准后，应当将结果正式公布。

法的清理结果的内容，通常包括：① 宣告哪些法继续有效并将其列为现行法。② 宣告哪些法已经失效并予废止，清理之前已经自行失效或已经被明令废止的一般也应当一并宣告废止。③ 宣告哪些法需要修改、补充，并尽可能确定由谁进行修改、补充。一次法的清理的结果可以只包括这三方面内容中的一项或两项内容，也可以同时包括三方面内容。我国立法实践中，目前一般包括前两项内容。

法的清理的性质，决定法的清理结果的公布程序和公布方式应当与法的公布程序和公布方式相一致。例如，国家法律的清理结果应当以国家主席令的形式在全国人大常委会公报上正式公告公布，行政法规的清理结果应当以总理令的形式在国务院公报上正式公告公布。在我国立法实践中，法的公布程序和公布方式已逐渐走上正轨，但法的清理结果的公布程序和公布方式走上正轨尚需进一步努力。目前，法的清理的公布程序和公布方式还较为杂乱，有的仅以“决定”的形式公布，有的还以“通知”的形式公布，等等。

在公布法的清理结果时，应当将被宣告有效、无效、废止的法和准备修改、补充的法，列出目录并公布。法的清理结果一经公布，法的清理即告终结。

四、法的清理的方法

（一）集中清理

集中清理，从时间角度看，指对较长时间内的规范性法文件进行清理；从内容角度看，指对较多或一定立法主体所立各方面的法进行清理。集中清理的历史跨度大，内容涉及面广，因而比其他清理需要的人员多、时间长。集中清理的好处是可以一次性地解决较多、较大的问题，缺陷是要以较长甚至非常长时间和较大甚至非常大范围内法的混乱、矛盾为代价。

集中清理通常发生在以下三种情况下：① 发生在重要的历史转折时期。执政者为适应历史转折对立法的要求，或为实现自己依法治理国家、管理社会的抱负，往往集中可观的人力，用较多时间，对长期以来所积累的法，进行系统的清理，并在此基础上总结经验，编纂或制定新法。② 发生在法治或法制原本较落后，而新的历史时期迫切需要执政者较好地运用法来保障和促进社会发展的情况下。③ 发生在形势发展较快，而众多的法不适应迅速变化的形势需要的情况下。

（二）定期清理

定期清理，是指把法的清理当作一项常规工作，每隔一定时期便进行的清理。定期清理的优势是，有助于及时协调法与法之间、法与社会变化和社会需求之间的关系，有助于及时发现和解决问题，避免上述集中清理所要引致的弊病。定期清理应当由立法主体将其列入常规立法工作日程，由专门人员和机构具体操作，亦可延聘熟悉法律、法规和其他规范性法律文件的离退休人员协助。不宜每逢法的清理就临时随意性地指派人员甚至指派不着边际的人员进行突击。作为定期清理的一种成果，可以在清理的基础上编辑《现行法的汇编》。在清理过程中可以把法的清理与检查法的实行情况结合起来。

（三）专项清理

专项清理，是以法的内容或形式为标准的一种法的清理，亦即专门对某种内容的法或某种形式的法进行的清理。专项清理的优势是针对性强，有助于集中时间和力量解决某一方面或某一领域的问题，有助于以法的形式在一定时期达到一定目的。在一国法的清理走上正规化之途的情况下，专项清理与定期清理相结合，应当是法的清理的一个基本方法。

第三节　法的废止

一、法的废止的含义和意义

（一）法的废止的含义

法的废止，是立法主体依据一定职权和程序，对现行法实施变动，使其失去法的效力的专门活动。法的废止的目的和任务，主要是将有关法从现行法的体系中清除出去，使其由法变为非法，进而使法的体系得到纯化、完善。

法的废止的主要特征有：①它不是直接为法的体系增添新的成员，而是以纯化法的体系的方式促进法的体系和整个法制的发展。②它与法的效力问题关联更为紧密，法的废止直接导致某些法正式失去效力。③它所指向的对象只能是完整的法，如果只是使一个法中的部分规定或内容失效，就不是法的废止，而属于法的修改的范畴。

（二）法的废止的原因及意义

（1）这是适应社会关系发展变化所必需的。法所调整的社会关系是发展变化的，当这种发展变化表现出不需要原先调整它的法存在时，废止这种法的任务就应时产生了。有的法调整的社会关系本身就具有时期性，当这个时期不复存在时，调整这种社会关系的法也就失去存在的价值而走向终结。注意适时进行废止活动，有利于从一个重要侧面协调法的体系与它所调整的社会关系的关系。

（2）这是实现立法的推陈出新、完善法系所必需的。社会关系的发展变化不仅表现在它必然不断使一些既有的法失去其原有的价值，更表现在它必然不断提出制定新法的任务。如果无价值的法不予废止，它就会成为消极的因素而抵消其他现行法的价值、阻碍新法的产生或妨碍新法发挥应有的作用。注意适时进行法的废止活动，有利于从一个重要侧面协调法的体系内部的关系。

二、法的废止的制度

法的废止制度同样主要包括主体制度、权限制度和程序制度。在法制较健全的国家，法的废止的主体主要是法的制定者，同时也包括有关司法机关。这是以分权与制衡原则为依据对法的废止主体的确认。以法的制定者作为主要的法的废止主体，是分权原则的要求。法是立法者制定的，主要应当由制定者废止，当法已经过时或已经不合需要时，应当由制定者废止。以有关司法机关作为法的废止主体，是制衡原则的要求，立法者制定的法，司法者也应当有权予以监督，当法被发现与宪法相抵触时，司法者有权并且有义务宣告该法无效或失效。

法的废止权限同废止主体制度紧密相连。有什么样的法的废止主体，该主体就有与之相应的什么样的废止权限；没有法定废止权的机关和个人，不得宣告法废止。法的废止主体中的制定者，通常是各自有权就自己所制定的法宣告废止；在有的情况下，上级或高位制定者有权就下级制定者所制定的法宣告废止，如我国立法体制中上级或高位立法主体有权撤销下级立法主体所立之法。

法的废止程序也是立法程序的一种，但与立法程序存在一定不同。不同之处有：其一，法的废止的准备阶段，可以不必像法的制定、修改和补充那样经历复杂的过程；其二，公布法的废止后，也不必像法的制定、修改和补充那样强调完善活动。即便在提案、审理、表决和公布等程序上，法的废止也可以比法的制定、修改和补充简单。

三、法的废止的方式

法的废止方式主要有两种类别的区分：一是整体废止与部分废止的不同。这是按废止的比重、程度所作的一种区分。整体废止是指一个法整体地失去效力。部分废止是指一个法的某些或某个规范失去效力。二是人为废止与自行失效的区分。前者指由有权主体宣告失效而废止。后者指法因其自行失效而废止。

在我国的立法实践中，这两种类别的法的废止，以多种具体方式表现出来。

（一）以公布实施新法的方式实行废止

新法一经公布实施，与新法名称相同或内容相同的旧法即行失效。这有两种情况：一种情况是新法明文规定废止旧法。另一种情况是新法没有规定废止旧法，但依照新法优于旧法的原则，如果新法与旧法同名，新法公布施行后，旧法即为废止；如果新法与旧法虽然名称不同但内容相同，旧法与新法相抵触，或新法包括了旧法的内容，旧法亦废止。

（二）公布专门的立法性文件的方式实行废止

公布专门的立法性文件的方式实行废止是集群性的废止，与法的清理直接相连。

（三）法定国家机关宣布撤销的方式实行废止

我国现行《宪法》规定，全国人大有权改变或撤销全国人大常委会不适当的决定（包括法律决定）；全国人大常委会有权撤销国务院制定的同宪法、法律相抵触的行政法规，有权撤销省级国家权力机关制定的同宪法、法律、行政法规相抵触的地方性法规。

（四）法本身规定了终止生效日期

如果期限届满又无延期规定者，自行终止生效，由此引起该法自行失效、废止。

（五）因完成自身的历史任务而自行失效

有的法因完成自身的历史任务而自行失效。例如，因适用期已过而自行失效；因调整对象消失而自行失效。

四、法的废止的要求

（一）法的废止需要及时

在法制较健全的国家，特别讲究法的废止的及时性，法应当废止而未能得到及时废止的，要追究有关主体或人员的责任。法的及时废止有助于人们及时区分哪些法已经失效，哪些法仍然有效，从而有助于人们执法、司法和守法，才能避免或减少已过时的、不适合调整社会关系需要的法带来负面效应，不至于为立法、执法、司法、守法带来许多不应有的冲突、麻烦，有利于新法的贯彻实施和法的体系的协调发展。

（二）法的废止需要法制化

法的废止往往具有随意性，没有明确的法定程序以资遵循。法规、规章的废止，在主体、权限和程序方面，距离法制化的要求，尚有很长的距离要走。在各种立法制度中，我国法的废止制度是需要很好地转变的薄弱环节之一。

（三）法的废止需要科学化

（1）减少自行废止，增强人为废止。

（2）减少集群性废止，注重经常性废止。这是因为，过时的、不适合调整社会关系需要的法，与新法相抵触的法，不可能都是集群性出现的，而更多的是不定期地、经常性地出现。

（3）减少模糊性废止，多用明示性废止。要减少使用“与本法相抵触的法和法的规定一例无效”的废止方式，采取逐个列举哪些法和法的规定无效的废止方式，以利于明确执法、司法和守法。只有在情况复杂、不可能逐一列举的特殊情况下，可以在列举直接要被废止的法和法规定后，采取加上“以及其他相抵触的规定”的一般废止方式。

第十九章
法的编集

第一节　法的汇编

一、法的汇编的含义和意义

（一）法的汇编的含义

法的汇编，亦称法律汇编、法规汇编，是在法的清理的基础上，按照一定顺序，将各种法或有关法集中起来，加以系统地编排，汇编成册。

法的汇编与法的清理有直接关系。法的汇编通常应当以法的清理为基础。没有必要的法的清理，不明了哪些法可以或继续有效、哪些法应当予以废止，在法的汇编中就不能注明所汇编的各个法的有效性如何，这样产生出来的法的汇编，对立法者特别是法的使用者，就难以发挥有效的作用，对普通公民甚至还可能产生误导。法的汇编的主要任务，是将法集中化、系统化。法的汇编一般不改变法的文字和内容，而是对现存的法进行汇集和技术性处理，把它们编排起来。因此，法的汇编是对法的一种外部加工，是立法的辅助性工作，它本身不是立法活动。

（二）法的汇编的意义

法的汇编使得法的清理的成果得到反映，通过法的汇编可以集中、系统地明了现存法的基本情况，发现现存法的优点和缺点，了解立改废的任务何在，总结立法上的经验和教训，有利于立法更有成效地、更好地开展。法的汇编使法得以集中化、系统化，从而便于集中、系统地反映国家法制或某方面法制的面貌，便于人们全面、完整地了解各种相关法的规定，便于人们确定现存法的范围和查阅、援用各种相关法的规定，便于人们执法、司法、守法，也便于开展法学研究。

二、法的汇编的主体、分工和过程

（一）法的汇编的主体

法的汇编不是立法活动，因而编辑法的汇编不是有权立法的机关的专利。在实践中，法的汇编的主体，既有行使立法权或立法性职权的机关，也有其他机关、社会组织、个人。为保证法的汇编具有较高的权威性，作为执法、司法、守法的可靠依据，法的汇编一般由立法主体（行使立法权或立法性职权的机关）或它们的工作机构进行。目前，我国没有以立法主体的名义编辑的法的汇编，但有它们的工作机构编辑的法的汇编。这种法的汇编实际上可以视为以立法主体的名义编辑的，可以作为执法、司法、守法的依据。当然，从程序的角度来看，作为执法、司法、守法依据的法的汇编，最好经由立法主体批准。

（二）法的汇编的分工

1. 单项法的汇编的分工

（1）法律汇编由全国人大常委会法工委编辑。

（2）单行法规汇编由国务院法制局编辑。

（3）军事法规汇编由中央军事委员会法制局编辑。

（4）部规章汇编由国务院各部门依照该部门职责范围编辑。

（5）地方性法规和地方政府规章汇编，由具有地方性法规和地方政府规章制定权的相应地方国家机关指定的机构编辑。

2. 综合性法的汇编的分工

（1）全国人大常委会法工委和国务院法制局可以编辑法律、行政法规、部门规章、地方性法规和地方政府规章的综合性法汇编。

（2）中央军委法制局可以编辑有关军事方面的法律、法规、条令汇编。

（3）国务院各部门可以依照本部门职责范围编辑专业性的法律、行政法规和部门规章汇编。

（4）具有地方性法规和地方政府规章制定权的地方国家政权机关可以编辑本地区制定的地方性法规和地方政府规章汇编。

3. 内部使用的法规汇集分工

根据工作、学习、教学、研究需要，有关机关、团体、企事业组织可以自行或委托精通法的专业人员编印供内部使用的法的汇集。这种汇集需要正式出版的，应当经出版行政管理部门核准。除此之外，个人不得编辑法的汇编。

（三）法的汇编的过程

1. 法的汇编的编辑阶段

编辑阶段是法的汇编的实体性阶段。这一阶段主要解决两方面问题：一是正确确定法的汇编的主体，有法定分工制度的，依法定制度确定；二是用正确方法进行具体汇编工作，在方法上有法定要求的，依法定要求办。

2. 法的汇编的出版发行阶段

出版发行阶段是体现法的汇编的成果阶段。一国如有法定的法的汇编出版发行制度，这一阶段的主要任务是按照这一制度解决相关问题。

三、法的汇编的方法

（一）法的汇编的形式或类别

进行法的汇编，需要正确选择和确定法的汇编的形式或类别。概括地说，法的汇编的形式或类别有单项汇编和综合性汇编之分。

1. 单项法的汇编

单项法的汇编是具体的、个别的法的汇编，即根据一定的标准把某类、某方面、某领域或某几类、某几方面、某几领域的法汇集起来。这种汇编通常包括：① 根据立法体制和法的效力等级汇编，即把国家法律、行政法规、地方性法规、自治法规和其他规范性法律文件，分别进行汇编。② 根据法是否有效汇编。如国务院法制局把现的行政法规单独汇编为《中华人民共和国现行法规汇编》。这种汇编有助于反映现行立法的面貌，有助于现实的执法、司法和守法。③ 根据法的性质和内容汇编。如《中国涉外经济法规汇编》《公安法规汇编》。这种汇编有助于了解某一方面、某一领域的法和立法的全貌。④ 根据法的重要性和编者的意图汇编。这种汇编即通常存在的各种选编，如《中华人民共和国组织法选编》。这种汇编有助于人们了解和掌握某一方面的法和立法的主要情况。

2. 综合性法的汇编

综合性法的汇编是把各种形式的法，有效无效的法，都汇集起来的总的、全面的法的汇编。这种汇编有助于了解法的全貌和立法发展的整个轨迹。我国 20 世纪 50 年代和 60 年代出版的《中华人民共和国法规汇编》即属此类。

（二）法的汇编的结构

法的汇编的结构涉及单项法的汇编与综合性的、总的法的汇编各自应当由哪些部分构成的问题。单项法的汇编的构成，只能根据它们各自的特点作出安排，不能作出统一规定。综合性的、总的法的汇编应当由哪些部分构成，可以也应当作统一规定。在我国，汇集法律和行政法规的《中华人民共和国法规汇编》，其结构各年不完全一致，近年主要由总类、国家机构、基本建设、经济体制改革、外事、司法、公安、民政、财政、税务、金融、商业、外贸、经济特区、农业、林业、城乡建设、环境保护、工业、地质矿产、能源、物价、工商管理、劳动人事、文化、科学技术、教育、卫生、统计、其他共30个部分构成。

（三）法的汇编的选材、内容、排列顺序和技术性处理

1. 法的汇编的选材

第一，要确定好选材的内容范围，即确定本汇编汇集哪些方面的法。第二，要确定好选材的时间范围，即确定本汇编汇集什么时期公布的法。第三，要确定好选材的效力范围，即确定本汇编仅汇集现行法还是现行法和失效法都汇集。第四，也是特别需要注意的，要做到选材准确，收入法的汇编的法必须准确无误，收入废止或失效的法则须特别注明，专门汇编现行法不得收入废

止或失效的法。

2. 法的汇编的内容

内容要完整。收入法规汇编的法，其名称，通过和公布机关，通过和公布日期，批准或发布机关，批准或发布日期，施行日期，章节条文标题，正文等，应当全部编入，不得随意删减和改动。

3. 法的汇编的排列顺序

汇编中各项法的排列通常采取两个步骤：先把一本汇编中所要汇集的法按照其内容分成若干部分或门类，排出顺序；然后把每一部分或门类的法案，按照公布的时间顺序排列。国外法的汇编，有许多是按标题的第一个字母的顺序排列。

4. 技术性处理

法的汇编不是立法，因而不能对法进行增删、改动，只能进行技术性处理。

第二节　法的编纂

一、法的编纂的含义和意义

（一）法的编纂的含义

法的编纂又称法律编纂、法典编纂，指有权的国家机关在法的清理和汇编的基础上，将现存同类法或同一部门法加以研究审查，从统一的原则出发，决定它们的存废，对它们加以修改、补充，最终形成集中统一的、系统的法。

法的编纂的主要任务，是统一同类的有关规范性法的文件、法的规范，形成一个系统的整体，消除法和立法中的矛盾、混乱。法的编纂和法的汇编都使法臻于系统化。但法的编纂是对现存法加以改造的重要的立法活动，其主体只能是有权立法的机关；法的汇编则是将现存法加以汇集而不加以改变的行为，它对立法有重要作用但本身不是立法活动，其主体可以是也可以不是有立法权的机关。

（二）法的编纂的意义

法的编纂有助于实现法的科学化、系统化。它可以帮助人们发现现存法的种种不科学、有弊病之处，从而去改善它、消除它。法的编纂有助于促进法的体系的完善。一国法的体系完善与否，一个重要标志，是构成这个体系的部门法中有没有重要的、骨干性的法做基础。法的编纂有助于推动法制的统一。像我国这样的单一制大国，法制是否完善，在很大程度上取决于法制的统一程度，亦即取决于各种法；法的规范之间的协调一致、相互配合的程度。法的编纂有助于法的贯彻实行。法的编纂在改造现存法、消除同类法的矛盾、重复、庞杂和不完善之处的基础上，可以提供统一的、较完善的、调整某一社会关系的重要的法，从而能减少执法、司法、守法中的麻烦。

二、法的编纂的主体、权限和过程

（一）法的编纂的主体

法的编纂产生的是重要的法，不是任何立法主体都能进行的，只能由立法主体中级别或规格更高的主体进行。在我国，中央和地方的法的编纂工程，应当由中央和地方立法主体中级别或规格更高的机关来进行，而不宜由它们的所属机关来进行。

（二）法的编纂的权限划分

（1）法律的编纂权属于全国人大。全国人大常委会有权制定法律，但由于经编纂而成的法律是通常所说的法典或规模大的基本法律，因而全国人大常委会不宜享有法律编纂权。

（2）行政法规的编纂权属于国务院。

（3）地方性法规的编纂权属于有地方性法规制定权的地方权力机关。它们的常设机关不宜享有地方性法规的编纂权。

（4）自治法规的编纂权属于民族自治地方的国家权力机关（不包括其常设机关）。由于自治地方的单行条例所调整的事项比较具体，级别或效力等级不及自治条例，自治法规的编纂指的是编纂重要的自治条例，不包括单行条例。

（5）行政规章作为级别或层次较低的、具体调整有关事项的规范性法文件，一般不存在编纂问题。

（三）法的编纂的过程

法的编纂也有准备、正式制定和加以完善三个阶段。

（1）法的编纂过程的准备阶段，主要是进行法的清理或法的汇编。法的编纂是在法的清理和法的汇编的基础上进行的。法的编纂可以是利用既有的清理和汇编结果，也可以是为编纂法而专门进行清理和汇编。

（2）法的编纂的正式制定阶段，也就是通常立法的由提案到公布法的阶段。从立法程序的角度看，在这一阶段，除一些重大法律、法规的编纂由于设有诸如专设委员会之类因而需要履行某些特别或临时程序外，法的编纂的由提案到公布法的过程，与其他立法的这一过程，在基本环节上并无二致。

（3）法的编纂的完善阶段与通常立法的同一阶段在基本环节上是一致的。这是因为经过编纂形成统一的较大规模的法之后，这个法与其他法在作为法的体系中的一个成员方面，是一样的。

三、法的编纂的方法

法的编纂比单纯制定新法，要求更严格，需要做更多工作。它对是否具备必要条件的要求非常高。尤为重要的条件是要有一定数量的、同类单行法存在，在它们的基础上进行删改、补充，形成新法。不具备这一条件，就只能制定新法，不能进行法的编纂。由于经过编纂产生的法是在修改、补充、综合既有单行法的基础上形成的，它在规模、规格上高于单行法，如果编纂的是法律，人们通常称这种法为法典，由此也称法的编纂为法典编纂。

法的编纂既然要在一定数量的基础上进行，无论是法律编纂还是法规编纂，就只能采取分析和综合相结合而以综合的形式出现的方法来进行。所谓分析，主要是分析、研究既有的同类单行法，找出它们的可用和应废之处，重复和空白之处。所谓综合，主要是保留其可用之处、扬弃其应废之处，删除其重复之处、填补其空白之处。所谓以综合的形式出现，就是在对同类单行法（有时也包括较大规模的法律、法规）加以改造完善后，形成一个统一的法，这种法的产生，标志着它们所调整的领域，有了一个法律制度的基础和中心。大规模的法的编纂通常发生在一国处于盛世之际，亦发生在立法有相当发展以致出现规范性法律文件颇为芜杂、不搞法的编纂便无以改变这种局面的情况之下。

第二十章 立法语言

第一节 立法语言概述

一、立法语言的概念

所谓立法语言，是指制定和修正法律的专门的语言文字，它按照一定的规则表述立法意图、设定行为规范、形成规范性文件。立法语言是一国语言的组成部分，是全体公民共同使用的特殊语言文字表现形式。

（1）立法语言与文学语言有所不同。立法语言不同于小说、诗歌、散文和其他形式所使用的语言。不能用形容的、夸张的手法和带有感情色彩的方式组织立法语言，也不能用描绘、比喻、象征、抒情的笔调组织立法语言。立法语言与学术研究中的语言不同。

（2）立法语言必须明确、肯定，不能以探索的语气或讨论的、商榷的、争论的论据来组织立法语言。为说明某项立法的原因、目的、必要性等，可以采取适当论证的方法来组织立法语言。立法语言与非规范性文件的语言不同。

(3) 立法语言，特别是立法中有关行为规范的语言，同报告、纪要、宣传提纲等非规范性文件的语言有区别。

二、立法语言的地位和作用

(一) 立法语言的地位

立法语言在整个立法技术中占有重要地位。一部法律最显著的表现特征，就是它是由文字和由文字构成的语言排列、组合而成的。语言文字是所有规范性文件在形式上最基本的构成单位。当立法发展到一定规模后，立法语言便成为制定、修改或补充规范性文件过程中必须运用的一种语言文字，运用立法语言的技术也因此成为立法技术中的重要组成部分。

为了制定出好的法律，许多国家的立法机关十分注重在提高立法语言文字水平上采取有效措施，如聘请法学家、语言学家参加规范性文件的起草，对草案中的语言文字进行反复推敲、研究、修改或提出修改建议。

(二) 立法语言的作用

第一，立法语言可以使立法主体的立法意图、立法政策措施明确无误地表达出来。立法语言是立法主体表述其调整意图、目的，体现调整政策措施的文字载体。要进行法律调整，最先出现的是作为观念形态的意图、目的、措施，这些都需要凭借立法语言使之物质或外化，成为真实记载立法者观念的形式。

第二，立法语言的正确运用既可以提高立法质量，也可以使法律得以有效地实施。立法语言应当是所有语言文字中最为规范、严谨、通俗、简洁的。

第三，立法语言可以准确、明白地传递立法主体的立法意图、目的和措施。立法意图和政策措施在被正确记载之后，还需要准确无误地传递给接受者。法律是一国公民普遍遵循的行为准则，它在理论上要求遵守和适用者不因职业、经历、性别、教育程度不同而对其产生不同的认识和理解。

第二节　立法语言的使用规则

一、法律术语的使用

法律术语有各种不同的来源，其中有的是从常用词汇中转化而来的，有的是旧的立法和公文中所使用的，有的是在立法实践中创造的，有的是从外国立法中移植过来的。总的来看，法律术语可以分为以下四种。

（一）常用术语

常用术语是对各种物体、现象、特性、行为等对象的最常用名称。如“房屋”“财物”“银行”等。这类术语在生活用语、文艺著作、科学著作、立法文件和公文中都同样使用，其特点是简单易懂，在立法中用其常用的意义，没有任何专门的含义。

常用术语中许多词的界限是比较模糊的，具有不确定性。因此，在法律起草中需要注意：① 寻找最能表达其本意的词；② 注意辨析反义词，以防语义两歧；③ 词的组合上应当严谨，使立法语言具有确切的含义，避免使用含糊不清的词语。

（二）常用的但在法律中有其专门含义的术语

生活中的许多术语，在法律中却有专门的含义，如“管辖”“回避”“证据”“第三人”，等等。这类术语在立法语言中占相当比例。它们较之常用术语，具有更简洁的特点，能更准确、明晰和充分地表达它们应有的含义。这类术语既可以用在立法中，也可以用在日常生活中，但在立法中要有更确切的含义。因此，在起草法律时应当注意对有特定含义或特定适用范围的这类术语作出界定，以免引起歧义和不正确的适用。

（三）专门法律术语

法律同其他任何专业领域一样，也有自身特有的专门术语，如“原告”“被告”“起诉”“自诉”“公诉”“前科”“时效”，等等。专门的法律术语可以准确、扼要地表述立法中所专有的概念。这类术语通常都在立法中规定，在一般的口语中较少使用。

法律中的专门术语并不很多，只有当一般的用语没有相应的概念时，才采用专门的法律术语。这类术语有的是沿用古代法律中的，有的是从外国法律中移植过来的，但主要是由本国语言或用本国语言创造的词汇构成的。

（四）技术性术语

在许多立法中，尤其是专业性较强的立法中，经常可以见到从科学、技术和艺术等各个领域借用的术语，以及各种职业术语。立法中使用这些术语是很有必要的，因为立法涉及社会生活的各个领域，这些领域有自己的特点，并有自己的术语。立法调整的领域越广，所使用的技术性术语就越多。

二、立法句子的使用

（一）句法结构

法律条文的句法结构是立法语言中最典型、最完备的一种。它的使用有以下两个特点。

1. 多用并列结构

并列结构主要包括以下三个方面。

（1）词语并列。如于 2013 年 1 月 1 日起正式施行的新《刑事诉讼法》第六十四条规定：“人民法院、人民检察院和公安机关根据案件情况，对犯罪嫌疑人、被告人可以拘传、取保候审或者监视居住。”这条规定采用了词语并列，即行为体并列、行为对象并列和行为方式并列。

（2）短语并列。如我国《宪法》第二十一条规定：“国家发展医疗卫生事业，发展现代医药和我国传统医药，鼓励和支持农村集体经济组织、国家企业事业组织和街道组织举办各种医疗卫生设施，开展群众性的卫生活动，保护人民健康。”这里采用了五个并列的短语。

（3）复句中的分句或单句并列。如于2013年1月1日起正式施行的新《刑事诉讼法》第一百一十条规定：“人民法院、人民检察院或者公安机关对于报案、控告、举报和自首的材料，应当按照管辖范围，迅速进审查，认为有犯罪事实需要追究刑事责任的时候，应当立案；认为没有犯罪事实，或者犯罪事实显著轻微，不需要追究刑事责任的时候，不予立案，并且将不立案的原因通知控告人。控告人如果不服，可以申请复议。”

2. 普遍使用复杂同位成分

通常在主句的条件状语从句中列有同位成分。这些同位成分有的本身结构就比较复杂，与主句的中心词距离较远，并且是独立罗列。这种句法结构在其他语体中很少运用。但在立法语言中使用复杂同位成分，可以确保法律条文在结构上的严谨性和内容上的完整性。例如，我国《行政处罚法》第五十五条规定：“行政机关实施行政处罚，有下列情形之一的，由上级行机关或者有关部门责令改正，可以对直接负责的主管人员和其他直接责任人员依法给予行政处分：（一）没有法定的行政处罚依据的；（二）擅自改变行政处罚种类、幅度的；（三）

违反法定的行政处罚程序的；（四）违反本法第十八条关于委托处罚的规定的。”

（二）句　式

立法语言中句式结构的使用，主要有如下特点。

第一，多用长句。立法句子中普遍使用结构复杂的同位成分以及复杂的附加、修饰成分，因而经常出现长句子。

第二，多用动词性的非主谓句。汉语句式分为主谓句和非主谓句，而非主谓句又分为名词性、动词性和形容词性非主谓句。在立法语言中，一般多用动词性非主谓句。法律条文所表达的内容主要是行为规范，其设定的权利、义务适用于一般的人、一般的事，因此没有行为主体的规定并不会产生歧义，相反会产生简洁明快的效果。

第三，必要时用文言句式。立法语言还保留了某些文言句式，虽然其类型有限，但是仍经常出现。这与立法语言准确、严谨、庄重的风格是一致的，因而是必要的。

第四，普遍使用非名词性宾语的句式。一般语体中，动词大多要求带名词性宾语，但在立法语言中却经常用一些要求带非名词性宾语的动词，如“禁止”“给予”“予以”“加以”等。它们与被支配的动词组成动宾结构，例如“分别给予警告”“拘留”“给予适当鼓励”

等。而且在立法语言中，动词性宾语往往几项并列，把表示同范围、同性质行为的词语按一定逻辑顺序排列(通常是从轻到重逐步递进)。如“分别给予教育、警告、罚款、行政拘留，直至依法追究刑事责任”。

(三) 句　类

1. 陈述句的使用

陈述句在立法语言中主要用于表述说明性或授权性的规定。它有直接陈述和间接陈述两种表述手段。

(1) 直接陈述句，用于表述明性的规定和积极授权的规定。常使用的句式有：“……是……”“……是指……”等。

(2) 间接陈述句，用于表述消极授权性的规定。一般用否定之否定的方式间接授予公民或机关某种权利。

2. 祈使句的使用

祈使句在立法语言中主要用于表述义务性的规定，即要求人们必须为一定行为或者不为一定行为的规定。要求人们必须为一定行为规定，句式的常用语有：“应当”“应该”“必须”“得”等。

(四) 超句句型

所谓超句，是指简单句以上的复合句和句群。如前所述，立法语言多用长句，即复合句。立法语言中，复合句较为常用的有选择句、条件句和假设句、转句等句型。而句群是指两个或多个在意义上有密切联系、在结构上各自独立的单句或复句，按照句法结构规则组合而成的具有逻辑关系的条文。它是立法语言中语法手段高层次运用的结果。

1. 选择句

选择句又称“或然句”，是指列出两种或两种以上的情形以供选择的句子。它表示一种选择关系。法律条文中使用选择句的主要有关于行为主体、行为方式、危害程度和行为后果选择的规定。《物权法》第三十二条规定：“物权受到危害时，权利人可以通过和解、调解、仲裁、诉讼等途径解决。”该条就是行为方式上的选择句。

2. 条件句和假设句

条件句和假设句都属于偏正复句。条件句是指偏句、提出一种条件，正句说明在满足这种条件的情况下所产生的结果的句子。而假设句是指偏句提出一种假设，正句说明结论的句子。立法作为一种重要的行为规范，要求人们必须为或不为一定行为时，往往使用条件句或假设句作出规定。立法实践中，条件句和假设句的区别并不明显，法律假设所要求的，通常也是一种条件。条件句和假设句的常用术语有“……的”“凡……的”“经……”“如……”等。

3. 转折句与“但书”

转折句在立法中主要用于例外、限制、救偏、附加等特别规定中。转折句中“但书”的结构尤为重要。

“但书”是立法语言中在形式上以“但”字开头，

在内容上规定例外、限制附加条件的文字。“但书”属于特殊的行为规范。立法实践中的“但书”有如下具体的表现形式：① 排除的形式；② 授权的形式；③ 要求的形式；④ 命令的形式；⑤ 禁止的形式；⑥ 否定的形式。

4. 因果句

立法句子为表述某种因果关系，常使用因果句。因果句就是偏句说出原因，正句说出结果的句子。因果句通常使用“因……”“因……而……”。

5. 目的句

目的句就是用偏句表示一种行为，用正句表示这种行为的目的的句子。在立法句子中，常用“为了……制定……”“为……特制定……”来表示立法目的。

（五）时　态

（1）通常用现在时态。由于法律的运用是一个持续过程，是一种经常性的工作，所以立法句子绝大多数情况下要用现在时态。

（2）应当尽可能地避免使用将来时态。非用不可时，要在正常规则或主要规则之后，用禁令或命令的形式表述。

（3）表述一个先决条件时，可用过去时态表示适用法律之前应具备的条件，现在时态则用来表示与适用法律同时存在的条件。

附 录

附录1 中华人民共和国宪法

（1982 年 12 月 4 日第五届全国人民代表大会第五次会议通过 1982 年 12 月 4 日全国人民代表大会公告公布施行）

根据 1988 年 4 月 12 日第七届全国人民代表大会第一次会议通过的《中华人民共和国宪法修正案》、1993 年 3 月 29 日第八届全国人民代表大会第一次会议通过的《中华人民共和国宪法修正案》、1999 年 3 月 15 日第九届全国人民代表大会第二次会议通过的《中华人民共和国宪法修正案》和 2004 年 3 月 14 日第十届全国人民代表大会第二次会议通过的《中华人民共和国宪法修正案》修正）。

目 录

序　言

中国是世界上历史最悠久的国家之一。中国各族人民共同创造了光辉灿烂的文化，具有光荣的革命传统。

一八四〇年以后，封建的中国逐渐变成半殖民地、半封建的国家。中国人民为国家独立、民族解放和民主自由进行了前仆后继的英勇奋斗。

二十世纪，中国发生了翻天覆地的伟大历史变革。

一九一一年孙中山先生领导的辛亥革命，废除了封建帝制，创立了中华民国。但是，中国人民反对帝国主义和封建主义的历史任务还没有完成。

一九四九年，以毛泽东主席为领袖的中国共产党领导中国各族人民，在经历了长期的艰难曲折的武装斗争和其他形式的斗争以后，终于推翻了帝国主义、封建主义和官僚资本主义的统治，取得了新民主主义革命的伟大胜利，建立了中华人民共和国。从此，中国人民掌握了国家的权力，成为国家的主人。

中华人民共和国成立以后，我国社会逐步实现了由新民主主义到社会主义的过渡。生产资料私有制的社会主义改造已经完成，人剥削人的制度已经消灭，社会主义制度已经确立。工人阶级领导的、以工农联盟为基础的人民民主专政，实质上即无产阶级专政，得到巩固和发展。中国人民和中国人民解放军战胜了帝国主义、霸权主义的侵略、破坏和武装挑衅，维护了国家的独立和安全，增强了国防。经济建设取得了重大的成就，独立的、比较完整的社会主义工业体系已经基本形成，农业生产显著提高。教育、科学、文化等事业有了很大的发展，社会主义思想教育取得了明显的成效。广大人民的生活有了较大的改善。

中国新民主主义革命的胜利和社会主义事业的成就，是中国共产党领导中国各族人民，在马克思列宁主义、毛泽东思想的指引下，坚持真理，修正错误，战胜许多艰难险阻而取得的。我国将长期处于社会主义初级阶段。国家的根本任务是，沿着中国特色社会主义道路，集中力量进行社会主义现代化建设。中国各族人民将继续在中国共产党领导下，在马克思列宁主义、毛泽东思想、邓小平理论和“三个代表”重要思想指引下，坚持人民民主专政，坚持社会主义道路，坚持改革开放，不断完善社会主义的各项制度，发展社会主义市场经济，发展社会主义民主，健全社会主义法制，自力更生，艰苦奋斗，逐步实现工业、农业、国防和科学技术的现代化，推动物质文明、政治文明和精神文明协调发展，把我国建设成为富强、民主、文明的社会主义国家。

在我国，剥削阶级作为阶级已经消灭，但是阶级斗争还将在一定范围内长期存在。中国人民对敌视和破坏我国社会主义制度的国内外的敌对势力和敌对分子，必须进行斗争。

台湾是中华人民共和国的神圣领土的一部分。完成统一祖国的大业是包括台湾同胞在内的全中国人民的神圣职责。

社会主义的建设事业必须依靠工人、农民和知识分子，团结一切可以团结的力量。在长期的革命和建设过程中，已经结成由中国共产党领导的，有各民主党派和各人民团体参加的，包括全体社会主义劳动者、社会主义事业的建设者、拥护社会主义的爱国者和拥护祖国统一的爱国者的广泛的爱国统一战线，这个统一战线将继续巩固和发展。中国人民政治协商会议是有广泛代表性的统一战线组织，过去发挥了重要的历史作用，今后在国家政治生活、社会生活和对外友好活动中，在进行社会主义现代化建设、维护国家的统一和团结的斗争中，将进一步发挥它的重要作用。中国共产党领导的多党合作和政治协商制度将长期存在和发展。

中华人民共和国是全国各族人民共同缔造的统一的多民族国家。平等、团结、互助的社会主义民族关系已经确立，并将继续加强。在维护民族团结的斗争中，要反对大民族主义，主要是大汉族主义，也要反对地方民族主义。国家尽一切努力，促进全国各民族的共同繁荣。

中国革命和建设的成就是同世界人民的支持分不开的。中国的前途是同世界的前途紧密地联系在一起的。中国坚持独立自主的对外政策，坚持互相尊重主权和领土完整、互不侵犯、互不干涉内政、平等互利、和平共处的五项原则，发展同各国的外交关系和经济、文化的交流；坚持反对帝国主义、霸权主义、殖民主义，加强同世界各国人民的团结，支持被压迫民族和发展中国家争取和维护民族独立、发展民族经济的正义斗争，为维护世界和平和促进人类进步事业而努力。

本宪法以法律的形式确认了中国各族人民奋斗的成果，规定了国家的根本制度和根本任务，是国家的根本法，具有最高的法律效力。全国各族人民、一切国家机关和武装力量、各政党和各社会团体、各企业事业组织，都必须以宪法为根本的活动准则，并且负有维护宪法尊严、保证宪法实施的职责。

第一章 总 纲

第一条 中华人民共和国是工人阶级领导的、以工农联盟为基础的人民民主专政的社会主义国家。

社会主义制度是中华人民共和国的根本制度。禁止任何组织或者个人破坏社会主义制度。

第二条 中华人民共和国的一切权力属于人民。

人民行使国家权力的机关是全国人民代表大会和地方各级人民代表大会。

人民依照法律规定，通过各种途径和形式，管理国家事务，管理经济和文化事业，管理社会事务。

第三条 中华人民共和国的国家机构实行民主集中制的原则。

全国人民代表大会和地方各级人民代表大会都由民主选举产生，对人民负责，受人民监督。

国家行政机关、审判机关、检察机关都由人民代表大会产生，对它负责，受它监督。

中央和地方的国家机构职权的划分，遵循在中央的统一领导下，充分发挥地方的主动性、积极性的原则。

第四条 中华人民共和国各民族一律平等。国家保障各少数民族的合法的权利和利益，维护和发展各民族的平等、团结、互助关系。禁止对任何民族的歧视和压迫，禁止破坏民族团结和制造民族分裂的行为。

国家根据各少数民族的特点和需要，帮助各少数民族地区加速经济和文化的发展。

各少数民族聚居的地方实行区域自治，设立自治机关，行使自治权。各民族自治地方都是中华人民共和国不可分离的部分。

各民族都有使用和发展自己的语言文字的自由，都有保持或者改革自己的风俗习惯的自由。

第五条 中华人民共和国实行依法治国，建设社会主义法治国家。

国家维护社会主义法制的统一和尊严。

一切法律、行政法规和地方性法规都不得同宪法相抵触。

一切国家机关和武装力量、各政党和各社会团体、各企业事业组织都必须遵守宪法和法律。一切违反宪法和法律的行为，必须予以追究。

任何组织或者个人都不得有超越宪法和法律的特权。

第六条 中华人民共和国的社会主义经济制度的基础是生产资料的社会主义公有制，即全民所有制和劳动群众集体所有制。社会主义公有制消灭人剥削人的制度，实行各尽所能、按劳分配的原则。

国家在社会主义初级阶段，坚持公有制为主体、多种所有制经济共同发展的基本经济制度，坚持按劳分配为主体、多种分配方式并存的分配制度。

第七条 国有经济，即社会主义全民所有制经济，是国民经济中的主导力量。国家保障国有经济的巩固和发展。

第八条 农村集体经济组织实行家庭承包经营为基础、统分结合的双层经营体制。农村中的生产、供销、信用、消费等各种形式的合作经济，是社会主义劳动群众集体所有制经济。参加农村集体经济组织的劳动者，有权在法律规定的范围内经营自留地、自留山、家庭副业和饲养自留畜。

城镇中的手工业、工业、建筑业、运输业、商业、服务业等行业的各种形式的合作经济，都是社会主义劳动群众集体所有制经济。

国家保护城乡集体经济组织的合法的权利和利益，鼓励、指导和帮助集体经济的发展。

第九条 矿藏、水流、森林、山岭、草原、荒地、滩涂等自然资源，都属于国家所有，即全民所有；由法律规定属于集体所有的森林和山岭、草原、荒地、滩涂除外。

国家保障自然资源的合理利用，保护珍贵的动物和植物。禁止任何组织或者个人用任何手段侵占或者破坏自然资源。

第十条　城市的土地属于国家所有。

农村和城市郊区的土地，除由法律规定属于国家所有的以外，属于集体所有；宅基地和自留地、自留山，也属于集体所有。

国家为了公共利益的需要，可以依照法律规定对土地实行征收或者征用并给予补偿。

任何组织或者个人不得侵占、买卖或者以其他形式非法转让土地。土地的使用权可以依照法律的规定转让。

一切使用土地的组织和个人必须合理地利用土地。

第十一条　在法律规定范围内的个体经济、私营经济等非公有制经济，是社会主义市场经济的重要组成部分。

国家保护个体经济、私营经济等非公有制经济的合法的权利和利益。国家鼓励、支持和引导非公有制经济的发展，并对非公有制经济依法实行监督和管理。

第十二条　社会主义的公共财产神圣不可侵犯。

国家保护社会主义的公共财产。禁止任何组织或者个人用任何手段侵占或者破坏国家的和集体的财产。

第十三条　公民的合法的私有财产不受侵犯。

国家依照法律规定保护公民的私有财产权和继承权。

国家为了公共利益的需要，可以依照法律规定对公民的私有财产实行征收或者征用并给予补偿。

第十四条　国家通过提高劳动者的积极性和技术水平，推广先进的科学技术，完善经济管理体制和企业经营管理制度，实行各种形式的社会主义责任制，改进劳动组织，以不断提高劳动生产率和经济效益，发展社会生产力。

国家厉行节约，反对浪费。

国家合理安排积累和消费，兼顾国家、集体和个人的利益，在发展生产的基础上，逐步改善人民的物质生活和文化生活。

国家建立健全同经济发展水平相适应的社会保障制度。

第十五条　国家实行社会主义市场经济。

国家加强经济立法，完善宏观调控。

国家依法禁止任何组织或者个人扰乱社会经济秩序。

第十六条　国有企业在法律规定的范围内有权自主经营。

国有企业依照法律规定，通过职工代表大会和其他形式，实行民主管理。

第十七条　集体经济组织在遵守有关法律的前提下，有独立进行经济活动的自主权。

集体经济组织实行民主管理，依照法律规定选举和罢免管理人员，决定经营管理的重大问题。

第十八条　中华人民共和国允许外国的企业和其他经济组织或者个人依照中华人民共和国法律的规定在中国投资，同中国的企业或者其他经济组织进行各种形式的经济合作。

在中国境内的外国企业和其他外国经济组织以及中外合资经营的企业，都必须遵守中华人民共和国的法律。它们的合法的权利和利益受中华人民共和国法律的保护。

第十九条　国家发展社会主义的教育事业，提高全国人民的科学文化水平。

国家举办各种学校，普及初等义务教育，发展中等教育、职业教育和高等教育，并且发展学前教育。

国家发展各种教育设施，扫除文盲，对工人、农民、国家工作人员和其他劳动者进行政治、文化、科学、技术、业务的教育，鼓励自学成才。

国家鼓励集体经济组织、国家企业事业组织和其他社会力量依照法律规定举办各种教育事业。

国家推广全国通用的普通话。

第二十条　国家发展自然科学和社会科学事业，普及科学和技术知识，奖励科学研究成果和技术发明创造。

第二十一条　国家发展医疗卫生事业，发展现代医药和我国传统医药，鼓励和支持农村集体经济组织、国家企业事业组织和街道组织举办各种医疗卫生设施，开展群众性的卫生活动，保护人民健康。

国家发展体育事业，开展群众性的体育活动，增强人民体质。

第二十二条　国家发展为人民服务、为社会主义服务的文学艺术事业、新闻广播电视事业、出版发行事业、图书馆博物馆文化馆和其他文化事业，开展群众性的文化活动。

国家保护名胜古迹、珍贵文物和其他重要历史文化遗产。

第二十三条　国家培养为社会主义服务的各种专业人才，扩大知识分子的队伍，创造条件，充分发挥他们在社会主义现代化建设中的作用。

第二十四条　国家通过普及理想教育、道德教育、文化教育、纪律和法制教育，通过在城乡不同范围的群众中制定和执行各种守则、公约，加强社会主义精神文明的建设。

国家提倡爱祖国、爱人民、爱劳动、爱科学、爱社会主义的公德，在人民中进行爱国主义、集体主义和国际主义、共产主义的教育，进行辩证唯物主义和历史唯物主义的教育，反对资本主义的、封建主义的和其他的腐朽思想。

第二十五条　国家推行计划生育，使人口的增长同经济和社会发展计划相适应。

第二十六条　国家保护和改善生活环境和生态环境，防治污染和其他公害。

国家组织和鼓励植树造林，保护林木。

第二十七条　一切国家机关实行精简的原则，实行工作责任制，实行工作人员的培训和考核制度，不断提高工作质量和工作效率，反对官僚主义。

一切国家机关和国家工作人员必须依靠人民的支持，经常保持同人民的密切联系，倾听人民的意见和建议，接受人民的监督，努力为人民服务。

第二十八条　国家维护社会秩序，镇压叛国和其他危害国家安全的犯罪活动，制裁危害社会治安、破坏社会主义经济和其他犯罪的活动，惩办和改造犯罪分子。

第二十九条　中华人民共和国的武装力量属于人民。它的任务是巩固国防，抵抗侵略，保卫祖国，保卫人民的和平劳动，参加国家建设事业，努力为人民服务。

国家加强武装力量的革命化、现代化、正规化的建设，增强国防力量。

第三十条　中华人民共和国的行政区域划分如下：

（一）全国分为省、自治区、直辖市；

（二）省、自治区分为自治州、县、自治县、市；

（三）县、自治县分为乡、民族乡、镇。

直辖市和较大的市分为区、县。自治州分为县、自治县、市。

自治区、自治州、自治县都是民族自治地方。

第三十一条　国家在必要时得设立特别行政区。在特别行政区内实行的制度按照具体情况由全国人民代表大会以法律规定。

第三十二条　中华人民共和国保护在中国境内的外国人的合法权利和利益，在中国境内的外国人必须遵守中华人民共和国的法律。

中华人民共和国对于因为政治原因要求避难的外国人，可以给予受庇护的权利。

第二章　公民的基本权利和义务

第三十三条　凡具有中华人民共和国国籍的人都是中华人民

共和国公民。

中华人民共和国公民在法律面前一律平等。

国家尊重和保障人权。

任何公民享有宪法和法律规定的权利，同时必须履行宪法和法律规定的义务。

第三十四条　中华人民共和国年满十八周岁的公民，不分民族、种族、性别、职业、家庭出身、宗教信仰、教育程度、财产状况、居住期限，都有选举权和被选举权；但是依照法律被剥夺政治权利的人除外。

第三十五条　中华人民共和国公民有言论、出版、集会、结社、游行、示威的自由。

第三十六条　中华人民共和国公民有宗教信仰自由。

任何国家机关、社会团体和个人不得强制公民信仰宗教或者不信仰宗教，不得歧视信仰宗教的公民和不信仰宗教的公民。

国家保护正常的宗教活动。任何人不得利用宗教进行破坏社会秩序、损害公民身体健康、妨碍国家教育制度的活动。

宗教团体和宗教事务不受外国势力的支配。

第三十七条　中华人民共和国公民的人身自由不受侵犯。

任何公民，非经人民检察院批准或者决定或者人民法院决定，并由公安机关执行，不受逮捕。

禁止非法拘禁和以其他方法非法剥夺或者限制公民的人身自由，禁止非法搜查公民的身体。

第三十八条　中华人民共和国公民的人格尊严不受侵犯。禁止用任何方法对公民进行侮辱、诽谤和诬告陷害。

第三十九条　中华人民共和国公民的住宅不受侵犯。禁止非法搜查或者非法侵入公民的住宅。

第四十条　中华人民共和国公民的通信自由和通信秘密受法律的保护。除因国家安全或者追查刑事犯罪的需要，由公安机关或者检察机关依照法律规定的程序对通信进行检查外，任何组织或者个人不得以任何理由侵犯公民的通信自由和通信秘密。

第四十一条　中华人民共和国公民对于任何国家机关和国家工作人员，有提出批评和建议的权利；对于任何国家机关和国家工作人员的违法失职行为，有向有关国家机关提出申诉、控告或者检举的权利，但是不得捏造或者歪曲事实进行诬告陷害。

对于公民的申诉、控告或者检举，有关国家机关必须查清事实，负责处理。任何人不得压制和打击报复。

由于国家机关和国家工作人员侵犯公民权利而受到损失的人，有依照法律规定取得赔偿的权利。

第四十二条　中华人民共和国公民有劳动的权利和义务。

国家通过各种途径，创造劳动就业条件，加强劳动保护，改善劳动条件，并在发展生产的基础上，提高劳动报酬和福利待遇。

劳动是一切有劳动能力的公民的光荣职责。国有企业和城乡集体经济组织的劳动者都应当以国家主人翁的态度对待自己的劳动。国家提倡社会主义劳动竞赛，奖励劳动模范和先进工作者。国家提倡公民从事义务劳动。

国家对就业前的公民进行必要的劳动就业训练。

第四十三条　中华人民共和国劳动者有休息的权利。

国家发展劳动者休息和休养的设施，规定职工的工作时间和休假制度。

第四十四条　国家依照法律规定实行企业事业组织的职工和国家机关工作人员的退休制度。退休人员的生活受到国家和社会的保障。

第四十五条　中华人民共和国公民在年老、疾病或者丧失劳动能力的情况下，有从国家和社会获得物质帮助的权利。国家发展为公民享受这些权利所需要的社会保险、社会救济和医疗卫生事业。

国家和社会保障残废军人的生活，抚恤烈士家属，优待军人家属。

国家和社会帮助安排盲、聋、哑和其他有残疾的公民的劳动、生活和教育。

第四十六条 中华人民共和国公民有受教育的权利和义务。

国家培养青年、少年、儿童在品德、智力、体质等方面全面发展。

第四十七条 中华人民共和国公民有进行科学研究、文学艺术创作和其他文化活动的自由。国家对于从事教育、科学、技术、文学、艺术和其他文化事业的公民的有益于人民的创造性工作，给以鼓励和帮助。

第四十八条 中华人民共和国妇女在政治的、经济的、文化的、社会的和家庭的生活等各方面享有同男子平等的权利。

国家保护妇女的权利和利益，实行男女同工同酬，培养和选拔妇女干部。

第四十九条 婚姻、家庭、母亲和儿童受国家的保护。

夫妻双方有实行计划生育的义务。

父母有抚养教育未成年子女的义务，成年子女有赡养扶助父母的义务。

禁止破坏婚姻自由，禁止虐待老人、妇女和儿童。

第五十条 中华人民共和国保护华侨的正当的权利和利益，保护归侨和侨眷的合法的权利和利益。

第五十一条 中华人民共和国公民在行使自由和权利的时候，不得损害国家的、社会的、集体的利益和其他公民的合法的自由和权利。

第五十二条 中华人民共和国公民有维护国家统一和全国各民族团结的义务。

第五十三条 中华人民共和国公民必须遵守宪法和法律，保守国家秘密，爱护公共财产，遵守劳动纪律，遵守公共秩序，尊重社会公德。

第五十四条 中华人民共和国公民有维护祖国的安全、荣誉和利益的义务，不得有危害祖国的安全、荣誉和利益的行为。

第五十五条 保卫祖国、抵抗侵略是中华人民共和国每一个公民的神圣职责。

依照法律服兵役和参加民兵组织是中华人民共和国公民的光荣义务。

第五十六条 中华人民共和国公民有依照法律纳税的义务。

第三章 国家机构

第一节 全国人民代表大会

第五十七条 中华人民共和国全国人民代表大会是最高国家权力机关。它的常设机关是全国人民代表大会常务委员会。

第五十八条 全国人民代表大会和全国人民代表大会常务委员会行使国家立法权。

第五十九条 全国人民代表大会由省、自治区、直辖市、特别行政区和军队选出的代表组成。各少数民族都应当有适当名额的代表。

全国人民代表大会代表的选举由全国人民代表大会常务委员会主持。

全国人民代表大会代表名额和代表产生办法由法律规定。

第六十条 全国人民代表大会每届任期五年。

全国人民代表大会任期届满的两个月以前，全国人民代表大会常务委员会必须完成下届全国人民代表大会代表的选举。如果遇到不能进行选举的非常情况，由全国人民代表大会常务委员会以全体组成人员的三分之二以上的多数通过，可以推迟选举，延长本届全国人民代表大会的任期。在非常情况结束后一年内，必须完成下届全国人民代表大会代表的选举。

第六十一条 全国人民代表大会会议每年举行一次，由全国人民代表大会常务委员会召集。如果全国人民代表大会常务委员会认为必要，或者有五分之一以上的全国人民代表大会代表提议，可以临时召集全国人民代表大会会议。

全国人民代表大会举行会议的时候，选举主席团主持会议。

第六十二条 全国人民代表大会行使下列职权：

（一）修改宪法；

（二）监督宪法的实施；

（三）制定和修改刑事、民事、国家机构的和其他的基本法律；

（四）选举中华人民共和国主席、副主席；

（五）根据中华人民共和国主席的提名，决定国务院总理的人选；根据国务院总理的提名，决定国务院副总理、国务委员、各部部长、各委员会主任、审计长、秘书长的人选；

（六）选举中央军事委员会主席；根据中央军事委员会主席的提名，决定中央军事委员会其他组成人员的人选；

（七）选举最高人民法院院长；

（八）选举最高人民检察院检察长；

（九）审查和批准国民经济和社会发展计划和计划执行情况的报告；

（十）审查和批准国家的预算和预算执行情况的报告；

（十一）改变或者撤销全国人民代表大会常务委员会不适当的决定；

（十二）批准省、自治区和直辖市的建置；

（十三）决定特别行政区的设立及其制度；

（十四）决定战争和和平的问题；

（十五）应当由最高国家权力机关行使的其他职权。

第六十三条　全国人民代表大会有权罢免下列人员：

（一）中华人民共和国主席、副主席；

（二）国务院总理、副总理、国务委员、各部部长、各委员会主任、审计长、秘书长；

（三）中央军事委员会主席和中央军事委员会其他组成人员；

（四）最高人民法院院长；

（五）最高人民检察院检察长。

第六十四条　宪法的修改，由全国人民代表大会常务委员会或者五分之一以上的全国人民代表大会代表提议，并由全国人民代表大会以全体代表的三分之二以上的多数通过。

法律和其他议案由全国人民代表大会以全体代表的过半数通过。

第六十五条　全国人民代表大会常务委员会由下列人员组成：

委员长，

副委员长若干人，

秘书长，

委员若干人。

全国人民代表大会常务委员会组成人员中，应当有适当名额的少数民族代表。

全国人民代表大会选举并有权罢免全国人民代表大会常务委员会的组成人员。

全国人民代表大会常务委员会的组成人员不得担任国家行政机关、审判机关和检察机关的职务。

第六十六条　全国人民代表大会常务委员会每届任期同全国人民代表大会每届任期相同，它行使职权到下届全国人民代表大会选出新的常务委员会为止。

委员长、副委员长连续任职不得超过两届。

第六十七条　全国人民代表大会常务委员会行使下列职权：

（一）解释宪法，监督宪法的实施；

（二）制定和修改除应当由全国人民代表大会制定的法律以外的其他法律；

（三）在全国人民代表大会闭会期间，对全国人民代表大会制定的法律进行部分补充和修改，但是不得同该法律的基本原则相抵触；

（四）解释法律；

（五）在全国人民代表大会闭会期间，审查和批准国民经济和社会发展计划、国家预算在执行过程中所必须作的部分调整方案；

（六）监督国务院、中央军事委员会、最高人民法院和最高人民检察院的工作；

（七）撤销国务院制定的同宪法、法律相抵触的行政法规、决定和命令；

（八）撤销省、自治区、直辖市国家权力机关制定的同宪法、法律和行政法规相抵触的地方性法规和决议；

（九）在全国人民代表大会闭会期间，根据国务院总理的提名，决定部长、委员会主任、审计长、秘书长的人选；

（十）在全国人民代表大会闭会期间，根据中央军事委员会主席的提名，决定中央军事委员会其他组成人员的人选；

（十一）根据最高人民法院院长的提请，任免最高人民法院副院长、审判员、审判委员会委员和军事法院院长；

（十二）根据最高人民检察院检察长的提请，任免最高人民检察院副检察长、检察员、检察委员会委员和军事检察院检察长，并且批准省、自治区、直辖市的人民检察院检察长的任免；

（十三）决定驻外全权代表的任免；

（十四）决定同外国缔结的条约和重要协定的批准和废除；

（十五）规定军人和外交人员的衔级制度和其他专门衔级制度；

（十六）规定和决定授予国家的勋章和荣誉称号；

（十七）决定特赦；

（十八）在全国人民代表大会闭会期间，如果遇到国家遭受武装侵犯或者必须履行国际间共同防止侵略的条约的情况，决定战争状态的宣布；

（十九）决定全国总动员或者局部动员；

（二十）决定全国或者个别省、自治区、直辖市进入紧急状态；

（二十一）全国人民代表大会授予的其他职权。

第六十八条　全国人民代表大会常务委员会委员长主持全国人民代表大会常务委员会的工作，召集全国人民代表大会常务委员会会议。副委员长、秘书长协助委员长工作。

委员长、副委员长、秘书长组成委员长会议，处理全国人民代表大会常务委员会的重要日常工作。

第六十九条　全国人民代表大会常务委员会对全国人民代表大会负责并报告工作。

第七十条　全国人民代表大会设立民族委员会、法律委员会、财政经济委员会、教育科学文化卫生委员会、外事委员会、华侨委员会和其他需要设立的专门委员会。在全国人民代表大会闭会期间，各专门委员会受全国人民代表大会常务委员会的领导。

各专门委员会在全国人民代表大会和全国人民代表大会常务委员会领导下，研究、审议和拟订有关议案。

第七十一条　全国人民代表大会和全国人民代表大会常务委员会认为必要的时候，可以组织关于特定问题的调查委员会，并且根据调查委员会的报告，作出相应的决议。

调查委员会进行调查的时候，一切有关的国家机关、社会团体和公民都有义务向它提供必要的材料。

第七十二条 全国人民代表大会代表和全国人民代表大会常务委员会组成人员，有权依照法律规定的程序分别提出属于全国人民代表大会和全国人民代表大会常务委员会职权范围内的议案。

第七十三条 全国人民代表大会代表在全国人民代表大会开会期间，全国人民代表大会常务委员会组成人员在常务委员会开会期间，有权依照法律规定的程序提出对国务院或者国务院各部、各委员会的质询案。受质询的机关必须负责答复。

第七十四条 全国人民代表大会代表，非经全国人民代表大会会议主席团许可，在全国人民代表大会闭会期间非经全国人民代表大会常务委员会许可，不受逮捕或者刑事审判。

第七十五条 全国人民代表大会代表在全国人民代表大会各种会议上的发言和表决，不受法律追究。

第七十六条 全国人民代表大会代表必须模范地遵守宪法和法律，保守国家秘密，并且在自己参加的生产、工作和社会活动中，协助宪法和法律的实施。

全国人民代表大会代表应当同原选举单位和人民保持密切的联系，听取和反映人民的意见和要求，努力为人民服务。

第七十七条 全国人民代表大会代表受原选举单位的监督。原选举单位有权依照法律规定的程序罢免本单位选出的代表。

第七十八条 全国人民代表大会和全国人民代表大会常务委员会的组织和工作程序由法律规定。

第二节 中华人民共和国主席

第七十九条 中华人民共和国主席、副主席由全国人民代表大会选举。

有选举权和被选举权的年满四十五周岁的中华人民共和国公民可以被选为中华人民共和国主席、副主席。

中华人民共和国主席、副主席每届任期同全国人民代表大会每届任期相同，连续任职不得超过两届。

第八十条 中华人民共和国主席根据全国人民代表大会的决定和全国人民代表大会常务委员会的决定，公布法律，任免国务院总理、副总理、国务委员、各部部长、各委员会主任、审计长、秘书长，授予国家的勋章和荣誉称号，发布特赦令，宣布进入紧急状态，宣布战争状态，发布动员令。

第八十一条 中华人民共和国主席代表中华人民共和国，进行国事活动，接受外国使节；根据全国人民代表大会常务委员会的决定，派遣和召回驻外全权代表，批准和废除同外国缔结的条约和重要协定。

第八十二条 中华人民共和国副主席协助主席工作。

中华人民共和国副主席受主席的委托，可以代行主席的部分职权。

第八十三条 中华人民共和国主席、副主席行使职权到下届全国人民代表大会选出的主席、副主席就职为止。

第八十四条 中华人民共和国主席缺位的时候，由副主席继任主席的职位。

中华人民共和国副主席缺位的时候，由全国人民代表大会补选。

中华人民共和国主席、副主席都缺位的时候，由全国人民代表大会补选；在补选以前，由全国人民代表大会常务委员会委员长暂时代理主席职位。

第三节 国 务 院

第八十五条 中华人民共和国国务院，即中央人民政府，是最高国家权力机关的执行机关，是最高国家行政机关。

第八十六条 国务院由下列人员组成：

总理，

副总理若干人，

国务委员若干人，

各部部长，

各委员会主任，

审计长，

秘书长。

国务院实行总理负责制。各部、各委员会实行部长、主任负责制。

国务院的组织由法律规定。

第八十七条 国务院每届任期同全国人民代表大会每届任期相同。

总理、副总理、国务委员连续任职不得超过两届。

第八十八条 总理领导国务院的工作。副总理、国务委员协助总理工作。

总理、副总理、国务委员、秘书长组成国务院常务会议。

总理召集和主持国务院常务会议和国务院全体会议。

第八十九条 国务院行使下列职权：

（一）根据宪法和法律，规定行政措施，制定行政法规，发布决定和命令；

（二）向全国人民代表大会或者全国人民代表大会常务委员会提出议案；

（三）规定各部和各委员会的任务和职责，统一领导各部和各委员会的工作，并且领导不属于各部和各委员会的全国性的行政工作；

（四）统一领导全国地方各级国家行政机关的工作，规定中央和省、自治区、直辖市的国家行政机关的职权的具体划分；

（五）编制和执行国民经济和社会发展计划和国家预算；

（六）领导和管理经济工作和城乡建设；

（七）领导和管理教育、科学、文化、卫生、体育和计划生育工作；

（八）领导和管理民政、公安、司法行政和监察等工作；

（九）管理对外事务，同外国缔结条约和协定；

（十）领导和管理国防建设事业；

（十一）领导和管理民族事务，保障少数民族的平等权利和民族自治地方的自治权利；

（十二）保护华侨的正当的权利和利益，保护归侨和侨眷的合法的权利和利益；

（十三）改变或者撤销各部、各委员会发布的不适当的命令、指示和规章；

（十四）改变或者撤销地方各级国家行政机关的不适当的决定和命令；

（十五）批准省、自治区、直辖市的区域划分，批准自治州、县、自治县、市的建置和区域划分；

（十六）依照法律规定决定省、自治区、直辖市的范围内部分地区进入紧急状态；

（十七）审定行政机构的编制，依照法律规定任免、培训、考核和奖惩行政人员；

（十八）全国人民代表大会和全国人民代表大会常务委员会授予的其他职权。

第九十条　国务院各部部长、各委员会主任负责本部门的工作；召集和主持部务会议或者委员会会议、委务会议，讨论决定本部门工作的重大问题。

各部、各委员会根据法律和国务院的行政法规、决定、命令，在本部门的权限内，发布命令、指示和规章。

第九十一条　国务院设立审计机关，对国务院各部门和地方各级政府的财政收支，对国家的财政金融机构和企业事业组织的财务收支，进行审计监督。

审计机关在国务院总理领导下，依照法律规定独立行使审计监督权，不受其他行政机关、社会团体和个人的干涉。

第九十二条 国务院对全国人民代表大会负责并报告工作；在全国人民代表大会闭会期间，对全国人民代表大会常务委员会负责并报告工作。

第四节 中央军事委员会

第九十三条 中华人民共和国中央军事委员会领导全国武装力量。

中央军事委员会由下列人员组成：

主席，

副主席若干人，

委员若干人。

中央军事委员会实行主席负责制。

中央军事委员会每届任期同全国人民代表大会每届任期相同。

第九十四条 中央军事委员会主席对全国人民代表大会和全国人民代表大会常务委员会负责。

第五节 地方各级人民代表大会和地方各级人民政府

第九十五条 省、直辖市、县、市、市辖区、乡、民族乡、镇设立人民代表大会和人民政府。

地方各级人民代表大会和地方各级人民政府的组织由法律规定。

自治区、自治州、自治县设立自治机关。自治机关的组织和工作根据宪法第三章第五节、第六节规定的基本原则由法律规定。

第九十六条 地方各级人民代表大会是地方国家权力机关。

县级以上的地方各级人民代表大会设立常务委员会。

第九十七条 省、直辖市、设区的市的人民代表大会代表由下一级的人民代表大会选举；县、不设区的市、市辖区、乡、民族乡、镇的人民代表大会代表由选民直接选举。

地方各级人民代表大会代表名额和代表产生办法由法律规定。

第九十八条 地方各级人民代表大会每届任期五年。

第九十九条 地方各级人民代表大会在本行政区域内，保证宪法、法律、行政法规的遵守和执行；依照法律规定的权限，通过和发布决议，审查和决定地方的经济建设、文化建设和公共事业建设的计划。

县级以上的地方各级人民代表大会审查和批准本行政区域内的国民经济和社会发展计划、预算以及它们的执行情况的报告；有权改变或者撤销本级人民代表大会常务委员会不适当的决定。

民族乡的人民代表大会可以依照法律规定的权限采取适合民族特点的具体措施。

第一百条 省、直辖市的人民代表大会和它们的常务委员会，在不同宪法、法律、行政法规相抵触的前提下，可以制定地方性法规，报全国人民代表大会常务委员会备案。

第一百零一条 地方各级人民代表大会分别选举并且有权罢免本级人民政府的省长和副省长、市长和副市长、县长和副县长、区长和副区长、乡长和副乡长、镇长和副镇长。

县级以上的地方各级人民代表大会选举并且有权罢免本级人民法院院长和本级人民检察院检察长。选出或者罢免人民检察院检察长，须报上级人民检察院检察长提请该级人民代表大会常务委员会批准。

第一百零二条 省、直辖市、设区的市的人民代表大会代表受原选举单位的监督；县、不设区的市、市辖区、乡、民族乡、镇的人民代表大会代表受选民的监督。

地方各级人民代表大会代表的选举单位和选民有权依照法律规定的程序罢免由他们选出的代表。

第一百零三条 县级以上的地方各级人民代表大会常务委员会由主任、副主任若干人和委员若干人组成，对本级人民代表大会负责并报告工作。

县级以上的地方各级人民代表大会选举并有权罢免本级人民代表大会常务委员会的组成人员。

县级以上的地方各级人民代表大会常务委员会的组成人员不得担任国家行政机关、审判机关和检察机关的职务。

第一百零四条 县级以上的地方各级人民代表大会常务委员会讨论、决定本行政区域内各方面工作的重大事项；监督本级人民政府、人民法院和人民检察院的工作；撤销本级人民政府的不适当的决定和命令；撤销下一级人民代表大会的不适当的决议；依照法律规定的权限决定国家机关工作人员的任免；在本级人民代表大会闭会期间，罢免和补选上一级人民代表大会的个别代表。

第一百零五条 地方各级人民政府是地方各级国家权力机关的执行机关，是地方各级国家行政机关。

地方各级人民政府实行省长、市长、县长、区长、乡长、镇长负责制。

第一百零六条 地方各级人民政府每届任期同本级人民代表大会每届任期相同。

第一百零七条 县级以上地方各级人民政府依照法律规定的权限，管理本行政区域内的经济、教育、科学、文化、卫生、体育事业、城乡建设事业和财政、民政、公安、民族事务、司法行政、监察、计划生育等行政工作，发布决定和命令，任免、培训、考核和奖惩行政工作人员。

乡、民族乡、镇的人民政府执行本级人民代表大会的决议和上级国家行政机关的决定和命令，管理本行政区域内的行政工作。

省、直辖市的人民政府决定乡、民族乡、镇的建置和区域划分。

第一百零八条 县级以上的地方各级人民政府领导所属各工作部门和下级人民政府的工作，有权改变或者撤销所属各工作部门和下级人民政府的不适当的决定。

第一百零九条 县级以上的地方各级人民政府设立审计机关。地方各级审计机关依照法律规定独立行使审计监督权，对本级人民政府和上一级审计机关负责。

第一百一十条 地方各级人民政府对本级人民代表大会负责并报告工作。县级以上的地方各级人民政府在本级人民代表大会闭会期间，对本级人民代表大会常务委员会负责并报告工作。

地方各级人民政府对上一级国家行政机关负责并报告工作。全国地方各级人民政府都是国务院统一领导下的国家行政机关，都服从国务院。

第一百一十一条 城市和农村按居民居住地区设立的居民委员会或者村民委员会是基层群众性自治组织。居民委员会、村民委员会的主任、副主任和委员由居民选举。居民委员会、村民委员会同基层政权的相互关系由法律规定。

居民委员会、村民委员会设人民调解、治安保卫、公共卫生等委员会，办理本居住地区的公共事务和公益事业，调解民间纠纷，协助维护社会治安，并且向人民政府反映群众的意见、要求和提出建议。

第六节 民族自治地方的自治机关

第一百一十二条 民族自治地方的自治机关是自治区、自治州、自治县的人民代表大会和人民政府。

第一百一十三条 自治区、自治州、自治县的人民代表大会中，除实行区域自治的民族的代表外，其他居住在本行政区域内的民族也应当有适当名额的代表。

自治区、自治州、自治县的人民代表大会常务委员会中应当有实行区域自治的民族的公民担任主任或者副主任。

第一百一十四条 自治区主席、自治州州长、自治县县长由实行区域自治的民族的公民担任。

第一百一十五条 自治区、自治州、自治县的自治机关行使宪法第三章第五节规定的地方国家机关的职权，同时依照宪法、民族区域自治法和其他法律规定的权限行使自治权，根据本地方实际情况贯彻执行国家的法律、政策。

第一百一十六条 民族自治地方的人民代表大会有权依照当地民族的政治、经济和文化的特点，制定自治条例和单行条例。自治区的自治条例和单行条例，报全国人民代表大会常务委员会批准后生效。自治州、自治县的自治条例和单行条例，报省或者自治区的人民代表大会常务委员会批准后生效，并报全国人民代表大会常务委员会备案。

第一百一十七条 民族自治地方的自治机关有管理地方财政的自治权。凡是依照国家财政体制属于民族自治地方的财政收入，都应当由民族自治地方的自治机关自主地安排使用。

第一百一十八条 民族自治地方的自治机关在国家计划的指导下，自主地安排和管理地方性的经济建设事业。

国家在民族自治地方开发资源、建设企业的时候，应当照顾民族自治地方的利益。

第一百一十九条 民族自治地方的自治机关自主地管理本地方的教育、科学、文化、卫生、体育事业，保护和整理民族的文化遗产，发展和繁荣民族文化。

第一百二十条 民族自治地方的自治机关依照国家的军事制度和当地的实际需要，经国务院批准，可以组织本地方维护社会治安的公安部队。

第一百二十一条 民族自治地方的自治机关在执行职务的时

候，依照本民族自治地方自治条例的规定，使用当地通用的一种或者几种语言文字。

第一百二十二条　国家从财政、物资、技术等方面帮助各少数民族加速发展经济建设和文化建设事业。

国家帮助民族自治地方从当地民族中大量培养各级干部、各种专业人才和技术工人。

第七节　人民法院和人民检察院

第一百二十三条　中华人民共和国人民法院是国家的审判机关。

第一百二十四条　中华人民共和国设立最高人民法院、地方各级人民法院和军事法院等专门人民法院。

最高人民法院院长每届任期同全国人民代表大会每届任期相同，连续任职不得超过两届。

人民法院的组织由法律规定。

第一百二十五条　人民法院审理案件，除法律规定的特别情况外，一律公开进行。被告人有权获得辩护。

第一百二十六条　人民法院依照法律规定独立行使审判权，不受行政机关、社会团体和个人的干涉。

第一百二十七条　最高人民法院是最高审判机关。

最高人民法院监督地方各级人民法院和专门人民法院的审判工作，上级人民法院监督下级人民法院的审判工作。

第一百二十八条　最高人民法院对全国人民代表大会和全国人民代表大会常务委员会负责。地方各级人民法院对产生它的国家权力机关负责。

第一百二十九条　中华人民共和国人民检察院是国家的法律监督机关。

第一百三十条　中华人民共和国设立最高人民检察院、地方各级人民检察院和军事检察院等专门人民检察院。

最高人民检察院检察长每届任期同全国人民代表大会每届任期相同，连续任职不得超过两届。

人民检察院的组织由法律规定。

第一百三十一条 人民检察院依照法律规定独立行使检察权，不受行政机关、社会团体和个人的干涉。

第一百三十二条 最高人民检察院是最高检察机关。

最高人民检察院领导地方各级人民检察院和专门人民检察院的工作，上级人民检察院领导下级人民检察院的工作。

第一百三十三条 最高人民检察院对全国人民代表大会和全国人民代表大会常务委员会负责。地方各级人民检察院对产生它的国家权力机关和上级人民检察院负责。

第一百三十四条 各民族公民都有用本民族语言文字进行诉讼的权利。人民法院和人民检察院对于不通晓当地通用的语言文字的诉讼参与人，应当为他们翻译。

在少数民族聚居或者多民族共同居住的地区，应当用当地通用的语言进行审理；起诉书、判决书、布告和其他文书应当根据实际需要使用当地通用的一种或者几种文字。

第一百三十五条 人民法院、人民检察院和公安机关办理刑事案件，应当分工负责，互相配合，互相制约，以保证准确有效地执行法律。

第四章 国旗、国歌、国徽、首都

第一百三十六条 中华人民共和国国旗是五星红旗。

中华人民共和国国歌是《义勇军进行曲》。

第一百三十七条 中华人民共和国国徽，中间是五星照耀下的天安门，周围是谷穗和齿轮。

第一百三十八条 中华人民共和国首都是北京。

附录2 中华人民共和国立法法

（2000 年 3 月 15 日第九届全国人民代表大会第三次会议通过 2000 年 3 月 15 日中华人民共和国主席令第三十一号公布 自 2000 年 7 月 1 日起施行）

第一章 总 则
第二章 法 律
第一节 立法权限
第二节 全国人民代表大会立法程序
第三节 全国人民代表大会常务委员会立法程序
第四节 法律解释
第五节 其他规定
第三章 行政法规
第四章 地方性法规、自治条例和单行条例、规章
第一节 地方性法规、自治条例和单行条例
第二节 规 章
第五章 适用与备案
第六章 附 则

第一章 总 则

第一条 为了规范立法活动，健全国家立法制度，建立和完善有中国特色社会主义法律体系，保障和发展社会主义民主，推进依法治国，建设社会主义法治国家，根据宪法，制定本法。

第二条 法律、行政法规、地方性法规、自治条例和单行条例的制定、修改和废止，适用本法。

国务院部门规章和地方政府规章的制定、修改和废止，依照

本法的有关规定执行。

第三条 立法应当遵循宪法的基本原则，以经济建设为中心，坚持社会主义道路、坚持人民民主专政、坚持中国共产党的领导、坚持马克思列宁主义毛泽东思想邓小平理论，坚持改革开放。

第四条 立法应当依照法定的权限和程序，从国家整体利益出发，维护社会主义法制的统一和尊严。

第五条 立法应当体现人民的意志，发扬社会主义民主，保障人民通过多种途径参与立法活动。

第六条 立法应当从实际出发，科学合理地规定公民、法人和其他组织的权利与义务、国家机关的权力与责任。

第二章 法 律

第一节 立法权限

第七条 全国人民代表大会和全国人民代表大会常务委员会行使国家立法权。

全国人民代表大会制定和修改刑事、民事、国家机构的和其他的基本法律。

全国人民代表大会常务委员会制定和修改除应当由全国人民代表大会制定的法律以外的其他法律；在全国人民代表大会闭会期间，对全国人民代表大会制定的法律进行部分补充和修改，但是不得同该法律的基本原则相抵触。

第八条 下列事项只能制定法律：

（一）国家主权的事项；

（二）各级人民代表大会、人民政府、人民法院和人民检察院的产生、组织和职权；

（三）民族区域自治制度、特别行政区制度、基层群众自治制度；

（四）犯罪和刑罚；

（五）对公民政治权利的剥夺、限制人身自由的强制措施和处罚；

（六）对非国有财产的征收；

（七）民事基本制度；

（八）基本经济制度以及财政、税收、海关、金融和外贸的基本制度；

（九）诉讼和仲裁制度；

（十）必须由全国人民代表大会及其常务委员会制定法律的其他事项。

第九条 本法第八条规定的事项尚未制定法律的，全国人民代表大会及其常务委员会有权作出决定，授权国务院可以根据实际需要，对其中的部分事项先制定行政法规，但是有关犯罪和刑罚、对公民政治权利的剥夺和限制人身自由的强制措施和处罚、司法制度等事项除外。

第十条 授权决定应当明确授权的目的、范围。

被授权机关应当严格按照授权目的和范围行使该项权力。

被授权机关不得将该项权力转授给其他机关。

第十一条 授权立法事项，经过实践检验，制定法律的条件成熟时，由全国人民代表大会及其常务委员会及时制定法律。法律制定后，相应立法事项的授权终止。

第二节 全国人民代表大会立法程序

第十二条 全国人民代表大会主席团可以向全国人民代表大会提出法律案，由全国人民代表大会会议审议。

全国人民代表大会常务委员会、国务院、中央军事委员会、最高人民法院、最高人民检察院、全国人民代表大会各专门委员会，可以向全国人民代表大会提出法律案，由主席团决定列入会议议程。

第十三条 一个代表团或者三十名以上的代表联名，可以向全国人民代表大会提出法律案，由主席团决定是否列入会议议程，或者先交有关的专门委员会审议、提出是否列入会议议程的意见，再决定是否列入会议议程。

专门委员会审议的时候，可以邀请提案人列席会议，发表意见。

第十四条 向全国人民代表大会提出的法律案，在全国人民代表大会闭会期间，可以先向常务委员会提出，经常务委员会会议依照本法第二章第三节规定的有关程序审议后，决定提请全国人民代表大会审议，由常务委员会向大会全体会议作说明，或者由提案人向大会全体会议作说明。

第十五条 常务委员会决定提请全国人民代表大会会议审议的法律案，应当在会议举行的一个月前将法律草案发给代表。

第十六条 列入全国人民代表大会会议议程的法律案，大会全体会议听取提案人的说明后，由各代表团进行审议。

各代表团审议法律案时，提案人应当派人听取意见，回答询问。

各代表团审议法律案时，根据代表团的要求，有关机关、组织应当派人介绍情况。

第十七条 列入全国人民代表大会会议议程的法律案，由有关的专门委员会进行审议，向主席团提出审议意见，并印发会议。

第十八条 列入全国人民代表大会会议议程的法律案，由法律委员会根据各代表团和有关的专门委员会的审议意见，对法律案进行统一审议，向主席团提出审议结果报告和法律草案修改稿，对重要的不同意见应当在审议结果报告中予以说明，经主席团会议审议通过后，印发会议。

第十九条 列入全国人民代表大会会议议程的法律案，必要时，主席团常务主席可以召开各代表团团长会议，就法律案中的重大问题听取各代表团的审议意见，进行讨论，并将讨论的情况和意见向主席团报告。

主席团常务主席也可以就法律案中的重大的专门性问题，召集代表团推选的有关代表进行讨论，并将讨论的情况和意见向主席团报告。

第二十条　列入全国人民代表大会会议议程的法律案，在交付表决前，提案人要求撤回的，应当说明理由，经主席团同意，并向大会报告，对该法律案的审议即行终止。

第二十一条　法律案在审议中有重大问题需要进一步研究的，经主席团提出，由大会全体会议决定，可以授权常务委员会根据代表的意见进一步审议，作出决定，并将决定情况向全国人民代表大会下次会议报告；也可以授权常务委员会根据代表的意见进一步审议，提出修改方案，提请全国人民代表大会下次会议审议决定。

第二十二条　法律草案修改稿经各代表团审议，由法律委员会根据各代表团的审议意见进行修改，提出法律草案表决稿，由主席团提请大会全体会议表决，由全体代表的过半数通过。

第二十三条　全国人民代表大会通过的法律由国家主席签署主席令予以公布。

第三节　全国人民代表大会常务委员会立法程序

第二十四条　委员长会议可以向常务委员会提出法律案，由常务委员会会议审议。

国务院、中央军事委员会、最高人民法院、最高人民检察院、全国人民代表大会各专门委员会，可以向常务委员会提出法律案，由委员长会议决定列入常务委员会会议议程，或者先交有关的专门委员会审议、提出报告，再决定列入常务委员会会议议程。如果委员长会议认为法律案有重大问题需要进一步研究，可以建议提案人修改完善后再向常务委员会提出。

第二十五条 常务委员会组成人员十人以上联名，可以向常务委员会提出法律案，由委员长会议决定是否列入常务委员会会议议程，或者先交有关的专门委员会审议、提出是否列入会议议程的意见，再决定是否列入常务委员会会议议程。不列入常务委员会会议议程的，应当向常务委员会会议报告或者向提案人说明。

专门委员会审议的时候，可以邀请提案人列席会议，发表意见。

第二十六条 列入常务委员会会议议程的法律案，除特殊情况外，应当在会议举行的七日前将法律草案发给常务委员会组成人员。

第二十七条 列入常务委员会会议议程的法律案，一般应当经三次常务委员会会议审议后再交付表决。

常务委员会会议第一次审议法律案，在全体会议上听取提案人的说明，由分组会议进行初步审议。

常务委员会会议第二次审议法律案，在全体会议上听取法律委员会关于法律草案修改情况和主要问题的汇报，由分组会议进一步审议。

常务委员会会议第三次审议法律案，在全体会议上听取法律委员会关于法律草案审议结果的报告，由分组会议对法律草案修改稿进行审议。

常务委员会审议法律案时，根据需要，可以召开联组会议或者全体会议，对法律草案中的主要问题进行讨论。

第二十八条 列入常务委员会会议议程的法律案，各方面意见比较一致的，可以经两次常务委员会会议审议后交付表决；部分修改的法律案，各方面的意见比较一致的，也可以经一次常务委员会会议审议即交付表决。

第二十九条 常务委员会分组会议审议法律案时，提案人应当派人听取意见，回答询问。

常务委员会分组会议审议法律案时，根据小组的要求，有关机关、组织应当派人介绍情况。

第三十条 列入常务委员会会议议程的法律案，由有关的专门委员会进行审议，提出审议意见，印发常务委员会会议。

有关的专门委员会审议法律案时，可以邀请其他专门委员会的成员列席会议，发表意见。

第三十一条 列入常务委员会会议议程的法律案，由法律委员会根据常务委员会组成人员、有关的专门委员会的审议意见和各方面提出的意见，对法律案进行统一审议，提出修改情况的汇报或者审议结果报告和法律草案修改稿，对重要的不同意见应当在汇报或者审议结果报告中予以说明。对有关的专门委员会的重要审议意见没有采纳的，应当向有关的专门委员会反馈。

法律委员会审议法律案时，可以邀请有关的专门委员会的成员列席会议，发表意见。

第三十二条 专门委员会审议法律案时，应当召开全体会议审议，根据需要，可以要求有关机关、组织派有关负责人说明情况。

第三十三条 专门委员会之间对法律草案的重要问题意见不一致时，应当向委员长会议报告。

第三十四条 列入常务委员会会议议程的法律案，法律委员会、有关的专门委员会和常务委员会工作机构应当听取各方面的意见。听取意见可以采取座谈会、论证会、听证会等多种形式。

常务委员会工作机构应当将法律草案发送有关机关、组织和专家征求意见，将意见整理后送法律委员会和有关的专门委员会，并根据需要，印发常务委员会会议。

第三十五条 列入常务委员会会议议程的重要的法律案，经委员长会议决定，可以将法律草案公布，征求意见。各机关、组织和公民提出的意见送常务委员会工作机构。

第三十六条 列入常务委员会会议议程的法律案，常务委员会工作机构应当收集整理分组审议的意见和各方面提出的意见以及其他有关资料，分送法律委员会和有关的专门委员会，并根据需要，印发常务委员会会议。

第三十七条 列入常务委员会会议议程的法律案，在交付表决前，提案人要求撤回的，应当说明理由，经委员长会议同意，并向常务委员会报告，对该法律案的审议即行终止。

第三十八条 法律案经常务委员会三次会议审议后，仍有重大问题需要进一步研究的，由委员长会议提出，经联组会议或者全体会议同意，可以暂不付表决，交法律委员会和有关的专门委员会进一步审议。

第三十九条 列入常务委员会会议审议的法律案，因各方面对制定该法律的必要性、可行性等重大问题存在较大意见分歧搁置审议满两年的，或者因暂不付表决经过两年没有再次列入常务委员会会议议程审议的，由委员长会议向常务委员会报告，该法律案终止审议。

第四十条 法律草案修改稿经常务委员会会议审议，由法律委员会根据常务委员会组成人员的审议意见进行修改，提出法律草案表决稿，由委员长会议提请常务委员会全体会议表决，由常务委员会全体组成人员的过半数通过。

第四十一条 常务委员会通过的法律由国家主席签署主席令予以公布。

第四节 法律解释

第四十二条 法律解释权属于全国人民代表大会常务委员会。

法律有以下情况之一的，由全国人民代表大会常务委员会解释：

（一）法律的规定需要进一步明确具体含义的；

（二）法律制定后出现新的情况，需要明确适用法律依据的。

第四十三条 国务院、中央军事委员会、最高人民法院、最高人民检察院和全国人民代表大会各专门委员会以及省、自治区、直辖市的人民代表大会常务委员会可以向全国人民代表大会常务委员会提出法律解释要求。

第四十四条 常务委员会工作机构研究拟订法律解释草案，由委员长会议决定列入常务委员会会议议程。

第四十五条 法律解释草案经常务委员会会议审议，由法律委员会根据常务委员会组成人员的审议意见进行审议、修改，提出法律解释草案表决稿。

第四十六条 法律解释草案表决稿由常务委员会全体组成人员的过半数通过，由常务委员会发布公告予以公布。

第四十七条 全国人民代表大会常务委员会的法律解释同法律具有同等效力。

第五节 其他规定

第四十八条 提出法律案，应当同时提出法律草案文本及其说明，并提供必要的资料。法律草案的说明应当包括制定该法律的必要性和主要内容。

第四十九条 向全国人民代表大会及其常务委员会提出的法律案，在列入会议议程前，提案人有权撤回。

第五十条 交付全国人民代表大会及其常务委员会全体会议表决未获得通过的法律案，如果提案人认为必须制定该法律，可以按照法律规定的程序重新提出，由主席团、委员长会议决定是否列入会议议程；其中，未获得全国人民代表大会通过的法律案，应当提请全国人民代表大会审议决定。

第五十一条 法律应当明确规定施行日期。

第五十二条 签署公布法律的主席令载明该法律的制定机

关、通过和施行日期。

法律签署公布后，及时在全国人民代表大会常务委员会公报和在全国范围内发行的报纸上刊登。

在常务委员会公报上刊登的法律文本为标准文本。

第五十三条 法律的修改和废止程序，适用本章的有关规定。

法律部分条文被修改或者废止的，必须公布新的法律文本。

第五十四条 法律根据内容需要，可以分编、章、节、条、款、项、目。

编、章、节、条的序号用中文数字依次表述，款不编序号，项的序号用中文数字加括号依次表述，目的序号用阿拉伯数字依次表述。

法律标题的题注应当载明制定机关、通过日期。

第五十五条 全国人民代表大会常务委员会工作机构可以对有关具体问题的法律询问进行研究予以答复，并报常务委员会备案。

第三章 行政法规

第五十六条 国务院根据宪法和法律，制定行政法规。

行政法规可以就下列事项作出规定：

（一）为执行法律的规定需要制定行政法规的事项；

（二）宪法第八十九条规定的国务院行政管理职权的事项。

应当由全国人民代表大会及其常务委员会制定法律的事项，国务院根据全国人民代表大会及其常务委员会的授权决定先制定的行政法规，经过实践检验，制定法律的条件成熟时，国务院应当及时提请全国人民代表大会及其常务委员会制定法律。

第五十七条 行政法规由国务院组织起草。国务院有关部门认为需要制定行政法规的，应当向国务院报请立项。

第五十八条 行政法规在起草过程中，应当广泛听取有关机关、组织和公民的意见。听取意见可以采取座谈会、论证会、听证会等多种形式。

第五十九条 行政法规起草工作完成后，起草单位应当将草案及其说明、各方面对草案主要问题的不同意见和其他有关资料送国务院法制机构进行审查。

国务院法制机构应当向国务院提出审查报告和草案修改稿，审查报告应当对草案主要问题作出说明。

第六十条 行政法规的决定程序依照中华人民共和国国务院组织法的有关规定办理。

第六十一条 行政法规由总理签署国务院令公布。

第六十二条 行政法规签署公布后，及时在国务院公报和在全国范围内发行的报纸上刊登。

在国务院公报上刊登的行政法规文本为标准文本。

第四章 地方性法规、自治条例和单行条例、规章

第一节 地方性法规、自治条例和单行条例

第六十三条 省、自治区、直辖市的人民代表大会及其常务委员会根据本行政区域的具体情况和实际需要，在不同宪法、法律、行政法规相抵触的前提下，可以制定地方性法规。

较大的市的人民代表大会及其常务委员会根据本市的具体情况和实际需要，在不同宪法、法律、行政法规和本省、自治区的地方性法规相抵触的前提下，可以制定地方性法规，报省、自治区的人民代表大会常务委员会批准后施行。省、自治区的人民代表大会常务委员会对报请批准的地方性法规，应当对其合法性进行审查，同宪法、法律、行政法规和本省、自治区的地方性法规不抵触的，应当在四个月内予以批准。

省、自治区的人民代表大会常务委员会在对报请批准的较大的市的地方性法规进行审查时，发现其同本省、自治区的人民政

府的规章相抵触的，应当作出处理决定。

本法所称较大的市是指省、自治区的人民政府所在地的市，经济特区所在地的市和经国务院批准的较大的市。

第六十四条 地方性法规可以就下列事项作出规定：

（一）为执行法律、行政法规的规定，需要根据本行政区域的实际情况作具体规定的事项；

（二）属于地方性事务需要制定地方性法规的事项。

除本法第八条规定的事项外，其他事项国家尚未制定法律或者行政法规的，省、自治区、直辖市和较大的市根据本地方的具体情况和实际需要，可以先制定地方性法规。在国家制定的法律或者行政法规生效后，地方性法规同法律或者行政法规相抵触的规定无效，制定机关应当及时予以修改或者废止。

第六十五条 经济特区所在地的省、市的人民代表大会及其常务委员会根据全国人民代表大会的授权决定，制定法规，在经济特区范围内实施。

第六十六条 民族自治地方的人民代表大会有权依照当地民族的政治、经济和文化的特点，制定自治条例和单行条例。自治区的自治条例和单行条例，报全国人民代表大会常务委员会批准后生效。自治州、自治县的自治条例和单行条例，报省、自治区、直辖市的人民代表大会常务委员会批准后生效。

自治条例和单行条例可以依照当地民族的特点，对法律和行政法规的规定作出变通规定，但不得违背法律或者行政法规的基本原则，不得对宪法和民族区域自治法的规定以及其他有关法律、行政法规专门就民族自治地方所作的规定作出变通规定。

第六十七条 规定本行政区域特别重大事项的地方性法规，应当由人民代表大会通过。

第六十八条 地方性法规案、自治条例和单行条例案的提出、审议和表决程序，根据中华人民共和国地方各级人民代表大会和地方各级人民政府组织法，参照本法第二章第二节、第三节、第五节的规定，由本级人民代表大会规定。

地方性法规草案由负责统一审议的机构提出审议结果的报告和草案修改稿。

第六十九条 省、自治区、直辖市的人民代表大会制定的地方性法规由大会主席团发布公告予以公布。

省、自治区、直辖市的人民代表大会常务委员会制定的地方性法规由常务委员会发布公告予以公布。

较大的市的人民代表大会及其常务委员会制定的地方性法规报经批准后，由较大的市的人民代表大会常务委员会发布公告予以公布。

自治条例和单行条例报经批准后，分别由自治区、自治州、自治县的人民代表大会常务委员会发布公告予以公布。

第七十条 地方性法规、自治区的自治条例和单行条例公布后，及时在本级人民代表大会常务委员会公报和在本行政区域范围内发行的报纸上刊登。

在常务委员会公报上刊登的地方性法规、自治条例和单行条例文本为标准文本。

第二节 规 章

第七十一条 国务院各部、委员会、中国人民银行、审计署和具有行政管理职能的直属机构，可以根据法律和国务院的行政法规、决定、命令，在本部门的权限范围内，制定规章。

部门规章规定的事项应当属于执行法律或者国务院的行政法规、决定、命令的事项。

第七十二条 涉及两个以上国务院部门职权范围的事项，应当提请国务院制定行政法规或者由国务院有关部门联合制定规章。

第七十三条 省、自治区、直辖市和较大的市的人民政府，可以根据法律、行政法规和本省、自治区、直辖市的地方性法规，制定规章。

地方政府规章可以就下列事项作出规定：

（一）为执行法律、行政法规、地方性法规的规定需要制定规章的事项；

（二）属于本行政区域的具体行政管理事项。

第七十四条 国务院部门规章和地方政府规章的制定程序，参照本法第三章的规定，由国务院规定。

第七十五条 部门规章应当经部务会议或者委员会会议决定。

地方政府规章应当经政府常务会议或者全体会议决定。

第七十六条 部门规章由部门首长签署命令予以公布。

地方政府规章由省长或者自治区主席或者市长签署命令予以公布。

第七十七条 部门规章签署公布后，及时在国务院公报或者部门公报和在全国范围内发行的报纸上刊登。

地方政府规章签署公布后，及时在本级人民政府公报和在本行政区域范围内发行的报纸上刊登。

在国务院公报或者部门公报和地方人民政府公报上刊登的规章文本为标准文本。

第五章 适用与备案

第七十八条 宪法具有最高的法律效力，一切法律、行政法规、地方性法规、自治条例和单行条例、规章都不得同宪法相抵触。

第七十九条 法律的效力高于行政法规、地方性法规、规章。

行政法规的效力高于地方性法规、规章。

第八十条 地方性法规的效力高于本级和下级地方政府规章。

省、自治区的人民政府制定的规章的效力高于本行政区域内的较大的市的人民政府制定的规章。

第八十一条 自治条例和单行条例依法对法律、行政法规、地方性法规作变通规定的，在本自治地方适用自治条例和单行条例的规定。

经济特区法规根据授权对法律、行政法规、地方性法规作变通规定的，在本经济特区适用经济特区法规的规定。

第八十二条 部门规章之间、部门规章与地方政府规章之间具有同等效力，在各自的权限范围内施行。

第八十三条 同一机关制定的法律、行政法规、地方性法规、自治条例和单行条例、规章，特别规定与一般规定不一致的，适用特别规定；新的规定与旧的规定不一致的，适用新的规定。

第八十四条 法律、行政法规、地方性法规、自治条例和单行条例、规章不溯及既往，但为了更好地保护公民、法人和其他组织的权利和利益而作的特别规定除外。

第八十五条 法律之间对同一事项的新的一般规定与旧的特别规定不一致，不能确定如何适用时，由全国人民代表大会常务委员会裁决。

行政法规之间对同一事项的新的一般规定与旧的特别规定不一致，不能确定如何适用时，由国务院裁决。

第八十六条 地方性法规、规章之间不一致时，由有关机关依照下列规定的权限作出裁决：

（一）同一机关制定的新的一般规定与旧的特别规定不一致时，由制定机关裁决；

（二）地方性法规与部门规章之间对同一事项的规定不一致，

不能确定如何适用时，由国务院提出意见，国务院认为应当适用地方性法规的，应当决定在该地方适用地方性法规的规定；认为应当适用部门规章的，应当提请全国人民代表大会常务委员会裁决；

（三）部门规章之间、部门规章与地方政府规章之间对同一事项的规定不一致时，由国务院裁决。

根据授权制定的法规与法律规定不一致，不能确定如何适用时，由全国人民代表大会常务委员会裁决。

第八十七条 法律、行政法规、地方性法规、自治条例和单行条例、规章有下列情形之一的，由有关机关依照本法第八十八条规定的权限予以改变或者撤销：

（一）超越权限的；

（二）下位法违反上位法规定的；

（三）规章之间对同一事项的规定不一致，经裁决应当改变或者撤销一方的规定的；

（四）规章的规定被认为不适当，应当予以改变或者撤销的；

（五）违背法定程序的。

第八十八条 改变或者撤销法律、行政法规、地方性法规、自治条例和单行条例、规章的权限是：

（一）全国人民代表大会有权改变或者撤销它的常务委员会制定的不适当的法律，有权撤销全国人民代表大会常务委员会批准的违背宪法和本法第六十六条第二款规定的自治条例和单行条例；

（二）全国人民代表大会常务委员会有权撤销同宪法和法律相抵触的行政法规，有权撤销同宪法、法律和行政法规相抵触的地方性法规，有权撤销省、自治区、直辖市的人民代表大会常务委员会批准的违背宪法和本法第六十六条第二款规定的自治条例和单行条例；

（三）国务院有权改变或者撤销不适当的部门规章和地方政府规章；

（四）省、自治区、直辖市的人民代表大会有权改变或者撤销它的常务委员会制定的和批准的不适当的地方性法规；

（五）地方人民代表大会常务委员会有权撤销本级人民政府制定的不适当的规章；

（六）省、自治区的人民政府有权改变或者撤销下一级人民政府制定的不适当的规章；

（七）授权机关有权撤销被授权机关制定的超越授权范围或者违背授权目的的法规，必要时可以撤销授权。

第八十九条 行政法规、地方性法规、自治条例和单行条例、规章应当在公布后的三十日内依照下列规定报有关机关备案：

（一）行政法规报全国人民代表大会常务委员会备案；

（二）省、自治区、直辖市的人民代表大会及其常务委员会制定的地方性法规，报全国人民代表大会常务委员会和国务院备案；较大的市的人民代表大会及其常务委员会制定的地方性法规，由省、自治区的人民代表大会常务委员会报全国人民代表大会常务委员会和国务院备案；

（三）自治州、自治县制定的自治条例和单行条例，由省、自治区、直辖市的人民代表大会常务委员会报全国人民代表大会常务委员会和国务院备案；

（四）部门规章和地方政府规章报国务院备案；地方政府规章应当同时报本级人民代表大会常务委员会备案；较大的市的人民政府制定的规章应当同时报省、自治区的人民代表大会常务委员会和人民政府备案；

（五）根据授权制定的法规应当报授权决定规定的机关备案。

第九十条 国务院、中央军事委员会、最高人民法院、最高人民检察院和各省、自治区、直辖市的人民代表大会常务委员会认为行政法规、地方性法规、自治条例和单行条例同宪法或者法律相抵触的，可以向全国人民代表大会常务委员会书面提出进行审查的要求，由常务委员会工作机构分送有关的专门委员会进行审查、提出意见。

前款规定以外的其他国家机关和社会团体、企业事业组织以及公民认为行政法规、地方性法规、自治条例和单行条例同宪法或者法律相抵触的，可以向全国人民代表大会常务委员会书面提出进行审查的建议，由常务委员会工作机构进行研究，必要时，送有关的专门委员会进行审查、提出意见。

第九十一条 全国人民代表大会专门委员会在审查中认为行政法规、地方性法规、自治条例和单行条例同宪法或者法律相抵触的，可以向制定机关提出书面审查意见；也可以由法律委员会与有关的专门委员会召开联合审查会议，要求制定机关到会说明情况，再向制定机关提出书面审查意见。制定机关应当在两个月内研究提出是否修改的意见，并向全国人民代表大会法律委员会和有关的专门委员会反馈。

全国人民代表大会法律委员会和有关的专门委员会审查认为行政法规、地方性法规、自治条例和单行条例同宪法或者法律相抵触而制定机关不予修改的，可以向委员长会议提出书面审查意见和予以撤销的议案，由委员长会议决定是否提请常务委员会会议审议决定。

第九十二条 其他接受备案的机关对报送备案的地方性法规、自治条例和单行条例、规章的审查程序，按照维护法制统一的原则，由接受备案的机关规定。

第六章　附　则

第九十三条 中央军事委员会根据宪法和法律，制定军事法规。

中央军事委员会各总部、军兵种、军区，可以根据法律和中央军事委员会的军事法规、决定、命令，在其权限范围内，制定军事规章。

军事法规、军事规章在武装力量内部实施。

军事法规、军事规章的制定、修改和废止办法，由中央军事委员会依照本法规定的原则规定。

第九十四条　本法自2000年7月1日起施行。

附录3　中华人民共和国全国人民代表大会组织法

（1982年12月10日第五届全国人民代表大会第五次会议通过　1982年12月10日全国人民代表大会公告公布施行）

第一章　全国人民代表大会会议

第一条　全国人民代表大会会议，依照中华人民共和国宪法的有关规定召集。

每届全国人民代表大会第一次会议，在本届全国人民代表大会代表选举完成后的两个月内由上届全国人民代表大会常务委员会召集。

第二条　全国人民代表大会常务委员会应当在全国人民代表大会会议举行一个月以前，将开会日期和建议大会讨论的主要事项通知全国人民代表大会代表。

临时召集的全国人民代表大会会议不适用前款的规定。

第三条　全国人民代表大会代表选出后，由全国人民代表大会常务委员会代表资格审查委员会进行审查。

全国人民代表大会常务委员会根据代表资格审查委员会提出的报告，确认代表的资格或者确定个别代表的当选无效，在每届全国人民代表大会第一次会议前公布代表名单。

对补选的全国人民代表大会代表，依照前款规定进行代表资格审查。

第四条　全国人民代表大会代表按照选举单位组成代表团。各代表团分别推选代表团团长、副团长。

代表团在每次全国人民代表大会会议举行前，讨论全国人民代表大会常务委员会提出的关于会议的准备事项；在会议期间，对全国人民代表大会的各项议案进行审议，并可以由代表团团长或者由代表团推派的代表，在主席团会议上或者大会全体会议上，代表代表团对审议的议案发表意见。

第五条 全国人民代表大会每次会议举行预备会议，选举本次会议的主席团和秘书长，通过本次会议的议程和其他准备事项的决定。

预备会议由全国人民代表大会常务委员会主持。每届全国人民代表大会第一次会议的预备会议，由上届全国人民代表大会常务委员会主持。

第六条 主席团主持全国人民代表大会会议。

主席团互推若干人轮流担任会议的执行主席。

主席团推选常务主席若干人，召集并主持主席团会议。

第七条 全国人民代表大会会议设立秘书处，在秘书长领导下工作。

全国人民代表大会会议设副秘书长若干人。副秘书长的人选由主席团决定。

第八条 国务院的组成人员，中央军事委员会的组成人员，最高人民法院院长和最高人民检察院检察长，列席全国人民代表大会会议；其他有关机关、团体的负责人，经主席团决定，可以列席全国人民代表大会会议。

第九条 全国人民代表大会主席团，全国人民代表大会常务委员会，全国人民代表大会各专门委员会，国务院，中央军事委员会，最高人民法院，最高人民检察院，可以向全国人民代表大会提出属于全国人民代表大会职权范围内的议案，由主席团决定交各代表团审议，或者并交有关的专门委员会审议、提出报告，再由主席团审议决定提交大会表决。

第十条 一个代表团或者三十名以上的代表，可以向全国人民代表大会提出属于全国人民代表大会职权范围内的议案，由主席团决定是否列入大会议程，或者先交有关的专门委员会审议、提出是否列入大会议程的意见，再决定是否列入大会议程。

第十一条 向全国人民代表大会提出的议案，在交付大会表决前，提案人要求撤回的，对该议案的审议即行终止。

第十二条 全国人民代表大会会议对于宪法的修改案、法律案和其他议案的通过，依照中华人民共和国宪法的有关规定。

第十三条 全国人民代表大会常务委员会委员长、副委员长、秘书长、委员的人选，中华人民共和国主席、副主席的人选，中央军事委员会主席的人选，最高人民法院院长和最高人民检察院检察长的人选，由主席团提名，经各代表团酝酿协商后，再由主席团根据多数代表的意见确定正式候选人名单。

第十四条 国务院总理和国务院其他组成人员的人选，中央军事委员会除主席以外的其他组成人员的人选，依照宪法的有关规定提名。

第十五条 全国人民代表大会三个以上的代表团或者十分之一以上的代表，可以提出对于全国人民代表大会常务委员会的组成人员，中华人民共和国主席、副主席，国务院和中央军事委员会的组成人员，最高人民法院院长和最高人民检察院检察长的罢免案，由主席团提请大会审议。

第十六条 在全国人民代表大会会议期间，一个代表团或者三十名以上的代表，可以书面提出对国务院和国务院各部、各委员会的质询案，由主席团决定交受质询机关书面答复，或者由受质询机关的领导人在主席团会议上或者有关的专门委员会会议上或者有关的代表团会议上口头答复。在主席团会议或者专门委员会会议上答复的，提质询案的代表团团长或者提质询案的代表可以列席会议，发表意见。

第十七条 在全国人民代表大会审议议案的时候，代表可以向有关国家机关提出询问，由有关机关派人在代表小组或者代表团会议上进行说明。

第十八条 全国人民代表大会会议进行选举和通过议案，由主席团决定采用无记名投票方式或者举手表决方式或者其他方式。

第十九条 全国人民代表大会举行会议的时候，应当为少数民族代表准备必要的翻译。

第二十条 全国人民代表大会会议公开举行；在必要的时候，经主席团和各代表团团长会议决定，可以举行秘密会议。

第二十一条 全国人民代表大会代表向全国人民代表大会或者全国人民代表大会常务委员会提出的对各方面工作的建议、批评和意见，由全国人民代表大会常务委员会的办事机构交由有关机关、组织研究处理并负责答复。

第二章 全国人民代表大会常务委员会

第二十二条 全国人民代表大会常务委员会行使中华人民共和国宪法规定的职权。

第二十三条 全国人民代表大会常务委员会由下列人员组成：

委员长，

副委员长若干人，

秘书长，

委员若干人。

常务委员会的组成人员由全国人民代表大会从代表中选出。

常务委员会的组成人员不得担任国家行政机关、审判机关和检察机关的职务；如果担任上述职务，必须向常务委员会辞去常务委员会的职务。

第二十四条 常务委员会委员长主持常务委员会会议和常务

委员会的工作。副委员长、秘书长协助委员长工作。副委员长受委员长的委托，可以代行委员长的部分职权。

委员长因为健康情况不能工作或者缺位的时候，由常务委员会在副委员长中推选一人代理委员长的职务，直到委员长恢复健康或者全国人民代表大会选出新的委员长为止。

第二十五条 常务委员会的委员长、副委员长、秘书长组成委员长会议，处理常务委员会的重要日常工作：

（一）决定常务委员会每次会议的会期，拟定会议议程草案；

（二）对向常务委员会提出的议案和质询案，决定交由有关的专门委员会审议或者提请常务委员会全体会议审议；

（三）指导和协调各专门委员会的日常工作；

（四）处理常务委员会其他重要日常工作。

第二十六条 常务委员会设立代表资格审查委员会。

代表资格审查委员会的主任委员、副主任委员和委员的人选，由委员长会议在常务委员会组成人员中提名，常务委员会会议通过。

第二十七条 常务委员会设立办公厅，在秘书长领导下工作。

常务委员会设副秘书长若干人，由委员长提请常务委员会任免。

第二十八条 常务委员会可以根据需要设立工作委员会。

工作委员会的主任、副主任和委员由委员长提请常务委员会任免。

第二十九条 常务委员会会议由委员长召集，一般两个月举行一次。

第三十条 常务委员会举行会议的时候，可以由各省、自治区、直辖市的人民代表大会常务委员会派主任或者副主任一人列席会议，发表意见。

第三十一条 常务委员会审议的法律案和其他议案，由常务委员会以全体组成人员的过半数通过。

第三十二条 全国人民代表大会各专门委员会，国务院，中央军事委员会，最高人民法院，最高人民检察院，可以向常务委员会提出属于常务委员会职权范围内的议案，由委员长会议决定提请常务委员会会议审议，或者先交有关的专门委员会审议、提出报告，再提请常务委员会会议审议。

常务委员会组成人员十人以上可以向常务委员会提出属于常务委员会职权范围内的议案，由委员长会议决定是否提请常务委员会会议审议，或者先交有关的专门委员会审议、提出报告，再决定是否提请常务委员会会议审议。

第三十三条 在常务委员会会议期间，常务委员会组成人员十人以上，可以向常务委员会书面提出对国务院和国务院各部、各委员会的质询案，由委员长会议决定交受质询机关书面答复，或者由受质询机关的领导人在常务委员会会议上或者有关的专门委员会会议上口头答复。在专门委员会会议上答复的，提质询案的常务委员会组成人员可以出席会议，发表意见。

第三十四条 常务委员会在全国人民代表大会每次会议举行的时候，必须向全国人民代表大会提出工作报告。

第三章 全国人民代表大会各委员会

第三十五条 全国人民代表大会设立民族委员会、法律委员会、财政经济委员会、教育科学文化卫生委员会、外事委员会、华侨委员会和全国人民代表大会认为需要设立的其他专门委员会。各专门委员会受全国人民代表大会领导；在全国人民代表大会闭会期间，受全国人民代表大会常务委员会领导。

各专门委员会由主任委员、副主任委员若干人和委员若干人组成。

各专门委员会的主任委员、副主任委员和委员的人选，由主席团在代表中提名，大会通过。在大会闭会期间，全国人民代表大会常务委员会可以补充任命专门委员会的个别副主任委员和部分委员，由委员长会议提名，常务委员会会议通过。

第三十六条 各专门委员会主任委员主持委员会会议和委员会的工作。副主任委员协助主任委员工作。

各专门委员会可以根据工作需要，任命专家若干人为顾问；顾问可以列席专门委员会会议，发表意见。

顾问由全国人民代表大会常务委员会任免。

第三十七条 各专门委员会的工作如下：

（一）审议全国人民代表大会主席团或者全国人民代表大会常务委员会交付的议案；

（二）向全国人民代表大会主席团或者全国人民代表大会常务委员会提出属于全国人民代表大会或者全国人民代表大会常务委员会职权范围内同本委员会有关的议案；

（三）审议全国人民代表大会常务委员会交付的被认为同宪法、法律相抵触的国务院的行政法规、决定和命令，国务院各部、各委员会的命令、指示和规章，省、自治区、直辖市的人民代表大会和它的常务委员会的地方性法规和决议，以及省、自治区、直辖市的人民政府的决定、命令和规章，提出报告；

（四）审议全国人民代表大会主席团或者全国人民代表大会常务委员会交付的质询案，听取受质询机关对质询案的答复，必要的时候向全国人民代表大会主席团或者全国人民代表大会常务委员会提出报告；

（五）对属于全国人民代表大会或者全国人民代表大会常务委员会职权范围内同本委员会有关的问题，进行调查研究，提出建议。

民族委员会还可以对加强民族团结问题进行调查研究，提出建议；审议自治区报请全国人民代表大会常务委员会批准的自治区的自治条例和单行条例，向全国人民代表大会常务委员会提出报告。

法律委员会统一审议向全国人民代表大会或者全国人民代表大会常务委员会提出的法律草案；其他专门委员会就有关的法律草案向法律委员会提出意见。

第三十八条　全国人民代表大会或者全国人民代表大会常务委员会可以组织对于特定问题的调查委员会。调查委员会的组织和工作，由全国人民代表大会或者全国人民代表大会常务委员会决定。

第四章　全国人民代表大会代表

第三十九条　全国人民代表大会代表每届任期五年，从每届全国人民代表大会举行第一次会议开始，到下届全国人民代表大会举行第一次会议为止。

第四十条　全国人民代表大会代表必须模范地遵守宪法和法律，保守国家秘密，并且在自己参加的生产、工作和社会活动中，协助宪法和法律的实施。

第四十一条　全国人民代表大会代表应当同原选举单位和人民保持密切联系，可以列席原选举单位的人民代表大会会议，听取和反映人民的意见和要求，努力为人民服务。

第四十二条　全国人民代表大会代表在出席全国人民代表大会会议和执行其他属于代表的职务的时候，国家根据实际需要给予适当的补贴和物质上的便利。

第四十三条　全国人民代表大会代表、全国人民代表大会常务委员会的组成人员，在全国人民代表大会和全国人民代表大会常务委员会各种会议上的发言和表决，不受法律追究。

第四十四条　全国人民代表大会代表非经全国人民代表大会

主席团许可，在全国人民代表大会闭会期间非经全国人民代表大会常务委员会许可，不受逮捕或者刑事审判。

全国人民代表大会代表如果因为是现行犯被拘留，执行拘留的公安机关应当立即向全国人民代表大会主席团或者全国人民代表大会常务委员会报告。

第四十五条　全国人民代表大会代表受原选举单位的监督。原选举单位有权罢免自己选出的代表。

罢免全国人民代表大会代表，须经原选举单位以全体代表的过半数通过。

省、自治区、直辖市的人民代表大会常务委员会在本级人民代表大会闭会期间，经全体组成人员的过半数通过，可以罢免本级人民代表大会选出的个别全国人民代表大会代表。

被罢免的代表可以出席上述会议或者书面申诉意见。

罢免代表的决议，须报全国人民代表大会常务委员会备案。

第四十六条　全国人民代表大会代表因故出缺的，由原选举单位补选。省、自治区、直辖市的人民代表大会常务委员会在本级人民代表大会闭会期间，可以补选个别出缺的全国人民代表大会代表。

附录4 中华人民共和国全国人民代表大会议事规则

（1989年4月4日第七届全国人民代表大会第二次会议通过 1989年4月4日中华人民共和国主席令第十七号公布 自公布之日起施行）

第一条 根据宪法、全国人民代表大会组织法和全国人民代表大会的实践经验，制定本规则。

第一章 会议的举行

第二条 全国人民代表大会会议于每年第一季度举行。全国人民代表大会常务委员会认为必要，或者有五分之一以上的全国人民代表大会代表提议，可以召开全国人民代表大会临时会议。

第三条 全国人民代表大会会议由全国人民代表大会常务委员会召集。每届全国人民代表大会第一次会议，在本届全国人民代表大会代表选举完成后的两个月内，由上届全国人民代表大会常务委员会召集。

第四条 全国人民代表大会会议有三分之二以上的代表出席，始得举行。

第五条 全国人民代表大会常务委员会在全国人民代表大会会议举行前，进行下列准备工作：

（一）提出会议议程草案；

（二）提出主席团和秘书长名单草案；

（三）决定列席会议人员名单；

（四）会议的其他准备事项。

第六条 全国人民代表大会常务委员会在全国人民代表大会

会议举行的一个月前，将开会日期和建议会议讨论的主要事项通知代表，并将准备提请会议审议的法律草案发给代表。

全国人民代表大会临时会议不适用前款规定。

第七条 全国人民代表大会会议举行前，代表按照选举单位组成代表团。代表团全体会议推选代表团团长、副团长。团长召集并主持代表团全体会议。副团长协助团长工作。

代表团可以分设若干代表小组。代表小组会议推选小组召集人。

第八条 全国人民代表大会会议举行前，召开预备会议，选举主席团和秘书长，通过会议议程和关于会议其他准备事项的决定。

预备会议由全国人民代表大会常务委员会主持。每届全国人民代表大会第一次会议的预备会议，由上届全国人民代表大会常务委员会主持。

各代表团审议全国人民代表大会常务委员会提出的主席团和秘书长名单草案、会议议程草案以及关于会议的其他准备事项，提出意见。

全国人民代表大会常务委员会委员长会议根据各代表团提出的意见，可以对主席团和秘书长名单草案、会议议程草案以及关于会议的其他准备事项提出调整意见，提请预备会议审议。

第九条 主席团主持全国人民代表大会会议。

主席团的决定，由主席团全体成员的过半数通过。

第十条 主席团第一次会议推选主席团常务主席若干人，推选主席团成员若干人分别担任每次大会全体会议的执行主席，并决定下列事项：

（一）副秘书长的人选；

（二）会议日程；

（三）表决议案的办法；

（四）代表提出议案截止日期；

（五）其他需要由主席团第一次会议决定的事项。

第十一条 主席团常务主席召集并主持主席团会议。主席团第一次会议由全国人民代表大会常务委员会委员长召集。

主席团常务主席可以对属于主席团职权范围的事项向主席团提出建议，并可以对会议日程安排作必要的调整。

第十二条 代表团审议议案和有关报告，由代表团全体会议、代表小组会议审议。

以代表团名义提出的议案、质询案、罢免案，由代表团全体代表的过半数通过。

第十三条 主席团常务主席可以召开代表团团长会议，就议案和有关报告的重大问题听取各代表团的审议意见，进行讨论，并将讨论的情况和意见向主席团报告。

主席团常务主席可以就重大的专门性问题，召集代表团推选的有关代表进行讨论；国务院有关部门负责人参加会议，汇报情况，回答问题。会议讨论的情况和意见应当向主席团报告。

第十四条 主席团可以召开大会全体会议进行大会发言，就议案和有关报告发表意见。

第十五条 全国人民代表大会会议设立秘书处。秘书处由秘书长和副秘书长组成。

秘书处在秘书长领导下，办理主席团交付的事项和处理会议日常事务。副秘书长协助秘书长工作。

第十六条 全国人民代表大会举行会议的时候，全国人民代表大会代表应当出席；因病或者其他特殊原因不能出席的，必须请假。

第十七条 国务院的组成人员，中央军事委员会的组成人员，最高人民法院院长和最高人民检察院检察长，列席全国人民代表大会会议；其他有关机关、团体的负责人，经全国人民代表大会常务委员会决定，可以列席全国人民代表大会会议。

第十八条 全国人民代表大会会议公开举行。

全国人民代表大会会议期间，代表在各种会议上的发言，整理简报印发会议，并可以根据本人要求，将发言记录或者摘要印发会议。

大会全体会议设旁听席。旁听办法另行规定。

第十九条 全国人民代表大会在必要的时候，可以举行秘密会议。举行秘密会议，经主席团征求各代表团的意见后，由有各代表团团长参加的主席团会议决定。

第二十条 全国人民代表大会举行会议的时候，秘书处和有关的代表团应当为少数民族代表准备必要的翻译。

第二章 议案的提出和审议

第二十一条 主席团，全国人民代表大会常务委员会，全国人民代表大会各专门委员会，国务院，中央军事委员会，最高人民法院，最高人民检察院，可以向全国人民代表大会提出属于全国人民代表大会职权范围内的议案，由主席团决定列入会议议程。

一个代表团或者 30 名以上的代表联名，可以向全国人民代表大会提出属于全国人民代表大会职权范围内的议案，由主席团决定是否列入会议议程，或者先交有关的专门委员会审议、提出是否列入会议议程的意见，再决定是否列入会议议程，并将主席团通过的关于议案处理意见的报告印发会议。专门委员会审议的时候，可以邀请提案人列席会议、发表意见。

代表联名或者代表团提出的议案，可以在全国人民代表大会会议举行前提出。

第二十二条 列入会议议程的议案，提案人和有关的全国人民代表大会专门委员会、有关的全国人民代表大会常务委员会工作部门应当提供有关的资料。

第二十三条 列入会议议程的议案，提案人应当向会议提出关于议案的说明。议案由各代表团进行审议，主席团可以并交有关的专门委员会进行审议、提出报告，由主席团审议决定提请大会全体会议表决。

第二十四条 列入会议议程的法律案，大会全体会议听取关于该法律案的说明后，由各代表团审议，并由法律委员会和有关的专门委员会审议。

法律委员会根据各代表团和有关的专门委员会的审议意见，对法律案进行统一审议，向主席团提出审议结果报告和草案修改稿，对重要的不同意见应当在审议结果报告中予以说明，主席团审议通过后，印发会议，并将修改后的法律案提请大会全体会议表决。

有关的专门委员会的审议意见应当及时印发会议。

全国人民代表大会决定成立的特定的法律起草委员会拟订并提出的法律案的审议程序和表决办法，另行规定。

第二十五条 全国人民代表大会会议举行前，全国人民代表大会常务委员会对准备提请会议审议的重要的基本法律案，可以将草案公布，广泛征求意见，并将意见整理印发会议。

第二十六条 专门委员会审议议案和有关报告，涉及专门性问题的时候，可以邀请有关方面的代表和专家列席会议，发表意见。

专门委员会可以决定举行秘密会议。

第二十七条 列入会议议程的议案，在交付表决前，提案人要求撤回的，经主席团同意，会议对该议案的审议即行终止。

第二十八条 列入会议议程的议案，在审议中有重大问题需要进一步研究的，经主席团提出，由大会全体会议决定，可以授权全国人民代表大会常务委员会审议决定，并报全国人民代表大会下次会议备案或者提请全国人民代表大会下次会议审议。

第二十九条 全国人民代表大会代表向全国人民代表大会提出的对各方面工作的建议、批评和意见，由全国人民代表大会常务委员会办事机构交由有关机关、组织研究处理，并负责在大会闭会之日起三个月内，至迟不超过六个月，予以答复。代表对答复不满意的，可以提出意见，由全国人民代表大会常务委员会办事机构交由有关机关、组织或者其上级机关、组织再作研究处理，并负责答复。

第三章 审议工作报告、审查国家计划和国家预算

第三十条 全国人民代表大会每年举行会议的时候，全国人民代表大会常务委员会、国务院、最高人民法院、最高人民检察院向会议提出的工作报告，经各代表团审议后，会议可以作出相应的决议。

第三十一条 全国人民代表大会会议举行的一个月前，国务院有关主管部门应当就国民经济和社会发展计划及计划执行情况、国家预算及预算执行情况的主要内容，向全国人民代表大会财政经济委员会和有关的专门委员会汇报，由财政经济委员会进行初步审查。

第三十二条 全国人民代表大会每年举行会议的时候，国务院应当向会议提出关于国民经济和社会发展计划及计划执行情况的报告、关于国家预算及预算执行情况的报告，并将国民经济和社会发展计划主要指标（草案）、国家预算收支表（草案）和国家预算执行情况表（草案）一并印发会议，由各代表团进行审查，并由财政经济委员会和有关的专门委员会审查。

财政经济委员会根据各代表团和有关的专门委员会的审查意见，对关于国民经济和社会发展计划及计划执行情况的报告、关于国家预算及预算执行情况的报告进行审查，向主席团提出审查

结果报告，主席团审议通过后，印发会议，并将关于国民经济和社会发展计划的决议草案、关于国家预算和预算执行情况的决议草案提请大会全体会议表决。

有关的专门委员会的审查意见应当及时印发会议。

第三十三条 国民经济和社会发展计划、国家预算经全国人民代表大会批准后，在执行过程中必须作部分调整的，国务院应当将调整方案提请全国人民代表大会常务委员会审查和批准。

第四章 国家机构组成人员的选举、罢免、任免和辞职

第三十四条 全国人民代表大会常务委员会委员长、副委员长、秘书长、委员的人选，中华人民共和国主席、副主席的人选，中央军事委员会主席的人选，最高人民法院院长和最高人民检察院检察长的人选，由主席团提名，经各代表团酝酿协商后，再由主席团根据多数代表的意见，确定正式候选人名单。

国务院总理和国务院其他组成人员的人选，中央军事委员会除主席以外的其他组成人员的人选，依照宪法的有关规定提名。

各专门委员会主任委员、副主任委员和委员的人选，由主席团在代表中提名。

第三十五条 候选人的提名人应当向会议介绍候选人的基本情况，并对代表提出的问题作必要的说明。

第三十六条 全国人民代表大会会议选举或者决定任命，采用无记名投票方式。得票数超过全体代表的半数的，始得当选或者通过。

大会全体会议选举或者表决任命案的时候，设秘密写票处。

选举或者表决结果，由会议主持人当场宣布。候选人的得票数，应当公布。

第三十七条 全国人民代表大会会议选举和决定任命的具体办法，由大会全体会议通过。

第三十八条 全国人民代表大会会议期间，全国人民代表大会常务委员会的组成人员，中华人民共和国主席、副主席，国务院的组成人员，中央军事委员会的组成人员，最高人民法院院长和最高人民检察院检察长提出辞职的，由主席团将其辞职请求交各代表团审议后，提请大会全体会议决定；大会闭会期间提出辞职的，由委员长会议将其辞职请求提请全国人民代表大会常务委员会审议决定。全国人民代表大会常务委员会接受全国人民代表大会常务委员会组成人员，中华人民共和国主席、副主席，国务院总理、副总理、国务委员，中央军事委员会主席，最高人民法院院长和最高人民检察院检察长辞职的，应当报请全国人民代表大会下次会议确认。

全国人民代表大会闭会期间，国务院总理、中央军事委员会主席、最高人民法院院长、最高人民检察院检察长缺位的，全国人民代表大会常务委员会可以分别在国务院副总理、中央军事委员会副主席、最高人民法院副院长、最高人民检察院副检察长中决定代理人选。

第三十九条 主席团、三个以上的代表团或者十分之一以上的代表，可以提出对于全国人民代表大会常务委员会的组成人员，中华人民共和国主席、副主席，国务院的组成人员，中央军事委员会的组成人员，最高人民法院院长和最高人民检察院检察长的罢免案，由主席团交各代表团审议后，提请大会全体会议表决；或者依照本规则第六章的规定，由主席团提议，经大会全体会议决定，组织调查委员会，由全国人民代表大会下次会议根据调查委员会的报告审议决定。

罢免案应该写明罢免理由，并提供有关的材料。

罢免案提请大会全体会议表决前，被提出罢免的人员有权在主席团会议和大会全体会议上提出申辩意见，或者书面提出申辩意见，由主席团印发会议。

第四十条 全国人民代表大会常务委员会组成人员、专门委员会成员的全国人民代表大会代表职务被原选举单位罢免的，其全国人民代表大会常务委员会组成人员、专门委员会成员的职务相应撤销，由主席团或者全国人民代表大会常务委员会予以公告。

第五章 询问和质询

第四十一条 各代表团审议议案和有关报告的时候，有关部门应当派负责人员到会，听取意见，回答代表提出的询问。

各代表团全体会议审议政府工作报告和审查关于国民经济和社会发展计划及计划执行情况的报告、关于国家预算及预算执行情况的报告的时候，国务院和国务院各部门负责人应当分别参加会议，听取意见，回答询问。

主席团和专门委员会对议案和有关报告进行审议的时候，国务院或者有关机关负责人应当到会，听取意见，回答询问，并可以对议案或者有关报告作补充说明。

第四十二条 全国人民代表大会会议期间，一个代表团或者三十名以上的代表联名，可以书面提出对国务院和国务院各部门的质询案。

第四十三条 质询案必须写明质询对象、质询的问题和内容。

第四十四条 质询案按照主席团的决定由受质询机关的负责人在主席团会议、有关的专门委员会会议或者有关的代表团会议上口头答复，或者由受质询机关书面答复。在主席团会议或者专门委员会会议上答复的，提质询案的代表团团长或者代表有权列席会议，发表意见。

提质询案的代表或者代表团对答复质询不满意的，可以提出要求，经主席团决定，由受质询机关再作答复。

在专门委员会会议或者代表团会议上答复的，有关的专门委员会或者代表团应当将答复质询案的情况向主席团报告。

主席团认为必要的时候，可以将答复质询案的情况报告印发会议。

质询案以书面答复的，受质询机关的负责人应当签署，由主席团决定印发会议。

附录5 中华人民共和国全国人民代表大会常务委员会议事规则

（1987年11月24日第六届全国人民代表大会常务委员会第二十三次会议通过 根据2009年4月24日第十一届全国人民代表大会常务委员会第八次会议《关于修改〈中华人民共和国全国人民代表大会常务委员会议事规则〉的决定》修正）

目录

第一章 总 则

第一条 根据宪法、全国人民代表大会组织法和全国人民代表大会常务委员会工作的实践经验，制定本规则。

第二条 全国人民代表大会常务委员会审议议案、决定问题，应当充分发扬民主，实行民主集中制的原则。

第二章 会议的召开

第三条 全国人民代表大会常务委员会会议一般每两个月举行一次；有特殊需要的时候，可以临时召集会议。

常务委员会会议由委员长召集并主持。委员长可以委托副委员长主持会议。

第四条 常务委员会会议必须有常务委员会全体组成人员的过半数出席，才能举行。

第五条 委员长会议拟订常务委员会会议议程草案，提请常务委员会全体会议决定。

常务委员会举行会议期间，需要调整议程的，由委员长会议提出，经常务委员会全体会议同意。

第六条 常务委员会举行会议，应当在会议举行七日以前，将开会日期、建议会议讨论的主要事项，通知常务委员会组成人员和列席会议的人员；临时召集的会议，可以临时通知。

第七条 常务委员会举行会议的时候，国务院、中央军事委员会、最高人民法院、最高人民检察院的负责人列席会议。

不是常务委员会组成人员的全国人民代表大会专门委员会主任委员、副主任委员、委员，常务委员会副秘书长、工作委员会主任、副主任，有关部门负责人，列席会议。

第八条 常务委员会举行会议的时候，各省、自治区、直辖市的人民代表大会常务委员会主任或者副主任一人列席会议，并可以邀请有关的全国人民代表大会代表列席会议。

第九条 常务委员会举行会议的时候，召开全体会议，并召开分组会议和联组会议。

常务委员会分组会议由委员长会议确定若干名召集人，轮流主持会议。分组名单由常务委员会办事机构拟订，报秘书长审定，并定期调整。

常务委员会举行联组会议，由委员长主持。委员长可以委托副委员长主持会议。

第十条 常务委员会举行会议的时候，常务委员会组成人员除因病或者其他特殊原因请假的以外，应当出席会议。

第三章　议案的提出和审议

第十一条　委员长会议可以向常务委员会提出属于常务委员会职权范围内的议案，由常务委员会会议审议。

国务院，中央军事委员会，最高人民法院，最高人民检察院，全国人民代表大会各专门委员会，可以向常务委员会提出属于常务委员会职权范围内的议案，由委员长会议决定提请常务委员会会议审议，或者先交有关的专门委员会审议、提出报告，再决定提请常务委员会会议审议。

常务委员会组成人员十人以上联名，可以向常务委员会提出属于常务委员会职权范围内的议案，由委员长会议决定提请常务委员会会议审议，或者先交有关的专门委员会审议、提出报告，再决定是否提请常务委员会会议审议；不提请常务委员会会议审议的，应当向常务委员会会议报告或者向提案人说明。

第十二条　委员长会议根据工作需要，可以委托常务委员会的工作委员会、办公厅起草议案草案，并向常务委员会会议作说明。

第十三条　对列入常务委员会会议议程的议案，提议案的机关、有关的专门委员会、常务委员会有关工作部门应当提供有关的资料。

任免案应当附有拟任免人员的基本情况和任免理由；必要的时候，有关负责人应当到会回答询问。

第十四条　常务委员会全体会议听取关于议案的说明。

常务委员会全体会议听取议案说明后，由分组会议进行审议，并由有关的专门委员会进行审议。

第十五条　列入会议议程的法律草案，常务委员会听取说明并初步审议后，交有关专门委员会审议和法律委员会统一审议，由法律委员会向下次或者以后的常务委员会会议提出审议结果的报告，并将其他有关专门委员会的审议意见印发常务委员会会议。

有关法律问题的决定的议案和修改法律的议案，法律委员会审议后，可以向本次常务委员会会议提出审议结果的报告，也可以向下次或者以后的常务委员会会议提出审议结果的报告。

第十六条 提请批准决算和预算调整方案的议案，交财政经济委员会审议，也可以同时交其他有关专门委员会审议，由财政经济委员会向常务委员会会议提出审查结果的报告。

提请批准条约和协定的议案，交外事委员会审议，也可以同时交其他有关专门委员会审议，由外事委员会向常务委员会会议提出审核结果的报告。

第十七条 常务委员会联组会议可以听取和审议专门委员会对议案审议意见的汇报，对会议议题进行讨论。

第十八条 提议案的机关的负责人可以在常务委员会全体会议、联组会议上对议案作补充说明。

第十九条 列入常务委员会会议议程的议案，在交付表决前，提案人要求撤回的，经委员长会议同意，对该议案的审议即行终止。

第二十条 拟提请常务委员会全体会议表决的议案，在审议中有重大问题需要进一步研究的，经委员长或者委员长会议提出，联组会议或者全体会议同意，可以暂不付表决，交有关专门委员会进一步审议，提出审议报告。

第二十一条 常务委员会认为必要的时候，可以组织关于特定问题的调查委员会，并且根据调查委员会的报告，作出相应的决议。

第四章 听取和审议工作报告

第二十二条 常务委员会全体会议听取国务院、最高人民法院、最高人民检察院的专项工作报告，听取国民经济和社会发展计划、预算执行情况报告，听取决算报告和审计工作报告，听取常务委员会执法检查组提出的执法检查报告，听取其他报告。

第二十三条　常务委员会全体会议听取工作报告后，可以由分组会议和联组会议进行审议。

委员长会议可以决定将工作报告交有关的专门委员会审议，提出意见。

第二十四条　常务委员会认为必要的时候，可以对工作报告作出决议。

第五章　询问和质询

第二十五条　常务委员会分组会议对议案或者有关的工作报告进行审议的时候，应当通知有关部门派人到会，听取意见，回答询问。

常务委员会联组会议对议案或者有关的工作报告进行审议的时候，应当通知有关负责人到会，听取意见，回答询问。

第二十六条　在常务委员会会议期间，常务委员会组成人员十人以上联名，可以向常务委员会书面提出对国务院及国务院各部门和最高人民法院、最高人民检察院的质询案。

第二十七条　质询案必须写明质询对象、质询的问题和内容。

第二十八条　质询案由委员长会议决定交由有关的专门委员会审议或者提请常务委员会会议审议。

第二十九条　质询案由委员长会议决定，由受质询机关的负责人在常务委员会会议上或者有关的专门委员会会议上口头答复，或者由受质询机关书面答复。在专门委员会会议上答复的，专门委员会应当向常务委员会或者委员长会议提出报告。

质询案以书面答复的，应当由被质询机关负责人签署，并印发常务委员会组成人员和有关的专门委员会。

专门委员会审议质询案的时候，提质询案的常务委员会组成人员可以出席会议，发表意见。

第六章　发言和表决

第三十条　常务委员会组成人员在全体会议、联组会议和分组会议上发言，应当围绕会议确定的议题进行。

常务委员会全体会议或者联组会议安排对有关议题进行审议的时候，常务委员会组成人员要求发言的，应当在会前由本人向常务委员会办事机构提出，由会议主持人安排，按顺序发言。在全体会议和联组会议上临时要求发言的，经会议主持人同意，始得发言。在分组会议上要求发言的，经会议主持人同意，即可发言。

列席会议的人员的发言，适用本章有关规定。

第三十一条　在全体会议上的发言，不超过十分钟；在联组会议和分组会议上，第一次发言不超过十五分钟，第二次对同一问题的发言不超过十分钟。事先提出要求，经会议主持人同意的，可以延长发言时间。

在常务委员会会议上的发言，由常务委员会办事机构工作人员记录，经发言人核对签字后，编印会议简报和存档。

第三十二条　表决议案由常务委员会全体组成人员的过半数通过。

表决结果由会议主持人当场宣布。

第三十三条　交付表决的议案，有修正案的，先表决修正案。

第三十四条　任免案逐人表决，根据情况也可以合并表决。

第三十五条　常务委员会表决议案，采用无记名方式、举手方式或者其他方式。

第七章　附　则

第三十六条　本规则自公布之日起施行。